U0642944

电力行业QC小组活动实操

——一问一答一案例

中国水利电力质量管理协会电力分会 ■ 主编

中国电力出版社
CHINA ELECTRIC POWER PRESS

内 容 提 要

为了适应电力行业发展新常态，充分发挥案例教学的优势，更好地指导电力行业 QC 活动的开展，本书对优秀 QC 成果进行了精选，对 QC 小组活动中容易出错的问题进行梳理归类，形成问题、解答、案例、解析四大模块，每个章节中专门增加了知识点，便于初学者快速掌握知识要点，深刻领会 QC 小组活动内涵、准确借鉴优秀成果。

本书既可作为电力行业 QC 小组成员的指导用书，也可作为 QC 爱好者入门的培训教材。

图书在版编目（CIP）数据

电力行业 QC 小组活动实操：一问一答一案例/中国水利电力质量管理协会电力分会主编. —北京 ：中国电力出版社 . 2016.6（2024.7重印）

ISBN 978-7-5123-9482-7

Ⅰ. ①电… Ⅱ. ①中… Ⅲ. ①水利电力工业-工业企业管理-中国-问题解答 Ⅳ. ①F426. 61-44

中国版本图书馆 CIP 数据核字（2016）第 142047 号

中国电力出版社出版、发行

（北京市东城区北京站西街 19 号 100005 http://www.cepp. sgcc. com. cn）

中国电力出版社有限公司印刷

各地新华书店经售

*

2016 年 6 月第一版 2024 年 7 月北京第七次印刷

787 毫米×1092 毫米 16 开本 22.75 印张 542 千字

印数 10501—10800 册 定价 69.00 元

版 权 专 有 侵 权 必 究

本书如有印装质量问题，我社营销中心负责退换

编辑委员会

编委会主任　孙玉才

编委会副主任　张天文　孙永安

编　　　　委　中国长江三峡集团公司　边玮

中国华电集团公司　陈宗法

中国大唐集团公司　戴承伟

北京能源集团有限责任公司　张玫

主　　　　编　魏舒力

副　主　编　郭学英　李源峰　汪杭明

编写人员　孔卫文　向溪明　刘晶　王启萍　余建华

丁鹏　马骏　王志强　刘捷

主　　　　审　郭学英

序

李克强同志讲：质量是国家综合实力的集中反映，是打造中国经济升级版的关键，关乎亿万群众的福祉。中国经济要保持中高速增长、向中高端水平迈进，必须推动各方把促进发展的立足点转到提高经济质量效益上来，把注意力放在提高产品和服务质量上来，牢固确立质量即是生命、质量决定发展效益和价值的理念，把经济社会发展推向质量时代。紧紧依靠深化改革，在不断发展中打好全面提高中国经济质量攻坚战，实现宏观经济整体和微观产品服务的质量"双提高"。

为了提高电力行业质量效益，适应我国经济发展新常态，打好企业管理基础，近年来，中国水电质协电力分会（简称电力分会）在各会员单位的大力支持下，以办会宗旨为引领，充实服务内涵、强化服务手段、提升服务品质，有效拓展了工作思路，全面推进电力行业质量管理工作再上新台阶。特别是紧密围绕如何夯实电力企业管理基础，怎样提升现有管理水平，如何实现管理创新的突破等一系列难题，提出并实践了以 QC 小组活动为核心的创新管理实践，形成条理化评审、实用化培训、层级化管理、标杆化引领的 QC 小组活动新常态。

据不完全统计，近几年电力行业每年登记注册 QC 小组数为 2 万左右，QC 小组普及率 20％以上，QC 小组创造可计算的经济效益近 10 亿元。电力行业每年有上百个质量小组荣获"全国优秀质量管理小组"称号。

实践证明：有效的 QC 小组活动在开发人才、拓长才智、提高质量、降低消耗、增加效益等方面发挥着越来越大的作用，不仅最大限度地激发了职工参与管理、改进质量、提高效益的积极性和创造性，而且真正体现了以人为本，科学发展的现代企业管理理念。

任何有生命力的活动，都表现出它越来越丰富的内涵，越来越完善的形式和越来越科学的组织。电力分会在推动质量管理提升服务的过程中体会到，开展卓有成效的工作，必须创新培训、普及知识、规范思维、提高认识，使活动保持循序渐进的健康发展。然而，我们各会员单位的活动开展得并不平衡，有强者恒强、弱者偏弱的现象。现实表明：大凡搞得好的单位都有精于此道的专家，都善于学习和交流成果，这也从另一个角度说明领头人和骨干的作用以及成果交流的重要性。

很久以来，有不少会员单位呼吁能有针对性强的"质量管理小组活动成果"案例及准确的分析来指导工作的深入开展。这也确实是从理论到实践，实施案例教学的一个好办法，电力分会根据企业需要牵头组织编写了本书。本书在编写过程中，改变以往 QC 小组活动书籍理论说教多、操作案例少的问题，以提高实际操作能力为目标，将原有 QC 小组活动知识进行细化分解，突出实用、实干、实效，形成"一问＋一答＋一案例＋一分析"的新模式，把抽象的理论转化成可以分享的案例，使每一位 QC 小组骨干学习时更便捷、更有针对性。此外，我们对部分具有代表性的案例进行了适当删减，并进行分段式点评，使借鉴更有可行性、更有触动性。当然，这一尝试是很初步的，有投石问路之意，如有不妥之处，敬请各位专家和广大员工指正。

质量凝聚着智慧，智慧成就了质量，我们期盼这本 QC 小组活动实操，带着各参与者的辛勤汗水，像智慧的种子一样，在电力质量管理这座花园中为丰收硕果增添一抹亮色。

2016 年 6 月

前 言

当前，电力体制市场化改革正在深入开展，在激烈的市场竞争下，如何提高企业的核心竞争力已成为电力企业战略管理的核心问题。这就迫切需要每一位管理者必须将科学的管理理念融入工作，引导员工参与管理、规范行为、创新思维，有效驾驭以信息化、数字化、自动化、互动化为特点的智能电网建设和运行的新要求。而 QC 小组活动所蕴含的注重理性分析、注重数据说话、注重程序规范、注重自我管理，正是适应时代发展新要求、社会创新新实践、系统发展新特点的最佳载体和有效平台。

中国水电质协电力分会作为全国电力行业 QC 小组活动的组织者、推进者、领路者，在众多 QC 小组活动骨干的推动下，积极探索和实践创新 QC 小组活动的新路子，提出了一系列旨在推进 QC 小组活动的新思路、新办法，从知识培训到成果评审、从成果推荐到成果推广、从现场发表到评委考核，无不昭示着协会全体工作者勇于工作实践、敢于管理创新的科学管理理念。特别是在推进小组活动实用化方面，借助 QC 小组活动平台，以规范思维方式为抓手，在 PDCA 循环中规范工作方法、在数理统计实践中规范理性思维、在倡导数据说话中提高工作效率，不断将科学规范的工作程序融入工作，推进了质量管理工作向精益化方向迈进。

为了适应电力行业发展新常态，准确把握 QC 小组活动新动向，有效解决基层 QC 小组在创新实践中出现的热点问题和难点问题，我们组织部分专家对优秀 QC 成果进行了精选，对 QC 小组活动中容易出错的问题进行梳理归类，形成问题、解答、案例、解析四大模块，在每个章节中专门增加了知识点，便于初学者快速掌握知识要点，深刻领会 QC 小组活动内涵、准确借鉴优秀成果。

本书共分四部分。第一部分为基础知识，主要介绍 QC 小组活动中涉及的基本概念，由向溪明、刘晶、王启萍、郭学英等整理编辑，汪杭明校审；第二部分为问题解决型程序应用，剖析了问题解决型程序应用中需要关注的关键节点，由余建华、丁鹏、郭学英等整理编辑，李源峰校审；第三部分为创新型程序的应用，从正反两面对实践中容易出错的问题点进行了对比，由李源峰、刘捷等整理编辑，郭学英校审；第四部分为统计工具应用，由孔卫文、马骏、王志强、李源峰等整理编辑，汪杭明校审；电力分会魏舒力秘书长组织牵头，郭学英、李源峰、汪杭明负责统筹整理和校审，曹彩霞、李宪红、徐飞、贾晶晶、郭敏嘉担任编务，郭学英担任全稿主审。本书在编辑过程中还得到了中国质量协会有关专家的指导与帮助，在此我们表示深深的感谢。

由于整理编写水平所限，书中难免存在疏漏之处，恳请广大读者给予批评指正。

编 者
2016 年 4 月

目 录

序
前言

第一章 基 础 知 识

第二章　问题解决型程序

第三章　创 新 型 程 序

第四章　统　计　工　具

第一章 基 础 知 识

知 识 点

本部分从质量与质量管理开始，以问答的形式简要介绍了什么是 QC 小组，它们如何分类，QC 小组的宗旨和作用，以及 QC 小组的组建、注册登记、活动成果，活动成果的评审与激励等，重点掌握以下内容：

1. 质量的定义；
2. 质量管理（QC）；
3. 全面质量管理（TQM）；
4. QC 小组的概念；
5. QC 小组的性质和特点；
6. QC 小组的分类；
7. QC 小组活动的宗旨和作用。

一、质量

随着社会经济和科学技术的发展，质量的内容一直在不断充实、完善和深化。同样，人们对质量概念的认识也经历了一个不断发展和深化的过程。代表性的概念有以下几类：美国著名的质量管理专家朱兰博士从顾客的角度出发，提出了产品质量就是产品的适用性；美国质量管理专家克劳斯比从生产者的角度出发，把质量概括为产品符合规定要求的程度；美国的质量管理大师德鲁克认为质量就是满足需要；全面质量控制的创始人菲根堡姆认为，产品或服务质量是指营销、设计、制造、维修中各种特性的综合体；ISO8402 质量术语中的定义是，质量即反映实体满足明确或隐含需要能力的特性总和；国际标准化组织（ISO）2005 年颁布的 ISO9000：2005《质量管理体系基础和术语》中对质量的定义是，一组固有特性满足要求的程度。

二、质量管理

质量管理是在质量方面指挥和控制组织的协调的活动，通常包括制定质量方针、质量目标以及质量策划、质量保证和质量改进等活动。质量管理的发展与工业生产技术和管理科学的发展密切相关。现代关于质的概念包括对社会性、经济性和系统性三方面的认识。在质量管理过程中，质量的含义是广义的，除了产品质量之外，还包括工作质量。质量管理不仅要管好产品本身的质量，还要管好质量赖以产生和形成的过程。质量管理的发展大致经历了3 个阶段，即质量检验阶段、统计质量控制阶段、全面质量管理阶段。质量管理发展到全面质量管理，是质量管理工作的又一个大的进步。统计质量管理着重于应用统计方法控制生产过程质量，发挥预防性管理作用，从而保证产品质量。中国自 1978 年开始推行全面质量管理，取得了一定成效。

三、全面质量管理

全面质量管理，即 TQM（Total Quality Management），是指一个组织以质量为中心，以全员参与为基础，目的在于通过让顾客满意和本组织所有成员及社会受益而达到长期成功的管理途径。在全面质量管理中，质量这个概念和全部管理目标的实现有关。全面质量管理应用数理统计方法进行质量控制，使质量管理实现定量化，变产品质量的事后检验为生产过程中的质量控制。其主要特点有：全面性，控制产品质量的各个环节、各个阶段；是全过程的质量管理；是全员参与的质量管理；是全社会参与的质量管理。

四、QC 小组的概念

1997 年 3 月 20 日由国家经贸委、财政部、中国科协、中华全国总工会、共青团中央、中国质量管理协会联合颁发的"印发《关于推进企业质量管理小组活动意见》的通知"中指出，QC 小组是指在生产或工作岗位上从事各种劳动的职工，围绕企业的经营战略、方针目标和现场存在的问题，以改进质量、降低消耗、提高人的素质和经济效益为目的组织起来的、运用质量管理的理论和方法开展活动的小组。

五、QC 小组活动涉及的管理技术主要有以下三个方面：

1. 运用 PDCA 循环方法解决问题；
2. 以事实和数据作为决策依据；
3. 恰当使用统计方法进行分析和判断。

第一节　QC 小组简介

1. QC 小组的概念是什么？

QC 小组也叫质量管理小组（Quality Control Circle，简称 QCC），是指在生产或工作岗位上从事各种劳动的职工，围绕企业的经营战略、方针目标和现场存在的问题，以改进质量、降低消耗、提高人的素质和经济效益为目的组织起来的，运用质量管理的理论和方法开展活动的小组。

2. QC 小组的概念有何内涵？

（1）参加 QC 小组的人员是企业的全体员工，不论是高层领导，还是一般管理者、技术人员、工人、服务人员，都可以组织 QC 小组；

（2）QC 小组活动的课题是广泛的，可以围绕企业的经营战略、方针目标和现场存在的问题来选择；

（3）QC 小组活动的目的是提高人员素质，发挥人的积极性和创造性，改进质量，降低消耗，提高经济效益；

（4）QC 小组活动强调运用质量管理的理论和方法开展活动，突出科学性。

3. QC 小组与行政班组有何不同?

(1) 组织原则不同。行政班组一般是企业根据专业分工与协作的要求,按照效率原则,自上而下建立的,是基层的行政组织。而 QC 小组通常是根据活动课题涉及的范围,按照兴趣和感情的原则,自下而上或者上下结合组建的群众性组织,带有非正式组织的特性;

(2) 活动的目的不同。行政班组活动的目的是组织职工完成上级下达的各项生产经营任务和技术经济指标,而 QC 小组是以提高人的素质、改进质量、降低消耗和提高经济效益为目的而组织起来开展活动的小组;

(3) 活动方式不同。行政班组的日常活动通常是在本班组内进行的,而 QC 小组可以在行政班组内组织,也可以跨班组,甚至跨部门、跨车间组织,以便于开展活动。

4. QC 小组有什么特点?

(1) 明显的自主性。QC 小组以职工自愿参加为基础,实行自主管理、自我教育、互相启发、共同提高,充分发挥小组成员的聪明才智和积极性、创造性。

(2) 广泛的群众性。QC 小组是吸引广大职工群众,人人积极参与质量管理的有效组织形式,不仅包括领导人员、技术人员、管理人员,还吸引在生产、服务工作第一线的操作人员参加,广大职工群众在 QC 小组活动中学技术、学管理,群策群力分析问题、解决问题。

(3) 高度的民主性。QC 小组组长既可以由民主推选,也可以由 QC 小组成员轮流担任,以发现和培养管理人才。同时,在 QC 小组内部讨论问题、解决问题时,小组成员之间是平等的,不分职位与技术等级高低,高度发扬民主,各抒己见,互相启发,集思广益,互相尊重,提倡自我实现,以保证既定目标的实现。

(4) 严密的科学性。QC 小组在活动中遵循 PDCA 的科学程序,采取步步深入的逻辑思维模式分析问题、解决问题,在活动中坚持用数据说明事实,用科学的数理统计方法来分析与解决问题,而不是凭"想当然"或个人经验。

5. QC 小组活动的宗旨是什么?

(1) 提高职工素质、激发职工的积极性和创造性。
(2) 改进质量、降低消耗、提高经济效益。
(3) 建立文明和心情舒畅的生产、服务、工作现场。

关键的一条是提高职工的素质,激发职工的积极性和创造性。因为只有人的责任心强、业务技术能力高,又有极大的积极性和创造性,才会千方百计地提高质量,降低消耗,提高经济效益,才会建立起文明、舒畅的生产、服务工作现场。而后面两个方面的实践又会反作用于职工素质和积极性、创造性的进一步提高。所以 QC 小组的这三条宗旨相辅相成、缺一不可。

6. QC 小组活动的作用是什么?

(1) 有利于开发智力资源,发掘人的潜能,提高人的素质;
(2) 有利于预防质量问题并进行质量改进;
(3) 有利于实现全员参加管理;

（4）有利于改善人与人之间的关系，增强人的团结协作精神；

（5）有利于改善和加强管理工作，提高管理水平；

（6）有利于提高科学思维能力、组织协调能力、分析解决问题能力；

（7）有利于提高顾客的满意程度。

7. 我国QC小组活动的发展分为哪几个阶段？

一是试点阶段：1978～1979年。主要标志是以北京内燃机总厂为代表的一批试点企业，邀请日本质量管理专家讲学；1979年8月召开了全国第一次QC小组代表会议，同年8月31日中国质量管理协会成立，9月1日举办了第一次"质量月"活动。

二是推广阶段：1980～1985年。1980年3月，国家经济贸易委员会颁发了《工业企业全面质量管理暂行办法》，明确了全面质量管理在企业中的地位、作用和推行办法，是QC小组活动走向经常化和制度化的开始；1983年国务院领导亲切接见了全国第五次QC小组代表会议全体代表并发表重要讲话；同年12月，国家经济贸易委员会制定颁发了《QC小组暂行条例》，为QC小组发展指明了方向。

三是发展阶段：1986～1997年。中国共产党第十三次全国代表大会把质量问题提高到经济发展的战略高度和反映民族素质的高度，要求各部门、各企业和全体社会成员都要为提高产品质量而努力。1986年，国家经委决定"七五"期间全国大中型骨干企业要有计划、有步骤地推行全面质量管理，这就为全国8200个大中型骨干企业积极开展QC小组活动创造了条件。全国建立了强有力的高层次的指导、推进组织，政府和社团联合推动，颁发了《QC小组活动管理办法》和《关于推进企业质量管理小组活动的意见》，在全国建立了一支训练有素的QC小组活动诊断师队伍，组织编写了一批教材和培训教案。

四是深化阶段：1998年至今。随着国家经济体制的调整，QC小组活动也随之发生了三大转变，即由国有大中型企业向三资企业、由内地企业向沿海企业、由制造业向服务业的转变；QC小组活动进一步得到国家质量主管部门的重视和支持；QC知识普及教育和诊断师队伍建设进一步得到加强；创新型课题QC小组开辟了小组活动的新领域；加强世界交流，实现了与国际接轨，分别于1997年和2007年在北京召开了国际QC小组大会。

8. QC小组活动与质量信得过班组创建活动、现场管理活动的区别和共同点？

（1）QC小组是指在生产或工作岗位上从事各种劳动的职工，围绕企业的经营战略、方针目标和现场存在的问题，以改进质量、降低消耗、提高人的素质和经济效益为目的组织起来的，运用质量管理的理论和方法开展活动的小组。

（2）质量信得过班组是指以组织行政班组（主体）为基本单位，围绕组织的质量方针和目标（范围），运用质量管理的理论和方法（手段），采取有效的控制手段，稳定提高产品、管理和服务质量，取得顾客信任和满意的班组（目的）。以不合格质量不转给顾客为基本宗旨，着眼于班组内的质量保证活动，交付顾客信得过的产品、服务、工作，赢得顾客对班组的信任与信赖，确保实现组织的质量方针和目标。

（3）现场管理。是对现场进行的计划、组织、指挥、协调、控制和改进活动。电力企业现场管理准则的核心是用全面质量管理的思想和方法提升现场管理活动的整体运行质量，实现以顾客为中心，提升效率和效能，优化节拍，节省时间，节约资源（"一心""二效""三节")。其基本理念为顾客导向、系统协调、员工素质、效率提升、持续改善、现场和谐。

三者既有区别，又有共同点，见表 1-1。

表 1-1 　　　　QC 小组活动与质量信得过班组创建活动、现场管理活动比较

活动 条目	QC 小组活动	质量信得过班组创建	现场管理
范围不尽相同	小组为活动单元	建制班组为活动单元	作业现场，可以是一个班组或若干个班组
目的不同	群众性质量管理，实现员工自我价值的自主活动	为相关方创造价值，质量信得过，用户、顾客满意	实现一心——以顾客为中心，二效——提升效率和效能，三节——节约资源、节约时间、优化节拍
内容不同	强调 PACA 循环，围绕课题改进、创新	对班组实行全面管理，强化顾客、相关方意识	运用全面质量管理思想，科学运用质量管理方法，提升现场系统管理水平，实现现场优化
参加人员不同	对课题感兴趣的相关人员	班组内全体成员	作业现场的全体人员
结果不同	解决问题，并可能带来相关制度、标准的修订、完善	实现班组管理水平提升，班组输出的产品、服务质量相关方均信得过	实现现场系统管理水平的整体提高，提升效率
共同点	1. 都是提升企业基础管理的一种途径和方法； 2. 都强调质量第一、以顾客为中心； 3. 都以提升人员素质为根本； 4. 都是运用质量管理工具和方法解决基础管理中的问题		

第二节　QC 小组的组建

9. QC 小组组建的原则是什么？

QC 小组组建一般应遵循自愿参加，上下结合与实事求是，灵活多样的基本原则。

10. QC 小组自愿参加，上下结合的组建原则有何含义？

自愿参加是指小组成员在对 QC 小组活动的宗旨有比较深刻的理解并达成共识的基础上，自愿结合，自愿参与质量管理活动，这样建立起来的小组不靠行政命令，小组成员在活动中能够更好地发挥无私奉献的主人翁精神，充分发挥自己的积极性、主动性和创造性，进行自我学习，相互启发，共同研究，协力解决共同关心的问题，实现自我控制，自我提高的目标。上下结合就是要通过管理者的有效组织、引导和启发，让广大职工群众自愿参加 QC 小组活动。没有广大职工群众的自觉参与，QC 小组活动就会停滞不前，QC 小组就没有生命力。

11. QC 小组实事求是，灵活多样的组建原则有何含义？

由于各个企业的情况不同，因此在组建 QC 小组时一定要从企业实际出发，以解决企业实际问题为出发点，实事求是地筹划 QC 小组组建工作，不要急于追求普及率，而是要启发职工的自觉自愿，为广大职工群众参加 QC 小组活动起到典型引路的示范作用，让广大职工

从身边的实例中增强对 QC 小组活动宗旨的感性认识。同时，由于企业的特点不同，乃至企业内部各个部门的特点也不同，在组建 QC 小组时，形式可以灵活多样，从解决实际问题的需要出发，组成各种形式的 QC 小组，比如"三合一""四结合""自主管理小组"等，模式多种多样，不拘一格，以方便活动，易出成果。不搞一个模式、一刀切。

12. QC 小组组长的职责是什么?

QC 小组组长的基本职责，就是组织领导 QC 小组有效开展活动。QC 小组组长的组织领导作用，不是靠行政命令，而是靠自己对 QC 小组活动的高度热情、积极奉献、言传身教以及模范带头的行动团结全体组员、激励全体成员与自己一道主动有效开展 QC 小组活动。

具体职责可以概括为：一是抓好 QC 小组的质量教育；二是制定小组活动计划，按计划组织好小组活动；三是做好 QC 小组的日常管理工作。

13. QC 小组组长、组员应具备哪些条件?

QC 小组组长应具备以下条件和要求：
(1) 是推行全面质量管理的热心人；
(2) 业务知识较丰富；
(3) 具有一定的组织能力。

QC 小组组员应具备以下条件和要求：
(1) 应根据 QC 小组活动计划安排按时参加活动；
(2) 按时完成小组分配的任务；
(3) QC 小组成员不仅要当好本小组的组员，而且应成为企业中不断改进的积极分子。

14. QC 小组的组建程序分为哪几种?

组建 QC 小组的程序大致可以分为以下三种情况：
(1) 自下而上的组建程序；
(2) 自上而下的组建程序；
(3) 上下结合的组建程序。

在实际工作中，采取哪种方式一般看两个条件：一是课题来源；二是组建方法，见表 1-2。

表 1-2　　　　　　　　　　　　　　　QC 小组的组建程序

条件 种类	自下而上	自上而下	上下结合
课题来源	根据工作现场的问题点并验证可行性后确定	主管部门提出方案与有关部门协商共同确定	上级推荐、上下协商、基层承办
组建方法	自主成立，选举产生小组长，基层管理人员指导帮助	主管部门与基层领导共同物色小组长并和小组长一起确定小组成员	基层领导指定合适的小组长，组长推荐小组成员，组成小组

15. QC 小组自下而上的组建程序有什么特点?

这种组建程序，通常适用于那些由同一班组（或同一科室）内的部分成员组成的 QC 小组。所选课题一般都是自己身边的力所能及的较小问题，成员活动积极性、主动性高。

16. QC 小组自上而下的组建程序有什么特点？

这种组建程序较普遍地被"三结合"技术攻关的 QC 小组所采用。这类课题往往都是企业或者车间（部门）急需解决的、有较大难度、牵涉面比较广的技术、设备、工艺问题或者综合性管理课题，需要企业或者车间提供一定的技术、资金条件。这样组建的小组容易紧密结合企业的方针目标，会带来直接经济效益。又由于领导和技术人员的参与，活动易得到人力、物力、财力和时间的保证，利于取得成效。

17. QC 小组上下结合的组建程序有什么特点？

上下结合组建的 QC 小组，通常是由上级推荐课题范围，经下级讨论认可，上下协商来组建。这主要是涉及组长和组员人选的确定，课题内容的初步选择等问题，其他程序与前两种相同。这样组建小组，可取前两种所长，避其所短，应积极倡导。

18. QC 小组的人数有什么要求？

为便于自主开展现场改善活动，QC 小组人数一般 3～10 人为宜。每个小组成员具体应该多少，应根据所选课题涉及的范围、难度等因素确定，不必强求一致，要有利于每个小组成员都能够在小组活动中充分发挥作用。

第三节 QC 小组活动

19. QC 小组活动的基本条件是什么？

（1）领导对 QC 小组活动思想上重视，行动上支持；
（2）职工对 QC 小组活动有认识、有要求；
（3）培养一批 QC 小组活动骨干；
（4）建立健全 QC 小组活动的规章制度。

20. 为了推进 QC 小组活动健康持久地发展，应做好哪些方面的工作？

为了使企业的 QC 小组活动持续、健康发展，企业应把 QC 小组活动作为质量管理体系的一个要素，并对 QC 小组的组建、注册登记、活动、管理、培训、成果发表、评选和奖励等各项工作制定出相应的规章制度。具体可参照 1997 年国家经贸委、财政部、中国科协、全国总工会、共青团中央、中国质协联合颁发的《关于推进企业质量管理小组活动的意见》，结合本企业的特点制定，以指导企业的 QC 小组活动。

21. QC 小组成员应具备哪五种意识？

意识是行动的先导，要有正确的行动，就需要有正确的意识。面对成因复杂的问题和重要的任务，对 QC 小组而言，至少应具备五种基本意识。即质量意识、参与意识、改进意识、协作意识、创新意识。

22. QC 小组活动骨干应具备哪些能力？

QC 小组骨干是开展 QC 小组活动的积极分子和主力，他们应具备以下基本能力：
（1）正确掌握 QC 小组基础知识和工具；
（2）具有较强的质量意识、问题意识、改进意识、参与意识和创新意识；
（3）围绕活动课题，配合组长主动参与到小组各阶段的活动中，并发挥作用。

23. 何谓 QC 小组活动推进者？

QC 小组推进者是各级组织和企事业单位开展 QC 小组活动的组织者、推动者，他们是来自政府各相关部门的领导、专家学者，各质量协会、企事业单位的小组负责人。这些推进者对 QC 小组活动的开展起到积极的推动作用，是 QC 小组活动的"播种机"和"助推器"。

24. QC 小组活动推进者的工作要点有哪些？

（1）负责 QC 小组活动的引进试点、推广应用、深化提高的宣传、组织与推进工作；
（2）建立开展 QC 小组的推进体系、活动办法和激励机制；
（3）组织出版相关 QC 小组教材、成果汇编、杂志等指导书刊；
（4）每年召开全公司、各地区、行业 QC 小组发表会；
（5）组织 QC 小组培训，培养 QC 小组活动骨干和诊断师。

25. QC 小组推进者的辅导要领是什么？

（1）避免空洞的理论，寻求实际可行的具体方案；
（2）多倾听小组成员的困难，把小组的困难视为自己的困难；
（3）多采用启发方式，发挥小组成员的自主能力；
（4）不要让小组成员感到是在"指示"他们做什么；
（5）不用命令、要求，让小组成员自己做最后决定；
（6）抓住适当时机，如小组活动推进不顺利时给予指导。

26. 何谓 QC 小组活动诊断师？

QC 小组活动诊断师是在 QC 小组骨干和推进者的基础上产生的，且具备"懂理论、能指导、会评价"能力的咨询员和评审员，是帮助和指导小组正确开展 QC 小组活动的引领者。可分为国家级 QC 小组活动诊断师和省、行业级 QC 小组活动诊断师。

27. QC 小组活动诊断师应具备的基本条件？

（1）热爱质量事业，办事公正，作风正派；
（2）从事技术和管理工作 5 年以上；
（3）具备初级以上技术职称，具有较高的质量管理水平和较丰富的质量管理实践经验。

28. QC 小组活动诊断师应具备哪些能力？

（1）掌握全面质量管理基本理论；

（2）较强的组织能力；

（3）较强的独立工作能力；

（4）较强的分析处理问题的能力；

（5）能够正确评价 QC 小组成果。

29. 为什么要加强 QC 教育培训？

QC 小组活动始于教育终于教育。QC 小组活动是一种让员工吸收新知识，发挥潜力的活动。随着时代的发展，企业的业务管理模式和科技水平相应发生了巨大变化，企业员工所处的工作环境与现场、现物和现实也都随之发生了较大变化。因此 QC 小组成员需要通过教育培训，转变价值观念和思想意识，更新业务技能，顺应这种变化，跟上时代发展的步伐。

30. 有效开展 QC 教育培训的关键是什么？

（1）明确教育培训方针，使 QC 教育培训成为企业发展必不可少的元素；

（2）确定负责教育培训的部门及负责人；

（3）建立 QC 教育培训体系，与员工绩效考核挂钩；

（4）将按级别层次培训与按业务职能培训相结合，有助于培训工作的推进。

31. QC 小组活动有什么技巧？

活动目的要明确，课题选择尤其重要；活动计划早制订，成员工作好安排；事前工作准备好，活动效率就提高；活动始末要准时，时间观念很重要；全体成员都发言，集思广益效果好；成员全体担任务，众人拾柴火焰高；活动全部留记录，总结改进少不了。

（1）定期活动（30～60min 的活动）。规定每周或每月的定期活动日，如每周一、每月第四周的周三等；根据岗位、业务工作忙闲状况定日期；结合工作表、会议预定表确定活动日。

（2）随机活动（5～10min 的活动）。班前、班后 10min 聚会；午餐小聚会；每次会议结束后小碰头；工作间隙、小休时间小聚会。

（3）活动地点。会议室、办公室、试验室、营业厅、现场（解决现场问题时）、食堂等。

（4）事前准备。全体成员了解活动的内容、主题；按计划完成分配的任务；安排好工作、准时出席；明确每次活动的预期目标，提高效率和有效性。

（5）讨论技巧。围绕讨论主题，请每一位组员表明意见；点名提问，指定某人说出看法，其他人员补充，提出改进意见；对于小组成员提出的问题，请其他成员给出回答即解决方案；自解，请提出问题的成员自己先拿出解决的方案和答案。

（6）注意事项。自由发言，即开放思路，不受约束，发表独到、创新的意见和看法；多提意见，即欢迎组员多谈想法，多提建议，从中发现有价值的信息；综合概括，即善于把所有人的点滴想法进行归纳、综合、总结，得以有效运用；切忌评判，即为获取多元化思路，鼓励大家说话，对发言内容不评价、不附和。

32. QC 小组活动创造性技法有哪些？

上海创造协会将 QC 小组活动创造性技法提炼成思路提示法，用简明易懂的十二句话、三十六个字就解决了问题。可以称其为十二聪明法。

加一加。在原来的基础上加上一些东西变成另外一个东西。在原来的功能上加上一些功能，就成了新的功能。这是综合创新的方法。有个毛巾厂生产的毛巾卖不出去了，怎么办呢？有人就给老板出主意：中国人不都有属相吗？你在毛巾上印上十二生肖就容易卖出去了。结果，这家毛巾厂的毛巾很快就销售一空。

减一减。把原来的东西减掉一些、省掉一些。在生活中，如果一双皮靴很复杂，首先一剪就变成一双皮鞋了，再剪就成拖鞋了。拖鞋就是对鞋的简化。有些人为了节省衣服把长袖剪短成了短袖，把短袖剪成背心；把长裤剪短成了短裤，再小一点成了三角裤，这都属于减一减范畴。有很多产品一减就能减出好东西来。最典型的是日本的简易收录机，当世界最盛行收录机的时候，有个工厂的工人向老板建议：这收录机功能太复杂，只要播放功能就行，这样可供人们走路时听音乐、念外语、听戏曲等。后来老板采用了他的建议，这种简易收录机马上遍及了全世界。这就是日本著名的"随身听的故事"。就是这减一减，赢得了难以计数的利润。

扩一扩。把事情放大、扩展，扩一扩能把小玩具变成大机器。最初的台灯只能放在桌子上，没有桌子怎么办呢？于是人们生产出了落地灯，而落地扇就是台扇的扩一扩。空调最初是窗机，后来变成分体机，再变成柜机，再扩大一下变成中央空调。

缩一缩。就是把大的东西变小，比如保温瓶、保温杯、热水瓶。热水瓶太大了，于是缩一缩，就成了熬中药用的小热水瓶；小热水瓶还太复杂，可以再缩一缩，后来出来保温杯。东西越变越小，但都是保温的。

改一改。就是在原来有缺点的基础上，把缺点改掉变为优点。当今服装行业有这样一个趋势：将来要发明一种服装，一年四季，人只要穿一件衣服就可以了。这个衣服夏天能透气，冬天能保暖，下雨天能防雨。体形不好的人，穿上它还可以变得非常好看。如果不喜欢它的颜色，拿激光一照就由橘红色变成绿色的了，再一照又由绿色变成黄色的了。实在不想要了还能拿去喂狗，还没有环境污染。其实，这样的服装已经在研制了，有很多功能已经实现。所以，人们只有敢于思考，才会有新东西出现。

联一联。运用联想法，由此及彼。海南海丰制药厂有个职员，考虑到浙江人种珍珠是在河蚌里面加一点沙子，而牛黄是牛的胆结石，能不能在牛胆里加点东西，让它变成胆结石呢？有了这个想法以后，他就找了一头牛进行实验，在牛的胆里面加了点东西，结果这牛一天一天地骨瘦如柴，最后奄奄一息，死了。经过尸体解剖，得到了1.5kg的牛黄，人工种植牛黄的理想实现了，这就是所谓的联一联。

学一学。有什么事物和情形可以让自己模仿、学习一下吗？模仿它的形状、结构、功能会有什么结果？学习它的原理、技术又会有什么结果呢？关于这一点，最典型的就是仿生学。例如，人们模仿企鹅的运动方式发明了沙漠跳跃机，从恐龙的巨大身躯上悟出建筑学的道理等。

代一代。有什么东西可以代替另一样东西吗？如果用别的材料、零件、方法行不行？换个人做、使用其他动力、换个机构、换个音色行不行？换个要素、换个模型、换个布局、换个顺序、换个日程行不行？

搬一搬。把这件东西搬到别的地方，还能有别的用处吗？这个想法、道理、技术搬到别的地方，也能用得上吗？可否从别处听取到意见、建议？可否借用他人的智慧？

变一变。改变一下形状、颜色、音响、味道、运动、气味、型号、姿态会怎样？改变一下次序会怎样？

反一反。如果把一件东西、一个事物的正反、上下、左右、前后、横竖、里外颠倒一下，会有什么结果？世界上的很多发明都是通过方向思维获得灵感的。

定一定。为了解决某个问题或改进某件东西，为了提高学习、工作效率和防止可能发生的事故或疏漏，需要规定些什么吗？

第四节 QC小组的注册登记

33. 为什么要对 QC 小组进行注册？

对 QC 小组注册主要是为了提高 QC 小组活动的成功率和 QC 小组活动的质量，实现 QC 小组的质量目标；支持和协调 QC 小组的活动，使 QC 小组活动取得组织的认可；帮助 QC 小组获得完成课题要求、创造活动的条件；督促 QC 小组认真开展活动，掌握 QC 小组的活动情况和给予有效指导，体现 QC 小组的组建原则。

34. QC 小组的注册登记有何要求？

为了便于管理，组建 QC 小组应认真做好注册登记工作。注册登记表由企业 QC 小组主管部门负责发放、登记编号和统一保管。QC 小组注册登记后，就被纳入企业年度 QC 小组活动管理计划之中，在随后开展的小组活动中，便于得到各级领导和有关部门的支持和服务，并可参加各级优秀 QC 小组的评选。QC 小组每年要进行一次重新登记，以便确认该小组是否存在，或者有什么变动。《关于推进企业质量管理小组活动的意见》中指出："对停止活动持续半年的 QC 小组予以注销。"可见，进行注册登记有助于督促 QC 小组坚持开展活动。

35. QC 小组的注册登记与 QC 小组课题的注册登记有什么不同？

QC 小组的注册登记每年进行一次，以便确认小组是否还存在，是否有变动，对停止活动半年的 QC 小组予以注销；而 QC 小组课题的注册登记则应是每选定一个活动课题，在开展活动之前进行一次课题的注册登记。在 QC 小组注册登记时，如果上一年度的活动课题没有结束，还不能注册登记新课题时，则应向主管部门书面说明情况。

36. QC 小组注册登记应注册哪些内容？

小组注册登记时，需写明小组的名称、组长、组员、所属单位、成立日期、活动课题、课题类型，每年注册登记一次。管理型课题应有本单位领导或管理部门负责人参与，攻关型课题应有本单位或本部门技术领导参与。小组活动如果跨年度，应注明。

37. 哪些情况不允许注册？

（1）已经注册为科技、技措、技改、节能等项目的课题不得再作为 QC 课题注册。
（2）成员不足二人的 QC 小组不得注册。
（3）QC 小组注册相同课题的，应选择条件最好的一个 QC 小组给予注册，其他小组劝其另选课题。
（4）经注册的课题，不再重复注册。
（5）未按 QC 小组课题登记表要求填表的，完善后再行注册。

（6）未经所在部门同意的 QC 小组及课题，不允许注册。

（7）属正常处理业务，无需成立 QC 小组即可解决的问题，不允许注册。

38. 什么情况下需要注销注册？

（1）QC 小组注册后，又主动要求注销的；

（2）QC 小组持续半年没有活动的或没有证据证实其全部活动过程的；

（3）QC 小组虽坚持活动，但由于条件不允许，无法进行下去的；

（4）QC 小组活动弄虚作假的；

（5）发现重复注册的应保留最早注册的小组，其他小组应注销；

（6）QC 小组的课题或 60％的小组成员需要变更，应予注销后重新注册。

39. 注册的关键是什么？

注册的关键是慎重选择课题。在遵循"小、实、新、活"的原则下，慎重选择课题和考察 QC 小组成员的能力是否适应，是能否出成果的关键，也是注册过程中的关键环节。应注意课题的选择和确定，对所选课题应反复斟酌，各单位和各管理部门应抓好注册课题的培训，把好选择课题关。在确定课题时，应得到课题所涉及业务的主管负责人的认可及签字。

【案例 1-1】×××公司 QC 小组课题注册登记表见表 1-3。

表 1-3　　　　　　　　　×××公司 QC 小组课题注册登记表　　　　　年　月　日

部门			小组人数		人		
小组名称			小组注册登记号				
组长			小组成立日期		年　月　日		
课题类型			课题登记日期		年　月　日		
课题名称					课题注册号		
预期目标					预计完成日期：		
小组成员	姓名	性别	年龄	文化程度	岗位	职务/职称	小组分工

部门专工意见		签字:	年 月 日
部门负责人意见		签字:	年 月 日
职能管理部门意见		签字:	年 月 日
分管领导意见		签字:	年 月 日

本表一式三份,注册后交职能部门一份,本部门、小组各留存一份。

第五节 QC小组的现场评审

40. QC 小组活动现场评审有何作用?

可审核成果的真实性及现场应用的有效性。评价 QC 小组活动的积极性和小组活动水平,把握小组活动状态,寻找到小组活动中存在的问题,指导小组持续改进和不断提高。通过检查小组活动原始记录,重点查看 QC 小组活动过程是否遵循 PDCA 循环;是否以事实为依据,用数据说话;是否应用恰当的统计方法来反映活动的全面性、真实性。通过现场检查或现场展示 QC 小组活动成果的应用情况,调查当年技改项目,避免部分小组活动弄虚作假。

41. 现场评审的内容包括哪些?

现场评审主要评审 QC 小组的组织、活动情况与活动记录、活动成果及成果的维持巩固、QC 小组教育等。

【案例 1-2】中国质量协会制定 QC 小组活动成果现场评审标准见表 1-4。

表 1-4　　　　　　　　　QC 小组活动成果现场评审标准表

小组名称:＿＿＿＿＿＿＿＿＿　　　　　　　　课题名称:＿＿＿＿＿＿＿＿＿

序号	评审项目	评审方法	评审内容	分值	得分
1	QC 小组的组织	查看记录	(1) 小组和课题已进行注册登记;	3	
			(2) 小组活动时,小组成员出勤情况;	2	
			(3) 小组成员参与组内分工情况;	2	
			(4) 小组活动计划及完成情况	3	

续表

序号	评审项目	评审方法	评审内容	分值	得分
2	活动情况与活动记录	听取介绍 交流沟通 查看记录 现场验证	（1）活动过程是否按 QC 小组活动程序进行；	10	
			（2）活动记录（包括各项原始数据、调查表、记录等）妥善保存、真实完整；	10	
			（3）制定各阶段活动详细计划，每一阶段是否按计划完成；	5	
			（4）活动记录的内容与发表资料的一致性	5	
3	活动真实性和有效性	现场验证 查看记录	（1）小组课题对工艺、技术、流程、管理、服务的改进点是否有改观；	10	
			（2）各项改进在专业技术上是否做到科学有效；	4	
			（3）取得的经济效益是否得到财务部门的认可；	4	
			（4）无形效益是否得到验证；	4	
			（5）统计方法应用是否纳入有关标准或制度	8	
4	成果的维持与巩固	查看记录 现场验证	（1）对成果内容进行了核实和确认，并已达到所制定的目标；	5	
			（2）取得的经济效益已得到财务部门的认可；	5	
			（3）改进的有效措施已纳入有关标准；	5	
			（4）现场已按新的标准作业，并把成果巩固在较好的水准上	5	
5	QC 小组教育	提问或考试	（1）小组成员是否能够了解 QC 小组活动内涵与程序；	3	
			（2）小组成员对方法和工具的掌握程度和水平如何；	3	
			（3）通过本次活动，小组成员质量管理知识好技能水平有哪些提升	4	
总体评价				总分	

评委：＿＿＿＿＿＿＿＿＿＿＿　　日期：＿＿＿＿＿＿＿＿＿＿＿

42. 如何评审 QC 小组的组织情况？

（1）小组按有关规定进行登记及课题登记情况；
（2）小组成员在活动时的出勤情况；
（3）小组成员参与分担组内工作的情况。

43. 如何评审 QC 小组的活动情况与活动记录？

活动按 QC 小组活动程序进行情况；所取得数据的各项原始记录妥善保存情况；活动记录完整、真实，并能反映活动的全过程；每一阶段的活动能按计划完成；活动记录的内容与成果报告的一致性。

44. 如何评审 QC 小组的活动成果？如何维持巩固成果？

成果内容进行了核实和确认，并达到了所制定的目标；取得的经济效益已得到财务部门或相关单位的认可；改进的有效措施已纳入有关标准；现场已按新的标准作业，并把成果巩固在较好的水准上。

45. QC 小组现场评审的形式有哪些？

借鉴质量管理体系内部审核的方法，QC 小组现场评审可采用听、看、问的形式进行。切忌搞成 QC 小组活动成果的"预发布"形式。

听：集中听取小组成员的活动汇报。

看：主要是按照 QC 小组现场评审标准，查看小组组建与注册合规程度；查看小组活动记录的完整性、真实性以及内容与成果报告的一致性；对活动成果的应用效果及目标达成进行核实和确认，成果改进的有效措施在现场的维持巩固程度；小组成员对小组活动程序和方法、工具的了解掌握情况。

问：对 QC 小组活动过程和成果报告中需要评委了解和小组成员澄清的一些问题进行沟通。

46. QC 小组现场评审放在什么时间适合？

QC 小组现场评审一般安排在小组取得成果后的两个月为宜。相隔时间太短，不能很好地看出效果的维持和巩固情况；相隔时间太长，则不便于更好地调动小组成员的积极性。

47. QC 小组现场评审把握的重点是什么？

评审重点是 QC 小组活动及成果的真实性和有效性。即评审小组成果所展示的活动全过程是否符合 PDCA 活动程序，各个环节是否做到以客观事实为依据，用数据说话，以及所用的数据是否完整、正确、有效，数理统计工具的应用是否正确、恰当。

48. QC 小组现场评审的原则是什么？

评审工作坚持公平、公正、公开原则，必须严格按现场评审标准综合评价小组活动的真实性、科学性、有效性和先进性。评审宜抓大放小，对 QC 小组活动成果存在的问题要从大处着眼，重点找出主要问题，对小问题采取及时在评审过程中指出的方式，促进其改进完善。评审时要根据评审标准的要求提出评审意见，肯定成绩，指出不足，以持续提高小组活动水平，避免在专业技术上钻牛角尖，也不能单纯以经济效益为依据评优。

49. 现场评审时应侧重关注哪几个环节？

（1）首先应充分肯定小组活动取得的成果；
（2）启发小组成员多角度、多方法发现问题、分析问题；
（3）从程序、逻辑关系、工具应用、方式方法上帮小组修订完善 QC 活动成果；
（4）面对面交流为小组成员答疑解惑。

50. 对现场评审提出的问题与建议，QC小组在整理活动报告时应如何修改完善？

（1）应尽可能地与现场评审专家当面进行沟通；

（2）针对提出的问题与建议，对原成果报告进行一次全面的梳理与评价；

（3）对理解、认同的问题与建议，应在整理成果报告时给予修改和完善；

（4）对不理解、认识上有差异的问题与建议，可暂不做处置，避免使修改后的活动成果报告面目全非。

51. 现场评审应在哪两个逻辑关系上为QC小组把控成果报告？

QC成果报告有两个逻辑关系：一是时间的关系：从组建小组、课题注册、选题、一直到总结及下一步打算等各个环节，均应一一交待清楚，令人信服，要能反映出小组活动过程和努力的程度；二是课题、目标、问题症结、要因、对策、措施、标准化等的逻辑关系，均为先后呼应，一一对应，缺一不可，不应放置不用，或无中生有。

52. 如何在现场评审中推动班组开展QC小组活动的积极性？

（1）现场评审全面诠释了领导重视这一QC小组开展活动的基本条件；

（2）通过现场查看QC小组活动成果，在肯定活动取得成果的同时，增强了小组成员的主人翁精神；

（3）现场评审在激发广大员工参与QC活动积极性的同时，也进一步提升了TQM知识的普及与提升；

（4）现场评审体现了QC活动成果不同于单纯的劳动竞赛或技术比武。QC活动成果历经层层评审、筛选与同台竞技，为小组展现技能，员工展示才华，提供了横向、纵向的比试平台，是衡量班组长组织能力、管理能力和班组技能水平的试金石。

53. 现场评审时要注重发挥哪两个关键作用？

（1）领导作用：应引起领导的重视，为QC小组开展活动提供支持；

（2）全员参与：促进小组成员全员参与，为继续开展TQM教育，推动QC小组活动提供保证。

54. QC小组活动记录内容有何要求？

QC小组活动记录是小组活动经历的重现，如同小组活动的"实况录像"，应比成果报告材料更加充实、丰满。QC小组活动记录必须严格按照QC小组活动程序进行，每次活动要说明时间、参加人、出勤率和活动主题等。记录内容要有小组成员的发言，通过现场调查分析、测量测试和现场验证等数据归纳汇总后，本着以事实为依据，用数据说话，应用统计工具的原则进行记录。内容记录形式没有要求，可以是一张纸片、一张稿纸等，只要按先后顺序进行适当的整理即可，要全面体现QC小组活动的真实性。

55. 现场评审中评委与小组交流应注意哪些事项？

（1）真诚与小组人员交流，正向鼓励式地给小组人员提出改进意见；

（2）鼓励小组真实、朴实，成果不夸大、不修饰；

（3）要充分肯定小组的优点，以便更好地调动 QC 小组成员的积极性。

第六节 QC 小组活动成果

56. QC 小组活动涉及哪些方面的技术？

QC 小组活动要解决工作中所存在的问题就需要技术。这里所涉及的技术有两个方面：一个是专业技术，即要解决的这个问题属于什么专业领域，需要用专业技术；另一个是管理技术，即在质量改进过程中所运用的程序、证据、方法、技巧等。只有将二者有机结合起来，才能确保 QC 小组活动有效推进，最终达到事半功倍的效果，如同一辆自行车的两个轮子，需要一起转动，才能很好地驶向目标。每个 QC 小组需要解决的问题是不同的，所涉及的专业技术也各不相同，不具有共性。而管理技术则具有共性，是每个 QC 小组都必须掌握和应用的。

57. QC 小组活动涉及的管理技术主要包括哪些内容？

QC 小组活动涉及的管理技术主要包括以下三个方面的内容：
（1）运用 PDCA 循环方法解决问题；
（2）以事实和数据作为决策依据；
（3）恰当使用统计方法进行分析和判断。

58. 何为 PDCA 循环？

PDCA 循环又叫戴明环，是管理学中的一个通用模型，最早由休哈特（Walter A. Shewhart）于 1930 年构想，后来经美国质量管理专家戴明（Edwards Deming）博士在 1950 年再度挖掘，广泛宣传，并运用于持续改善产品质量的过程中。PDCA 循环是能使任何活动有效进行的一种合乎逻辑的工作程序，特别是在质量管理中得到了广泛应用。它是全面质量管理所应遵循的科学程序。全面质量管理活动的全过程，就是质量计划的制定和组织实现的过程，这个过程就是按照 PDCA 循环周而复始运转的。PDCA 循环即 QC 小组解决问题应遵循的管理程序。

59. PDCA 循环的具体内容是什么？

PDCA 是英语单词 Plan、Do、Check 和 Action 的第一个字母的缩写，人们每做一件事，搞一项活动或解决一个问题，都有一个做法或思路，都是按照 PDCA 的活动规律（程序）进行的。其英文字母所代表的意义如下：
（1）P（Plan）——计划，包括方针和目标的确定以及活动计划的制定；
（2）D（Do）——执行，就是具体运作，实现计划中的内容；
（3）C（Check）——检查，就是要检验执行计划的结果，分清哪些对，哪些错，明确效果，找出问题；
（4）A（Action）——处置，就是对总结检查的结果进行处理。

60. 如何理解以事实为依据，用数据说话？

以事实为依据，用数据说话是 QC 小组活动必须遵循的理论基础，在 PDCA 活动程序中，每一个步骤都相互衔接，都强调严密的逻辑性，每一个步骤的终点都必须为下一步骤提供事实依据。小组为什么选这个课题？目标值为什么制定得这么高？问题的症结在哪里？为什么确定这几条主要原因？所制定的每一条对策是否完成？是否达到预期的效果？等等，都要有证据来加以说明。采集确凿的数据加以客观地推导判断，环环相扣，提供的依据均以事实为基础的数据作为支撑，而不是拍脑袋、凭感觉，主观分析判断。为了体现证据的客观性和科学性，"以事实为依据，用数据说话"必须贯穿于小组活动的始终。

61. 如何理解运用统计方法进行分析和判断？

所谓统计方法，是指有关收集、整理、分析和解释统计数据，并对所反映的问题作出一定结论的方法。在小组活动中，为了取得证据，我们需要收集大量的数据，其中有的数据是有效数据，有的则是无效数据，要对数据进行整理、分析，以直观、准确地反映出症结所在，就需要应用统计方法。

例如，要判断总体质量，不能做到全数检验时，可以随机抽取一定数量作为样本，从样本的质量状况来判断总体的质量水平。再如我们要优选一些参数进行试验验证时，怎样才能做到试验次数最少而得到参数的最佳搭配，都需要统计方法。

目前"老七种工具"即调查表、分层法、排列图、因果图、直方图、控制图、散布图和"新七种工具"即亲和图、树图、关联图、矩阵图、箭条图、PDPC法，也称过程决策程序图法、矩阵数据分析法以及其他一些统计方法（折线图、柱状图、饼分图、雷达图、价值工程、正交试验设计法等），在 QC 小组活动中已经得到了不断的拓展和应用。

62. QC 小组活动课题如何分类？

对 QC 小组活动课题进行分类，是为了便于对小组活动进行指导，在成果发表交流与评选优秀 QC 小组时便于管理。按照 QC 小组活动课题的特点和内容，将 QC 小组活动课题分为现场型、管理型、服务型、攻关型、创新型五种类型。其中前 4 种统称为问题解决型类别，而创新型的类别即为创新型一种。

自 1999 年我国试点开展"创新型"课题后，由于其在活动程序步骤上与原有活动课题有明显区别，中国质量协会于 2005 年 8 月出版的《质量管理小组基础教材》正式将活动课题划分为问题解决型和创新型两大类，由于原有的现场型、攻关型、管理型、服务型课题，其活动程序基本相同，统归为问题解决型课题。根据设定目标的性质不同，问题解决型课题又可分为指令性课题（由上级主管部门以行政指令的方式向小组下达，并同时下达课题要达到的目标值）和自选课题（由小组根据工作现场的问题点，以持续的质量改进为前提，自选课题开展活动）两类，也有根据企业要实现的经营战略、方针、目标的需要，由主管部门推荐，小组根据自身能力选择的指导性课题。

63. 何为现场型课题？

现场型课题是以班组和工序现场的操作工人为主体组成，以稳定工序质量、改进产品质量、降低消耗、改进生产环境为目的，活动的范围主要是在现场。

这类小组选择的活动课题一般较小，难度不大，都是小组成员力所能及的，活动周期短，比较容易出成果，具有一定的经济效益。

如：降低 DCS 电源模件超温率，缩短 1400mm 托辊轴的加工时间等。

64. 何为攻关型课题？

攻关型课题是由领导干部、技术人员和操作人员组成的，它以解决技术关键问题为目的，课题难度大，活动周期长，投入资源多，经济效果显著。

这类课题成果占有较大的比例，往往是现场面临的棘手难题，解决难度较大，具有挑战性，需要投入一定资源，通常技术经济效果显著。

如：降低溢洪道 4 号闸墩混凝土内部温度，提高超长地下室底板施工效率等。

65. 何为服务型课题？

服务型课题是由专门从事服务工作的职工组成的，以推动服务工作标准化、程序化、科学化，提高服务质量和效益为目的，活动范围主要是在服务过程，社会效益比较明显。

这类小组与现场型 QC 小组相似，一般活动课题较小，围绕身边存在的问题进行改善，活动时间不长，见效较快。虽然这类成果经济效益不一定大，但社会效益往往比较明显，甚至会影响社会风气的改善。

如：提高接收投标文件工作效率，提高大用户抄表效率等。

66. 何为管理型课题？

管理型课题是由管理人员组成的，以提高业务工作质量、解决管理中存在的问题，提高管理水平为目的，课题可大可小，效果差别较大。

这类活动课题的选题范围有大有小，如只涉及本部门具体管理业务工作方法改进的，可能就小一些；而涉及企业内部各部门之间的协调的，涉及管理层职权范围的则会较大，课题难度不同，取得效果的差别也较大。

如：提高×××供电公司调考成绩合格率，提高绿色施工管理水平等。

67. 何为创新型课题？

"创新型"课题是 QC 小组运用全新的思维研制、开发新的产品、工具或服务，以提高企业产品的市场竞争力，并不断满足顾客日益增长的新需求。

创新型课题旨在追求创造更有魅力的质量，注重探索新的思路、创造新的产品、提供新的服务、研发新的方法，贵在创新，重在突破，选题在立意上侧重于突破常规、追新求变。

如：研探带电更换 500kV 紧凑型线路直线 V 串绝缘子作业方法，研制 GIS 设备位置快速观察器等。

68. 问题解决型课题与创新型课题有何不同？

问题解决型课题包括现场型、攻关型、管理型、服务型课题，其活动程序基本相同。问题解决型课题与创新型课题在课题类型上有所不同，因此它们在活动的思路、程序上也有所不同，主要区别见表1-5。

表 1-5　　　　　　　　　　问题解决型课题与创新型课题的主要区别

项目	问题解决型课题	创新型课题
立题	在原基础上改进、提高	从未有过的事情
现状	要把现状调查分析清楚	无现状调查，而是研究创新的切入点
目标	在原基础上，上升到一个新的水平	全新的要求
原因分析	针对现存问题的症结，分析原因，并找出主要原因	不用分析原因，为达到预期目标，广泛提出各种方案，寻找最佳方案
决策依据	用数据说话	评价、比较、选择（有数据时也要用数据）
应用工具	以数据分析工具为主，非数据分析工具为辅	以非数据分析工具为主

69. 创新型课题与科研课题有何不同？

创新型课题与科研课题同属于科技攻关活动，都体现了人运用创新思维开发出新产品（项目）、新方法。它们在参与主体、研究内容和形式等方面各有异同点。

相同之处：

（1）工作对象相同。两者都是向新产品、过程或项目进行挑战，面对的课题都具有创新性和挑战性。

（2）工作目的相同。两者都是为实现课题的目标而作出努力。

（3）研究对象相同。研究对象都是以前没有的。

（4）研究结果相同。都可形成创新成果，并可以形成知识产权保护项目。

不同之处：

（1）课题实现方法不同。创新型课题要求使用PDCA科学思维方法和统计工具完成课题。科研课题不要求一定要使用某一特定的方法，应根据课题研究的需要选择广泛的研究方法。

（2）课题大小不同。创新型课题选题都是来自身边的小课题，包括工具、卡具、工位器具、实用软件的开发、新方法等，需要创新的工作对象较为具体、明确，针对性强，充分体现了QC小组活动的"小、实、活、新"的特点。科研课题的选题则来源要广泛得多，包括国家和企业立项的技改项目、自主申请的课题或上级行政主管部门下达的研究任务。

（3）课题来源和组建不同。创新型课题来源于小组的愿望，由小组自己选择。科研课题一般由上一级下达指令或研究单位根据研究方向经论证后确定，课题组一般由上级组建。

（4）课题资金支持不同。创新型课题耗费资金较少，采取就地取材或资源再利用等多种方式，小组活动由群众自发地组织开展，资金要求不是重点。科研课题资金一般由上级授权单位提供支持，专款专用立项资金，按照年度下达计划开展攻关活动。

（5）课题参与人员不同。创新型课题一般以一线员工为主体，邀请部分技术人员参加。科研课题一般以技术人员为主体，邀请部分技术工人参加。

（6）课题效果评价不同。创新型课题以评价创新过程为主，看小组是否具备创新能力。科研课题以评价科研成果的价值为主，注重成果的可推广性，一般可以申请知识产权保护。

70. QC小组整理成果报告一般的步骤包括哪些？

（1）由QC小组组长召集小组全体成员开会，认真回顾本课题活动全过程，总结分析活动的经验教训；

（2）按照小组成员分工，搜集和整理小组活动的原始记录和资料；

（3）由成果报告执笔人在掌握上述资料和总结会上大家讨论的意见的基础上，按照 QC 小组活动基本程序整理成果报告初稿；

（4）将执笔人整理的成果报告初稿提交小组成员全体会议，由全体成员认真讨论、修改、补充、完善；

（5）最后由执笔人集中大家意见，反复修改，直到完成成果报告。

71. 总结整理 QC 成果报告要注意哪些问题？

（1）要严格按照 QC 活动程序进行总结；

（2）把活动中所下的工夫、努力克服困难、进行科学判断的情况总结到成果报告中去；

（3）成果报告要以图表数据为主，配以少量的文字说明来表达，尽量做到标题化、图表化、数据化，以使成果报告清晰、醒目；

（4）不要用专业技术太强的名词术语，在不可避免时（特别是发表时），要用通俗易懂的语言进行必要的名词解释；

（5）在成果报告的内容前面，可简要介绍 QC 小组的组成情况，必要时还要对有关企业情况，甚至是生产过程（流程）做简要的介绍，有利于成果内容的充分表达。

72. QC 小组成果认证的程序是什么？

QC 小组取得成果后一般要经过本车间本部门审核后，分别经过专业技术部门、财务经营部门和 QC 职能管理部门和分管领导从不同的层面进行成果认证。专业技术部门负责对成果从专业技术的可靠性、有效性和目标达成情况进行确认，财务经营部门从经济效益核算的真实性和准确性进行确认，QC 职能管理部门从 QC 小组的活动程序和活动方法方面进行审核确认，最终经过分管领导全面审核，确定成果真实、有效，课题目标达成，才能通过成果认证。

73. QC 小组的成果认证要注意什么？

QC 小组的成果进行认证时要注意：

（1）课题目标一定要实现；

（2）要规范填写成果认证表；

（3）QC 小组在成果认证时要提交成果报告书；

（4）QC 小组活动管理部门要组织有关部门到小组活动现场进行现场活动评审。

【案例 1-3】某公司 QC 小组活动成果认证表见表 1-6。

表 1-6　　　　　　　　　某公司 QC 小组活动成果认证表

年　月　日

部门名称					
QC 小组名称					
课题名称					
基本情况	组长	注册时间	小组人数	活动次数	课题类型

续表

	目标与目标值	
	主要成果（预期目标实现程度、效果是否显著稳定）	
	效益情况（计算推导公式及过程、折合人民币）	
	成果推广应用情况（技术、工艺、服务、管理及其他等）	
	是否纳入部门或公司标准化（规程、标准、制度等名称）	

认证评价	本部门评价签字（盖章）	专业技术部门或评价签字（盖章）	经济部门审核意见（盖章）	评审委员会意见（盖章）

本表一式三份，认证后交职能部门一份，本部门、小组各留存一份。

第七节　QC成果的评审

74. QC成果评审评什么？

（1）从管理角度针对小组课题类型，从活动程序的逻辑关系是否紧密、环环相扣，工具方法是否正确、恰当进行评价。

（2）针对小组活动的真实性和有效性，依据客观事实、数据对比进行准确的评价。

75. QC成果评审怎么评？

（1）立足小组工作、服务现状和特点，以现场作为客观依据，用事实数据说话，避免经验主义、教条主义和主观臆断。

（2）评价应以QC小组活动成果评分标准为准，切勿另行提出要求，保持对标准理解的一致性。

【案例1-4】问题解决型课题QC小组活动成果发表评审表见表1-7。

表 1-7 　　　　　　　　　　　**问题解决型课题 QC 小组活动成果发表评审表**

小组名称：＿＿＿＿＿＿＿＿＿＿　　　课题名称：＿＿＿＿＿＿＿＿＿＿

序号	评审项目	评审内容	评分标准	得分
1	选题	（1）所选课题应与上级方针目标相结合，或是本小组现场急需解决的问题； （2）课题名称要简洁明确地直接针对所存在的问题； （3）现状已清楚掌握，数据充分，并通过分析已明确问题的症结所在； （4）现状已为制定目标提供了依据； （5）目标设定不宜过多，并有量化的目标值和有一定依据； （6）工具运用正确、适宜	8～15 分	
2	原因分析	（1）应针对问题的症结来分析原因，因果关系要明确、清楚； （2）原因要分析透彻，一直分析到可直接采取对策的程度； （3）原因要从末端因素中选取； （4）应对所有末端因素进行要因确认，并且是用数据、事实客观地证明确是主要原因； （5）工具运用正确、适宜	13～20 分	
3	对策与实施	（1）针对所确定的主要原因，逐条制定对策； （2）对策应按"5W1H"的原则制定，每条对策在实施后都能检查是否已完成（达到目标）及有无效果； （3）按对策表逐条实施，且实施后的结果都有所交待； （4）大部分的对策是由本组成员来实施，遇到困难能努力克服； （5）工具运用正确、适宜	13～20 分	
4	效果	（1）取得效果后与原状比较，确认其改进的有效性，与所制定的目标比较，看其是否已达到； （2）取得经济效益的计算实事求、无夸大； （3）已注意了对无形效果的评价； （4）改进后的有效方法和措施已纳入有关标准，并按新标准实施； （5）改进后的效果能维持、巩固在良好的水准，并用图表表示出巩固期的数据； （6）工具运用正确、适宜	13～20 分	
5	发表	（1）发表资料要系统分明，前后连贯逻辑性好； （2）发表资料要通俗易懂，应以图、表、数据为主，避免通篇文字、照本宣读	5～10 分	
6	特点	统计方法运用突出，有特色，具有启发性	8～15 分	
总体评价			总分	

评委：＿＿＿＿＿＿＿＿＿＿

👤 **【案例 1-5】** 创新型课题 QC 小组活动成果发表评审表见表 1-8。

表 1-8　　　　　　　　　　创新型课题 QC 小组活动成果发表评审表

小组名称：_____　　课题名称：_____

序号	评审项目	评审内容	评分标准	得分
1	选题	(1) 题目选定是否有创新的含义； (2) 选题的理由、必要性要具体充分； (3) 目标要具挑战性，并要有量化的目标和分析	13～20 分	
2	提出方案 确定最佳 方案	(1) 应充分、广泛地提出方案； (2) 确定最佳方案要分析透彻，事先评价，科学决策，必要时要做模拟试验； (3) 工具运用正确、适宜	20～30 分	
3	对策 与实施	(1) 按"5W1H"的原则制订对策表； (2) 按对策表逐条实施，每条对策实施后的结果都有交代； (3) 工具运用正确、适宜	13～20 分	
4	效果	(1) 确认效果并与目标比较； (2) 经济效益的计算实事求是、无夸大； (3) 注意了活动过程及对无形效果的评价； (4) 成果已发挥作用并纳入有关标准及管理规范	8～15 分	
5	发表	(1) 发表资料要系统分明，前后连贯，逻辑性好； (2) 发表资料应以图、表、数据为主，通俗易懂，不用专业性较强的词句和内容； (3) 发表时要从容大方，有礼貌地讲成果； (4) 回答问题时诚恳、简要、不强辩	6～10 分	
6	特点	(1) 选题具体务实； (2) 充分体现小组成员的创造性	0～5 分	
总体 评价			总分	

评委：_____

76. QC 成果评审的原则是什么？

既有原则性又有灵活性，根据小组活动特点，提倡真实有效。一般需要把握 QC 成果评审的四项基本原则：

(1) 抓大放小；

(2) 客观有依据；

(3) 避免在专业技术上钻牛角尖；

(4) 不以经济效益的大小作为评价成果优劣的依据。

77. 对评委的基本要求有哪些？

(1) 熟悉 QC 活动程序步骤，熟悉统计技术的原理和应用；

(2) 懂理论、会实践、能指导，具有相应诊断师资格；

（3）准确把握评审标准，客观地对成果进行评价；

（4）实事求是，恪守职业道德，公正公平。

78. 评审中存在的主要问题有哪些？

评审中存在的主要问题表现在以下五个方面：

（1）挑小放大，弃主流——对 QC 小组活动程序理解不准确，易错判误判；

（2）不客观，没有依据——凭经验，带个人主观意向，打感情分，打分忽高忽低；

（3）钻技术牛角尖——专业技术的问题较复杂，由企业把关，否则会偏离方向；

（4）对工具方法与应用掌握不够，评审中不能准确判断方法应用的正确与否，甚至误判；

（5）对小组抱着挑毛病、找问题的心态，而缺少肯定和鼓励，严重挫伤了小组成员开展小组活动的积极性。

79. QC 小组活动成果异同之处主要体现在哪几方面？

不同之处主要体现在专业技术方面；相同之处主要体现在管理技术方面。

评审要点主要在管理技术方面，关注成果的两大特点：

（1）课题是否具体、务实；

（2）活动过程运用的方法是否突出、有特色。

80. QC 成果发表的意义何在？

（1）搭建平台，展示活动过程；通过逐级发表，进行逐级认证；

（2）分享经验，体现自我价值；吸引广大职工积极参加 QC 小组活动；

（3）相互启发，学习促进提高；有效提升员工的学习能力和工作能力。

81. 中国水电质协在成果发表中的作用及基本流程是什么？

作用：一是组织全国电力行业各企业优秀 QC 小组踊跃参加，通过展示与分享，相互启发，共同提高，扩大影响力。二是组织有一定理论水平和实践经验的专家、评委对 QC 成果给予正确、恰当评价。使小组成员看到本次活动自己的优势与不足，为今后活动进行充分的技术储备。三是保持与企业领队、小组骨干以及专家、评委的沟通，及时跟踪 QC 小组的新动态、新变化，了解员工的心路历程。四是对 QC 成果评审工作全过程进行正确指导和监督，确保评审的公开、公平与公正。

基本流程：每年定期征集全国电力行业年度优秀 QC 成果；组织成果初审，推荐若干项具有代表性的成果参加年度成果发表会；组织全国电力行业成果发表会（分组），择优推荐成果出席全国优秀 QC 小组活动成果发表会。

82. QC 小组活动成果发表的作用是什么？

（1）交流经验，互相启发，共同提高；

（2）鼓舞士气，满足小组成员自我价值实现的需要；

（3）现身说法，吸引更多职工参加 QC 小组活动；

（4）使评选优秀 QC 小组和优秀成果具有广泛的群众基础；

（5）提高 QC 小组成员科学总结成果的能力。

83. QC 小组发表成果应注意的问题？

（1）做好发表前的准备；

（2）发表成果时要注意语音洪亮，语言简明，吐字清楚，语气自信，语速有节奏；仪态要自然大方，不要过于拘谨和紧张；

（3）在成果发表完毕后的答疑时，态度要谦虚，要抱着共同探讨、互相学习、以求改进的态度，回答问题简洁明了；

（4）发表时要本着节约实用的原则。

84. 组织 QC 成果发表应注意哪些事项？

（1）发表形式服从于发表目的；

（2）发表会的主持人要积极启发倡导听众对发表的成果进行提问，由发表人答辩；

（3）每个成果答辩后，应由担任评委的专家给予客观地讲评；

（4）组织者要尽可能请最高主管领导参加会议，听取成果发表后即席讲话，为发表成果的 QC 小组颁奖、合影，以资鼓励，并号召大家更广泛地开展 QC 小组活动；

（5）在有条件的行业和地区，可以考虑不同类型的 QC 小组分别召开成果发表大会。

85. 评委提问的目的是什么？

评委提问的目的主要体现在两方面：一是澄清，对发表者没有表述清楚或评委、听众没有听明白的问题，需要请发表小组成员做进一步解释，以澄清问题。二是验证，对一些已经发现在成果中程序方面或工具方法应用方面存在的问题，向小组成员进一步核实，以验证问题。切忌在做出正确与否的评价或建议中用模棱两可的结论表述，如不会有效果、不可能实施等结论。

86. 评委提问的方式有哪些？

评委提问的方式主要有三种：

（1）诱导式。目的是开渠引水，对发表者的答案给予强烈的暗示，使对方的回答符合提问者预期的目的。主要是抓住发现的问题，诱导出相关的问题，启发发表者思维。

（2）直入式。将观点直接提出，让小组发表人（包括组员）在规定的范围内回答问题，运用这种提问方式要特别慎重。

（3）澄清式。澄清式提问是针对对方的回答，重新提出问题以使其进一步澄清或补充原先答复的问题，是针对发表者的回答进行信息反馈和进一步沟通的有效方法。

87. 评委提问需要注意的问题是什么？

（1）以澄清和验证为目的，不要以否定的方式提出意见；

（2）要与成果发表人处在平等的位置上提问，避免高人一等、盛气凌人的态度；

（3）掌握好提问的语音、语速，尽量使用准确、简练的语言提问，使发表人能清楚地听明白所提问的内容；

（4）给对方以足够的答复时间，当对方回答不完整、不准确或脱题时，不要层层追问下去，可转到另一问题或结束提问；

（5）提问后应耐心地倾听完对方的回答并表示谢意。

88. 评委打分要求有哪些？

（1）准——识别成果的优点、发现问题要准确；

（2）快——在短时间内迅速掌握小组总体活动内容、概况；

（3）简——抓关键要点，切中要害，点评时简明扼要；

（4）明——准确、清晰表达观点，说明问题，让人理解，避免逻辑不清，不知所云。

89. 评委应具备的能力是什么？

（1）熟——熟悉不同类型的 QC 小组活动程序；

（2）精——精通统计工具方法及应用；

（3）说——具有一定的表达能力；

（4）爱——保护小组成员积极性，诚恳指出问题。

90. 材料评审打分要点有哪些？

（1）资料是否系统分明、前后连贯、逻辑性好；

（2）整个活动是否按 PDCA 进行；

（3）每个步骤是否都交待清楚、前后逻辑关系准确；

（4）对专业性较强的技术术语是否做出清晰的解释；

（5）成果报告是否以图表为主，并加适当的文字说明；

（6）推荐方法应用是否正确、恰当；

（7）活动内容是否具体、务实。

91. 发表评审打分要点是什么？

（1）发表资料是否通俗易懂，以图、表、数据为主；

（2）制片是否清晰，其投影效果一目了然；

（3）发表人在发表过程中仪容大方，不紧张、不做作，口齿清晰、表情自然有礼貌；

（4）发表人在回答问题时礼貌、谦虚、简洁、清楚；

（5）发表时间掌握在 15min 之内。

92. 现场发表打分怎样统一认识？

（1）现场发表顺序可以采用抽签；评委所在单位成果回避，去掉最高分和最低分取平均分；

（2）评委事先讨论、统一打分标准。如确定成果水平分数段、拉开层次。如优秀 85～95 分、良好 75～85 分、一般 65～75 分。

优秀水平：成果具体、务实且系统性好；工具应用正确、有效；发表人表述清晰、回答流畅；发表 PPT 展示清楚易懂、文图并茂。

良好水平：成果具体务实，但程序或工具应用存在不足。程序数据不一致，导致前后可比性差；程序某一步骤有问题，如原因分析未针对现状调查出的主要症结，要因确认未用事实、证据说明其影响程度等；某个工具运用有明显错误，如因果图未分析到末端、因果关系错误或用控制图进行要因确认，正交实验用日本表但用中国的分析方法等；成果没有体现小组活动的特色，把班组日常管理工作作为小组活动课题，如所采取的对策是培训教育、绩效考核等；现场发表效果差，讲解、图表不清楚，发表人不熟悉活动过程等。

一般水平：活动程序或方法明显不足。程序选择错误，如问题解决型按创新型或相反；程序有较多问题，如前后不对应，没有逻辑关系等；多处工具运用有明显错误。

第八节　QC小组的激励

93. 什么是激励？

激励有激发和鼓励的意思，就是激发人的动机，发挥人的主观能动性，诱导人的行为，使其充分发挥内在潜力、聪明才干。有效的激励可以成为组织发展的动力保证，是管理过程中不可或缺的环节。

美国管理学家贝雷尔森（Berelson）和斯坦尼尔（Steiner）给激励下的定义："一切内心要争取的条件、希望、愿望、动力都构成了对人的激励。它是人类活动的一种内心状态。"

94. 怎样发挥人的积极性？

企业管理是以人为中心的管理，管理的主体是人，根据人的需求进行生产，依靠人开展生产经营活动。因此，企业管理的基本对象依然是人，实现企业方针、目标要依靠全体员工的积极性和创造性。

所谓积极性，是指人们从事某项活动的意愿及行为的准备状态。例如，工作积极性就是人们的工作意愿及工作时的激奋状态。而调动人的积极性的重要手段是激励。

积极性有其自身形成和变化规律，激励就是按照积极性的运动规律对人施加一定影响，使其形成积极性，并按预定方向发展。

人的积极性产生于自身的需要。例如，人体需要保持一定温度，当外界环境较冷或较热时，会出现不平衡，于是就产生了保暖或降温的需要，如果通过劳动能获得衣服或降温条件，人们就会产生劳动积极性。

美国心理学家马斯洛在其1943年发表的《人的动机理论》中提出的需要层次论，认为人有五种基本需要，而且有先后次序，组成高低的层次，低层次的需要得到满足后会出现更高层次的需要，即马斯洛的需求层次理论：生理的需要、安全的需要、社交的需要、尊重的需要和自我实现的需要。

通过对五种基本需求的研究，马斯洛得出一个重要的结论："我们把这些需要得到满足的人叫做基本满足的人，由此，我们可以期望这种人具有最充分、最旺盛的创造力。"

95. 人的积极性是否受到主观认识和客观环境的影响？

人的积极性会受到主观认识的调节和客观环境的影响。在主观认识方面，人的认识水平影响其需要的满足程度，对积极性的发挥有重要的调节作用。如：把服务员看成是平凡岗位，为顾客服务的高尚职业和把服务员看成是"伺候人"的工作，前者在得到服务对象的表扬和赞誉时，就会感到很大的满足，积极性更加主动，并极大地发挥自己的潜能；而后者由于在工作中常处于被动状态，当同样得到顾客的表扬和赞誉时，就不会产生满足感。另一方面，客观环境会影响人的积极性。如：社会管理机制、经济杠杆、企业管理制度等，都会对企业员工的工作积极性形成制约。员工由自身需要产生动机，动机产生行为，为达到其需要的目标去奋斗。同样，当其行为得到的结果未能满足所期望的需要时，也会影响积极性的发挥。总之，只有正确处理人的需要、认识、环境和行为效果反馈的关系，才能产生最好的激励效果，从而充分地调动人的积极性，并转化为物质力量。

96. QC 小组的激励有哪些形式？

对于取得成果的 QC 小组，如何使其积极性得以保持，并再次选择课题持续地活动下去，同时吸引更多的职工参加 QC 小组活动，这就必须采取有效的激励手段。激励机制是持续开展 QC 小组活动的动力源泉，具体分为以下五种形式：

（1）目标激励；

（2）物质激励；

（3）领导关怀与支持激励；

（4）组织与荣誉激励；

（5）教育培养激励。

激励机制的建立能充分挖掘员工的潜能，对企业的发展壮大起到不可估量的作用。

97. 如何理解 QC 小组的目标激励？

目标是一个重要的激励因素。人的目标通常源于对理想的追求，包括社会理想和个人理想目标。前者如推动企业或社会进步、改变祖国落后面貌；后者如自己干一番事业、攀登科学技术高峰，希望成为企业家、科学家或优势工作者等。这些理想目标对员工的工作和学习积极性将会产生持久的作用。

因此，企业应当把理想与目标教育当作激励的重要手段，使员工树立社会理想，并把个人理想与社会理想结合起来，应该让员工认识到，职工和企业的关系十分密切，企业的兴衰将直接影响到职工的收入乃至前途；职工工作效果的好坏、工作积极性的程度不同，除会导致得到不同的报酬外，也将影响到企业的效益。所以，应把企业的方针目标、发展规划告知员工；将民主管理交给员工，以激发广大员工积极投身质量改进活动、参加 QC 小组的自觉性，真正为企业的发展作出贡献。与此同时，员工通过参加活动也可提升自身素质和工作能力。大多数人都有成就需要，希望不断获得成功，人有目标，才有奔头，才能产生动力，成功的标志就是达到预定目标。

98. 如何理解 QC 小组的物质激励？

物质激励包括劳动报酬、资金、各种物质和公共福利，是激励形式中最基本的激励手段，因为货币、衣食住行等决定着人们基本需要的满足。同时，员工的收入及居住条件也影响其社会地位、社会交往，影响其学习、文化娱乐等精神满足。所以，当 QC 小组取得成果并创造了效益后，企业应该根据按劳分配的原则给予小组成员物质奖励。奖励是发挥潜能的重要手段，适当的奖励是激发员工积极性的重要方法。

要完善奖励机制，落实奖励政策，把 QC 小组活动成果与员工的政治荣誉、物质利益挂钩。把 QC 小组成果作为小组达标评选优秀小组的条件，把质量管理成果与评定职称和先进生产（工作）者挂钩。通过总结经验和利用各种形式宣传和表彰先进，提高员工参加 QC 小组活动的积极性，促进员工素质的提高，向质量和管理要效益。

99. 如何理解 QC 小组的领导关怀与支持激励？

企业领导重视、关心和支持 QC 小组活动是最有力度的激励。领导从资金、物质、场所、时间等方面对 QC 小组给予支持，必将更激发 QC 小组活动的积极性，从而把 QC 小组搞得更加出色。不少企业领导十分重视 QC 小组活动，他们将开展 QC 小组活动作为提高企业整体素质、培养年轻骨干队伍的重要手段，对 QC 小组活动的开展不惜投入资金和时间，解决一些横向协调问题。他们坚持参加企业每年的 QC 小组成果发表会议，给优秀 QC 小组颁奖，与发表人合影留念，对企业开展活动的情况亲自总结经验，提出改进意见，鼓励员工积极投入 QC 小组活动。

100. 如何理解 QC 小组的组织与荣誉激励？

组织激励就是运用组织职责及权利对员工进行激励。大多数人是愿意得到提拔和承担更大责任的。通过提拔工作出色的员工或将其调到更重要的岗位，以调动他们的积极性，同时也是对全体员工的一种鞭策。据管理心理学家研究，我国企业在激发员工动机方面存在着极大的潜力，员工积极性尚有 50%～60%未能发挥出来。如果能够深入了解员工的心理和情绪，把注意力放在调动员工的积极性上，将会收到意想不到的效果。建立健全 QC 小组活动激励机制，可以充分调动员工的创造性，提高员工质量意识。事实证明，不少 QC 小组通过开展活动，掌握了 PDCA 循环和科学方法，提高了思想水平、技术水平和解决问题的能力，从而被提拔为业务骨干，或走上领导岗位。

荣誉激励就是企业和各级协会对取得优异成绩的 QC 小组给予表彰，授予荣誉称号，发给荣誉证书等。荣誉奖励能够使员工充分认识到自身的价值，是员工作出贡献的公开承认，可以满足人的自尊需要，从而达到奖励目的。小组每个成员都将为获得这一荣誉而感到自豪，同时也会为维护这一荣誉而努力。

101. 如何理解 QC 小组的教育培养激励？

教育培养激励就是对员工进行如何开展 QC 小组活动、如何当好 QC 小组活动诊断师等知识的培训。选派 QC 小组骨干到上级举办的 QC 小组骨干培训班进行系统的培训，使他们掌握组织开展 QC 小组活动的知识和能力；或通过派出优秀 QC 小组代表参加各级 QC 小组活动成果发表会议，作为教育培养的方法之一，通过发表交流，了解学习不同企业、不同行业 QC 小组的好方法，从而受到更多的启迪，以此激发员工参与 QC 小组活动的积极性。教育培训激励的作用是多方面的，不仅可以满足员工特别是青年员工对学习的求知欲望，还可以提高员工达到目标的能力，以胜任更艰巨的工作。

102. 荣获各级优秀 QC 小组等荣誉称号的奖励依据？

荣获各级质协、行协（集团或企业）的优秀 QC 小组、QC 小组活动优秀企业、QC 小组活动卓越领导者和优秀推进者等荣誉称号的集体和个人，按照各级管理办法规定或国经贸〔1997〕147 号文精神予以表彰，对获奖者给予适当奖励。

第 九 节 活 动 推 进

103. 怎样认识、接受和导入全面质量管理（TQM）？

全面质量管理（TQM）活动不是书本上的学问，而是真正的实践哲学。需要遵循知道（know）、理解（understand）和实施（implement）不同阶段的规律。理解是指解开事物的条理，与单纯的知道有所区别：只有通过学习（study），才能达到理解的程度。实践是亲自采取行动。需要指出的是，采取行动如果没有前瞻性意愿（动机），很难达到实践的程度。而产生动机的关键，就是逻辑推理上的同意（agree）和情绪管理的共鸣（sympathy）。理解通过同意或共鸣的过程，使具有他动特征的外部知识转变成为自动特征的内部知识，自动生成动机，进而导致行动和实践。如果在没有动机（内心作用）的状态下勉强实践外部知识，则成为被动实践的行动，无法使员工摆脱被迫感，无法百分百地发挥员工的能力，此时得到的是非活性化的员工和组织。

例如，在理解质量第一时，显然不能只从字面上认识，还要回答 3 个问题：为什么是质量第一？为什么要形成质量第一的思维方式？质量第一以外的思想都不是高明的吗？通过寻找答案，能够发现 TQM 的思维、理解 TQM 的本质，从而完成了解开事物的条理的工作。

基于组织的 TQM 导入过程，首先需要认识到，教科书上的理论只是一般理论，组织导入、推进的事例是每个特殊理论。实践中，很多组织会将一般理论和特殊理论混为一谈，并在 TQM 中导入。事实上，无论是一般理论还是特殊理论，对于该组织而言可能都不适用，因为组织之间存在着太多的差异，如客户不同、企业文化不同、产品加工过程不同、经营理念不同等。所以，其他组织的 TQM 模式不可能适用自己的组织。但两者都是自己组织很好的学习教材。

在导入 TQM 之际，组织首先要明确导入目的：我们做 TQM 到底是为什么？导入 TQM 是为了获得什么成果？通过 TQM 想干什么？其次，组织还有必要认识：我们在哪些方面存在困难？现在面临着什么样的问题或课题？最后确认：TQM 是否是有效手段和是否可能获得这些手段？离开问题或课题，导入 TQM 毫无意义；倘若无法判断 TQM 是否有效便盲目导入，无疑是在浪费时间和精力。所以，正是因为存在某种需求（必要性）或目标，导入并实施 TQM 才成为组织的普遍追求。

实施 TQM 可以从效果性、效率性和影响性 3 个方面予以评价。组织在导入 TQM 时，需要相对于预先设定的目的，从上述方面考量作为达成手段的 TQM 的内容、方式、时间、收益等内容，运用企业自己的语言，形成本组织的 TQM。

实施 TQM 要切实地实施计划（P）、实施（D）、检查（C）和处置（A）循环，螺旋上升地改善 TQM 体系实施过程。通过处置不合理部分，逐渐形成理想的、具有本组织特色的 TQM。

104. 不同阶段推进 TQM 的方法有哪些？

实施 TQM 分为准备期、导入期、推进期和巩固期 4 个阶段。

准备期解决如何启动 TQM 活动的问题，需要提出基于 TQM 想做什么？（目的明确化）、组织 TQM 应表现出什么样的姿态（本组织 TQM 应有姿态）、以什么样的风格推进 TQM（推进的初步日程计划）、如何策划统一经营层的意见（出师有名或事前沟通）。

导入期解决如何开始 TQM 活动的问题，需要提出怎样在全组织普及、推广 TQM 的思考方法？（教育、训练）、怎样解决身边存在的问题？（解决个别问题的方法）、如何消除顾客的不满？（确保理所当然的质量）、如何管理日常业务？（日常管理、标准化）。

推进期解决如何实现推进 TQM 的水平提升的问题，需要提出达成组织方针或目标的组织活动（方针管理）、如何编制组织的架构？（分部门、分功能管理）、怎样构筑保证质量的组织架构？（质量保证体系）、如何高高兴兴地提升顾客满意度？（新产品开发、创造魅力质量）。

巩固期则是解决如何实现软着陆的问题，需要提出在经营活动中如何安排 TQM 活动？（经营战略、质量经营）、怎样完善组织的总体组织构架？（整体系统的体系化）、在日常业务中如何巩固 TQM 思想（高层次的日常管理）。根据实际情况、环境和目的，组织的推进方法会不停调整；也就是说，组织要对照自身情况制定策划方案，可以通过方针管理、也可以聚焦于新产品开发，或是以标准化和日常管理为中心。

105. 不同组织功能推进 TQM 是如何演变的？

TQM 最初的起源就是开始于质量管理（QC），是在大量生产中为了控制产品质量的方法论。这种以工序和检查为基础的方法将生产大批量实物产品作为前提条件。QC 是为制造部门服务的管理技术，与其他部门几乎没有关系。

随着时代的变化，顾客需求日趋多样化，市场竞争也出现了白热化。基于只进行相应恰当的活动，即制作满足规定标准的产品，并不能战胜竞争对手。为了更加有效和高效地推进可以实现顾客满意度的产品制造，仅仅制造部门实施质量管理显然不够，需要设计、规划部门的参与；仅仅提供合格产品是不充分的，需要售后和售前服务部门的合作。与提供产品功能关联的所有部门共同努力进行活动是必要的，从而实现了从 QC 到 TQC 的过渡。随着 TQC 的发展，人事、总务、财务、体系、经营策划和研究部门也加入其中，逐步形成了组织 TQM 的考虑方法或方法论，具体包括商品或质量第一、后工序就是顾客、双赢（Win-win）、商品或质量就是基于过程的改善、基于事实的管理、偏差管理、PDCA 循环、QC 的问题解决或课题达成、质量功能展开、方针管理、小集团活动和标准化。

106. 不同层级推进 TQM 有什么变化？

一般来说，越是更高的层级，越偏向经营活动；越是更基础的层级，越偏向实际业务。而 TQM 是面向更结合实践的解决方法工具，所以将经营层的抽象问题、课题作为对象，还不如以更靠近现场实际业务的具体问题、课题作为对象。因此，TQM 的推进方法应首先开始于层级结构下方，然后逐步移向高一级的层级。这种自下而上的推进方式被称为分析方法，也是 TQM 最得意的方法论。

然而，从高层级的问题、课题入手，然后向下级展开的推进方法正在不断增多，这种自上而下的推进方式被称为系统方法。例如，构筑全公司质量保证体系的经营题目需要高层级系统地动脑筋思考各部门做什么才能取得优异的成果。

无论何种方法都会存在这样或那样的优缺点。因此，需要我们好好把握特点，高超有效地运用这两种方法。一般而言，在相对下层的组织层级使用分析方法，在相对上层的组织层级使用系统方法。在 TQM 导入期马上就选择系统地推进经营层的问题、课题，有可能会形成"虚张声势的纸老虎"局面，这种方式不能推荐。我们建议，最初阶段应从现场的问题、课题入手，通过切实地解决各个问题、课题来提升组织的 TQM 技能本领。经营层的问题、课题可以放到推进期以后作为攻关目标展开。

107. 推进 TQM 如何针对不同群体采取对策？

导入、推进 TQM 的工作中，有先驱者、有追随者，也有保守者，比率为 2∶6∶2，这种提法类似于市场学理论。为此，我们需要制定区别性的对策。

先驱者：一开始就对 TQM 投入热情并努力工作的人群。组织应及早发现并将其顺利配置在各部门推进者的岗位上。

积极追随者：在先驱者的引导下从导入 TQM 之初就参加活动的人群。组织应在早期阶段对其进行教育、训练等，并同推进者一起推动各工作岗位的 TQM 活动。

消极追随者：最初观望，自身并不能积极投入和主动参与，在项目启动后才逐渐开始行动的人群。组织应不要着急，注意观察，并认识到让消极追随者马上转变是不可能的，跟他们发脾气反而会使其产生逆反心理。

完全保守者：一直沿袭过去做法的人群。组织应认识到他们基本上不是合作伙伴，也不会表示鲜明的态度。他们内心持反对念头，但表面上支持和参与策划。

108. QC 评审应重点关注哪些对应内容？

QC 评审应重点关注以下 5 个方面的对应内容：

（1）选题理由与课题相对应。

示例：某项目前期作业的×平面控制网测量效率没有达到项目组规定的要求，小组设定课题为"提高×平面控制网测量效率"。选题理由应针对测量效率进行分析，紧扣课题，用客观数据说明选题的重要性和紧迫性。

（2）设定目标与课题相对应。

示例：课题名称"提高×平面控制网测量效率"，小组设定目标为×平面控制网测量效率≥×％，×％为项目组规定的要求，具体明确，并与课题能够相对应，符合要求。

（3）原因分析与现状调查的症结相对应。

原因分析的结果就是现状调查找出的问题症结所在，前后对应，逻辑性强。

（4）对策选择与要因相对应。

（5）制定对策措施与对策相对应。

109. QC 评审应重点关注哪些对比内容？

QC 评审应重点关注以下 4 个方面的对比内容：

（1）效果验证与对策目标相对比。小组针对要因确定的对策设定目标，并进一步制定了有效的措施。实施后对取得的结果进行验证，达到了对策目标的要求，前后比对。该对比一般在对策实施过程中进行。

（2）效果检查与总目标相对比。对策实施全部完成并经过巩固期后，小组对活动结果进行检查，从收集的数据反映，通过柱形图对比，实现了预期目标。该对比内容在检查效果过程中进行。

（3）现状调查与效果检查所用工具对比。如果小组现状调查采用排列图，找出了主要症结，效果检查阶段，小组收集数据，应再次绘制排列图，从问题活动前和活动后的排列图对比看出，原来的主要症结是否已经得到很好解决。同样，现状调查应用了饼分图、直方图、调查表等进行现状分析，那么，在效果检查时，建议也收集数据，制作饼分图、直方图、调查表，进行前后比对，说明现状的改善情况。该对比内容在检查效果过程中进行。

（4）实施阶段与效果检查对比。如，某课题实施过程运用网络图排施工计划，在实施后检查阶段也可以绘制实际施工进程的网络图，进行对比检查，采用活动前和活动后的网络图比对，取得效果更加直观。同样，实施过程应用了控制图，实施完成后也建议绘制控制图进行前后比对，进一步说明取得的成效。

110. QC 小组活动推进工作的一般要领有哪些？

（1）循序渐进，步步深化。刚开始引进 QC 小组活动时，不能急于求成，一哄而起，应该由点到面循序渐进，逐步深入。可以先从参观学习先进单位开始，从抓教育入手，针对不同层次，抓好 QC 小组活动的基本知识教育，深入浅出地开展"两图一表"的方法教育或邀请质量管理专家授课，走出去，普及质量管理小组的基础知识，进行方法和技巧的培训。在此基础上搞几个试点小组，边活动、边学习、边总结，取得成绩，由点到面，不断推广，扩大小组活动的影响。

（2）与专业管理挂钩。质量管理理论是一门边缘科学，它可以采用多种多样的方法为我所用，又可以渗透到各项管理之中。在开展 QC 小组活动时与专业管理相结合，可促使 QC 小组活动向深度广度发展，不断创出新经验，又可提高专业管理水平，并取得专业管理部门的热情支持。在具体做法上，可以把属于企业各个专业管理范围的课题（如工艺、节能、技改、生产效率、效益等）传递给有关管理部门，争取他们的支持、帮助和认证。

（3）与班组建设相结合。班组建设是企业管理的重要内容，QC 小组活动与班组建设相结合，就能显示出更强的生命力。班组建设的内容之一，是由质量控制和质量改进两种功能组成的循环体，由问题意识产生问题点，通过改进产生成果，不断地进行良性循环。而 QC 小组活动则是完成这一循环的最好方式，是把整个国民经济提高质量、降低消耗落实到基层的一个最好方式，一件打基础的工作，再与小改小革相结合，则效果更佳。

（4）要制定企业小组活动管理实施细则。制定实施细则是为了更好地落实《质量管理小组活动管理办法》这一全国性的指导文件。实施细则要结合企业实际，针对本企业开展 QC 小组活动的问题和不足，对 QC 小组活动各个管理环节提出具体而明确的要求，落实各专业职能部门的职能，尤其要在建立 QC 小组活动的机制上做出许多具体规定。

（5）总结经验，因势利导。QC 小组在活动中、在成果发表时，会出现各种各样的问题，应因势利导及时总结、及时纠正，进行及时的评价和教育，这样会收到印象深刻、切中要害的效果。

在推进 QC 小组活动时，一般抓住以下 8 个环节：

(1) 抓教育，提高 QC 小组素质；

(2) 抓选题，提高 QC 小组成果率；

(3) 抓考核，提高活动的自觉性；

(4) 抓标准，提高管理水平；

(5) 抓鉴定，提高成果的真实性、可靠性；

(6) 抓发表，提高成果的先进性；

(7) 抓奖励，提高 QC 小组活动的积极性；

(8) 抓交流，不断提高 QC 小组活动的水平。

第十节 活 动 管 理

111. QC 小组课题管理的内容及要领是什么？

成立 QC 小组，必须向有关部门注册登记，注册登记的目的是为了便于管理，杜绝造假现象。

注册登记包括两项内容：小组的注册登记和课题登记。小组登记可以反映人员的变化，课题登记反映活动内容的变化。小组的规模不宜过大，人数一般以 3～10 人为宜，最多不超过 15 人。

112. QC 小组活动管理的内容及要领是什么？

活动管理体现在要做好一个适合于大家做记录又标准化的记录本。这种记录本有一定标准化的格式，可以把 QC 小组常用的方法、程序、活动的规定印到这个记录本的封面、封底、封二、封三上面。每次多少人参加？谁主持？谁缺席？今天形成的结论是什么？上次布置任务完成的结果怎么样？这样做便于大家记录，而且要经常进行督促、检查。按照国家规定，每个月要有两次活动，最少不能少于一次。

113. QC 小组成果管理的内容及要领是什么？

QC 小组出了成果以后有关部门要及时地去辅导，帮助他们总结经验，编写成果报告。有条件的单位应该把每年企业的成果报告印刷出来装订成册，成为《QC 成果汇编》。这本汇编是小组活动成果报告的结晶和精华，要在作者栏里写上每个 QC 小组成员的名字，这对每个小组成员来说是一个最好的纪念品。

114. QC 小组奖励管理的内容及要领是什么？

按照国家规定 QC 小组成果奖励有：获得国家级小组的奖励 1 万元，获得省部级的奖励 5 千元，到市一级相应地减低。要根据具体情况而定。奖励的目的主要是表示社会和上级对活动成果的肯定。

115. QC 小组指标管理的内容及要领是什么？

指标管理，就是将小组活动用一些定量的指标来衡量、评价和管理，主要是对"三率"的管理，即 QC 小组的普及率、活动率和成果率。

$$QC 小组普及率（\%）=\frac{QC 小组注册人数}{职工总人数}\times100\%$$，它是衡量 QC 小组全员性的指标。

$$QC 小组活动率（\%）=\frac{坚持活动的 QC 小组数}{QC 小组注册数}\times100\%$$，它是衡量 QC 小组活动经常性的指标。

$$QC 小组成果率（\%）=\frac{取得成果的小组数}{QC 小组注册数}\times100\%$$，它是衡量 QC 小组活动的有效性的指标。

116. QC 小组会议管理的内容及要领是什么？

主要是指对成果发表会和培训会议的管理。

成果发表会要进行充分的准备，每一次成果发表会都应该成为激励大家、推广 QC 成果经验、使每个人得到鼓舞的盛会。成果发表会要进行周密的组织，要组织一个评委团队，评委应该经验丰富、公正无私。为了开好会议，要准备投影仪和各种有关的资料，还要进行实地练习和演讲。要把会议准备当做一项重要任务来抓，组织要严密，会议要正规，气氛要隆重。要知道，会议召开的好坏本身就体现了质量管理工作的质量水平。一项好的报告，如果演讲不好也会出问题，就好像一台戏一样，有好的剧本和好的舞台美术，最后演员不会演，照样成不了一台好戏。

从这个意义上讲，QC 小组也是全面锻炼人的一个大课堂。

除了关于地点、时间、参加人员、注意事项等通常的会议通知以外，会议组织者要重点准备好评委团队、参加发表人员的演练还要向主要有关领导汇报，争取他们的全力支持（包括经费、时间、出席人、大会讲话等）。

117. 如何当好 QC 小组活动的管理者？

（1）引进小组活动阶段——当好宣传员。如果你的单位还没有开展 QC 小组活动，或者中间已经停了好几年要再次发动，那么你一定要积极向所要推广范围内的所有人做好宣传工作：QC 小组有些什么作用、它些什么好处、它会给我们带来什么、它能解决什么问题，让大家觉得这个东西真好，不开展都没有道理了。

（2）开展活动阶段——当好参谋和指导员。当好参谋，就要帮 QC 小组出主意、想办法，不会的时候指导他，遇有不懂的问题培训他。这就要求我们每一个人必须身先士卒——只有自己清楚才能使人清楚，"以己昏昏，使人昭昭"是不可能的。在活动阶段，发现问题要及时提出改进建议，当好领导的参谋；对下要耐心指导，使 QC 小组在正确的指导下正常活动，促使其早出、多出成果。

（3）小组活动遇到困难时——当好协调员。小组成员活动的积极性是企业的精神财富，必须十分珍惜。在他们开展活动遇到困难时（人、财、物、活动时间等），管理者不能袖手旁观，要及时进行协调，积极帮助解决；若无法解决的，要给予说明，或用其他措施来改进。例如想法设计、印刷统一的记录本；多给点时间；购买相关书籍，帮助培训员工……这些都是解决实际困难的做法。

（4）在推广阶段——当好管理员。在 QC 小组活动取得成效后，要及时总结 QC 小组活动的好经验、好做法，完善本企业《QC 小组活动管理办法实施细则》，使 QC 小组活动的全过程有章可循、有法可依，并不断提高 QC 小组的活动率、成果率。有条件的单位应编印本企业的《优秀 QC 成果汇编》，以利推广。

（5）想当好教练——先要当好运动员。一个好的教练，大多是从优秀运动员中培养出来的。要教别人游泳，首先得自己会；要指导别人动作，首先自己应熟悉其中的要领，QC 小组活动也是这样。作为 QC 小组活动的管理者，应该亲自组建一个小组，从头做起。如果你有争创国家优秀 QC 小组的记录，再指导别的小组争创省优、部优、国优小组，不是更有说服力吗？若自己一窍不通，"以其昏昏"是根本不可能"使人昭昭"的。所以，我们提倡管理 QC 小组的人应该是"行伍出身"，若不是，应"下连当兵"补课。而且就质量管理工作本身来说，有许多管理课题可组建 QC 小组来攻关。所以，QC 小组管理者很重要的一项工作，就是以 QC 的方法推动质量管理工作。努力使自己做到懂技术、会管理、能协调、善文笔，做一个称职的质量管理者。

第二章 问题解决型程序

知 识 点

本部分从问题解决型程序入手，以问答的形式简要介绍了什么是 QC 小组活动的基本程序，问题解决型程序分为几个步骤，以及 QC 小组活动中如何避免出现程序方面的问题。重点掌握内容：①QC 小组活动的基本程序；②如何选择课题；③QC 活动程序图；④现状调查和设定目标；⑤原因分析和确定主要原因；⑥制订对策及对策表的作用；⑦实施对策和效果检查；⑧巩固措施和总结回顾及今后打算。

一、程序。程序是管理方式的一种，是能够发挥协调高效作用的工具。在实际工作中，任何单位的任何事情，首先强调的就是程序，应该充分重视程序的作用，不断地将工作从无序整改到有序。管理界有句名言：细节决定成败。程序就是整治细节最好的工具。于是，现在我们的所有工作，无时无处不在强调程序。而 QC 小组活动程序就是如何科学地实施 PD-CA，确保工作取得事半功倍的效果。

二、QC 小组活动程序是指导小组改进工作的有效途径。长期的社会实践告诉人们，每做一件事情，开展一项活动或解决一个问题，都有一个做法或思路，即活动程序。首先是提出（发现）问题，然后分析问题，找出产生问题的原因，采取措施解决问题，最后是检查总结。如此循环往复，阶梯上升，达到一个新的水平。

三、QC 小组解决课题所涉及的管理技术主要有三个方面：

1. 遵循 PDCA 循环。QC 小组活动过程中，从发现问题、分析问题、解决问题再到标准化等一系列过程，都按照科学的 PDCA 循环（程序）进行。P（Plan）表示计划，D（Do）表示执行，C（Check）表示检查，A（Action）表示处置。

2. 以事实为依据，用数据说话。为什么选这个课题？为什么制订这个目标？问题的症结在哪儿？为什么确定这几条主要原因？所制订的每一条对策是否完成？有没有达到预定的效果？等等，都要有证据来说明，而这些证据应是客观的而不是主观的。为此要以事实为依据，用数据说话。

3. 应用统计方法。为了取得证据，我们收集了大量的数据，其中有的是有效数据，有的则是无效数据。要对数据进行整理、分析，就需要应用统计方法；我们要判断总体质量，不能做到全数检验时，可以随机抽取一定数量作为样本，从样本的质量状况，就可以判断总体的质量水平，这也需应用统计方法；我们要优选一些参数进行试验验证时，怎样才能做到试验次数最少而得到参数的最佳搭配，这也需要应用统计方法。

四、QC 小组活动的基本程序，如图 2-1 所示。

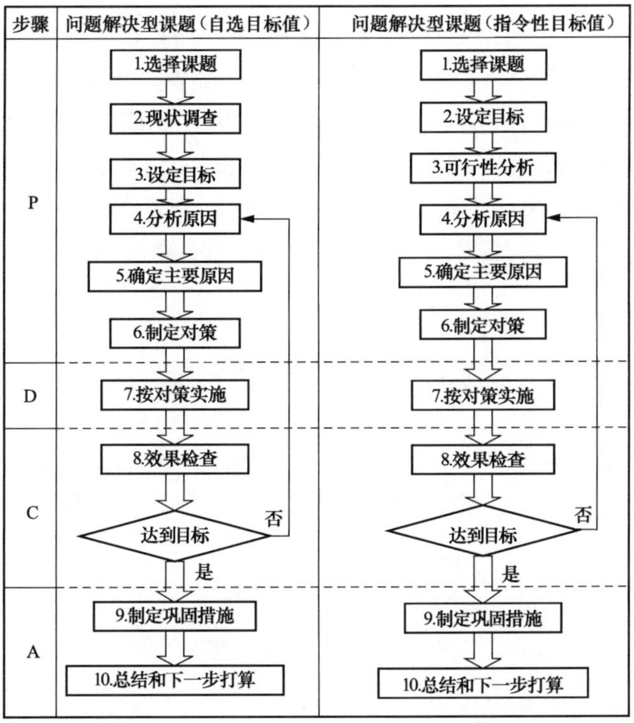

步骤	问题解决型课题（自选目标值）	问题解决型课题（指令性目标值）
P	1.选择课题 → 2.现状调查 → 3.设定目标 → 4.分析原因 → 5.确定主要原因 → 6.制定对策	1.选择课题 → 2.设定目标 → 3.可行性分析 → 4.分析原因 → 5.确定主要原因 → 6.制定对策
D	7.按对策实施	7.按对策实施
C	8.效果检查 → 达到目标（否/是）	8.效果检查 → 达到目标（否/是）
A	9.制定巩固措施 → 10.总结和下一步打算	9.制定巩固措施 → 10.总结和下一步打算

图 2-1　问题解决型自选目标值与指令性目标值课题 QC 小组活动程序

第一节　程序概述

1. 什么是程序？

《质量管理体系基础和术语》（GB/T 19000—2008/ISO9000：2005）中对程序的定义是为进行某项活动或过程所规定的途径。

任何单位任何事情，首先强调的就是程序，因为管理界有句名言：细节决定成败。程序就是整治细节最好的工具。于是，现在我们的所有工作，无时无处不在强调程序。程序，是管理方式的一种，是能够发挥协调高效作用的工具。在实际工作中，应该充分重视它的作用，不断地将无序的工作整改到有序的行为。

2. QC 小组活动遵循的基本管理程序是什么？

QC 小组是指在生产或工作岗位上从事各种劳动的职工，围绕企业的经营战略、方针目标和现场存在的问题，以改进质量、降低消耗、提高人的素质和经济效益为目的的组织起来的，运用质量管理的理论和方法开展活动的小组。其活动遵循的管理程序就是 PDCA 循环，即戴明循环。P（Plan）准备计划—策划，D（Do）完成计划—执行，C（Check）检查结果—检查，A（Action）跟踪改进—处置。

3. 四个阶段十个步骤指什么?

"四个阶段十个步骤"是指,在 QC 小组活动中程序应用的 PDCA 及其具体的细化步骤。其中 P 阶段通常包含六个步骤:①选择课题;②现状调查,找出要解决的主要问题;③设定活动要达到的目标;④分析产生主要问题的各种原因;⑤确定主要原因;⑥制订对策。D 阶段包含一个步骤即按照制定的对策实施。C 阶段包含一个步骤即检查所取得的效果。A 阶段包含两个步骤:(1)制动巩固措施,防止问题再发生;(2)提出遗留问题及下一步打算。

四个阶段十个步骤前后具有科学的逻辑关系,顺序不能颠倒。

4. PDCA 的特点是什么?

PDCA 循环有两个特点:一是循环前进、阶梯上升,如图 2-2 所示,就是按照 PDCA 顺序前进,每循环一次,产品、服务、工作质量就提高一步,达到一个新的水平。在新的水平上再进行 PDCA 循环又可达到更高的水平。二是大环套小环,小环保大环,如图 2-3 所示。在 PDCA 四个阶段中,每个阶段都可有各自的小 PDCA 循环,大环推动小环,小环保证大环。

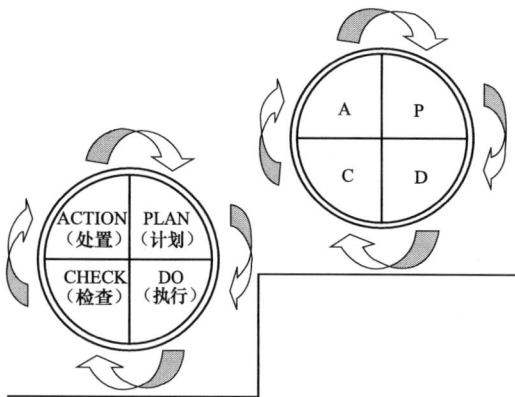

图 2-2　PDCA 循环前进示意图　　　图 2-3　PDCA 大环套小环示意图

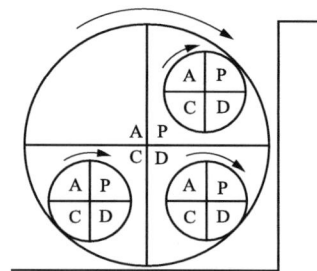

第二节　课　题　选　择

5. 选择课题需要关注哪些内容?

(1)课题宜小不宜大。所谓小课题,就是将影响产品质量、生产效率或造成消耗、浪费的具体问题作为小组活动的课题。如,缩短主变测温系统故障排查时间。小课题易于弄清现状,目标单一,针对性强,身边的人做身边的事,更能找出问题的症结所在,更能发挥本组成员的创造性,更好地鼓舞成员的士气。

(2)课题名称应一目了然地看出是要解决什么问题,不抽象。尽可能选择能以特性值表达的课题,特性值有可比性。这样才容易弄清现状,明确问题严重到什么程度、差距有多大、目标定多高、改进前后变化是多少等一系列问题,便于科学、合理地反映出客观事实。

(3)选题理由要充分且简明扼要。小组为什么选择这个课题要说清理由,即说明选此课题的目的和必要性。小组在陈述选题理由时，应简明扼要地阐述本小组当前的实际情况（存在问题）与上级方针目标要求或本部门存在的差距，通过用数据进行对比，就能清晰明了地看出选此课题的目的性和必要性，切忌长篇大论。

6. 课题来源包括哪几方面？

（1）指令性课题。即由上级主管部门或领导根据组织（部门）的实际需要，以行政指令的形式向小组下达的课题，这种课题通常是组织经营活动中迫切需要解决的重要技术攻关性课题。

（2）指导性课题。通常由质量管理部门根据实现的经营战略、方针、目标的需要，推荐并公布的一批可供各 QC 小组选择的课题，每个小组则根据自身的条件选择力所能及的课题开展活动。

（3）小组自行选择课题。即由小组根据各单位、各岗位发现的实际问题，自己确定改善的方向和目标开展活动。

7. 自选课题一般可以从哪些方面进行？

自选课题一般可以从 3 个方面进行。

（1）根据企业战略，针对上级方针、目标在本部门落实的关键点来选题。如上级要求降低消耗，甚至限定本部门的消耗不能超过多少，而本部门在某些方面的消耗超过了限定指标，如何实现这个指标，小组可选择这方面的课题开展活动。

（2）针对现场或小组本身存在的问题选题。由于生产、施工、服务现场或小组本身在管理、效率、质量、环境以及文明生产等方面均有问题存在，小组可选择这些问题作为课题开展活动。

（3）针对顾客（包括下道工序）抱怨或投诉的问题选题。把顾客不满意的问题选为课题加以解决，能更好地为顾客服务，保证经营活动的正常进行。

8. 对课题名称有何要求？

课题名称是本次小组活动内容、解决问题的浓缩，因此，课题名称一定要简洁、明确，一目了然，直接针对所要解决的问题，避免抽象。

课题设定时要抓住三个要素：对象、问题（特性）、结果。即本次活动解决的对象，如产品、工序、过程、作业的名称；要解决的问题（特性），如质量、效率、成本、消耗等方面的特性；经过活动后达到怎样的结果，如提高还是降低，增大还是缩小，改善还是清除，如图 2-4 所示。

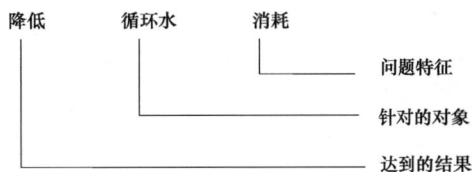

图 2-4　课题设定

【案例 2-1】 规范的课题名称如下：

（1）"缩短监控系统数据中断时间"。

（2）"提高污泥干化系统投运率"。

（3）"缩短主变压器测温系统故障排查时间"。

（4）"减少 6 号炉磨煤机一次风量测量装置故障次数"。

分　析 小组从现场或小组本身存在的问题方面选题。课题名称一目了然地看出是要解决什么问题，不抽象。直接明确要解决什么问题，如缩短××时间、提高××率、降低燃煤消耗，简洁、明了、针对性强。

【案例2-2】 不恰当的课题名称如下：

（1）"增供扩销"。

（2）"提高人才队伍建设水平"。

（3）"加强技术管理，降低装置消耗"。

（4）"改进炉衬结构，降低能源消耗"。

分　析 这些课题不能准确、恰当地体现出小组活动的名称。第一、第二个属于口号式，使课题名称偏大，显得空洞，很难让人理解小组活动的具体内容实质是什么；第二、第三个属于手段＋目的。将小组活动采取的主要对策和方法放在所解决问题的前面，约束了分析问题的思路，不利于发挥小组成员的积极性和创造性。

9. 课题名称中常见的问题有哪些？

（1）课题名称为口号式。小组为了让大家印象深刻和说明课题的重要程度，而把课题拔高抽象起来，并加上一些形容词，使课题名称大而空，如"提高自动化备品备件仓储管理水平""鼓足干劲、力争上游、勇夺全国最佳"等。

（2）课题名称为"手段＋目的"。如"加强技术管理，降低装置耗能""10千伏配网带电作业T型线夹的研制"等。此类课题名称是将小组活动中采取的主要对策与方法放在所解决问题的前面。在选择课题时，还没有进行详细的现状调查，也没有分析原因并找出主要原因，更无法针对主要原因制定有效对策。把主要对策内容列入课题名称之中，会造成活动程序上的逻辑颠倒。有些小组通过活动解决了问题，取得了效果，在总结时，为了强调某一对策起了主导作用而加到课题上去，造成程序倒置、总结不实事求是的情况。

（3）课题名称难以用特性值表达。如"配网改造工程设计及全过程管理"，无法用一定的特性值表达，既不利于小组活动过程的分析，也无法满足小组活动后的评价，不适合QC小组活动选题。

10. 如何理解课题宜小不宜大？

课题宜小不宜大。所谓小课题，就是将影响产品质量、生产效率或造成消耗、浪费的具体问题作为小组活动的课题。如，缩短主变测温系统故障排查时间。而大课题是指内容庞大复杂、涉及面广、目标多，需要许多部门协作才能完成的课题。这类课题一般头绪较多，很难有一个小组把现状和问题分析透彻、准确。选择小课题会给小组带来以下好处：

（1）小课题易于弄清现状，找出问题的症结所在，取得成果，活动周期短，能更好地鼓舞成员的士气。

（2）课题短小精干，目标单一，针对性强，大部分对策能由本小组成员来实施，更能发挥本组成员的创造性。

（3）小课题大部分是在本小组的生产（工作）现场，是自己身边存在的问题，通过自己的努力，得到改进，取得的成果也是自己收益，能更好地调动小组成员的积极性。

11. 选题理由如何描述？

选题理由只要简明扼要地说明选择此课题的目的性和必要性，交代清楚小组选择此课题的关键点——实际与目标的差距有多大即可，切忌长篇大论地陈述。

【案例 2-3】用折线图选题。某"凝心聚力"QC 小组，以提高 4 号锅炉（330MW）主蒸汽温度为题开展活动，其选题理由如下：

（1）公司质量目标要求：330MW 锅炉主蒸汽温度必须达到 538℃。

（2）生产实际：小组调查 330MW 锅炉主蒸汽温情况，如图 2-5 所示，平均值只有 535℃，低于公司规定的 538℃。

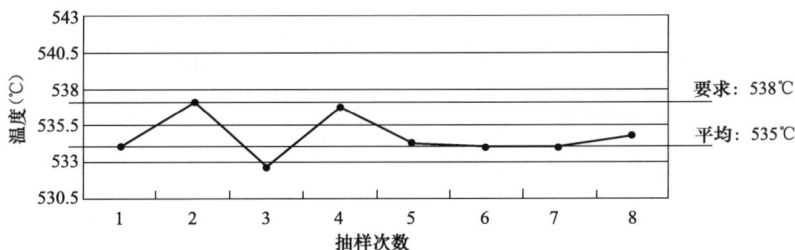

图 2-5　蒸汽温度调查折线图

本公司共有 4 台 330MW 机组，小组对蒸汽温度低分层发现，主要是因为 4 号锅炉的主汽温度低，最低值只有 525.08℃，如图 2-6 所示。

2014年1月份指标

项目	定值	现状
1号锅炉主蒸汽温度	538-541	538.11
2号锅炉主蒸汽温度	538-541	539.95
3号锅炉主蒸汽温度	538-541	538.04
4号锅炉主蒸汽温度	538-541	525.08
1号锅炉再热蒸汽温度	538-541	539.42
2号锅炉再热蒸汽温度	538-541	539.44
3号锅炉再热蒸汽温度	538-541	537.13
4号锅炉再热蒸汽温度	538-541	538.74

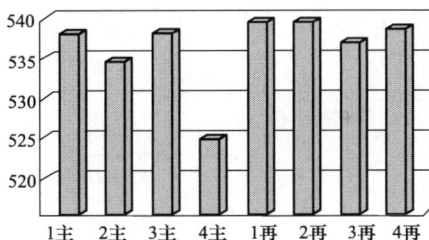

图 2-6　蒸汽温度调查柱状图

（3）小组选定课题：提高 4 号锅炉（330MW）主蒸汽温度。

分析　该小组用折线图和柱状图相结合进行选题，通过要求和现状对比，客观地说明了选题的必要性。但是从数据的统计看，应当有相应的数据调查统计表，这样会使数据更有条理。

【案例 2-4】用充分的数据＋折线图选题。×××电厂电气检修部继保班 QC 小组，以提高 400V 23 段厂用电压合格率为题开展活动，其选题理由如下：

根据《设备可靠性管理实施细则》（SEPWJ-YW-06-20）对设备运行可靠性的要求，部门提出了 400V 段电压合格率大于 90％的要求。调查主变压器 12 更换后 2010 年 5 月至 2011 年 1 月 400V 23 段厂用电压合格率（每月采集电压值 600 点），见表 2-1。

表 2-1　　　　　　　　　　　　　**400V 23 段厂用电压合格率统计表**

月份 电压	2010.5	2010.6	2010.7	2010.8	2010.9	2010.10	2010.11	2010.12	2011.1
合格点数	476	412	387	391	413	432	415	390	406
合格率	79.33％	68.67％	64.50％	65.17％	68.83％	72.00％	69.17％	65.00％	67.67％

制表：×××　时间：××××-××-××

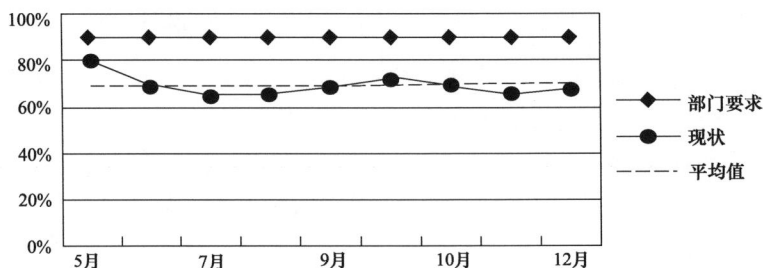

制图：×××　时间：××××-××-××

图 2-7　400V 23 段厂用电压合格率统计图

由图 2-7 可知，400V 23 段厂用电压平均合格率远低于部门提出的要求。将提高 400V 23 段厂用电压合格率作为本次 QC 活动的课题。

分　析　该小组用充分的数据说明部门的要求 400V 段电压合格率大于 90％，调查主变压器更换后 2010 年 5 月至 2011 年 1 月 400V 23 段厂用电压合格率，通过统计表和折线图将二者进行对比，客观地说明了选题的必要性。但是从数据搜集的时间观察，时间跨度达到 9 个月，解决问题的速度显得慢了。

【案例 2-5】 柱状图选题。×××电厂"喜洋洋"QC 小组，以降低 4 号 GGH 吹灰器的故障时间为题开展活动，见表 2-2。

表 2-2　　　　2009 年 7～12 月全厂脱硫 GGH 吹灰器故障时间统计表

序号	设备名称	台数	故障时间(h)	月平均故障时间(h)
1	一号脱硫GGH吹灰器	1	96	16
2	3号脱硫GGH吹灰器	1	106	17.7
3	4号脱硫GGH吹灰器	1	148	24.7

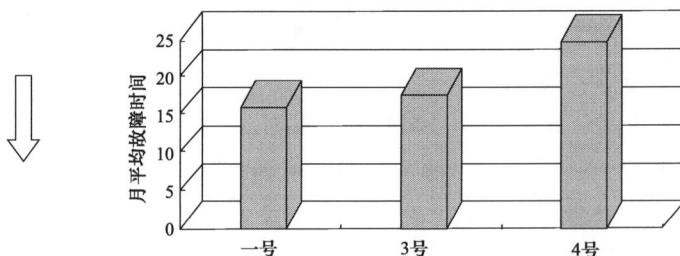

存在问题 ⇨

图2-8　故障时间柱状图

4号GGH吹灰器的故障时间远远大于其他吹灰器故障时间

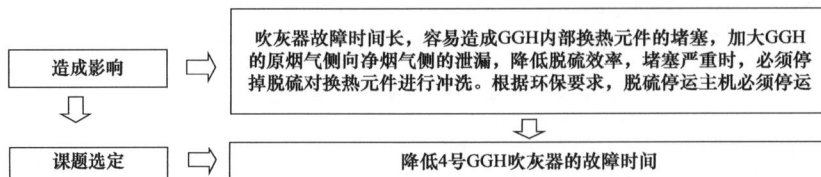

造成影响 ⇨ 吹灰器故障时间长，容易造成GGH内部换热元件的堵塞，加大GGH的原烟气侧向净烟气侧的泄漏，降低脱硫效率，堵塞严重时，必须停掉脱硫对换热元件进行冲洗。根据环保要求，脱硫停运主机必须停运

⇩

课题选定 ⇨ 降低4号GGH吹灰器的故障时间

分　析　该小组通过三台相同设备运行中故障时间的对比发现 4 号脱硫 GGH 吹灰器故障时间明显偏长，而吹灰器故障时间长，容易造成 GGH 内部换热元件的堵塞，加大

GGH 的原烟气侧向净烟气侧的泄漏,降低脱硫效率。堵塞严重时,还必须停掉脱硫对换热元件进行冲洗。根据环保要求,脱硫停运主机必须停运,因此选择课题。如果能将7～12月的所有数据统计分析,并结合具体堵塞次数和停运次数,会更有说服力。

【案例 2-6】 用饼分图选题,×××公司热工保护班 QC 小组,以降低×××1 号炉火检系统缺陷次数为题开展活动,其选题理由见表 2-3 和图 2-9。

表 2-3 选 题 示 意 表

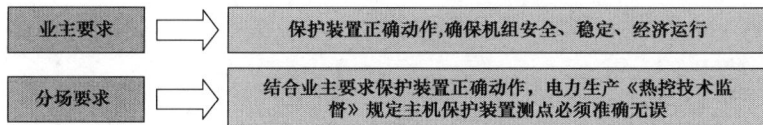

| 业主要求 | ⇒ | 保护装置正确动作,确保机组安全、稳定、经济运行 |

| 分场要求 | ⇒ | 结合业主要求保护装置正确动作,电力生产《热控技术监督》规定主机保护装置测点必须准确无误 |

2013.12~2014.2×××1号机组各保护系统测点信号缺陷统计表

存在问题 ⇒

序号	项目	测点缺陷/(次)
1	本特利系统缺陷	7
2	火检系统缺陷	51
3	燃油系统缺陷	6
4	水位监测系统缺陷	3
5	辅机检测系统缺陷	3

调查人:××× 日期:××××-××-××

测点缺陷/(次)

图 2-9 饼分图

由图 2-9 可知,1 号机组各保护系统中火检系统测点缺陷最多。占保护系统测点总缺陷的 73％,所以小组特针对降低×××1 号炉火检系统缺陷次数展开课题活动。

| 确定课题 | ⇒ | 降低×××1号炉火检系统缺陷次数 |

分 析 该小组通过×××1 号机组各保护系统测点信号缺陷次数对比,应用饼分图进行选题,较好地说明了选题的必要性。但是缺陷的多少是客观存在还是其他原因交待不清,因此有一些概念上的模糊。如果能充分说明每一个节点之间的缺陷确实可比,会更有说服力。饼分图应用存在问题,其统计表未能描述出所占百分比的多少。

12. 选题理由怎样做到简明扼要?

小组在陈述选题理由时,应对本小组当前的实际情况(存在问题)进行精练,摸清内在规律,找到与上级方针目标要求或本部门存在的差距。通过用数据进行对比,清晰明了地表达出选此课题的目的性和必要性。

【案例 2-7】 ×××QC 小组以提高 10kV 线路引线搭接绝缘杆带电作业化率为题开展活动，其选题理由如图 2-10 所示。

名词解释　带电作业化率＝引线搭接带电作业次数/引线搭接需求总数

分　析　此课题是小组在生产过程中遇到的具体问题，课题不大，小组自己可以完成。选题理由用框图形式表示，通过数据对比，可一目了然看出实际与要求之间的差距，理由简洁、明了、充分。但是百分比数据的来源交待不清，需要进一步去充实。

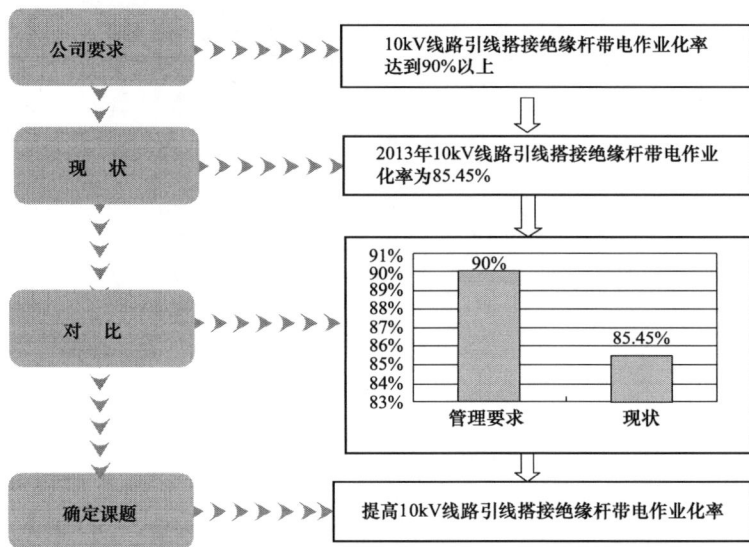

图 2-10　选题框图

【案例 2-8】 ×××QC 小组以提高 220kV 输电线路验电器验电准确率为题开展活动，其选题理由如下：

《国家电网公司电力安全工作规程（线路部分）》中规定，在全部停电或部分停电的电气设备上工作，必须采取停电、验电、装设接地线、悬挂标示牌和装设遮栏的技术措施。并在6.3 条款中明确规定，在停电线路工作地段接地前，应使用相应电压等级、合格的接触式验电器验明线路确无电压。

电容型高压验电器是一种便携式验电装置，用于检测电气设备上电压是否存在，因其携带方便、操作灵活、判断简单直观等优点而得到广泛应用。本小组对现有 220kV 验电器在带电线路上进行实测时发现，验电器常常会发生不报警的现象。在实际的输电线路检修工作中，验电器不能准确验电会给检修人员带来巨大的安全隐患。

为此，本小组选择"提高 220kV 输电线路验电器验电准确率"作为本次 QC 活动的课题，解决验电器误判的问题，保障作业人员的人身安全。

分　析　此课题也是小组生产过程中遇到的实际问题，但小组在阐述选题理由时只描述了问题的现象，没有交代清楚选此课题的关键点——实际与目标差距有多大，缺少数据支撑，使得小组选题理由不"实"，问题描述不充分。

第三节 现 状 调 查

13. 现状调查的基本任务是什么?

课题确定之后,就要掌握问题严重到什么程度,这就要对现状进行认真的调查。通过对调查所收集到的数据进行整理、分析,把症结找出来。然后就可以设定目标,分析原因等。现状调查做得好,就给解决课题打下一个扎实的基础。因此,现状调查这一步骤是一个很重要的环节,在整个 QC 小组活动程序中起到承上启下的作用。

现状调查的基本任务有两个:一是把握问题的现状,掌握问题严重到什么程度;二是要找出问题的症结(或关键点)所在,以确认小组从何处改进及能够改进的程度,从而为目标值的设定提供依据。

【案例 2-9】×××发电厂电气车间变电班 QC 小组以降低高压厂用变压器封闭母线故障次数为题开展活动,其现状调查如下:

(1)调查一:小组成员对我厂 8 号机组与 2 号机组高压厂用变压器封闭母线故障情况进行对比。8 号机组为我厂最新机组,投产于 2001 年,2 号机组投产于 1992 年,两者高压厂用变压器封闭母线系统型号、运行方式、设备选型均相同,具有可比性,见表 2-4。

表 2-4 　　　　近 4 年 2 号、8 号机组高压厂用变压器封闭母线故障次数统计表

机组季度	2010 年第四季度	2011 年第四季度	2012 年第四季度	2013 年第四季度	合计
2 号机组封闭母线故障次数	2	5	9	14	30
8 号机组封闭母线故障次数	2	1	0	2	5

制表:×××　　时间:××××-××-××

近 4 年第四季度 2 号、8 号机组封闭母线故障次数用柱状图统计如图 2-11 所示。

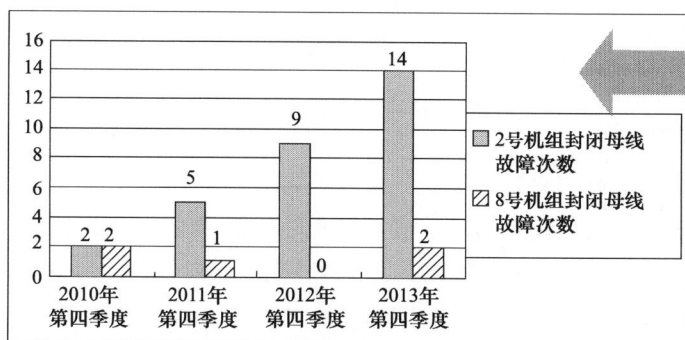

制表:×××　　时间:××××-××-××

图 2-11　柱状图

结论：通过我厂 2 号机组与 8 号机组封闭母线故障次数对比可以得知，我厂 2 号机组封闭母线故障次数远远大于 8 号机组故障次数，尤其是在 2013 年第四季度，2 号机组故障次数比 8 号机组多 12 次。

（2）调查二：由调查一可以得知，近四年 2 号机组高厂变封闭母线在第四季度共发生故障 30 次，为找出问题症结，小组成员依据故障情况和异常报告，对 2 号机组高厂变封闭母线在近四年第四季度出现的 30 次故障进行分类统计，见表 2-5。

表 2-5　　　　　　　　　　　　　　故 障 类 型 统 计 表

故障类型	频数	累计频数	百分比（%）	累计百分比（%）
封闭母线接地故障	21	21	70	70
综保装置误报故障	3	24	10	80
封闭母线端盖故障	3	27	10	90
封闭母线 PT 小车故障	2	29	7	97
其他	1	30	3	100
合计	30			

制表：×××　时间：××××-××-××

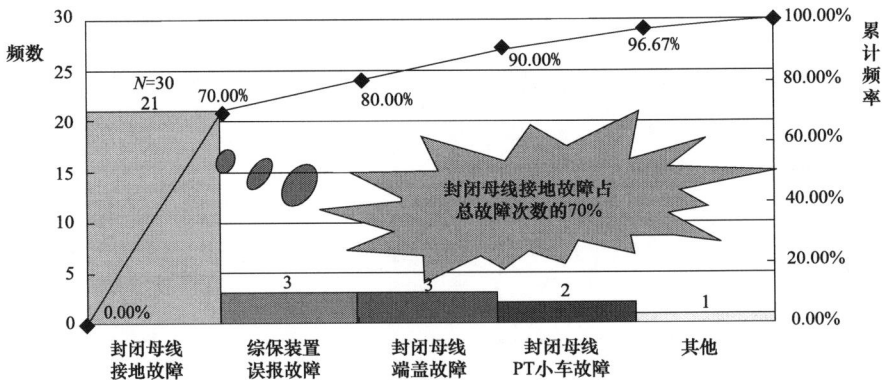

制表：×××　时间：××××-××-××

图 2-12　高压厂用变压器封闭母线故障次数排列图

从图 2-12 排列图分布可以看出，封闭母线接地故障占了故障总数的 70%，是高压厂用变压器封闭母线出现故障的主要症结所在。如果解决了封闭母线接地故障，高压厂用变压器封闭母线故障次数就可以大幅降低。

分　析　该课题较好地用两个层次的调查，描述了问题的现状和症结所在，使现状和症结一目了然地呈现在小组面前。但调查的时间将近四年，有些数据是否已经发生了变化？小组活动的及时性有待进一步提高，排列图应用需要进一步规范。如该统计表有累计百分比即可，不需要百分比；统计表应当有序号，当其他项为 1 时已经明确了是什么，没有必要写其他。

14. 现状调查与选题理由的关系是什么？

两者在程序上是前后关系，选题理由在前，现状调查在后。在内涵上，现状调查是选题理由的进一步深化。选题理由表明了选择此课题的关键点——实际与目标的差距有多大。现状调查则针对选题里理由反映出的差距，通过对收集的数据和信息进行分类、整理、分析，找出造成这个差距的症结（关键点）所在，从而为目标值的设定提供依据。

【案例 2-10】×××监控中心 QC 小组以提高无人站 10kV 母线电压合格率为题开展活动，其选题理由与现状调查见图 2-13 和表 2-6。

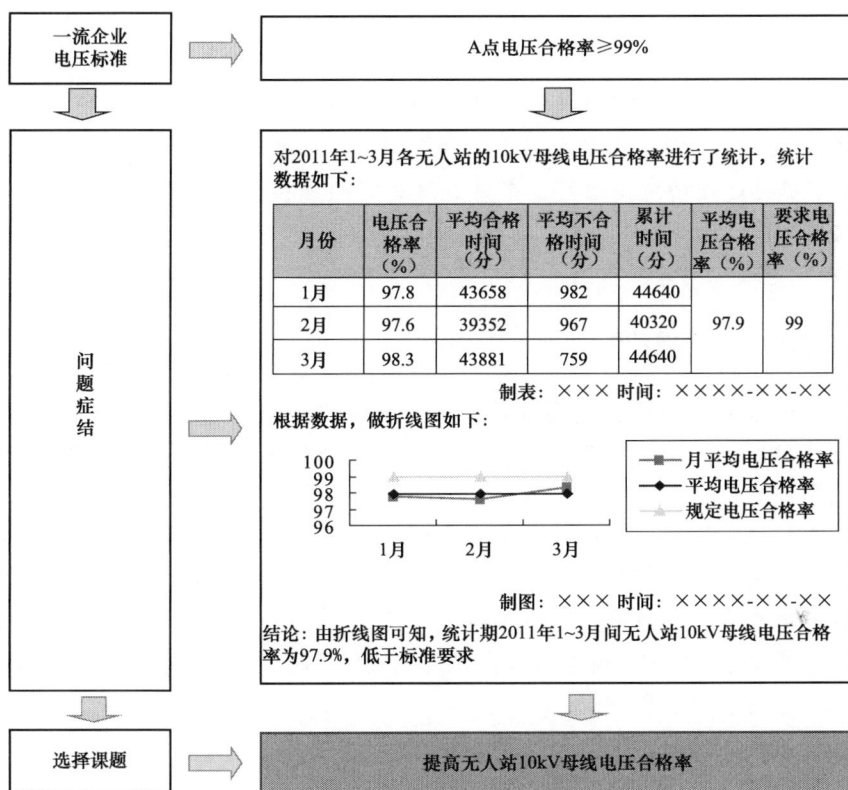

图 2-13　选题理由图

小组成员通过查询监控系统 2011 年 1～3 月的历史事项和运行记录，对此期间影响电压质量，造成无人站 10kV 母线电压合格率低的诸多因素进行分析统计，统计情况表 2-6。

表 2-6　　　影响 2011 年 1 月～3 月 10kV 母线电压合格率低的诸多因素调查统计表

序号	影响因素	1月（分）	2月（分）	3月（分）	电压不合格时间（分）	所占百分比（%）
1	有载调压不当	723	692	781	2275	84
2	电容器投切不当	71	98	102	271	10
3	监控系统故障	42	30	36	108	4
4	负荷波动大	9	10	8	27	1
5	其他	11	7	9	27	1

数据采集及制表：×××　时间：××××-××-××

根据表 2-6 绘制饼分图 2-14。

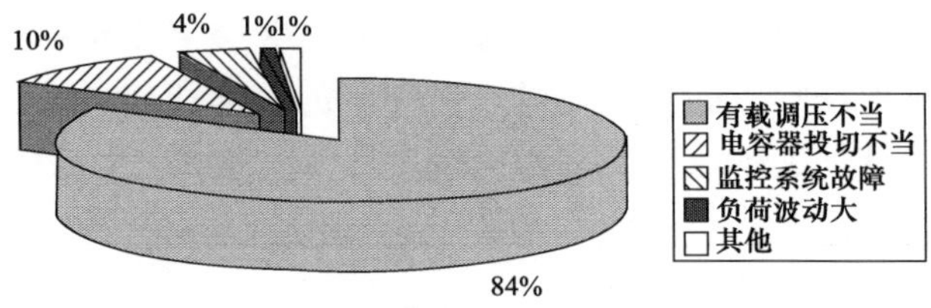

制图：×××　日期：××××-××-××

图 2-14　饼分图

结论：由图可知"有载调压不当"造成 10kV 母线电压不合格的分钟数占总电压不合格分钟数的 84％，是造成 10kV 母线电压合格率低的主要症结。

分　析　根据选题理由中提出的三个月故障时间的总和（982＋967＋759＝2708），现状调查中对"故障时间"进行进一步的分层分类，找到问题的症结为有载调压不当（2275），占 84％，较好地把握了问题的症结。

15. 如何把握问题的现状？

小组确定了课题后要对现状进行全面、彻底地调查。如果在选题时已经掌握了总体情况，也应进一步分层（如按月、按批）将具体情况调查清楚，以便从中发现规律性的东西。在现状调查时要注意：

（1）用数据说话。能准确掌握实际情况，澄清问题，进一步了解现状。如果在选题时已收集了一定的数据，可在此基础上再收集相关的数据，以便更详细、准确地掌握实际情况。

（2）对现状调查取得的数据要进行整理、分类、分层分析。对取得的客观数据，要从不同点角度进行分类，并对分类数据进行分析，直到找出症结问题为止。分类方法有以下几种。

按时间：年、月、日、班次等。

按地点：位置、工地等。

按症状：缺陷种类、特性、状态等。

按作业：生产线、设备、操作者等。

16. 怎么找到问题的症结？

我们所要解决的问题，往往是一个综合性问题。如，要解决某产品不合格率高的问题，而该产品从原材料投入到生产出成品要经过 10 道工序，每道工序都有可能产生不合格品。如果笼统地针对"某产品不合格品率高"来分析原因，不但针对性差，而且往往会无从下手。因此，要解决该问题，找出它的关键症结，就应对每道工序所产生的不合格品率进行详细统计，不合格品最多的工序就是课题的症结所在。

【案例 2-11】×××QC 小组以提高电采系统采集成功率为题开展活动，其现状调查查找症结如下：

分析 I

根据电采系统运行记录，小组成员对 2013 年 10～2014 年 3 月×××电采系统采集情况进行了调查统计，见表 2-7。

表 2-7 采集情况统计表

序号	采集日期	采集次数	应采集数（户）	采集成功数（户）	采集失败数（户）	采集成功率
1	2013 年 10 月	14	184398	170199	14199	92.3%
2	2013 年 11 月	13	211771	193580	18191	91.4%
3	2013 年 12 月	15	187262	173217	14045	92.5%
4	2014 年 1 月	16	191053	172139	18914	90.1%
5	2014 年 2 月	15	201156	184058	17098	91.5%
6	2014 年 3 月	17	206914	189044	17870	91.4%
7	合计	90	1182554	1082237	100317	91.5%
8	均值	15	197092	180372	16720	91.5%

制表：×××　制表日期：××××-××-××

由表 2-7 可知，×××电采系统在 2013 年 10～2014 年 3 月采集失败数高达 100317 户，月均采集成功率仅为 91.5%，低于公司要求 97.0%，且统计期内所有月份的采集成功率均低于 97.0%。

分析Ⅱ 查找症结

针对分析Ⅰ中的 100317 个采集失败户数，小组成员按用户类型对其展开进一步的调查分析，如表 2-8 所示。

表 2-8 2013 年 10 月～2014 年 3 月采集失败用户类型统计表

序号	采集失败类型	发生频数（个）	频率（%）	累计频率（%）
1	低压用户	100065	99.75	99.75
2	公变用户	106	0.10	99.85
3	专变用户	94	0.10	99.95
4	专线用户	52	0.05	100.00
5	合计	100317	100.00	100.00

制表：×××　制表日期：××××-××-××

由表 2-8 制作排列图，如图 2-15 所示。

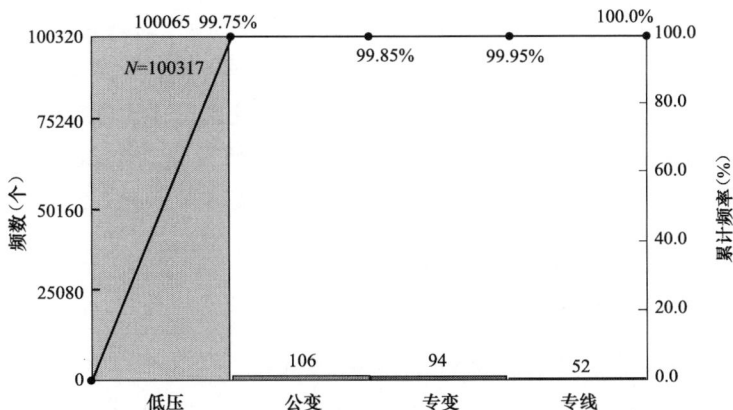

制图：×××　制图日期：××××-××-××

图 2-15 采集失败用户类型排列图

51

由图 2-14 可知，采集失败用户集中出现在低压用户，频率高达99.75%。于是小组对低压用户采集故障的类型展开进一步调查分析，见表2-9。

表 2-9　　　　　　　　　　低压用户采集故障类型统计表

序号	采集故障类型	发生频数（个）	频率	累计频率
1	终端不抄表	47901	47.6%	47.6%
2	信号传输失败	45129	45.1%	92.7%
3	系统主站异常	3402	3.4%	96.1%
4	电能表硬件故障	3302	3.3%	99.4%
5	其他	601	0.6%	100%
6	合计	100065	100%	100%

制表：×××　　制表日期：××××-××-××

由表 2-9 制作排列图，如图 2-16 所示。

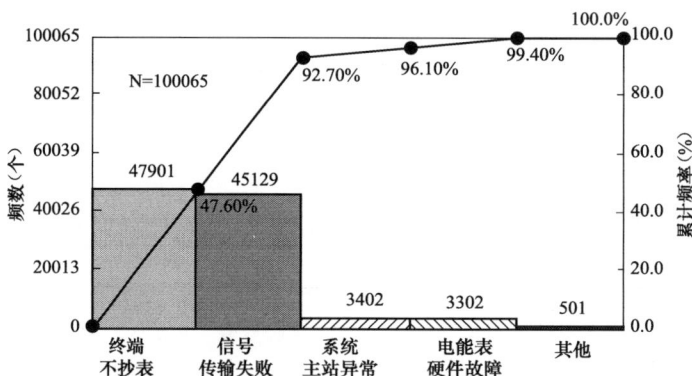

制图：×××　　制图日期：××××-××-××

图 2-16　低压用户采集故障类型排列图

由图 2-15 可知，终端不抄表和信号传输失败是采集成功率低的症结所在。

分　析　小组做调查统计，对××电采系统在 2013 年 10~2014 年 3 月采集失败数高达100317 户，月均采集成功率仅为 91.5%，做出进一步评估，揭示了问题的严重程度。在此基础上，又进一步对 2013 年 10~2014 年 3 月采集失败数高达 100317 户，月均采集成功率仅为 91.5%，进行分层分类。通过两次分层，找到问题的症结为终端不抄表和信号传输失败，以此找到突破的方向。但是排列图应用存在不规范之处。如该统计表有累计频率即可，不需要频率。排列图应该有箭头。

17. 现状调查的基本步骤是什么？

（1）把握问题的现状。从企业的统计报表中进行调查，如产量的统计表、不合格品的统计表、安全生产的统计表、物资消耗的统计表、设备停机故障的统计表、单位成本的统计表等。我们从这些统计表中获取所需要的数据资源，以把握问题的现状，是现状调查弄清问题严重到什么程度的途径之一。

（2）查找问题的症结。到生产现场进行实地调查，在某些情况下，企业的统计报表不能真正反映问题的全部情况，要弄清过程的实际情况，必须到生产现场实地调查，取得数据，才能彻底了解问题严重到什么程度。

18. 如何用数据说话？

用数据说话就是摆事实，用事实说明一切而不是空洞的文字。事实是最有说服力的，而数据来自于事实，它能准确地掌握实际情况，原来隐隐约约感到有什么疑问，通过核实数据，就能澄清问题，进一步了解现状。

【案例 2-12】 ×××电力华佗 QC 小组，以缩短变电站设备红外巡视诊断工作的操作时间为题开展活动，其现状调查如下：

1. 以×××变电站为例进行深入调查，统计 2013 年 12 月该站每日红外巡视诊断操作时间，见表 2-10 和图 2-17。

表 2-10　　　12 月×××　　220kV 变电站每日红外巡视诊断操作时间统计表

日期（2013）	12.1	12.2	12.3	12.4	12.5	12.6	12.7	12.8	12.9	12.10
总时间（min）	29.3	31.9	25.3	29.6	31.2	43.7	26.3	43.7	26.7	29.1
日期（2013）	12.11	12.12	12.13	12.14	12.15	12.16	12.17	12.18	12.19	12.20
总时间（min）	35.9	35.4	22.1	37.6	25.4	30.5	35.0	40.0	24.5	23.4
日期（2013）	12.21	12.22	12.23	12.24	12.25	12.26	12.27	12.28	12.29	12.30
总时间（min）	34.9	28.1	30.6	44.5	42.6	41.9	26.5	38.1	41.3	28.4
日期（2013）	12.31									
总时间（min）	41.3									
总操作时间（min）		1026.1				日平均时间（min）			33.1	

制表：×××　时间：××××-××-××

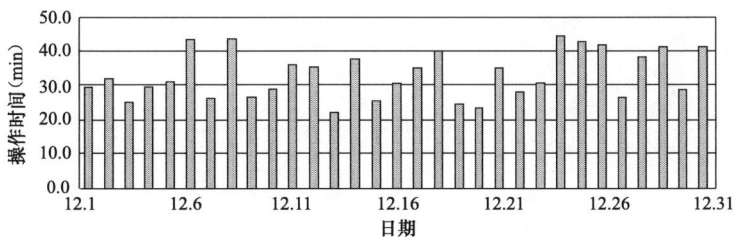

制图：×××　时间：××××-××-××

图 2-17　12 月×××220kV 变电站红外巡视诊断操作时间柱状图

根据统计数据，12 月新电站红外巡视诊断操作时间大于 25min 的天数为 28 天，不满足要求的天数占当月天数的 90.3％。

2. 根据红外巡视操作步骤，统计 12 月新店站红外巡视各步骤操作用时的平均值、最大值、最小值以及极差值，制作统计表格，见表 2-11。

表 2-11　　　　　　12 月各步骤操作时间（平均、最大、最小、极差值）分析表

序号	项目	操作时间（min）				各步骤累计用时（min）	累计用时百分比（%）
		平均值	最大值	最小值	极差值		
1	巡检记录	11.2	16.9	5.6	11.3	11.2	33.84
2	红外成像	9.8	14.9	4.9	10	21	63.44
3	找准热点	5.5	5.7	5.4	0.3	26.5	80.06
4	筛选保存	2.7	2.8	2.6	0.2	29.2	88.22
5	仪器设置	1.7	1.8	1.6	0.2	30.9	93.35
6	合理构图	1.1	1.2	1	0.2	32	96.68
7	拍可见光	1.1	1.2	1	0.2	33.1	100.00
	合计	33.1	44.5	22.1	22.4		

制表：×××　时间：××××-××-××

根据各步骤平均操作用时，制作排列图如图 2-18 所示。

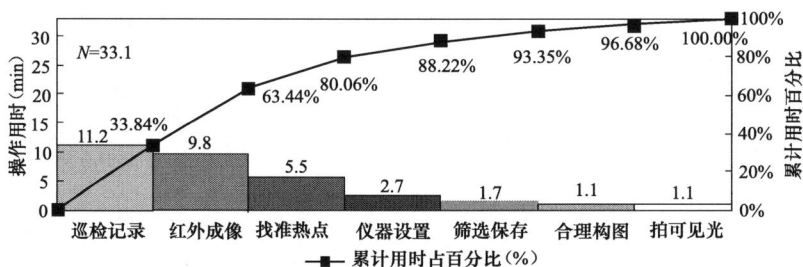

制图：×××　时间：××××-××-××

图 2-18　12 月各步骤平均操作用时排列图

用极差法对各步骤操作用时极差值进行分析，如图 2-19 所示。

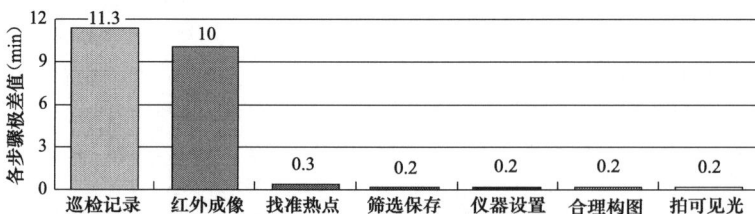

制图：×××　时间：××××-××-××

图 2-19　12 月各步骤操作用时极差值柱状分析图

结论：由图 2-18 可见，红外巡视诊断工作巡检记录、红外成像（拍摄红外图谱）这两个步骤的用时累计占总用时的 63.44%，且这两个阶段的极差大，分别为 11.3 和 10，因此影响红外巡视诊断工作操作时间长短的症结发生在这两个阶段。

根据图 2-18，如果我们能够解决该不固定时间的 95%，则可以将总操作时间缩短为 24.2min，满足×××公司要求的 25min 上限。

分　析　该小组用排列图找到耗时多的项目，为了进一步查清症结所在，用极差法对各

步骤操作用时极差值进行分析,从而验证了现状调查中排列图找到的症结所在,为解决问题奠定了方向基础,但排列图应有坐标箭头。

19. 收集数据需要注意哪些问题?

数据收集、分析和比对,是 QC 活动过程中掌握的第一手资料,是"现状调查""效果检查"等阶段重要的表现方式。正确、合理地收集数据是效果对比的前提。很多 QC 小组不重视数据收集,提供的数据不够充分和有效,影响了活动的效果。

(1)明确数据收集的目的。

在 QC 小组活动中,数据收集主要是为了了解现状、寻找原有流程中的不合理之处、比对新旧流程的异同及新流程的先进性等。

(2)明确收集数据的步骤。

首先要明确收集数据的目的,确定收集何种数据,然后考虑要以最少的数据做正确判断的抽样方法,并设计调查表。

(3)数据收集应注意的事项:

1)收集的数据要有客观性。不能只收集对自己有利的数据,或者只从收集的数据中挑选对自己有利的数据而忽略其他数据。

2)收集的数据要有可比性。不可比的数据无法真实反映小组改进前后的变化程度,更无法证明采取对策的有效性。

3)收集数据的时间要有约束。要收集小组活动开始最近的数据,才能反映现状。因为情况会随着时间的变化而不断变化,用时间相隔长的数据进行分析,可能会将后面的活动引入歧途,也不利于效果检查时的对比。

4)收集数据要全面。不仅收集已有记录的数据,还要需要亲自到现场去观察、测量、跟踪,掌握第一手资料,以弄清问题的实质。

20. 如何对数据进行分层分类?

为解决某一问题所收集的数据资料往往是综合性的,这些综合性数据资料可按其来源、特征、属性等标识分作两个及以上的组进行分类、整理、汇总,这样可以暴露出问题症结所在,并可对症解决问题。

通常可将数据按以下几种标志进行分层分类:

(1)按时间区分。也就是按年、月、日、班次来区分;

(2)按地点区分。也就是按位置、工地不同来区分;

(3)按症状来区分。也就是按照缺陷种类、特性、状态来分;

(4)按作业区分。也就是按生产线、机床来区分,或者按操作者来区分。

21. 哪些情况不需要现状调查?

(1)指令性目标。因为指令性目标的 QC 小组直接按照上级指令要求设定目标,活动目标明确,因此不需要通过现状调查来为目标值的确定提供依据,但要对目标是否能够实现进行目标可行性分析。

（2）创新型课题。该课题小组从未做过，没有历史数据参考，无现状可以调查，所以创新型课题就没有现状调查这一环节。因为以前未做过，小组确定的目标是否可行不得而知，因此应进行目标可行性分析。

第四节　设　定　目　标

22. 为什么要设定目标？

人们每做一件事、解决一个问题，如果要寻求质量和效率，不论解决的问题大小，都要有活动目标，目标是人们追求和努力的方向。企业在每年都要制订企业年度方针目标，明确在生产经营上本年度要达到的水平。QC小组开展质量改进，解决课题也是如此，为避免活动的盲目性，必须要设定活动目标。

【案例2-13】哈佛大学有一个非常著名的关于目标对人生影响的跟踪调查。

调查的对象是一群智力、学历、环境等条件差不多的年轻人。

调查结果发现：27％的人没有目标，60％的人目标模糊，10％的人有清晰但比较短期的目标，3％的人有清晰且长期的目标。

25年的跟踪研究结果显示，他们的状况及分布现象十分有意思。

那些3％有清晰且长期目标的人，25年来几乎都不曾更改过自己的人生目标。25年来他们都朝着同一方向不懈地努力，25年后，他们几乎都成了社会各界的顶尖成功人士。他们中不乏白手创业者、行业领袖、社会精英。

那些10％有清晰短期目标者，大都在社会的中上层。他们的共同特点是，短期目标不断被达成，状态稳步上升，成为各行各业不可或缺的专业人士，如医生、律师、工程师、高级主管，等等。

而那些占60％的模糊目标者，几乎都在社会的中下层面，他们能安稳地工作，但都没有什么特别的成绩。

剩下的27％是那些25年来都没有目标的人群，他们几乎都在社会的最底层。他们都过得不如意，常常失业，靠社会救济，并且常常都在抱怨他人，抱怨社会，抱怨世界。

其实，每个人的内心深处都有一种成功发展的渴望。如果你有目标，能发掘它，便能找到成功的方向，找到一种支持你不懈努力的持久力量。然而，正如西方的那句谚语所说，"如果你不知道你要到哪儿去，那通常你哪儿也去不了"。

是什么左右你10年后的"价值等级"？哈佛大学对大学毕业生进入职场的收入变化进行了长期的研究。研究结果表明，从离开校园到职场，10年也许只是弹指一挥间。然而，10年过去，当同窗好友再一次相聚时，在职场的地平线上，一个无可回避的现实是：昔日朝夕相处、平起平坐的同学，有了明显的"社会价值等级"。造成这种等级区分的，当然有机遇、关系以及与之相对应的环境，但是，一个更为重要的因素却是个人的职业生涯规划——目标导向。

分　析　设定目标很重要，对人生如此，对事业也是如此，在QC小组活动当中更是如此。那种"只要把问题解决，先订不订目标无所谓"的说法，是没有自信心的表现。

23. 目标如何分类？

（1）按活动目标来源不同可分为自定目标与指令性目标；

（2）按照活动目标结果不同可分为定性目标与定量目标。

如上级要求，产品合格率为99％，小组活动目标设定：产品合格率为99％，此为指令性目标，小组设定的目标与上级考核指标完全一致。

上级要求产品合格率为99％，小组活动目标设定：产品合格率为99.5％，或产品合格率为98％，当高于或低于要求时均属于自定目标而非指令性目标。

24. 自定目标与指令性目标区别在哪？

（1）活动目标来源不同。自定目标是小组经过现状调查，明确了可改进程度而制定的目标。指令性目标可分为两种情况：一是上级以指令形式下达给小组的活动目标；二是小组直接选定的上级考核指标。

（2）两者活动程序不同。自定目标活动程序：①选择课题→②现状调查→③设定目标→④分析原因→⑤确定主要原因→⑥制定对策→⑦实施对策→⑧检查效果（是否达到目标？若没有达到目标，回到第四步。若达到目标，继续第九步）→⑨制定巩固措施→⑩总结和下一步打算。

指令性目标活动程序：①选择课题→②设定目标→③可行性分析→④分析原因→⑤确定主要原因→⑥制定对策→⑦实施对策→⑧检查效果（是否达到目标？若没有达到目标，回到第四步。若达到目标，继续第九步）；→⑨制定巩固措施→⑩总结和下一步打算。

25. 如何判定是指令性目标？

指令性目标可分为两种情况：一是上级以指令形式下达给小组的活动目标；二是小组直接选定的上级考核指标。如果小组直接选定上级的考核指标为目标值，应该与考核指标完全一致。通常情况下，小组活动是指令性目标的，其课题多为上级下达的指令性课题；但是将指令性课题作为小组活动选题的，其活动目标不一定都是指令性目标。

由于对指令性目标概念不清，其结果犯了活动程序上的错误。如有些小组直接选定上级考核指标为活动目标时，由于不清楚该目标就是指令性目标，未按照指令性目标活动程序开展活动。又如有些小组选定高于上级考核指标为活动目标时，认为这就是指令性目标，并按照指令性目标活动程序开展活动。

【案例2-14】某QC小组活动课题"提高电采系统采集成功率"，按照指令性目标值开展活动。

采集成功率低，将会严重影响抄表算费、线损分析、用电检查等电力营销工作的正常进度，为上述工作人员带来大量额外的补抄人工成本，因此，小组始终致力于不断提高采集成功率水平。

选题理由如图2-20所示，活动目标柱状图如图2-21所示。

设定目标　根据×××供电公司要求，小组设定了活动目标：将电采系统采集成功率从91.8％提高至97.0％。

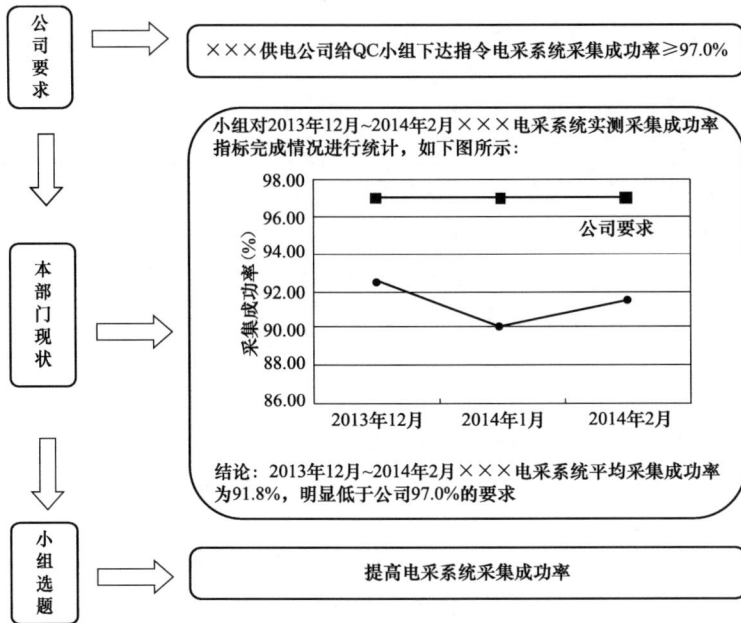

制图：×××　日期：××××-××-××

图2-20　选题理由图

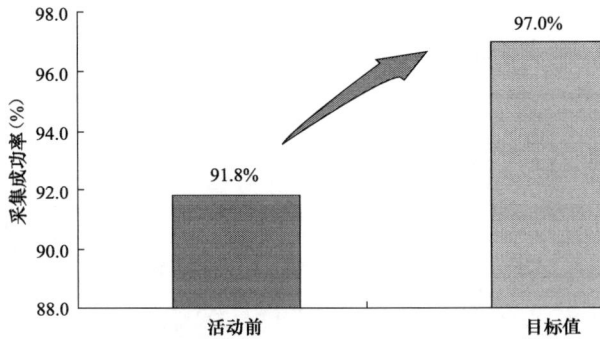

制图：×××　日期：××××-××-××

图2-21　活动目标柱状图

目标可行性分析　略。

分　析　该小组在工作中接到公司指令，电采系统采集成功率大于等于97.0%，而实际现场采集成功率仅为91.8%。于是他们选择公司要求的97.0%为小组活动目标，这种情况下就认定为是指令性目标值，并按照选择课题→设定目标→目标可行性分析的程序进行。如果小组在自己活动中，没有接到指令，且选定目标值高于97.0%或低于97.0%，这种情况就认定为是自选目标值课题，按照选择课题→现状调查→设定目标的程序进行。

26. 可行性分析与现状调查有何异同？

可行性分析和现状调查的相同之处在于都需要对当前状况进行深入调查、分析，查找出问题的症结所在，为目标设定提供依据。不同之处在于，可行性分析是针对指令性目标而言的。由于是指令性目标，这一目标能否实现，要通过目标可行性分析做进一步说明。现状调查是针对自定目标而言的。对于自定目标，要从现状调查中把握问题的现状，掌握问题的严重程度，找出问题的症结（关键点）所在，从而为目标值的设定提供依据。

【案例 2-15】 某 QC 小组以提高无人站 10kV 母线电压合格率为题，自选目标值开展活动。

一、选题理由明确提出：一流企业电压标准 A 点电压合格率大于等于 99%。

……

二、现状调查

（一）寻找主要问题

小组成员通过查询监控系统 2011 年 1～3 月的历史事项和运行记录，对此期间影响电压质量，造成无人站 10kV 母线电压合格率低的诸多因素进行分析统计，统计情况见表 2-12。

表 2-12　　　　影响 2011 年 1～3 月 10kV 母线电压合格率低的诸多因素调查统计表

序号	影响因素	1月（分）	2月（分）	3月（分）	电压不合格时间（分）	所占百分比（%）
1	有载调压不当	723	692	781	2275	84
2	电容器投切不当	71	98	102	271	10
3	监控系统故障	42	30	36	108	4
4	负荷波动大	9	10	8	27	1
5	其他	11	7	9	27	1

制表：×××　　时间：××××-××-××

根据调查表 2-12 统计绘出饼分图，如图 2-22 所示。

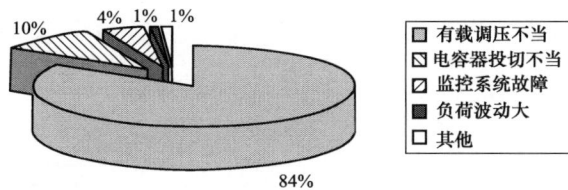

制图：×××　日期：××××-××-××

图 2-22　饼分图

结论：由图可知有载调压不当造成 10kV 母线电压不合格的分钟数占总电压不合格分钟数的 84%，是造成 10kV 母线电压合格率低的主要症结。

（二）设定目标的依据

（1）从理论上计算，如果要达到公司要求的 99%，需要将有载调压不当造成 10kV 母线电压不合格的分钟数降为 $(1-0.990)\times(44640+40320+44640)-(271+108+27+27)=863$（分），若进一步将其降为 700 分，则可将目标值提高到 99.1%。经过小组现场评估和同业对比能够降到 700 分钟。

（2）公司要求电压合格率必须达到 99%，这是一流企业所必须达到的，所以必须尽全力去实现这一目标。

（3）据调查，A 供电公司 2010 年 10kV 母线电压合格率已超过 99.2%，而两家单位的情况基本相同，因此，小组经过努力，应该能够实现 99.1% 的目标。

结论：理论和实践表明，将目标值拟定为 99.1% 比较合理，而且通过全体成员的共同努力一定能够完成这样的目标。

三、目标设定

将无人站 10kV 母线电压合格率由现状的 97.9% 提高到 99.1%，如图 2-23 所示。

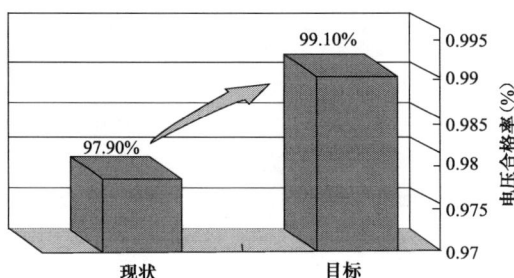

图 2-23　目标柱状图

分　析　该小组选择了高于要求（99%）的目标（99.1%），通过分析解决关键的症结有载调压不当即可实现目标，故该课题为自选目标值的课题。

【案例 2-16】 某 QC 小组以提高电采系统采集成功率为选题，按指令性目标值开展活动。

一、选题理由提出：公司要求电采系统采集成功率大于等于 97.0%。

二、设定目标：根据《×××供电公司营销同业对标管控及实施细则》要求，小组设定活动目标为将电采系统采集成功率从 91.8% 提高至 97.0%，如图 2-24 所示。

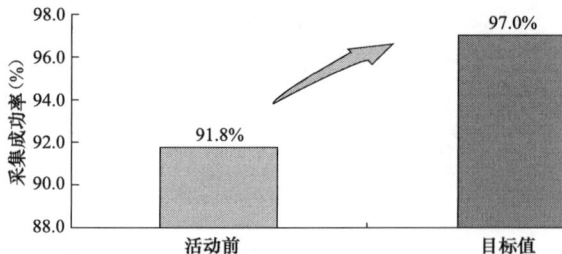

图 2-24　活动目标柱状图

三、目标可行性分析通过两次分层得到如图 2-25 所示的排列图。小组对低压用户采集故障的类型展开进一步调查分析，见表 2-13。

表 2-13   低压用户采集故障类型统计表

序号	采集故障类型	发生频数（个）	频率	累计频率
1	终端不抄表	47901	47.6%	47.6%
2	信号传输失败	45129	45.1%	92.7%
3	系统主站异常	3402	3.4%	96.1%
4	电能表硬件故障	3302	3.3%	99.4%
5	其他	601	0.6%	100%
6	合计	100065	100%	100%

制表：×××　制表日期：××××-××-××

由表 2-13 制作排列图 2-25。

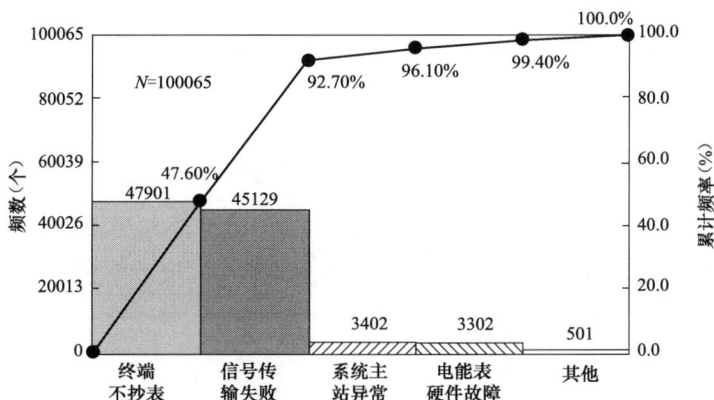

制图：×××　日期：××××-××-××

图 2-25　低压用户采集故障类型排列图

由图 2-24 可知，终端不抄表和信号传输失败是采集成功率低的症结所在。

目标值测算：终端不抄表和信号传输失败是采集成功率低的症结所在，两者同属采集终端硬件故障，分别占故障总数的 47.6% 和 45.1%，而电能表硬件故障仅占故障总数的 3.3%。三类故障同属硬件故障，现场运行环境完全相同，但故障数量却相差巨大。小组查阅了相关技术标准对上述故障的管理要求，见表 2-14。

表 2-14   电能表及终端故障率标准要求调查表

标准名称	标准要求	
企业标准《Q/GDW 1828 电能表技术规范》及《Q/GDW 374 电力用户用电信息采集系统技术规范》	新到批量电能表全检验收合格率	新到批量采集终端全检验收合格率
	≥98.5%	≥98.5%
行业标准《DL/T 448—2000 电能计量装置管理规程》	电能表运行故障率	采集终端运行故障率
	<1%	<1%

制表：×××　制表日期：××××-××-××

由表 2-14 可知，相关标准对采集终端和电能表的维护管理水平要求非常一致，采集终端与电能表的故障率不应有明显差异。如果小组将终端不抄表和信号传输失败这两种采集终端故障的数量降至与电能表硬件数量持平，即 3302 户，则采集成功率可以达到 $(1182554-3302\times3-3402-601)/1182554=98.82\% > 97\%$（目标值）。

显然，小组本次活动的目标是可行的。

分 析 该小组选择了等于要求（97%）的目标（97%），通过可行性分析找到关键症结"终端不抄表和信号传输失败"。但实际工作中必须对症结进行测算，看症结的解决程度以及实现目标的可能，如果解决了症结依然达不到目标，则必须继续解决其他非症结，该课题为指令性目标值的课题。

就现状调查而言，必须是自选目标值课题中出现，定位在选题理由之后设定目标之前，即选题理由→现状调查→设定目标；

就可行性分析而言，必须在指令性目标值中出现，定位在设定目标之后，即选题理由→设定目标→可行性分析；

就其内容而言，都在查找问题的症结，只是现状调查关注关键的少数，以解决关键的少数达成目标；而可行性分析关注问题的差距，以解决问题完成目标为准，不受关键的少数限制。

27. 目标设定的依据是哪一个步骤的内容？

目标设定的依据是策划阶段（P）现状调查步骤的内容。但是，有些小组将目标设定的依据放在设定目标步骤。

【案例 2-17】 某小组以降低电缆故障为题开展活动，现状调查阶段找到问题的症结是电缆头过热，设定目标的依据应在现状调查阶段。

正确的做法应当是：

现状调查

1. 查找问题的症结。通过现状调查，主要问题是电缆头过热。

2. 设定标依据：通过测算，将电缆头过热问题解决80%，就能达到月平均故障率为5%。

确定目标

小组将目标设定为月平均故障率为5%。

不恰当的做法：

现状调查

通过现状调查，查出的主要问题是电缆头过热。

确定目标

1. 目标依据：将主要问题电缆头过热解决80%，就能达到月平均故障率为5%。

2. 目标设定：小组将目标设定为月平均故障率为5%。

28. 目标值设定的依据是什么？

目标值设定要以事实为依据，用数据说话。有些小组在设定目标时只强调主观能动性，未充分说明目标值数据的来源。

目标值设定的依据一般有以下几种：

（1）顾客提出的要求必须予以满足；

（2）通过现状调查，预计解决的程度，测算出能达到的水平；

（3）历史上曾接近或达到过这个水平，现在条件得到改善，应该能达到这个水平；

（4）与目前国内或同行业先进水平比较，小组在设备、人员、环境等方面相近，可以达到；

(5) 上级下达的考核指标必须达到。

【案例 2-18】 某小组以降低电缆月平均故障率为题开展活动，现状调查阶段找到问题的症结是电缆头过热，其设定依据的正确的做法是：

目标依据：通过现状调查，查出的主要问题是电缆头过热，若将电缆头过热问题解决 80%，就能达到月平均故障率 5% 的目标。而同业对比、历史条件下对比也都接近 5%，因此设定 5% 的目标是可行的。

不正确的做法是：

目标依据：单位领导的大力支持；小组成员学历高、技能等级高；小组中有经验丰富的老职工。因此，确定的目标是将月平均故障降至 5%。

【案例 2-19】 某 QC 小组以提高电采系统采集成功率为题开展活动，现状调查的前两个环节找到"终端不抄表和信号传输失败"是采集成功率低的症结所在，设定目标的过程如下：

现状调查

分析Ⅰ 查明现状

×××电采系统在 2013 年 10 月～2014 年 3 月采集失败数高达 100317 户，月均采集成功率仅为 91.5%，低于公司要求 97.0%，且统计期内所有月份的采集成功率均低于 97.0%。

分析Ⅱ 查找症结

经两次分层，找到终端不抄表和信号传输失败是采集成功率低的症结所在。

分析Ⅲ 历史水平

通过查阅电采系统历史记录，找到采集成功率最高的历史月份，见表 2-15。

表 2-15   历 史 水 平 调 查 表

序号	采集日期	应采集数（户）	采集成功数（户）	采集失败数（户）	采集成功率
1	2012 年 5 月	164398	161439	2959	98.2%
2	2013 年 2 月	171771	169022	2749	98.4%

制表：×××　　日期：××××-××-××

由表 2-15 可知，在 2012 年 5 月和 2013 年 2 月，×××电采系统采集成功率均高于 97.0%。其中，2013 年 2 月采集成功率高达 98.4%，曾创历史最好水平。

分析Ⅳ 同业先进水平

A 供电公司和 B 供电公司在电采系统的投运规模、采集方式、设备厂商（设备类型）、运行年限等方面均与我公司相近，具有参考价值，见表 2-16。

表 2-16   同 业 先 进 水 平 调 查 表

兄弟单位	采集用户总数	主要设备厂家	运行年限	采集成功率	
				2014 年 2 月	2014 年 3 月
A 公司	202084	浙江共同安阳优创	2010 年投运至今	97.2%	97.5%
B 公司	179058	浙江共同安阳优创	2010 年投运至今	97.4%	97.3%
我公司	251126	浙江共同安阳优创	2010 年投运至今	92.1%	91.8%

制表：×××　　日期：××××-××-××

由表 2-16 制作柱状图，如图 2-26 所示。

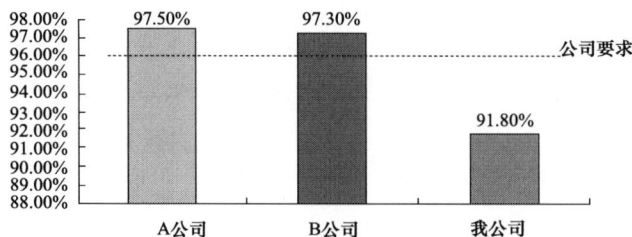

制图：×××　制图日期：××××-××-××

图 2-26　2014 年 3 月同业水平对比柱状图

由图 2-25 可知，在与公司相关基础条件相近的情况下，A 和 B 公司采集成功率均已达到 97％的公司要求。

分析 Ⅴ　目标值测算

由图 2-25 可知，终端不抄表和信号传输失败是采集成功率低的症结所在，两者同属采集终端硬件故障，分别占故障总数的 47.6％和 45.1％，而电能表硬件故障仅占故障总数的 3.3％。三类故障同属硬件故障，现场运行环境完全相同，但故障数量却相差巨大。小组查阅了相关技术标准对上述故障的管理要求，见表 2-17。

表 2-17　　　　　　　　　　电能表及终端故障率标准要求调查表

标准名称	标准要求	
企业标准《Q/GDW 1828 电能表技术规范》及《Q/GDW 374 电力用户用电信息采集系统技术规范》	新到批量电能表全检验收合格率	新到批量采集终端全检验收合格率
	≥98.5％	≥98.5％
行业标准《DL/T 448—2000 电能计量装置管理规程》	电能表运行故障率	采集终端运行故障率
	<1％	<1％

制表：×××　制表日期：××××-××-××

由表 2-17 可知，相关标准对采集终端和电能表的维护管理水平要求非常一致，采集终端与电能表的故障率不应有明显差异。如果小组将终端不抄表和信号传输失败这两种采集终端故障的数量降至与电能表硬件数量持平，即 3302 户，则采集成功率可以达到 (1182554－3302×3－3402－601)/1182554＝98.82％。

可见，小组能够将本次活动的目标定为 98％。

分　析　现状调查的前两个环节找到：终端不抄表和信号传输失败是采集成功率低的症结所在。于是小组从历史对比、同业对比，并经过进一步测算，确定能够达到的目标为 98％。

29. 目标值设定的水平遵循什么原则？

目标值设定水平一般要遵循以下几种原则。

一是目标值具有一定的挑战性。小组活动目标值要高于正常水平，需要小组成员努力攻关才能达到，这样才能更好地调动全体成员的积极性和创造性。

二是目标值应该通过小组的努力可以达到的。如果把目标值定得很高，虽然很有挑战性，但小组千方百计、努力攻关，仍达不到目标的要求，便会挫伤小组成员的积极性。

【案例2-20】某QC小组以降低4号脱硫吹灰器故障时间为题开展活动，现状调查三次分层，找到问题的症结为"热工控制系统故障次数多"，现状调查的具体过程如下：

1. 调查一见表2-18，2-19和图2-28。

表2-18   4号脱硫吹灰器2009年7~12月份故障时间统计表

日期	7月	8月	9月	10月	11月	12月	合计	平均
故障次数（次）	2	3	2	2	2	3	14	2.3
故障时间（h）	18	21	19	24	23	43	148	24.7

依据：FAM缺陷管理系统   统计人：×××   统计时间：××××-××-××

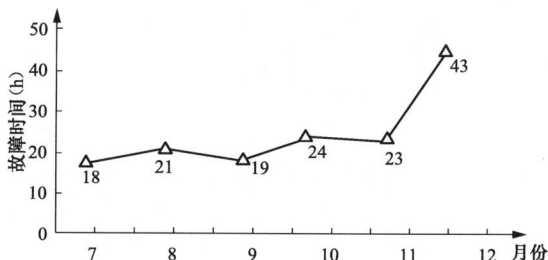

依据：FAM缺陷管理系统   制图：×××   制图时间：××××-××-××

图2-27   4号脱硫吹灰器2009年7~12月份故障时间折线图

表2-19   2009年7~12月份4号脱硫吹灰器故障统计分析表

序号	故障原因	故障次数	故障时间（小时）	月平均（小时）	百分比（%）
1	吹灰器系统故障	12	130	21.7	87.8
2	人员操作不当	1	6	1	4
3	其他原因	1	12	2	8.2
	合计	14	148	24.7	100

统计人：×××   统计时间：××××-××-××

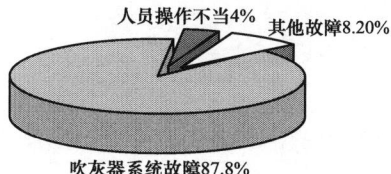

制图：×××   时间：××××-××-××

图2-28   4号脱硫吹灰器故障统计饼分图

结论1：2009年7~12月期间，4号脱硫吹灰器系统故障停运次数12次，月平均故障时间21.7h，故障比例87.8%，吹灰器系统故障，是造成吹灰器故障时间长的主要问题。

表 2-20　　　　2009 年 7～12 月份 4 号脱硫吹灰器系统故障统计分析表

序号	故障原因	故障次数	故障时间（h）	月平均故障时间（h）	百分比（%）
1	控制系统故障	10	115	19.2	88.5
2	机械系统故障	1	10	1.7	7.7
3	其他故障	1	5	0.8	3.8
	合计	12	130	21.7	100%

统计人：×××　统计时间××××-××-××

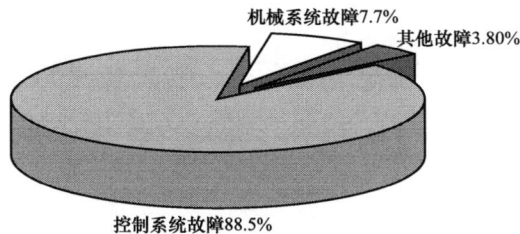

制图：×××　时间：××××-××-××

图 2-29　4 号脱硫吹灰器系统故障统计饼分图

结论 2：控制系统故障次数 10 次，月平均故障时间为 19.2h，故障比例为 88.5%，是造成 4 号脱硫吹灰器系统故障时间长的主要原因，见表 2-20 和图 2-29。

表 2-21　　　　2009 年 7～12 月份 4 号脱硫吹灰器控制系统故障分析表

序号	故障原因	故障次数	故障时间（小时）	月平均（小时）	百分比（%）
1	热工控制系统故障	8	75	12.5	65.2
2	电气控制系统故障	2	40	6.7	34.8
	合计	10	115	19.2	100

统计人：×××　统计时间：××××-××-××

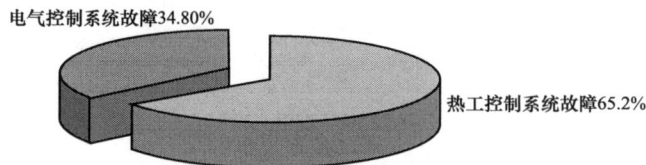

制图：×××　时间：××××-××-××

图 2-30　4 号脱硫吹灰器控制系统故障分析饼分图

结论 3：热工控制系统故障次数 8 次，月平均故障时间 12.5h，故障比例为 65.2%，是造成 4 号脱硫吹灰器控制系统故障时间长的主要原因，见表 2-21 和图 2-30。

2. 调查二：

调查采用相同的脱硫吹灰器的同类型电厂，对 A 电厂、B 电厂的 2009 年 7～12 月份故障时间，统计见表 2-22 和图 2-31。

表 2-22　　　　　　　　　　　　　　　故 障 事 件 统 计 表　　　　　　　　　　　　单位：h

单位\项目	吹灰器故障时间		热工控制系统故障时间	
	总用时	月平均	总用时	月平均
A 电厂	78	13	15	2.5
B 电厂	96	16	18	3
本电厂	148	24.7	75	12.5

2009 年 7~12 月，本电厂 4 号脱硫吹灰器的月平均故障时间为 24.7h。

◇ 这其中因热工控制系统故障造成的月平均故障时间为 12.5h。

◇ 如能完全消除热工控制系统故障，4 号脱硫吹灰器的月平均故障时间将减少至 24.7－12.5＝12.2h。

◇ 即使热工控制系统故障解决到 A 电厂的月平均 2.5h，4 号脱硫吹灰器的月平均故障时间也将减少至 24.7－(12.5－2.5)＝14.7h。

通过与条件相同的同类型电厂对比，结合本厂实际，并进行了认真分析计算，我们小组确定将 4 号脱硫吹灰器的故障时间降低到 15h/月，是比较合理的目标。

确定目标：将 4 号脱硫吹灰器的故障时间降低到 15h/月。

分 析　该 QC 小组通过三次分层，找到问题的症结为热工控制系统故障次数多，然后进行测算，同业对比分析，4 号脱硫吹灰器的月平均故障时间可减少至 24.7－(12.5－2.5)＝14.7 (h)。跳起来摘桃子，确定 15h/月，是比较合理的目标。

30. 目标设定需要注意哪些问题？

一是目标设定不宜过多。QC 小组选题应选择存在的具体问题作为课题，目标又是针对问题设定的，因此，设定一个目标就可以了。如果设定两个及两个以上的目标作为中心进行活动，会使解决问题的过程复杂起来，往往会造成整个活动的逻辑混乱。如果有多个目标，应采用多个课题予以解决。

二是目标应与问题相对应。设定的目标是明确小组活动把问题解决到的程度，因此，必须针对所要解决的问题来设定目标。

【案例 2-21】某 QC 小组以降低 4 号脱硫吹灰器故障时间为题开展活动，通过现状调查找到问题的症结为热工控制系统故障次数多，然后进行测算，同业对比分析，4 号脱硫吹灰器的月平均故障时间可减少至 24.7－(12.5－2.5)＝14.7 (h)。其确定的目标是将 4 号脱硫吹灰器的故障时间降低到 15h/月。

分 析　该 QC 小组在设定目标的过程中遵循了针对课题定目标的原则，课题是降低 4 号脱硫吹灰器的故障时间，目标值数据化降低到 15h/月，而且目标值只有一个，正确地描述了要达到的水平。如果不量化或针对"热工控制系统故障次数多"定目标都是不正确的。

【案例 2-22】某 QC 小组以提高网络线路故障查找效率为题开展活动，其确定目标描述：用二维码技术提高线路故障查找效率，尽量缩短线路查找时间。具体目标为将线路查找时间缩短在 1min 以内。

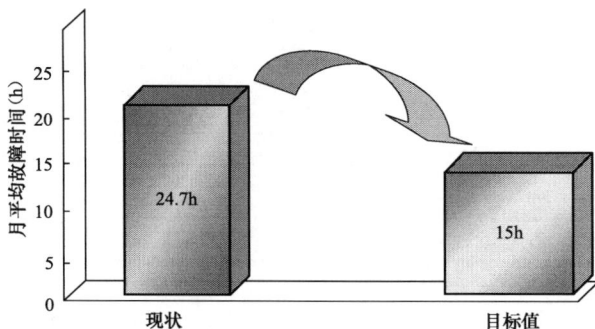

图 2-31　目标柱状图

分　析　课题名称为"提高网络线路故障查找效率"，设定目标确定为"将线路查找时间缩短在 1min 以内"。效率与时间成反比，但效率还不等于时间，显然二者混淆了。

第五节　分　析　原　因

31. 分析原因的作用是什么？

分析原因的作用是，通过对问题产生原因的分析，全面查找影响问题的原因所在，为下一步确认要因打好基础。有些小组由于对分析原因的作用是什么不清楚，在现状调查时已经分析出问题的症结所在，却又回到针对课题的总问题来分析原因，导致逻辑上的混乱，影响分析结果的正确性和有效性。

【案例 2-23】某 QC 小组以降低汽轮机汽门故障次数为题开展活动，经过现状调查找到症结为油动机泄漏故障，小组围绕该症结展开原因分析，如图 2-32 所示。

制图：×××　日期：××××-××-××

图 2-32　油动机泄漏故障原因分析树图

分 析 该小组针对症结"油动机泄漏故障",从设备密封件损坏、集成块缺陷、缸体存在缺陷三方面展开全方位的原因分析,找到 8 条末端原因,为彻底解决问题奠定了基础。

32. 分析原因与现状调查是什么关系?

现状调查的作用是为目标值的确定提供充足的依据。同时也为解决问题明确突破口,明确问题的主要症结所在。原因分析则针对现状调查所明确的主要症结分析原因。现状调查和原因分析在程序上是先后的关系,在内容上,现状调查是原因分析的前提,原因分析是现状调查的进一步深化。

【案例 2-24】 某 QC 小组以降低 4 号脱硫吹灰器故障时间为题开展活动,通过现状调查找到问题的症结为热工控制系统故障次数多,其现状调查和原因分析过程如表 2-23、图 2-33 和图 2-34 所示。

表 2-23　　　　　　2009 年 7～12 月份 4 号脱硫吹灰器控制系统故障分析表

序号	故障原因	故障次数	故障时间(h)	月平均(h)	百分比(%)
1	热工控制系统故障	8	75	12.5	65.2
2	电气控制系统故障	2	40	6.7	34.8
	合计	10	115	19.2	100

统计人:×××　统计时间:××××-××-××

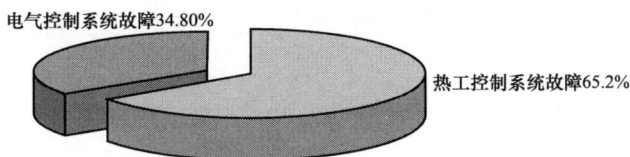

制图:×××　时间:××××-××-××

图 2-33　4 号脱硫吹灰器控制系统故障分析饼分图

结论:热工控制系统故障次数 8 次,月平均故障时间 12.5h,故障比例 65.2%,是造成 4 号脱硫吹灰器控制系统故障时间长的主要问题。

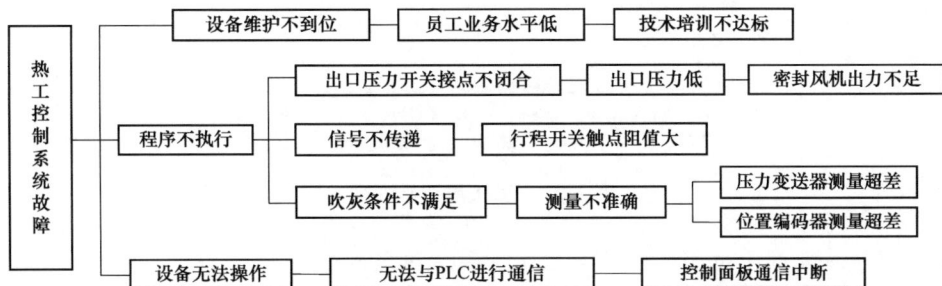

制图:×××　时间:××××-××-××

图 2-34　原因分析树图

分　析 该小组现状调查找到问题的症结为热工控制系统故障次数多，原因分析就应当针对这一症结分析。如果返回到课题4号脱硫吹灰器控制系统故障时间长分析原因，就出现了无用功，所做的工作前功尽弃。

33. 针对问题分析原因指的是哪个问题？

针对问题分析原因指的是经过现状调查找出的症结问题，而不是课题的总问题，也不是现状调查找出的所有问题。例如，现状调查结论共查出A、B、C、D四个问题，其中A问题是该课题的症结所在。分析原因是针对A问题开展原因分析。而不是针对查出的其他问题开展原因分析。也不是针对课题进行原因分析。

【案例2-25】 某小组以提高4号锅炉（330MW）主蒸汽温度为课题开展活动，通过现状调查找到症结为二级过热器超温，于是分析原因就针对二级过热器超温进行。

小组设计了现场运行超温情况统计表，共收回有效记录1105份，分析归类见表2-24。

表2-24　　　　　　　　4号锅炉受热面超温原因主次问题统计表

序号	项目	频数（次）	累计频数（次）	百分比（%）	累计百分比（%）
1	二级过热器超温	1044	1044	94.48	94.48
2	屏式过热器超温	38	1082	3.43	97.91
3	一级过热器超温	20	1102	1.81	99.72
4	包墙过热器超温	2	1104	0.18	99.90
5	水冷壁超温	1	1105	0.10	100
	合计	1105			100

制表：×××　制表时间：××××-××-××

根据调查表，绘制了排列图，如图2-35所示。

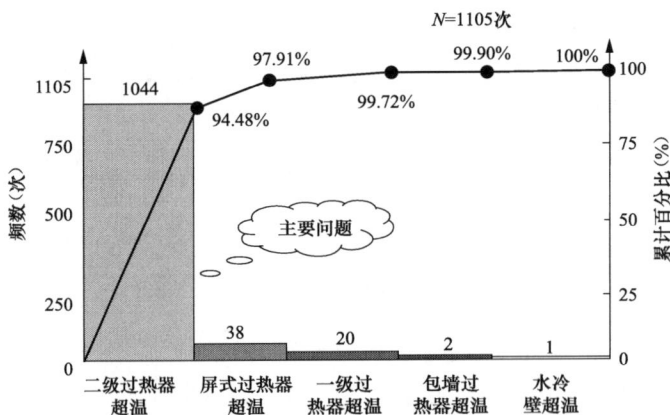

图2-35　现状调查排列图

结论：导致4号炉受热面超温的症结是二级过热器超温。

原因分析

小组成员经过现场调查和分析，找出导致主要问题的原因，用树图整理如图2-36所示。

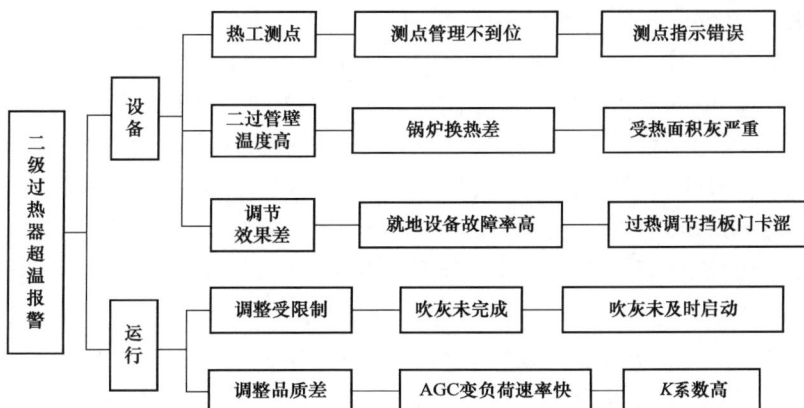

制图：×××　制图时间：××××-××-××

图 2-36　原因分析树图

分　析　该小组针对现状调查找出的症结二级过热器超温报警分析原因，恰当准确。如果回到课题 4 号脱硫吹灰器控制系统故障时间长分析原因，活动就走了弯路，出现偏差。

34. 如何理解分析原因要彻底？

原因要层层展开分析，一直分析到末端原因。而末端原因应该是具体的、能够确认的，并可以直接采取对策的。所谓分析彻底就是原因分析到可直接采取对策的具体因素为止。原因分析彻底，就能使对策制定得简单、明确，且针对性强。

在分析原因时，应让 QC 小组成员充分开阔思路，从可能设想的所有角度收集可能产生问题的全部原因。这和医生看病的道理是一样的。医生看病时，在弄清病人的症状后，首先必须考虑到能产生这个症状的所有疾病，然后逐个排除，最后确诊。

有些小组在分析原因时不彻底，有的只分析到第一层原因，如将工艺不合理、设备精度低、人员素质差等作为末端因素，制定对策就没有针对性，很难保证对策实施的有效性。

【案例 2-26】某 QC 小组针对设备问题分析原因时，从"跑、冒、滴、漏"这一角度分析，是因为"先天缺陷"，再往下分析呢？是因为"消缺时不利"，再往下分析为什么不利呢？有两个可能影响的因素：一个是检修工艺低，另一个是材料刚性强。分析到这里，原因就很具体了，而且已经到了可直接采取对策的程度。针对"检修工艺"的原因，对策就可定为提升工艺程序；针对材料刚性强，对策就定为换设备材料。原因分析彻底，就能使对策制定得简单、明确、针对性强。

有不少小组在分析原因时，没有分析彻底，只分析到第一层原因就结束了。如分析到工艺不合理、设备精度低、人员素质差、制度不健全等就作为末端因素。这些因素包含的内容都很广，把这些作为末端因素制定对策并实施，就很笼统，很难保证对策的有效性。

35. 分析原因要注意哪些问题？

（1）要针对问题的症结分析原因。在现状调查时，如果已经分析出问题的症结所在，就应针对该症结分析原因。如果再回到针对课题的总问题来分析原因，则会出现逻辑上的混乱，也会使分析的原因针对性不强，使现状调查失去了作用。

（2）分析原因要彻底。原因要层层展开分析，一直分析到末端原因。而末端原因应该是具体的、能够确认的，并可以直接采取对策的。所谓分析彻底就是原因分析到可直接采取对策的具体因素为止。原因分析彻底，就能使对策制定得简单、明确，且针对性强。

（3）要展示问题的全貌。分析原因要从各种角度把有影响的原因都找出来，尽量避免遗漏。为此，可从"5M1E"即人（Man）、机器（Machine）、材料（Material）、方法（Method）、环境（Enviroment）、测量（Measure）几个角度展开分析。

（4）要正确、恰当地应用统计工具。分析原因时常用到方法有因果图、树图和关联图三种工具。

👤【案例 2-27】某 QC 小组在活动中，针对护士皮肤护理操作前未进行手卫生次数多这一问题展开分析，如图 2-37 所示。

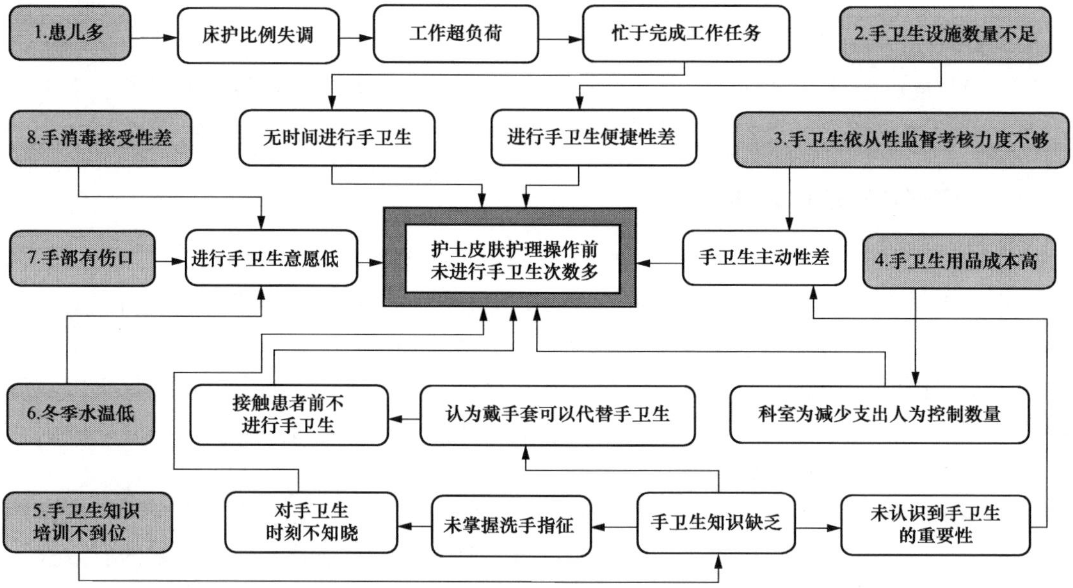

图 2-37　关联图

分　析　小组针对护士皮肤护理操作前未进行手卫生次数多这一问题，用关联图进行原因分析，注意到了针对问题分析原因、展示问题的全貌、分析原因要彻底，恰当应用了统计工具。

36. 分析原因怎样做到展示问题的全貌？

原因分析要展示问题的全貌，要从各种角度把有影响的原因都找出来，为此，可从"5M1E"六个几个角度展开分析。小组成员提出的每一条可能的影响因素，不管目前的状态如何，是否真正影响，只要是有可能影响的都要记录下来，以免遗漏。

👤【案例 2-28】某 QC 小组在活动中，针对操作误差高展开原因分析。

小组成员针对萤石中二氧化硅含量测定操作误差高这一主要症结从人、机、料、法、环五个方面进行分析，详见图 2-38。

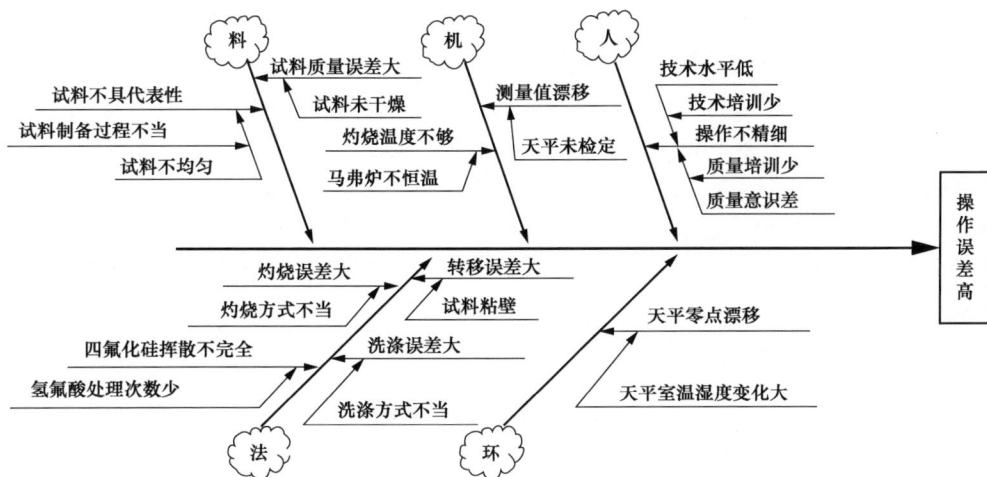

图 2-38　因果图

分　析　小组针对操作误差高这一问题，用因果图从人、机、料、法、环方面进行原因分析，比较全面地展示了问题的全貌。

【案例 2-29】某 QC 小组在活动中，针对影响集束电缆相序不易辨别的因素展开原因分析，如图 2-39 所示。

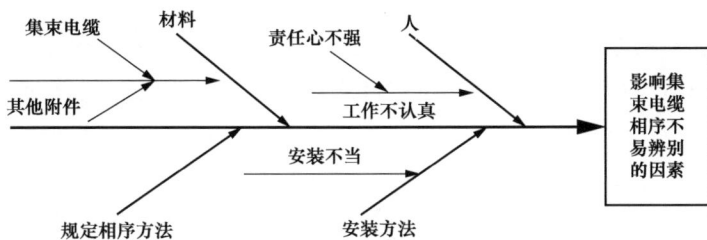

图 2-39　因果图

分　析　该小组没有全方位地展示问题的全貌，仅从方法、人、材料三个方面分析，不够全面，比如环境比较恶劣的话会影响到电缆相序的判别。

37. QC 小组活动中所说"5M1E"是什么意思？

"5M1E"是引导原因分析方向的六个角度，分别是人（Man）、机器（Machine）、材料（Material）、方法（Method）、环境（Enviroment）、测量（Measure），也是判断是否展示了问题全貌的六个标准。

有些小组在原因分析时，未能按照"5M1E"所规定的六个方面来分析，造成所展示的问题不够全面，或者出现了遗留现象。

38. 原因分析阶段如何做到正确恰当地应用统计工具？

原因分析可用的三个统计工具分别是因果图、树图、关联图。

（1）因果图是表达和分析因果关系的一种图表，一般用于单一问题且原因之间没有交叉影响的原因分析。展开层次一般不超过四层。

（2）树图是表达质量问题与组成要素之间关系的一种树枝状图表，树图可系统地把质量问题分解成很多要素，并显示问题和要素、要素和要素之间的逻辑和顺序关系。一般用于单一问题且原因之间没有交叉影响的原因分析。展开层次没有限制。

（3）关联图是解决关系复杂，因素之间又相互关联的原因和结果的一个或多个问题的图表。一般用于两个以上问题且部分原因把两个以上问题纠缠在一起时的原因分析，展开层次没有限制。

原因分析常用的统计方法见表2-25。

表 2-25　　　　　　　　　　　　　原因分析常用统计方法表

方法名称	适用场合	原因之间的关系	展开层次
因果图	针对单一问题进行原因分析	原因之间没有交叉影响	一般不超过四层
树图	针对单一问题进行原因分析	原因之间没有交叉影响	没有限制
关联图	针对单一问题进行原因分析	原因之间有交叉影响	没有限制
	针对两个以上问题一起进行原因分析	部分原因把两个以上的问题纠缠在一起	

【案例2-30】某QC小组在活动中，针对封闭母线接地故障展开原因分析，并用因果图整理，如图2-40所示。

小组成员采用头脑风暴法，对2号机组高压厂用变压器封闭母线故障原因分别从人员、设备、方法、环境四个方面进行了分析，并用鱼刺图表示，如图2-39所示。

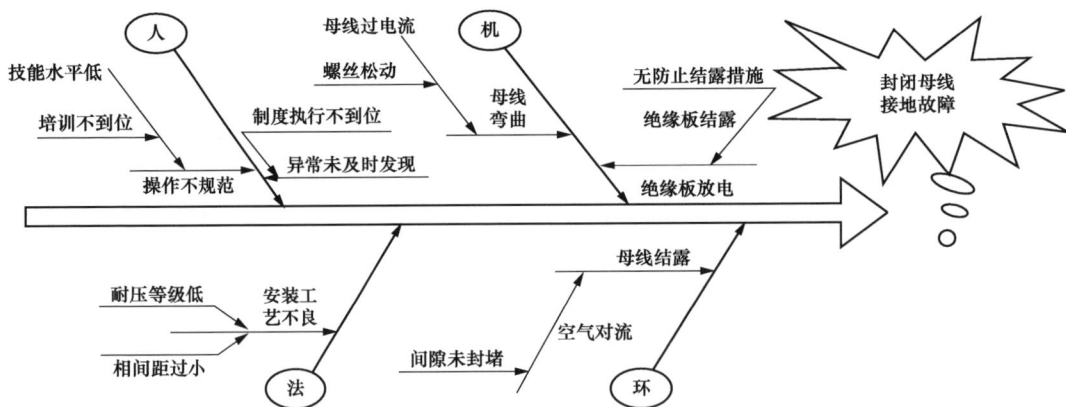

制图：×××　时间：××××-××-××

图 2-40　原因分析鱼刺图

【案例2-31】某QC小组在活动中，针对标准偏高不符合要求展开原因分析，并用树图整理，如图2-41所示。

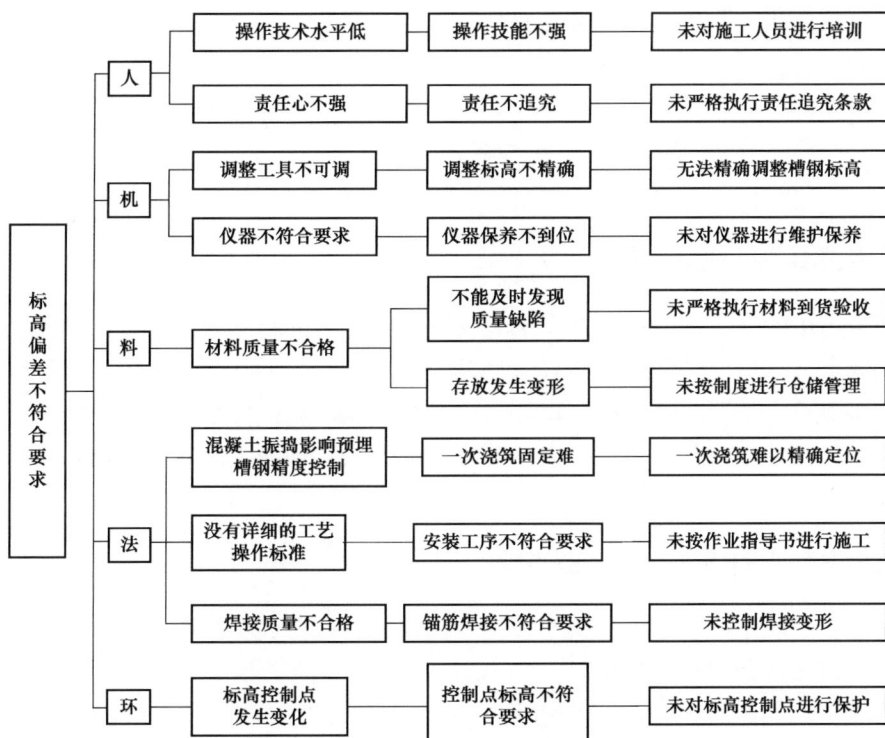

制图：×××　时间：××××-××-××

图 2-41　原因分析树图

👤【案例 2-32】某 QC 小组在活动中，针对巡检记录用时长、红外成像耗时长展开原因分析，并用关联图整理，如图 2-42 所示。

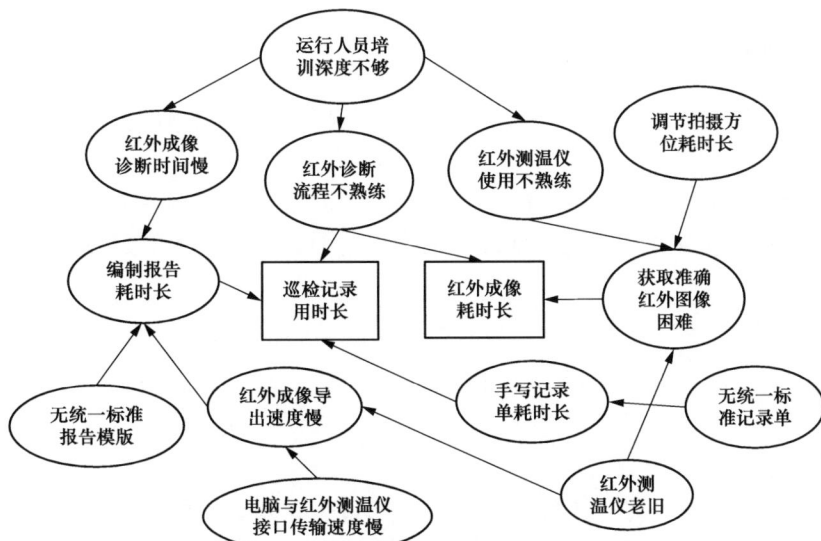

制图：×××　时间：××××-××-××

图 2-42　红外诊断工作用时长原因分析关联图

75

根据目标设定值，小组成员运用头脑风暴的方法，针对巡检记录用时长、红外成像耗时长的原因展开分析。

第六节　确　定　主　因

39. 确定主要原因的目的是什么？

在原因分析中的所有末端因素，有的是主要因素，有的是次要因素，有的是没有影响的因素（无关因素）。确定主要原因就是把确实影响问题的主要原因找出来，将目前状态良好、对存在问题影响不大的原因排除掉，以便为下一步制定对策提供依据。否则对所有原因都要制定对策加以实施，会造成人力、物力、财力上的浪费，加大了问题的难度，延长了解决问题的时间。

40. 确定主要原因遵循什么样的步骤？

（1）末端因素收集。将原因分析时所用的因果图、树图或关联图中展示出的全部末端因素收集起来，以便逐条识别、确认。

（2）不可抗拒因素的识别。将小组乃至企业都无法采取对策解决的因素加以识别并剔除，不作为确定主要原因的对象。

（3）末端因素逐条确认。用数据说话，对每一条末端原因进行逐条确认，找出影响问题的证据，找到真正影响问题的主要原因。数据表明该因素确实对问题影响大的，那就是主要原因，否则就是次要原因。

确定主因需要注意，主要原因只能在末端原因中查找，不可在中间原因中查找；主要原因确认过程必须逐条进行，不可忽略那些小组认为的次要原因。

41. 确定主要原因与原因分析是什么关系？

（1）从程序上来说，两者是前后步骤关系。原因分析在前，确定主要原因在原因分析之后。

（2）从内容上来说，原因分析是确定主要原因的前提和基础，确定主要原因是原因分析的进一步深化。主要原因必然在原因分析的末端因素中，原因分析不到位，主要原因确认也会出现偏差。

【案例 2-33】某 QC 小组针对造成受控站 10kV 母线电压合格率低的症结"有载调压不当"，应用头脑风暴法进行充分的讨论，找出 6 个末端原因，并对 6 个末端原因逐条确认。

一、原因分析

针对"有载调压不当"这一症结，小组成员应用头脑风暴法展开分析，找出 6 个末端原因，并画出树图，如图 2-43 所示。

二、要因确认

1. 根据树图，制定确认计划，对全部末端原因进行整理，见表 2-26。

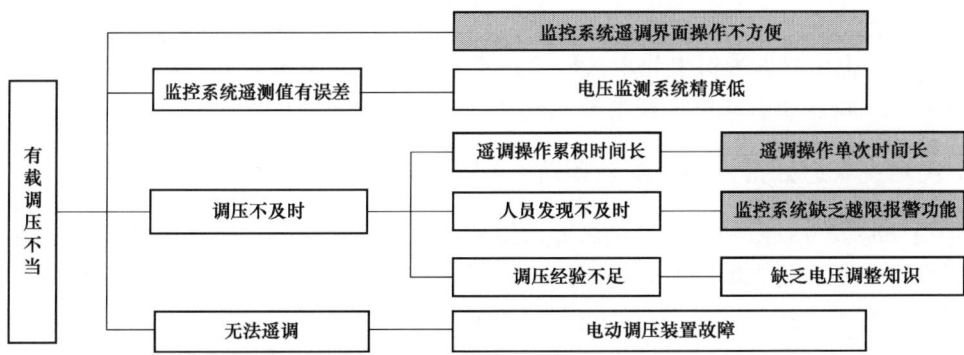

制图：×××　时间：××××-××-××

图 2-43　原因分析树图

表 2-26　　　　　　　　　　　要 因 确 认 表

序号	原因	确认内容	确认方法	标准	日期	确认人
1	缺乏电压调整知识	1. 无功、电压调整培训内容； 2. 成绩合格率； 3. 现场动手能力	现场测试	1. 具有培训记录； 2. 成绩合格率≥95%； 3. 调压操作正确、熟练	4 月 17～18 日	×××
2	电压监测系统精度低	遥测值与现场是否一致	现场测试	《变电站远方监控系统规范》中规定遥测误差不大于 0.05，即电压监测精度不低于 1 级	4 月 18～20 日	×××
3	电动调压装置故障	电动调压装置故障情况及可用系数	现场验证	电动调压装置可用系数应达到 98%	4 月 18～20 日	×××
4	监控系统缺乏越限报警功能	监控系统功能	现场验证	《山西省无人值班集中监控技术导则》中规定监控系统应具备遥测量一、二级报警功能	4 月 19 日	×××
5	遥调操作单次时间长	每次遥调操作时间	现场调查	调压操作时间≤1 分钟/次，能随负荷变化及时调压，保证电压在合格范围内	4 月 21～23 日	×××
6	监控系统遥调界面操作不方便	在遥调界面进行调压操作是否便捷	现场调查	在遥调界面易于操作，遥调时间≤1 分钟/次，满足现场要求	4 月 19～20 日	×××

制表：×××　日期：××××-××-××

2. 确认过程

确 认 缺乏电压调整知识

表 2-27

确认人	×××	确认方法	现场测试	时间	2011.4.17～18
确认内容					
标准	1. 具有培训记录； 2. 成绩合格率≥95%； 3. 调压操作正确、熟练				
确认分析	现场测试发现运行人员都已掌握调压知识且培训记录满足电压调整的要求				
结论	非要因				

确认内容：查询了 2010 年度《技术培训记录本》，发现对《电网经济运行及无功电压调整》知识进行过学习。并对值长×××、主值×××、副值×××进行了现场考问测试，测试正确率≥95%，对值长×××、主值×××、副值×××就有关电压调整操作进行现场评价，操作正确、熟练

班组人数	参加人数	学习次数	学时	考试合格率
13 人	13 人	4 次	12h	100%

制表：×××　时间：××××-××-××

......

分　析 该小组把因果图中的末端因素收集起来，制定要因确认计划表，并对所有末端要因逐条确认，以找出真正影响问题的主要原因。

42. 确定主要原因常用的方法有哪些?

（1）现场验证。就是到现场通过试验取得的数据来证明，这对方法类的因素或某种因素的工艺标准制定不当的末端因素，进行确认常常是很有效的。此类确认往往是在其他因素不变的情况下进行对比试验，根据结果有无明显的差异来判断是否为要因。

（2）现场测试、测量。就是到现场通过亲自测试、测量，取得数据，与标准进行比较，看其符合程度来证明。在对机器、材料、环境类因素进行确认时，这种方法常常是很有效的。

（3）调查、分析。对于人员方面的因素，往往不能用试验或测量的方法取得数据，可以设计调查表，到现场进行调查、分析，取得数据来确认。

【案例 2-34】 某 QC 小组针对原因分析得到的行程开关触点阻值大用现场测量的方法进行要因确认。

确　认 行程开关触点阻值大

表 2-28 　　　　　　　　　　　**要 因 确 认 表**

确认方法	1. 现场检查行程开关动作情况，测量触点阻值； 2. 查阅公司缺陷管理系统，统计行程开关缺陷发生情况		
标准要求	根据公司 QB/ZQ/102.04.08—2009《300MW 机组热控检修工艺规程》规定，要求行程开关动作灵活可靠，触点电阻小于 0.5Ω		
确认内容	1. 现场检查行程开关动作情况并对触点阻值进行测量 表格见下 测量最大阻值为 0.2 欧姆 2. 查阅公司缺陷管理系统： 2009 年 7～12 月 4 号脱硫吹灰器行程开关缺陷情况统计 表格见下 结论：2009 年 7～12 月 4 号脱硫吹灰器因为行程开关问题发生缺陷 0 次，故障时间为 0h		
确认结果	行程开关动作灵活，触点阻值测量最大值 0.2Ω 小于标准值 0.5Ω，没有发生过缺陷，不是造成热工控制系统故障的原因		
确认结论	行程开关触点阻值大 是非要因	确认日期	2010.4.18
确认地点	4 号脱硫吹灰器现场	确认人	×××、×××

序号	测量次数	测量值	标准值	动作检查	结论
1	测量 1	0.1		动作灵活	合格
2	测量 2	0.2	<0.5Ω	动作灵活	合格
3	测量 3	0.1		动作灵活	合格

时间	7月	8月	9月	10月	11月	12月	合计
故障次数	0	0	0	0	0	0	0
故障时间	0	0	0	0	0	0	0

分　析 该小组到现场，用仪器对触点阻值进行逐个测量，以测量结果为内容与标准进行比较，看其符合程度来证明是否要因。

【案例 2-35】 某 QC 小组针对原因分析得到的"电动调压装置故障"，用现场验证的方法进行要因确认。

表 2-29　　　　　　　　　　　　　要 因 确 认 表

确认人	×××	确认方法	现场验证	时间		2011.4.18～20
确认内容		查看 2011 年 1～3 月运行记录，发现电动调压装置故障共发生 4 次，由于变压器装有手动调压装置，因此当发现电动调压装置卡涩时，可下现场手动调压。而且操作队人员日常巡视设备时，能够及时发现并处理调压装置故障，避免造成电压不合格。以下是 1～3 月电动调压装置调查情况表。				

表中调查表：

月份	电动调压装置故障次数	电动调压装置故障时间	电动调压装置正常运行时间	累计时间	电动调压装置可用系（%）	平均可用系数（%）
1	1	65	44575	44640	99.8	
2	1	90	40230	40320	99.7	99.7
3	2	120	44520	44640	99.7	

制表：×××　时间：××××-××-××

标准	电动调压装置可用系数应达到 98%
确认分析	经过调查无人站电动调压装置可用系数都已超过 98%，未因其故障造成电压不合格
结论	非要因

分　析 该小组到现场，通过试验取得数据来证明用电动调压装置故障不存在，因此也未引起上一层次的原因出现，故不是主要原因。

【案例 2-36】 某 QC 小组针对原因分析得到的"凝汽器不锈钢管结垢"，用调查分析的方法进行要因确认。

确　认 凝汽器不锈钢管结垢

小组成员调查了 1 号机组凝汽器水阻数据，见表 2-30。

表 2-30　　　　　　　　　　　　1 号机组凝汽器水阻调查表

测量单位/kPa									
72.66	73.89	72.10	76.17	73.03	72.91	73.36	74.17	74.15	73.08
74.19	74.13	74.79	75.84	73.28	73.15	74.04	72.81	73.59	72.60
73.22	72.36	74.69	75.79	72.76	73.09	74.17	72.10	75.63	74.43
74.77	74.11	74.00	73.78	74.97	73.06	71.70	76.07	74.42	73.02
77.41	74.24	73.42	75.06	74.51	73.45	73.43	73.44	74.50	74.81
73.16	74.47	76.30	74.93	74.57	72.00	72.32	73.73	72.70	73.54

制表：×××　时间：××××-××-××

为了分析凝汽器水阻的特性，小组成员做出直方图如图 2-43 所示。

确认结果：从直方图 2-44 可以看出，凝汽器水阻均值为 73.9kPa，大于行业对标值 72kPa，过程能力指数为 0.48，过程能力严重不足，因此确认凝汽器不锈钢管结垢为要因。

分　析 该小组到现场调查搜集数据，用直方图来判断其过程能力严重不足，因此确认凝汽器不锈钢管结垢为要因。

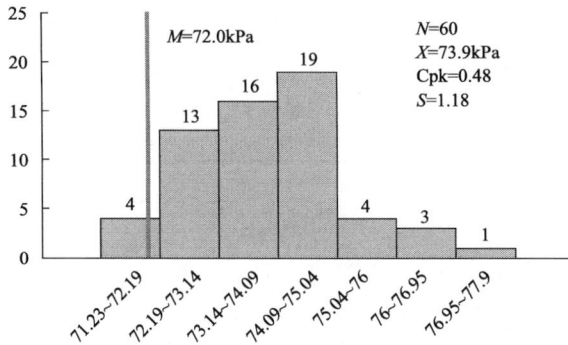

制图：×××　时间：××××-××-××

图 2-44　凝汽器水阻特征直方图

43. 为什么举手表决、重要程度评分法、分析论证不可以用来确定主因？

举手表决、重要程度评分法、分析论证，这些都属于理论上、技术上、经验上的判断，但并不能反映客观的事实，是主观认定的错误判别方法。

【案例 2-37】 ×××发电有限责任公司采制样班 QC 小组以提高采样器精密度为题开展活动，要因确认过程见表 2-31。

表 2-31　　　　　　　　　　要 因 确 认 表

原因	专业管理不到位		
确认人	金雷	确认时间	2014.9.12～18
现场调查		要求	
制定有一、二期输煤运行操作规程，规定输煤皮带流量不得少于 400t/h		1. 建立相关操作规程，并对皮带流量做出详细规定； 2. 建立有关考核制度	
认证	确认有针对操作的具体要求和考核制度，并认真执行		
结论	不是要因		

分　析　小组原因分析未到末端因素，采用现场调查的方法来确认要因，而实际上是开展分析论证，调查中未对输煤皮带流量是否少于 400t/h 进行测试、测量，也未查阅考核记录中的真实记载情况，而是对是否有具体要求和考核制度进行分析，未取得实际数据，不能反映客观的事实，调查结论不可信。

44. 确定主要原因的基本原则是什么？

确定主要原因的基本原则是必须依据客观事实，根据末端因素对问题（症结）影响程度的大小判断是否为主要原因。

【案例 2-38】 ×××公司大客户服务室客服 QC 小组以缩短居民分布式光伏电站竣工报验时间为题开展活动，要因确认计划表见表 2-32。2014 年 5 月 11 日，小组成员对 30 户采集终端通信信号强度进行现场测量并统计，见表 2-33。

表 2-32 要 因 确 认 计 划 表

序号	末端原因	确认内容	确认方法	确认标准	负责人	完成日期
1	通信信号强度弱	现场信号强度是否达标	现场测试、测量	根据电能表采集终端出厂技术指标要求：通信信号强度≥－90dBm	张×、陈××	2014.5.10

表 2-33 30 户采集终端通信信号强度统计表

序号	总户号	户名	信号强度（dBm）	是否符合要求	序号	总户号	户名	信号强度（dBm）	是否符合要求
1	7104319092	蔡×	－80	是	16	7104448818	邵××	－88	是
2	7104319103	施××	－75	是	17	7104437479	邵×	－85	是
3	7104402424	祁×	－95	否	18	7104437482	刘××	－85	是
4	7104381527	崔××	－96	否	19	7104450949	殷××	－95	否
5	7104384800	崔×	－87	是	20	7104437486	黄××	－99	否
6	7102186552	陈×	－85	是	21	7104437492	王×	－96	否
7	7104352051	胡××	－105	否	22	7104448798	俞×	－85	是
8	7104370310	夏××	－95	否	23	7104440040	夏××	－95	否
9	7104353026	吴××	－76	是	24	7104448793	鲍××	－85	是
10	7104323439	王×	－100	否	25	7104445962	王××	－95	否
11	7900109108	袁××	－105	否	26	7104445964	戴××	－92	否
12	7104167494	刘××	－106	否	27	7104445965	朱××	－91	否
13	7104454264	曹××	－125	否	28	7104411872	印××	－96	否
14	7104335639	尹××	－94	否	29	7104411849	陈××	－85	是
15	7104383268	王×	－96	否	30	7104407556	苏××	－102	否

由表 2-33 可知，现场 30 户采集终端通信信号强度有 19 户信号强度小于－90dBm。

表 2-34 计量装置验收超时情况统计分析表

序号	日期	问题	原因	序号	日期	问题	原因
1	2013.3.11	计量装置故障	通信信号强度弱	16	2013.8.15	计量装置故障	通信信号强度弱
2	2013.3.15	计量装置故障	通信信号强度弱	17	2013.8.29	计量装置故障	通信信号强度弱
3	2013.3.25	计量装置故障	通信信号强度弱	18	2013.9.6	计量装置故障	表计无反向显示
4	2013.4.8	计量装置故障	表计无反向显示	19	2013.12.19	计量装置故障	通信信号强度弱
5	2013.4.10	计量装置故障	通信信号强度弱	20	2013.10.14	计量装置故障	通信信号强度弱
6	2013.5.10	计量装置故障	箱体防护等级低	21	2013.10.22	计量装置故障	通信信号强度弱
7	2013.5.13	计量装置故障	箱体防护等级低	22	2013.11.4	计量装置故障	表计无反向显示
8	2013.5.15	计量装置故障	表计无反向显示	23	2013.11.12	计量装置故障	表计无反向显示
9	2013.6.10	计量装置故障	通信信号强度弱	24	2013.11.14	计量装置故障	通信信号强度弱
10	2013.6.18	计量装置故障	箱体防护等级低	25	2013.12.6	计量装置故障	通信信号强度弱
11	2013.6.24	计量装置故障	通信信号强度弱	26	2013.9.17	计量装置故障	通信信号强度弱
12	2013.7.9	计量装置故障	通信信号强度弱	27	2013.9.25	计量装置故障	表计无反向显示
13	2013.7.11	计量装置故障	通信信号强度弱	28	2013.9.27	计量装置故障	通信信号强度弱
14	2013.7.24	计量装置故障	箱体防护等级低	29	2013.12.19	计量装置故障	通信信号强度弱
15	2013.7.30	计量装置故障	通信信号强度弱				

由表2-34可知，计量装置故障29次中通信信号强度弱有19次，占66.6%。通信信号强度弱是造成计量装置故障的主要原因。

分　析　该小组在对通信信号强度弱的要因确认中，不完全依据标准（信号强度小于90dBm）的符合性进行判断，还关注了末端因素（通信信号强度弱）对影响问题（计量装置故障）的严重程度，用取得的数据和事实，做出了通信信号强度弱为要因的准确结论。

【案例2-39】 某QC小组以提高电采系统采集成功率为题，要因确认过程如下：

1. 制定要因确认计划表，见表2-35。

表2-35　　　　　　　　　　　　　**要因确认计划表**

序号	末端原因	确认内容	确认方法	确认标准	负责人	确认地点	完成时间
5	载波模块发射功率低	载波模块发射功率与抄通次数有无明显相关性	现场测试	载波模块发射功率与抄通次数无明显相关性	×××	现场	5.2

制表：×××　制表日期：××××-××-××

2. 逐项确认，见表2-36。

确认一

……

确认五　载波模块发射功率低

表2-36　　　　　　　　　　　　　**要因确认表**

确认方法	现场测试	确认标准	载波模块发射功率与抄通次数无明显相关性

4月28日，小组成员×××在电采系统中按不同生产厂家对其生产的载波模块进行功率统计分析，各厂家载波模块发射功率均符合公司要求。

载波模块发射功率统计表

载波模块厂家	模块数量	实测功率	公司要求	是否符合
青岛鼎信	425	$P<1.5W$	$P<1.5W$	符合
杭州讯能	113	$P<1.5W$	$P<1.5W$	符合
上海弥亚威	339	$P<1.5W$	$P<1.5W$	符合

制表：×××　制表日期：××××-××-××

为进一步确认载波模块发射功率大小对终端不抄表的影响程度，小组成员×××在电采系统中随机抽取12块载波模块，对其在终端采集时间（零点时刻）的发射功率及抄通情况进行统计。

弥亚威终端功率与采集情况统计表

功率（W）	抄通次数	功率（W）	抄通次数	功率（W）	抄通次数	功率（W）	抄通次数
0.3	1	0.4	0	0.4	1	0.5	8
1.0	30	0.8	28	1.0	29	0.9	29
0.4	1	0.5	4	0.3	1	0.4	0
0.3	3	0.2	2	0.5	7	0.2	0
0.3	1	0.5	3	0.3	2	0.4	0
0.7	27	0.7	27	0.6	24	0.6	22
1.0	30	0.9	29	1.0	31	1.2	30
0	44	0.9	6	0.5	10	0.2	0
0.5	7	0.3	2	0.5	11	0.2	0
0.8	28	0.9	30	0.7	27	0.8	25
0.4	4	0.3	1	0.4	5	0.2	0
1.2	29	0.9	27	1.0	30	1.0	30

制表：×××　制表日期：××××-××-××

续表

确认方法	现场测试	确认标准	载波模块发射功率与抄通次数无明显相关性
确认内容			根据表 2-38 制作散布图，如图 2-45 所示。 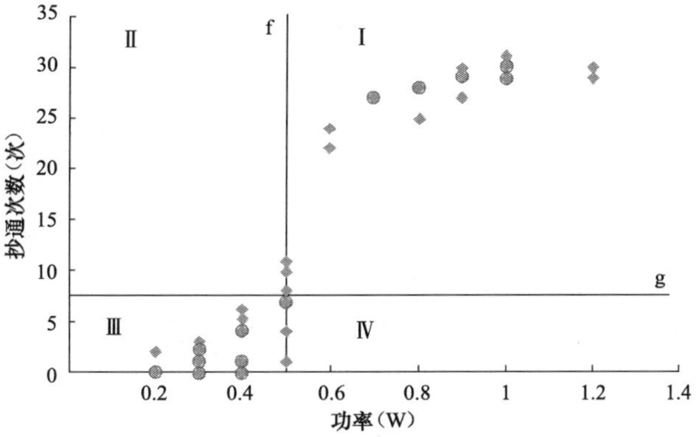 图 2-45 功率大小与抄通次数散布图 制图：×××　制图日期：××××-××-×× 由图 2-45 可知，通过象限判断法可判定（$N_I + N_{III} = 35$）大于（$N_{II} + N_{IV} = 0$），功率大小与抄通次数呈明显正相关；且功率大于 0.5W 时，抄通次数明显增加。 结论：载波模块发射功率与抄通次数具有明显相关性，不符合确认标准
确认人	×××	确认时间	××××-××-××
确认结果			要因

分 析 该小组收集大量数据，应用散布图分析功率大小与抄通次数具有明显相关性，整体思路清晰，统计工具也基本正确。但是在判断二者相关的同时，还应当判别功率是否小，对问题影响多少，其标准到底出自哪里等问题。既然发射功率符合标准要求，那影响就不应该大，就不应当是要因。

第七节 制 定 对 策

45. 制定对策与确定主要原因是什么关系?

（1）从程序上来说，两者是前后步骤关系。确定主要原因在前，制定对策在确定主要原因之后。

（2）从内容上来说，确定主要原因是制定对策的前提和依据，制定对策是确定主要原因后解决问题的具体措施和计划。制定对策必然在针对主要原因进行，并针对要因逐条制定对策。不针对其他次要原因。

【案例 2-40】 ×××QC 小组以降低 220kV 隔离开关故障次数为题开展活动，小组在要因确认中找到 3 条要因：

（1）导电部分回路电阻增大；

（2）导线连接板运行中发热；

（3）操作机构箱故障。

这里略去对策方案的提出、评价和选择过程。小组制定对策表见表2-37。

表 2-37   小 组 制 定 对 策 表

序号	主要原因	对策	目标	措施	地点	负责人	时间
1	导电部分回路电阻增大	更换隔离开关导电部分	将隔离开关导电部分回路电阻降至 100μΩ 以下	1. 更换型号为 GW12A 型隔离开关； 2. 中部拐臂活节处加装导电带； 3. 效果检查	现场	×××	2014 年 6 月 1～30 日
2	导线连接板运行中发热	检修导线连接板	运行中静触杆连接螺栓的运行温度降至 85℃ 以下	1. 打磨静触杆和导电板的结合部位； 2. 效果检查	现场	×××	2014 年 6 月 1～30 日
3	操作机构箱故障	更换型号为 CJ2A 型的机构箱	将机构箱影响隔离开关故障的次数降至零次	1. 更换型号为 CJ2A 型的机构箱，取消传动蜗杆，增加减速机，取消电动和手动闭锁装置； 2. 效果检查	现场	×××	2014 年 6 月 1～30 日

分 析 该小组针对 3 条已经确认的主要原因，制定了要因对策表，每条对策是针对每条要因逐条制定。需要说明的是：本例中略去了对策方案的提出、评价和选择过程。一般情况下，解决问题需要发挥小组的主动性去改进质量，而不是简单的更换和检修，检修是一种临时性措施，不一定能彻底根治问题，关键是检修后如何能持续保持质量，让问题不再发生。

46. 制定对策的步骤是什么？

制定对策的步骤分为提出对策、研究确定所采取的对策、制定对策表。

（1）提出对策。首先针对每一条主要原因，让小组全体成员开动脑筋、敞开思想、独立思考，相互启发，从各个角度提出改进的想法。

（2）研究、确定所采取的对策。从针对每一条主要原因所提出的若干个对策中分析研究，究竟选用什么样的对策和解决到什么程度。这要考虑以下几点：

①分析研究对策的有效性；②分析研究对策的可实施性；③避免采用临时性的应急措施作为对策；④尽量依靠小组自己的力量，自己动手能采取的对策。

（3）制定对策表。针对每一条主要原因，按"5W1H"原则制定对策表。"5W1H"是六个英文单词的第一个字母，即 What（对策）、Why（目标）、Who（负责人）、Where（地点）、When（时间）、How（措施）。

【案例 2-41】 ×××公司大客户服务室客服 QC 小组以缩短居民分布式光伏电站竣工报验时间为题开展活动，制定对策的步骤如下：

针对要因一：通信信号强度弱，小组运用亲和图法，提出了如何改变通讯信号强度弱的解决思路，如图 2-46 所示。

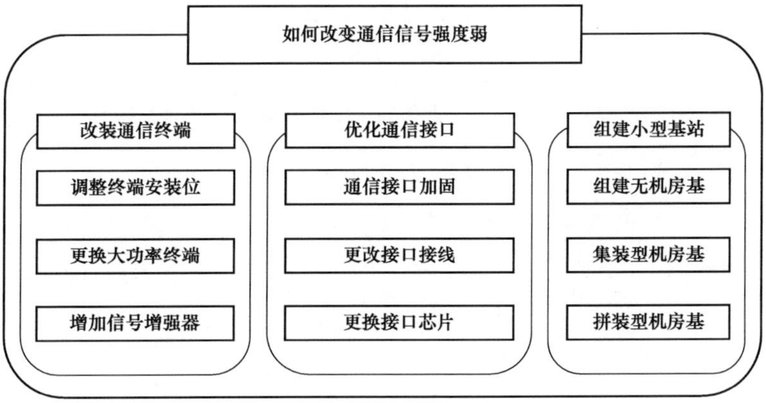

图 2-46 亲和图

小组从有效性、经济性、可实施性、可靠性等方面分析，见表 2-38、表 2-39、表 2-40。

表 2-38 方 案 对 比 表 （一）

对策	方案分析评价	结论
方案一：改装通信终端	有效性：改装通信终端可以明显增强通信信号，有效性达到 85% 以上。 经济性：设备购置费：根据市场调研，需要设备、人员及费用情况如下表： | 系统设备	数量	单价	费用支出
---	---	---	---
通讯终端	1 个	7000 元	7000 元
信号增强器	1 个	2000 元	2000 元
辅材及人工		1000 元	1000 元
合计			10000 元 | 可实施性：所需设备通过招标购置，设备安装需一人，5 个工作日完成。终端需与厂家及通信部门联合调试，小组不能独自完成，需与厂方及通信部门联合调试，需 15 个工作日完成。 可靠性：经市场调研，终端会遇到射频干扰或干扰加剧的问题，故可靠性达到 70%～85%	该方案投资额较大，可实施性较强，但运行可靠性一般。 故此方案不选用

表 2-39 方 案 对 比 表 （二）

对策	方案分析评价	结论
方案二：优化通信接口	有效性：优化通信接口，采用国网集中器通信标准接口、使用铜质冷压端子压接能有效防止通信接头氧化，增强通信接收信号，有效性达到 85% 以上。 经济性：优化通信接口，需要设备、人员及费用情况见下表： | 系统设备	数量	单价	费用支出
---	---	---	---
RS485 接口芯片	2 个	100 元	200 元
铜质冷压端子	8 个	15 元	120 元
辅材及人工		500 元	500 元
合计			820 元 | 可实施性：优化通信接口，小组现有高工 2 名，技师 3 名，具备现场改造能力，施工简单易行，实施用时 3～5 天。 可靠性：优化后的 485 通信接口克服通信数据收发不可靠的状况，大大提高通信系统的可靠性和稳定性，可靠性达到 90% 以上	该方案资金投入少，可实施性强，有效性、可靠性较高。 故此方案选用

表 2-40 　　　　　　　　方 案 对 比 表 （三）

对策	方案分析评价	结论
方案三：组建小型基站	有效性：组建小型基站可以大大改善通信信号强度弱的问题，有效性达到 90% 以上。 经济性：组建小型基站体需要材料成本支出费用为 | 系统设备	数量	单价	费用支出
---	---	---	---
机房建设	1个	20000元	20000元
基站设备	1个	50000元	50000元
辅材及人工		5000元	5000元
合计			75000元 | 可实施性：因需要建设小型机房 1 座，作为居民光伏电站通信收发基站，本小组不具备独立实施能力，且建设基站需停运 60 天。 可靠性：建设后短期见效快，但后期需加强定期维护，可靠性达到 95%	该方案有效性、可靠性非常显著，但经济投入过高，可实施性最差。 故此方案不选用

根据方案分析，小组最终得出最佳方案为优化通信接口，并制定了对策表，见表 2-41。

表 2-41 　　　　　　　　　对 策 表

序号	要因	对策	目标	措施	实施时间	实施地点	责任人
一	通信信号强度弱	优化通信接口	信号强度 ≥-90dBm	1. 分析通信接口现状； 2. 采用国网集中器通信标准接口； 3. 对现场通信接口更换	7.1～7.7	中心办	×××
				4. 采用铜质冷压端子压接工艺	7.15～7.17	中心办	×××
二	绝缘电阻值低	调整施工方式	导电部件连接后对主接地电阻应大于等于 1000 Ω/V	1. 提出专用接地螺栓实施方案；绘制 PDPC 图；按照 PDPC 方案实施。	7.25～7.30	客户现场	×××
				2. 编制现场施工工艺手册，每季度开展培训 3 次	8.01～8.10	客户现场	×××

分　析 该小组针对确认的两条主要原因，有效运用亲和图法归纳、汇总，寻找对策，分别提出了 3 项对策方案，再从方案的有效性、可靠性、经济性、可实施性 4 方面进行了评价和选择。根据选择结果，按"5W1H"原则正确制定了对策表，对策制定过程步骤清楚、大体符合要求。

47. 提出对策要注意什么？

提出对策要针对每一条主要原因，提出尽可能多的对策，以供选择确定。如针对工具不好用这一主要原因，是在原有基础上改进，还是重新设计制造一个新的工具，还是用别的工具替代，对策提得越具体越好。这样，每条原因都可提出若干个对策。这里可先不必考虑提出的对策是否可行，只要是可能解决这一条主要原因的对策都提出来，这样才能尽量做到不遗漏真正有效的对策，集思广益。

【案例 2-42】 ×××公司电气试验班 QC 小组以降低变压器铁芯接地电流偏离度为题开展活动，小组成员针对找出的要因，制定表 2-42 所示对策。

表 2-42 　　　　　　　　　　　　　　　对　策　表

序号	要因	对策	目标	措施	地点	完成时间	负责人
1	电磁场干扰大	采用屏蔽措施降低干扰	屏蔽后检测值相对于初值波动范围为±5mA	采用金属纤维屏蔽技术	变电站现场	2014.7	×××

制表：×××　　日期：××××-××-××

分　析 该小组针对确认的主要原因，在进行对策制定中，没有尽可能多地提出对策，以供选择确定。本例中电磁场干扰大的要因，解决对策屏蔽措施有很多种，小组未予以充分提出、评价，就依据经验判断采用金属纤维屏蔽技术，可能最终效果是达到的，但不一定是最有效、最经济的措施。QC 活动更注重的是，是否掌握科学的方法开展活动，为活动的每一步夯实基础。

48. 评价和选择对策应当怎样进行？

评价和选择对策应当建立在事实和数据的基础上，依靠小组成员的力量，通过试验、分析等方法从有效性、可实施性、经济性、可靠性、时间性等方面进行评价，最终选择确定最佳的对策。

【案例 2-43】 ×××发电厂"黑金子"QC 小组以降低燃煤发电厂定硫仪故障率为题开展活动，其评价和优选对策的过程如下：

1. 提出对策：小组针对干燥管后无过滤装置这一要因进行了分析，并提出了三种解决方案。

方案一：定期用筛子过滤细小颗粒，见表 2-43。

方案二：在干燥管进、出口加纱布或脱脂棉，见表 2-44。

方案三：加装过滤管，见表 2-45。

2. 根据提出的方案进行试验和优化。

表 2-43 　　　　　　　　　　　方案一：定期用筛子过滤细小颗粒

方案目的	经济性高，操作简单易行	试验时间	6 月 5～8 日
实验地点	元素分析室	负责人	贾××

2014 年 6 月 5 日采购了 15 元一个的 2mm 圆孔筛，在 6 月 7 日连续三次对同一干燥管内变色硅胶颗粒进行反复过滤，每次过滤均有一定量的破碎细小颗粒通过：

	变色硅胶总重量（g）	筛上物重（g）	过筛颗粒重（g）
第一次	110	101	3
第二次	101	96	2
第三次	96	92	2

结论	用筛子过滤硅胶虽然经济性高，但孔径大小不一，使用中易破损，破碎硅胶过筛率高，反复过滤，操作繁琐

表 2-44 　　　　　　　　　　**方案二：在干燥管进、出口加纱布或脱脂棉**

方案目的	成本低，可靠性较好	试验时间	6 月 8～9 日
实验地点	元素分析室	负责人	×××

2014 年 6 月 8～10 日我们在干燥管进、出口分别加装纱布或脱脂棉，然后模仿正常试验状态，对气体管道进行气体流量冲击试验，当气流的变化和更换硅胶时纱布易移位，破碎的小颗粒硅胶易渗入纱布间隙

	工作状态（mL/min）	变色硅胶总重量（g）	通过颗粒重量（g）
第一次	1000mL/分钟保持 2h 100mL/分钟保持 2min	110	1
第二次	1000mL/分钟保持 2h 150mL/分钟保持 2min	108	1
第三次	1000mL/分钟保持 2h 150mL/分钟保持 2min	115	2

结论	在干燥管进、出口加纱布或脱脂棉虽然成本低，但破碎小颗粒硅胶易渗入纱布间隙，进入气路中，可靠性低，且更换操作繁琐

表 2-45 　　　　　　　　　　**方案三：在干燥管进、出口加过滤管**

方案目的	安全、稳定、可靠性最高	试验时间	6 月 10～13 日
实验地点	元素分析室	负责人	×××

1. 设备备件中有相似功能过滤管，大小尺寸匹配。
2. 2014 年 6 月 10～13 日我们模仿正常试验状态（1000mL/min，保持 30min），按正常运行状态连接相关管件，开动气泵，调节抽气流量约 1000mL/min，保持连续运行两小时（正常试验连续运行约 1.5h），期间启停气泵 3 次（模仿气密性检查），试验后检查颗粒收集器内无破碎硅胶颗粒

结论	过滤管大小尺寸匹配，避免了加工工艺和技术水平的限制。性能稳定、可靠性高，长期使用无需更换

3. 确定最佳方案，见表 2-46。

表 2-46 　　　　　　　　　　**最 佳 方 案 确 定 表**

序号	方案	可靠性	经济性	优缺点	预计效果	结论
1	定期用筛子过滤细小颗粒	一般	15 元	优点：方法简单易行。 缺点：没有正规厂家生产的过滤专用筛，市场上买来的筛子经济性高，但品质较差，孔径大小不一，使用中易破损，破碎硅胶过筛率高 $(3＋2＋2)/(110＋101＋96)＝2.28\%$，且操作烦琐	此方案可以在一定程度上解决问题，但运行中仍会有破碎硅胶颗粒通过，但操作繁琐，稳定性差	不采用
2	在干燥管进、出口加纱布或脱脂棉	一般	1 元	优点：基本没有经济投入。 缺点：更换操作繁琐，气流的变化和更换硅胶时易移位，破碎的小颗粒硅胶易渗入纱布间隙，进而进入气体管路，漏入率 $(1＋1＋2)/(101＋96＋92)＝1.38\%$	此方案可以基本上解决问题，但运行中不排除会有渗入纱布的小颗粒进行气体管路的可能，稳定性较差	不采用
3	加装过滤管	可靠	380 元	优点：安全、稳定、可靠性最高，长期使用无需更换。漏入率为 0%。 缺点：需制作安装支架，较上两项成本高，过滤管 280 元；支架制作约 100 元，经济性低	此方案可以从根本上解决问题，虽然需要一定的费用，但从长期运行效果看，稳定且可靠性高	采用
分析	经过以上分析对比可以看出方案三虽然经济性最低，但其效果明显，安全稳定可靠性高，总体评价是优					
结论	选择方案三					

分　析　该小组针对确认的 2 条要因中的涉及设备和工艺改进的干燥管后无过滤装置这一要因进行了分析，提出了三种解决方案，在方案选择过程中，通过小组成员自行进行试验的方式，获取数据和事实，又从可靠性、经济性、优缺点、预计效果四方面综合比较后，选定了最佳对策。

49. 制定对策的原则是什么？

制定对策的原则主要有三个方面：（1）对策的有效性，即该对策应能控制或消除产生问题的原因；（2）对策的可实施性，即选用的对策是小组可以实施的；（3）对策的经济性，即对策应尽可能少地资金投入。

在制定对策表时需要关注六个方面内容：（1）不要将对策和措施混淆；（2）目标要尽可能量化；（3）针对要因逐条制定对策；（4）避免抽象用语；（5）避免采用临时性的应急对策；（6）尽量依靠小组自己的力量。

【案例 2-44】某 QC 小组以提高 4 号锅炉（330MW）主蒸汽温度为题，经过要因确认找到三条要因为测点指示错误、受热面积灰严重、K 系数高。其制定对策的过程如下：

针对三条要因，小组成员召开脑暴会，提出方案。对策选优结束后，小组依据选优结果绘制了对策表，见表 2-47。

表 2-47　　　　　　　　　　　　对　策　表

序号	要因	对策	目标	措施	地点	完成时间	负责人
1	测点管理不规范	对受热面测点综合治理	测量偏差小于±1℃	1. 规范测点布局； 2. 升级硬件； 3. 修订壁温报警值； 4. 测点保温	锅炉及 DCS 小间	2014.9	×××
2	受热面积灰严重	利用消防水对受热面进行冲洗	受热面积灰厚度小于 0.5mm	清理积灰； 锅炉水冲洗	锅炉本体	2014.9	××× ×××
3	K 系数高	利用试验，重新设定 K 系数	超温点数不大于 2 点	进行试验，确定 K_1、K_2、K_3； 现场校验； 修改 DCS，下装	DCS 小间	2014.9	×××

制表：×××　制表时间：××××-××-××

分　析　制定对策过程符合科学制定对策要求，对策方案选取方法正确，对策表的制定基本正确。不足之处体现在：一是，对策二是一种临时性措施，不能一冲了之，关键是如何保证和保持不积灰；二是，K 系数高的对策试验最好在对策选择评价过程中完成，把想和做分开进行是中质协新的倡导方向，即在对策制定环节应确定所有方案（本例中应确定好所有系数），实施过程就是按拟定好的对策去做，不再进行试验选择。

50. 对策与措施的区别是什么？

对策是针对主要原因采取的改进方案，指的是做什么，是框架性思路；措施是实现对策（改进方案）的具体做法，指的是怎么做，是细分了的可操作步骤。

【案例 2-45】×××电厂热控机控班 QC 小组以降低 DEH 系统备用电源切换时间为题开展活动，制定对策见表 2-48。

表 2-48　　　　　　　　　　　　对 策 制 定 表

序号	主要原因	对策	目标	措施	负责人	完成时间	检查人
1	DEH 电源切换时间长	1. 取消原盘柜 UPS/保安段两路电源。2. 增加电源失电报警状态继电器。3. 改造 DEH 盘柜电源回路	实现 DEH 电源勿扰切换，备用电源切换时间不大于 5ms	机组检修期敷设电缆，依据设计的电气原理接线图，对 DEH 供电回路进行改造	×××	2014.11	×××

分 析　该小组在制定对策时，分不清对策与措施的区别，以致会出现对策居然有 3 条比措施还要多的错误，实际上解决 DEH 电源切换时间长的对策就是改造 DEH 盘柜电源回路，至于如何改造回路，具体该怎样做，如检修期敷设电缆、依据设计的电气原理接线图、取消原盘柜 UPS/保安段两路电源、增加电源失电报警状态继电器等，皆是根据对策和所要达成的目标所采取的具体措施。对策表还应该有地点，检查人可以不列。

51. 如何确定对策表中的目标?

制定对策就是要使所针对的主要原因通过改进回到规格范围以内，所以其对策目标必须满足该主要原因的判别标准，甚至高于判别标准;对策表的目标针对对策制定，并尽可能量化。如在要因确认中就确实无法量化仅以可供检查的事实为依据的，对策目标也应确定为该可供检查的事实。

【案例 2-46】×××公司创新工作室 QC 小组以缩短客户新架配变送电时间为题开展活动。

小组制定了对策表见表 2-49。

表 2-49　　　　　　　　　　　　对 策 表

序号	主要原因	对策	目标	措施	负责人	地点	完成日期
1	地下建筑物内对信号屏蔽	保证接收器安装位置的信号强度	移动信号强度>−110dBm	1. 户外真空断路器安装处预留计量位置，安装在户外;2. 延长费控表计天线，将接收器放置在户外（信号线长度小于 8m）	×××	客户配电室	5月1~5日
2	费控表计未充值	安装前核算中心预存电费	费控表电费余额>0 元	1. 费控表安装前，系统完成新建户并且预充 100 元电费;2. 核算中心开具系统"新开户联系单"，确认成功开户	×××	核算中心	5月6~8日
3	GPRS 业务未开通	指定 SIM 卡管理专责，确认 SIM 卡发出前业务开通	SIM 卡数据流量>0 字节	1. 指定市场部计量专责负责 SIM 卡管理;2. 计量联系单中增设 SIM 卡一栏，要求填写卡号、业务开通情况;3. 发卡前插入智能手机测试上网	×××	市场部	5月9~12日

制表:×××　制表时间:××××-××-××

分　析 该小组针对对策，制定了可以量化的目标，且对策表中的各对策分目标值与要因确认计划表的对应确认标准完全一致，说明小组已掌握要因确认步骤和制定对策步骤之间的内在逻辑联系，并能加以运用。

52. 对策优化属于哪个步骤的工作？

对策优化属于制定对策步骤的工作，是在用头脑风暴法提出对策后，对对策的补充、完善。有些小组把对策优化放到实施当中有些不妥。

【案例 2-47】 某电能量采集班 QC 小组以提高电采系统采集成功率为题组织 QC 小组活动，要因确认阶段找到"电磁噪声干扰大"和"载波模块发射功率低"两条主要原因，其对策优化的过程如下：

1. 对策优选

针对电磁噪声干扰大和载波模块发射功率低两条要因，小组成员运用头脑风暴法，提出了诸多改进措施，并分别采用亲和图加以整理归纳，形成了多个备选对策，如图 2-47 所示。

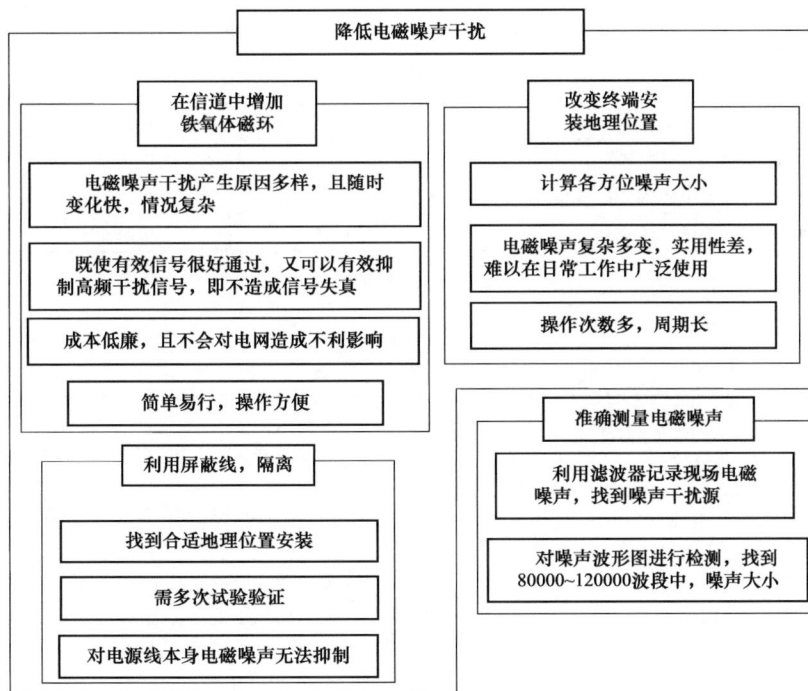

制图：×××　制图日期：××××-××-××

图 2-47　对策方案亲和图

小组成员根据价值工程法，对电磁噪声干扰大的各个方案进行优选。

通过调查和测算确定开发成本，并根据公式 $CI_i = c_i / \sum c_i$ 计算出各个方案的系数，见表 2-50。

小组对三种方案两两对比，确定各方案功能价值系数，见表 2-51。

表 2-50　　　　　　　　　　　　　成 本 系 数 计 算 表

方案类别	开发成本（c_i）	成本系数（CI_i）
改变终端安装地理位置	105	0.26
利用屏蔽线，隔离电源线和信号线	145	0.35
在信道中增加铁氧体磁环	160	0.39
合计	410	1.00

制表：×××　制表日期：××××-××-××

表 2-51　　　　　　　　　　　　　功能价值系数计算表

分析对象	改变终端安装地理位置	利用屏蔽线，隔离电源线和信号线	在信道中增加铁氧体磁环	修正得分	得分合计	功能评价系数（FI_i）
改变终端安装地理位置	—	0	0	1	1	0.14
利用屏蔽线，隔离电源线和信号线	1	—	1	1	3	0.43
在信道中增加铁氧体磁环	1	1	—	1	3	0.43
合计	2	1	1	3	7	1.00

制表：×××　制表日期：××××-××-××

根据公式 $VI_i = FI_i / CI_i$，计算出各方案的价格系数，见表 2-52。

表 2-52　　　　　　　　　　　　　价 值 系 数 表

方案	功能评价系数（F）	成本系数（C）	价值系数（V）
改变终端安装地理位置	0.14	0.26	0.54
利用屏蔽线，隔离电源线和信号线	0.43	0.35	1.23
在信道中增加铁氧体磁环	0.43	0.39	1.08

制表：×××　制表日期：××××-××-××

根据价值系数，确定最佳方案，见表 2-53。

表 2-53　　　　　　　　　　　　　最 佳 方 案 确 定 表

方案	价值系数（V）	评定	说明
改变终端安装地理位置	0.54	功能过剩	$V<1$ 表明目前成本大于功能评价值，成本过高，存在功能过剩
利用屏蔽线，隔离电源线和信号线	1.23	功能不足	$V>1$ 表明评价对象功能成本低于此项功能所投入的最低成本，无法实现功能，该方案功能不全
在信道中增加铁氧体磁环	1.08	最佳方案	$V≈1$ 表明目前成本与现实功能所需的最低成本大致相当，视作最优方案

制表：×××　制表日期：××××-××-××

2. 制定对策表

小组根据对策评价结果，按"5W1H"原则制定对策表，见表 2-54。

表 2-54　　　　　　　　　　　　　对 策 表

序号	要因	对策	目标	措施	地点	完成时间	负责人
1	电磁噪声干扰大	在信道中增加铁氧体磁环	电磁噪声干扰与采集失败无明显相关性	1. 记录现场环境噪声，找到噪声干扰源； 2. 安装铁氧体磁环； 3. 目标验证	现场、采集班	7.5	×××、×××

制表：×××　制表日期：××××-××-××

分　析 制定对策过程符合科学制定对策要求，能正确运用工具提出对策方案，对策表的制定正确。具体体现在：该小组针对确认的要因，运用亲和图提出了可选对策方案，对选定的最佳对策按"5W1H"原则制定了对策表，对策目标提供了可供检查的事实，且与要因确认中的标准相符，措施较为具体，利于实施。但是对策方案的选择中没有体现用数据和事实说话，价值工程作为主观评分法的一种，单纯用它对方案进行分析、评价、选择，有些不妥。

第八节　对　策　实　施

53. 实施对策阶段的主要工作有哪些？

一是按对策表的对策逐一实施；二是每条对策的实施要按照对策表中的措施栏目逐条实施；三是每条对策在实施完成后要立即确认结果；四是确认没有达到对策表中所定的目标时，要评价措施的有效性，必要时要修正所采取的措施。

【案例 2-48】 ×××发电厂运行一部集控一值 QC 小组以减少 6 号发电机补氢次数为题开展活动，实施过程如下。

对策实施一：密封油油温高

对策：依据现场实际情况改变冷油器运行方式。

对策目标：将密封油油温保持在 35～45℃。

实施时间：2014.5.1～2014.5.28　　实施人：×××

措施实施：1）在密封油油温达到 40℃时，将冷油器单侧运行切换为双侧运行。

2）根据冷油器的冷却效果，在后夜班气温相对低或负荷低时，联系检修对冷油器进行清理和排空工作。

3）根据气温及机组真空，及时启动另一台循环泵提高冷却水压力。对策实施后对 6 号发电机密封油油温统计见表 2-55。

表 2-55　　　　　　　　　　　　　　统　计　表　　　　　　　　　　　　　　单位:℃

6 号机密封油油温统计			
日期	油温	日期	油温
2014.5.1	36	2014.5.15	40
2014.5.2	38	2014.5.16	41
2014.5.3	37	2014.5.17	44
2014.5.4	40	2014.5.18	39
2014.5.5	36	2014.5.19	37
2014.5.6	44	2014.5.20	36
2014.5.7	43	2014.5.21	38
2014.5.8	42	2014.5.22	42
2014.5.9	36	2014.5.23	44
2014.5.10	38	2014.5.24	37
2014.5.11	40	2014.5.25	36
2014.5.12	43	2014.5.26	39
2014.5.13	44	2014.5.27	40
2014.5.14	38	2014.5.28	44

制表：×××　　时间：××××-××-××

实施效果如图 2-47 所示。

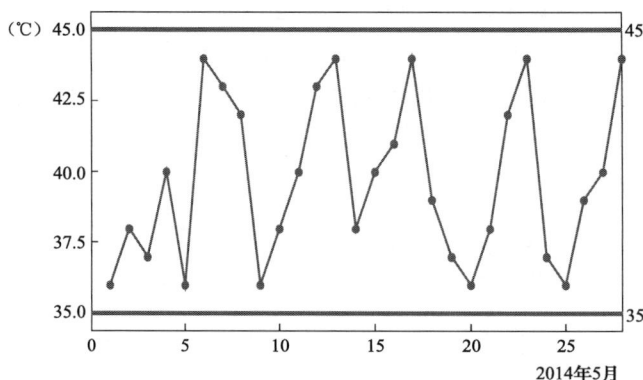

制图：×××　日期：××××-××-××

图 2-48　6 号机密封油油温统计折线图

将表 2-57 中的数据制成图 2-48，从图 2-48 中可以发现 6 号机密封油油温控制在 35～45℃之间，实现了对策目标。

对策实施二：提高密封油氢侧油压

对策：根据现场实际情况调整氢侧密封油压力。

对策目标：将氢侧密封油油压保持在 0.8～1.0MPa。

实施时间：2014.5.1～2014.5.28　　实施人：×××

措施实施：1）适当调整密封油氢侧再循环门，提高密封油氢侧压力，但要注意监视密封油油箱油位。

2）当自动补油门及排油门无法维持密封油油箱油位时，可适当调整空侧密封油再循环门、手动补油门及排油门保证密封油油箱油位在正常范围。

3）每 8h 转动一次油过滤器手柄，直至灵活转动为止；加强密封油滤网前后压差的监视，当滤芯阻塞严重时，可投入备用过滤器，隔离运行的过滤器，拆下滤芯，彻底清洗。

对策实施后对 6 号发电机氢侧密封油油压统计见表 2-56。

表 2-56　　　　　　　　　　　　统　计　表

6 号机氢侧油压统计			
日期	油压（MPa）	日期	油压（MPa）
2014.5.1	0.89	2014.5.15	0.81
2014.5.2	0.81	2014.5.16	0.88
2014.5.3	0.82	2014.5.17	0.83
2014.5.4	0.86	2014.5.18	0.84
2014.5.5	0.81	2014.5.19	0.87
2014.5.6	0.82	2014.5.20	0.85
2014.5.7	0.85	2014.5.21	0.87
2014.5.8	0.81	2014.5.22	0.85
2014.5.9	0.85	2014.5.23	0.81
2014.5.10	0.83	2014.5.24	0.82
2014.5.11	0.84	2014.5.25	0.86
2014.5.12	0.87	2014.5.26	0.81
2014.5.13	0.85	2014.5.27	0.82
2014.5.14	0.84	2014.5.28	0.85

制表：×××　时间：××××-××-××

实施效果如图 2-49 所示。

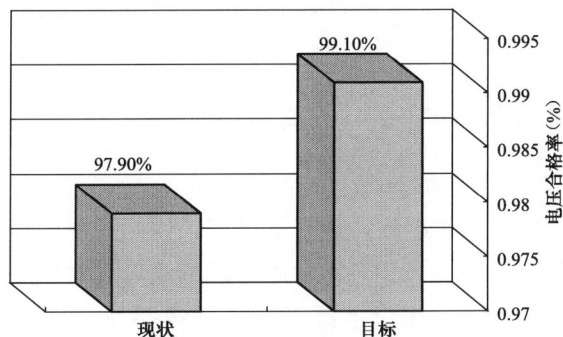

制表：×××　时间：××××-××-××

图 2-49　实施效果图

由图 2-49 数据分析发现，6 号机密封油氢侧压力符合改进要求，实现了对策目标。

分析 对比该小组的对策表和实施过程可以看出，小组是按对策表的对策逐一实施的，且每条对策的实施都是按照对策表中的措施栏目逐条进行的，每条对策在实施完成后都对对策目标值是否达成及时进行了确认，该小组的实施步骤清楚，确认结果有效。

54. 实施阶段在哪种（些）情况下允许修订对策（措施）？

实施阶段在两种情况下允许修订措施。一是当小组在实施过程中遇到困难无法进行下去时，小组应重新商讨制订新的措施计划实施；二是在措施实施后未达到对策目标时，要对措施的有效性进行评价，必要时应修改措施内容，以实现对策目标。

55. 实施对策过程中需要做好哪些记录？

实施对策过程中需随时做好记录，包括每条对策的具体实施时间、参加人员、活动地点、具体做法、费用支出、遇到困难及如何克服等，用以真实反映活动全貌，为课题完成后整理成果报告提供依据。

【案例 2-49】 ×××发电厂汽机维护一班 QC 小组以降低 1A 给水泵机械密封缺陷次数为题开展活动，对策实施过程见表 2-57。

表 2-57　　　　　　　　　　　　　　对 策 实 施 表

要因一			弹簧压缩量不足				
对策	增加弹簧压缩量	目标	使机械密封的弹簧压缩量保持在 12.00～12.50mm				
1	1 月 25 日，×××进行现场测量，绘制 0.4mm 厚不锈钢垫片图纸						
2	1 月 29 日，联系修配车间机加工班，按图纸进行加工						
3	2 月 8 日，由×××、×××、×××现场回装						
实施后效果检查，测量弹簧压缩量							
加装垫片后	试验次数	第一组	第二组	第三组	第四组	第五组	
	弹性压缩量（mm）	12.22	12.22	12.24	12.22	12.22	
实施效果	活动前	弹簧压缩量＜12.00mm					
	活动后	12.00mm＜弹簧压缩量＜12.50mm					
结论	弹簧压缩量达到 12.00～12.50mm 的标准						

分　析　仅就该小组的实施过程来看，小组日常开展活动过程中注意做好活动记录，每条对策的具体实施时间、参加人员、活动地点、具体做法等都有体现，能真实反映活动全貌。

56. 每条对策实施完成后如何及时确认其结果？

每条对策实施完成后，应立即收集改进后的数据，与对策表中每条对策应达到的目标进行比较，以明确对策的有效性。如果已达到目标要求，说明此项改进对策已有效地改变了该要因的现状，使其达到受控状态，不会再对问题造成影响，该对策方为实施完毕。

【案例 2-50】某"凝心聚力"QC 小组以提高 4 号锅炉（330MW）主蒸汽温度为题，制定对策表后实施如下：

对策实施一：针对要因"测点管理不规范"，对受热面测点进行综合治理。

1. 规范测点布局

小组成员规范了 DCS 画面显示布局，采用分区显示。标明报警值，画面超限棒图由绿变黄。要求各机组画面一致。在 DCS 中增加五张棒图画面，分类显示出炉顶壁温测点的数值及报警值，标出了每个测点的排号根号，并增加了超温报警（图中红线）。

2. 升级硬件

拆除原小 DAS 主机一台，IDAS 主机采用 IDAS—2003 通信模块实现。因新模块与 DCS旧板卡无法通信，故在脱销柜新加 QLC 卡一块，通过配置、组态实现小 DAS 于 DCS 间的通信。前置机升级为 IDAS—2102，前置机共 29 台，重新接线、配置、组态，并实现了 A、B 双网冗余通信。为提高 IDAS 通信网络的可靠性，计划将通信电缆更换为 RFSP 2×1.0　0.2mm型耐高温通信电缆 3000m。

3. 修订壁温报警值

小组成员赴北京巴威咨询厂家，得知 1~4 号炉为其早期作品，壁温设定值存在不合理，按照美国现行标准，重新计算了各壁温设定值。

4. 测点加保温

重新核对炉顶壁温测点名称，并在炉顶温度套管至炉内大包之间对每个温度测点及其延长线进行保温，杜绝周围热烟气的影响。在测点处悬挂标示牌 129 个。

实施效果：

小组成员在以上措施实施完毕后，对温度测点再次进行试验，依然采取就地与 DCS 同时测量，计算偏差。采集 100 个数据，见表 2-58。

表 2-58　　　　　　　　　　　　数　据　表

2.5	0.7	−5.6	1.5	1.2	2.1	0.5	1.4	1.8	2.5	0.5	0.9	2.3	−2.4	5.0
−2.6	2.0	−3.3	2.0	0.5	0.3	0.5	0.5	−5.7	0.7	4.5	−9	−2.2	2.5	−2.5
5.5	1.0	1.0	−3.0	−2.5	−3.0	2.5	−2.2	−2.1	2.9	−1.4	−1.0	3.4	−2.3	−1.2
−2.0	−2.5	5.2	−2.5	−2.5	4.4	−2.5	−2.5	3.9	−3.1	−4.5	−3.3	−3.8	−2.5	−3.0
0.3	0.5	0.8	−3.0	−5.5	−3.0	0.2	0.9	0.5	3.3	−3.0	−3.5	3.6	4.2	−3.1
−1.5	7.4	1.2	1.2	3.7	−2.4	−2.5	10	1.1	1.9	1.5	1.6	−2.1	−3.0	−2.0
−3.2	−3.4	2.9	−3.0	−3.0	−2.1	−2.1	−3.4	−2.1	−7.4			平均值：0.45		

利用直方图进行判断、计算：

由表 2-59 可知 $n=100$，$R=X_{max}-X_{min}=10-(-9)=19$，取组数 $k=10$。

组距 $h=R/k=19/10=1.9$，取组距为 2。

表 2-59　　　　　　　　　　　　　频　数　表

组号	组界值	频数统计 f
1	$-10\sim-8$	1
2	$-8\sim-6$	1
3	$-6\sim-4$	4
4	$-4\sim-2$	16
5	$-2\sim0$	28
6	$0\sim2$	27
7	$2\sim4$	15
8	$4\sim6$	6
9	$6\sim8$	1
10	$8\sim10$	1

公差中心，要求为 0，即 $M=0$

样本平均值：$\bar{x}=\dfrac{1}{n}\sum_{i=1}^{100}x_i=-0.38$

标准偏差：$S=\sqrt{\dfrac{1}{n-1}\sum_{i=1}^{100}(x_i-\bar{x})^2}=3.16$

可见，样本平均值与公差中心不重合，绘制直方图如图 2-50 所示。

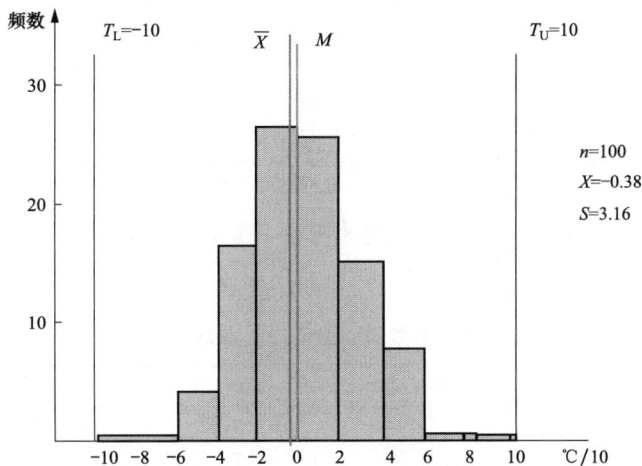

图 2-50　直方图

可见直方图形态为标准正态分布，且边界不超限，X 与 M 基本重合。经过计算，其测量偏差满足课题要求，对策实施效果显著。

分　析　对策实施的实施步骤清楚、佐证材料详实。能够按既定对策表中的对策逐条予以实施，每条措施的实施过程数据具体，充分反映了小组成员的努力程度和真实性，在每条对策实施完成后也注意了对对策目标的完成情况进行检查。需要注意的是，实施中小组对偏差理解，标准偏差 $s=3.16$ 远大于1，小组仍判为达成对策目标，显然不妥。

57. 对策实施结束后需要如何确认目标以外的哪些内容？

对策实施结束后，除对对策目标确认外，还需对措施的实施是否影响安全、环境、相关质量、管理以及是否带来成本大幅增加进行核查，以评价对策的综合有效性。当核查发现有上述影响时，应追加措施予以弥补或重新考虑更恰当的对策。

【案例 2-51】某电能量采集班 QC 小组以提高电采系统采集成功率为题组织活动，制定对策后组织实施如下：

对策实施一：增加铁氧体磁环，降低电磁噪声干扰。

措施1：记录现场环境噪音，找到噪声干扰源。逐一排查终端不抄表和信号传输失败用户，采用录波器进行噪声分析，摸查干扰源，噪声测试结果见表2-60。

表 2-60　　　　　　　　　　　安装前现场噪声统计表

终端地址	噪声（dB）	终端地址	噪声（dB）	终端地址	噪声（dB）
42267	−45	44944	−51	44791	−50
54033	−49	44946	−52	43193	−52
54004	−36	44895	−47	44961	−53
41163	−58	43785	−52	44964	−44
01859	−51	43806	−53	03164	−47
44787	−48	43822	−54	43819	−46
44999	−46	43835	−36	05770	−32
06667	−31	44729	−38	41954	−33
01662	−49	36119	−52	06069	−36
41823	−42	41735	−34	40396	−61
41835	−47	41649	−40	40390	−62
41874	−41	41644	−43	40350	−60
42089	−43	40512	−49	38172	−38
41637	−39	40750	−39	38039	−48
41478	−38	40557	−37	40513	−49

制表：×××　　制表日期：××××-××-××

措施2：安装铁氧体磁环。逐一在干扰源附近安装铁氧体磁环，并再次利用录波器记录现场噪声值，统计结果见表2-61。

表 2-61　　　　　　　　　　安装铁氧体磁环后电磁噪声统计表

终端地址	噪声（dB）	终端地址	噪声（dB）	终端地址	噪声（dB）
42267	−95	44944	−101	44791	−80
54033	−102	44946	−102	43193	−82
54004	−76	44895	−107	44961	−83
41163	−78	43785	−82	44964	−94
01859	−81	43806	−73	30164	−97
44787	−78	43822	−94	43819	−76
44999	−76	43835	−86	05770	−72
06667	−81	44729	−88	41954	−83
01662	−99	36119	−52	06069	−86
41823	−92	41735	−74	40396	−91

续表

终端地址	噪声（dB）	终端地址	噪声（dB）	终端地址	噪声（dB）
41835	−97	41649	−80	40390	−92
41874	−91	41644	−73	40350	−90
42089	−93	40512	−89	38172	−98
41637	−79	40750	−89	38039	−78
41478	−88	40557	−77	40513	−89

制表：×××　制表日期：××××-××-××

措施3：目标验证。针对因电磁干扰导致终端不抄表和信号传输失败的45块终端，对其电磁噪声和采集失败数进行统计，见表2-62。

表 2-62　　　　　　　　　　　　电磁噪声与采集失败用户统计表

终端地址	噪声（dB）	采集失败用户数	终端地址	噪声（dB）	采集失败用户数	终端地址	噪声（dB）	采集失败用户数
42267	−95	1	44944	−101	2	44791	−80	2
54033	−102	0	44946	−102	1	43193	−82	1
54004	−76	0	44895	−107	0	44961	−83	1
41163	−78	1	43785	−82	2	44964	−94	1
01859	−81	2	43806	−73	1	30164	−97	2
44787	−78	2	43822	−94	1	43819	−76	0
44999	−76	2	43835	−86	0	05770	−72	1
06667	−81	0	44729	−88	0	41954	−83	1
01662	−99	0	36119	−52	1	06069	−86	1
41823	−92	1	41735	−74	0	40396	−91	0
41835	−97	3	41649	−80	2	40390	−92	1
41874	−91	1	41644	−73	1	40350	−90	1
42089	−93	1	40512	−89	0	38172	−98	1
41637	−79	0	40750	−89	2	38039	−78	0
41478	−88	1	40557	−77	1	40513	−89	2

制表：×××　制表日期：××××-××-××

根据表2-62制作散布图，如图2-51所示。

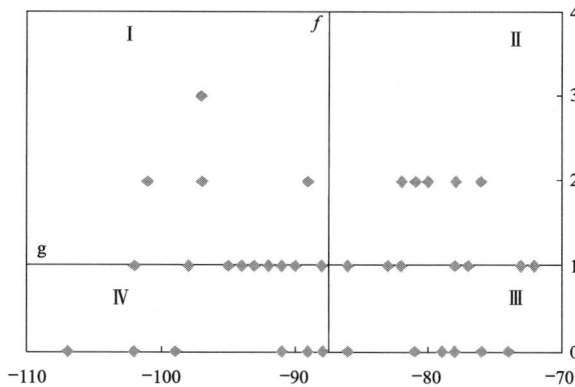

制图：×××　制图日期：××××-××-××

图 2-51　电磁噪声与采集失败用户散布图

表 2-63　　　　　　　　　　　　　　电磁噪声干扰故障统计表

项目	安装铁氧体磁环前	安装铁氧体磁环后
终端不抄表和信号传输失败终端数量（块）	45	0
采集失败用户数量（户）	1954	44

制表：×××　　日期：××××-××-××

由图 2-51 可知，电磁噪声和采集失败户数已无明显相关性。由表 2-63 知，由电磁噪声干扰造成的终端不抄表和信号传输失败用户已由 1954 户降至 44 户。

结论：通过增加铁氧体磁环，电磁噪声干扰得到了有效遏制，对策一目标实现。

增加铁氧体磁环后，对现场安全环境未构成影响。

分　析　对策实施步骤清楚，能有效运用统计工具。实施过程数据具体，体现了小组成员的努力程度和真实性。在每条对策实施完成后均对对策目标的完成情况进行了检查，实施效果均得到确认。建议实施工作现场安装完成后、现场检测的直接目标值，如降低电磁噪声干扰、噪声小于—45dB，这样更有利于现场实施工作的开展。

第九节　效　果　检　查

58. 效果检查的目的是什么？

效果检查的目的是验证课题选择的准确性、目标设定的科学性、实施过程的有效性。

59. 效果检查的内容包括哪些？

一是课题目标的检查，二是活动实施前、后情况的对比，三是经济效益计算，四是社会效益描述。

【案例 2-52】 ×××公司市场及大客户服务室客服 QC 小组以缩短居民分布式光伏电站竣工报验时间为题开展活动，小组活动效果检查如下：

（一）目标值检查

2014 年 10 月 8 日，小组对 2014 年 7～9 月竣工报验时间进行统计，见表 2-64。

表 2-64　　　　　　　　　　2014 年 7～9 月竣工报验时间统计表

月份	接电户数	竣工报验时间≥15 个工作日的户数	平均竣工报验时间（工作日）
七月	5	0	14.3
八月	5	0	13.8
九月	4	0	13.6
合计	14	0	13.9

通过优化通信接口和调整施工方式，居民分布式光伏电站竣工报验时间达到 13.9 个工作日，目标实现。

（二）症结检查

2014 年 10 月 9 日，小组成员对 2014 年 7～9 月超时情况进行了详细调查，见图 2-52、表 2-65 和图 2-53。

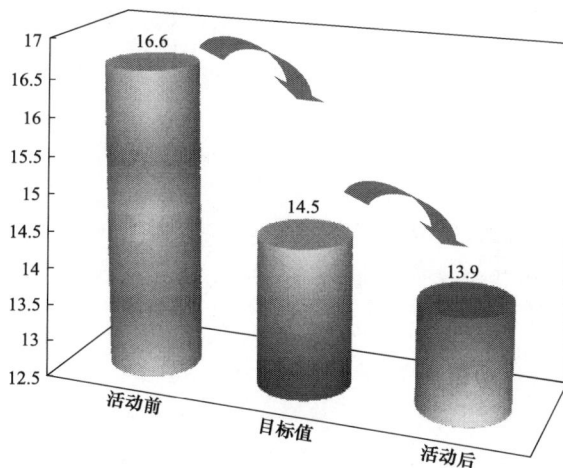

图 2-52　实施活动前后对照图

表 2-65 　　　　　　　　　　　　　　　　2014 年 7～9 月超时频率统计表

影响因素	频数（次）	频率（%）	累计频率（%）
防雷设备故障	3	30	30
接地装置故障	2	20	50
报警装置故障	2	20	70
电池组接线故障	1	10	80
逆变器故障	1	10	90
计量装置故障	1	10	100
合计	10	100	100

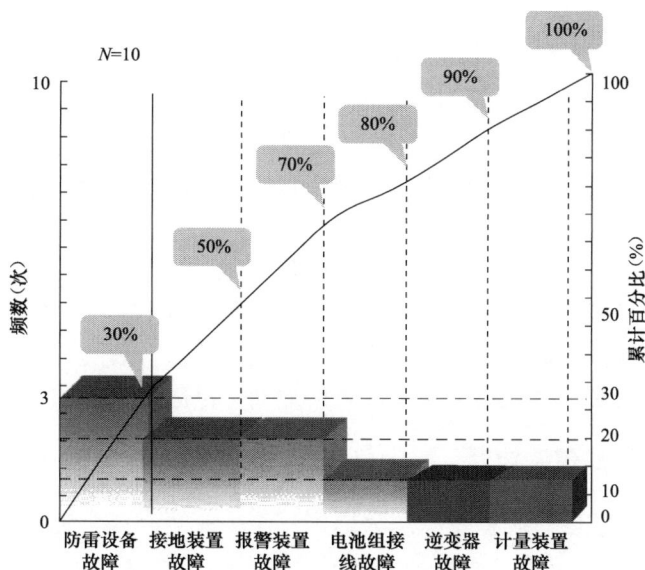

图 2-53　超时频率统计图

因此，计量装置故障和逆变器故障已经成为影响居民分布式光伏电站竣工报验超时的次要因素。

（三）　有形效果

通过实施本次 QC 活动，居民分布式光伏电站竣工报验时间从 16.6 缩短到 13.9 个工作日，达到了公司要求。

经济效益：居民分布式光伏电站竣工报验时间缩短 2.7 个工作日，按 1 户来计算，按提前并网 2.7 天、居民分布式电站设备安装容量 5kW、日照平均小时数 5.5h、居民自发自用比例 5％来计算，则每户可以提前增加发电量：

$$5kW×5.5h×2.7d＝74kW$$

居民分布式电站国家补贴电价 0.42 元/kWh，上网电价 0.431 元/kWh，则可以增加收益＝补贴电价×发电量＋上网电价×（1－居民自发自用比例）×发电量：

$$0.42×74＋0.431×（1－5％）×74＝61 元$$

按 2014 全市年并网 60 户来计算，则可以增加收益：$61×60＝3660$ 元。

国家通过标杆电价、电价补贴、备案制等一系列政策的促进，居民分布式光伏电站得到迅猛发展。2015 年年底全市并网达 200 户，可以增加收益：$61×200＝12200$ 元。

（四）　无形效果

开发和利用绿色可再生能源是大势所趋，居民分布式光伏电站作为一种新兴产业，促进和加快其发展是我国经济社会可持续发展迫切需要解决的重大问题。通过实施本次 QC 活动后，居民分布式光伏电站竣工报验时间明显缩短，确保了电网的稳定运行。

分　析　小组效果检查的内容完整，囊括了课题目标的检查、活动实施前后情况的对比、经济效益计算、无形效果的检查。通过效果检查可以看出小组实现了课题目标，两个主要症结已降为次要问题，取得了经济效益，也具有一定社会效益，但经济效益不可估算。

60. 效果检查注意的问题有哪些？

效果检查应注意：一是效果检查必须是在对策实施完毕（全部完成并逐条确认达到对策目标要求）后方可进行。二是效果检查是对巩固期进行检查。三是能够计算经济效益的，都应计算经济效益；四是效果检查在有形效益检查的同时，也应注重无形效益的检查。

在检查中还需要关注数据的可比性，即效果检查数据时间应与现状调查的时间段可比；数据的可信性，即效果检查的目标值不能超出解决问题的范围；项目的一致性，即效果检查与实施前现状对比的项目应保持一致；项目时序性，实施前、后的数据均应按从大到小的顺序统计；项目解决的彻底性，数据不能出现"按下葫芦浮起瓢"的问题。

61. 巩固期的长短如何确定？

巩固期的长短，以能够看到稳定状态为原则，至少应当有 3 个统计周期的数据。

【案例 2-53】×××电厂"黑金子"QC 小组以降低燃煤发电厂定硫仪故障率为题开展活动，巩固期体现如下：

目标值检查一，见表 2-66。

表 2-66　　　　　　　　　　活动前后故障情况对比表

活动前				
时间	测定次数（次）	合格次数（次）	故障次数（次）	故障率（%）
2013.10	152	145	7	4.61
2013.11	148	144	5	3.38
2013.12	153	147	4	2.61
2014.1	152	147	5	3.29
2014.2	142	136	7	4.93
2014.3	152	147	5	3.29
合计	899	866	33	22.11
月平均故障率（%）	3.68			
活动后				
时间	测定次数（次）	合格次数（次）	故障次数（次）	故障率（%）
2014.7	151	145	3	1.98
2014.8	148	144	3	2.03
2014.9	153	147	3	1.96
2014.10	152	147	3	1.97
2014.11	145	136	2	1.38
2014.12	152	147	3	1.97
合计	901	884	17	11.29
月平均故障率（%）	1.88			

分　析　小组效果检查中的巩固期，根据小组的按月统计周期，统计 3 个月数据就已足够，这里小组统计了 6 个月数据，是为了保证活动前后统计数据的可比性。

62. 未完成目标该怎么办？

目标未完成，最有可能的是原因分析中未全面、透彻，有些影响因素有遗漏。一般应返回原因分析重新分析，接着再沿着要因确认是否有问题，对策制定是否足以使要因恢复到受控状态，对策实施是否达到对策目标，一步步开展检查，直至查明未实现目标的根源，然后再有针对性地开展活动，直到实现课题目标为止。

63. 计算效益需要注意哪些内容？

计算经济效益需要注意：一是正确界定计算经济效益的期限；二是实事求是、客观地计算产生的实际效益。

经济效益应按活动期＋巩固期计算，不可进行推算。

社会效益可从安全、环保、服务等方面进行评估。

【案例 2-54】某电能量采集班 QC 小组以提高电采系统采集成功率为题开展活动，其效果检查中相关效益检查如下：

1. 目标值检查

2. 症结消除情况检查

3. 经济效益

表 2-67　　　　　　　　　　　　　经 济 效 益 计 算 表

统计期	项目	用时/油耗	费用
实施前	人工	现场补抄用时：2798 小时	72930 元（15 元/小时）
		终端维修用时：2064 小时	
	车辆	73554 升	51488 元（0.7 元/升）
实施后（包括巩固期）	人工	现场补抄用时：1398 小时	37695 元（15 元/小时）
		终端维修用时：1115 小时	
	车辆	45911 升	32137 元（0.7 元/升）
	成本	磁环：10 元/个，共 184 个；中继模块：40 元/个，共 36 个 合计：10×184＋40×36＝3280 元	
经济效益		（72930＋51488）－（37695＋32137）－3280＝51306 元	

制表：×××　制表日期：××××-××-××

由表 2-67 可知，通过本次小组活动，显著减少了现场补抄和终端维修作业，避免了大量人员和车辆油耗，可计算的经济效益达 51306 元。

4. 社会效益

电采系统采集成功率的提高，有效提升了地区负荷、电量等数据的可靠性，保证了抄表算费、用电检查等业务的高效率开展，进一步满足了用电客户多元化的需求。

分析　小组以列表的形式，详细计算了取得的经济效益，同时也提到了对社会效益的影响。但是在具体计算中，还应当将现场补抄用时和终端维修用时交代清楚，这里含不含在途时间？15 元/小时计算依据是什么？

64. 效果检查与其他步骤是什么关系？

效果检查是活动过程 P（计划）阶段和 D（实施）阶段的总体效果的大检查，是判定问题是否得到解决的关键一步，是衔接 A（处理）阶段不可或缺的一步。

【案例 2-55】某"凝心聚力"QC 小组以提高 4 号锅炉（330MW）主蒸汽温度为题开展活动，效果检查内容如下：

对策于 8 月份全部实施完毕，小组对实施完毕后的 4 号炉 9 月份主汽温度进行了调查，见表 2-68。

表 2-68　　　　　　　　　　　　　　调　查　表　　　　　　　　　　　　单位：℃

日期	温度	日期	温度	日期	温度	日期	温度	日期	温度
1	539.58	7	539.32	13	539.77	19	537.28	25	537.14
2	538.95	8	540.21	14	537.61	20	538.20	26	539.16
3	539.65	9	539.82	15	538.24	21	538.43	27	538.86
4	538.37	10	539.63	16	537.94	22	538.53	28	539.36
5	538.69	11	540.46	17	538.01	23	539.29	29	539.06
6	538.65	12	539.49	18	538.83	24	539.81	30	539.00
平均值					538.91				

依据上述数据，绘制趋势图如图 2-54 所示。

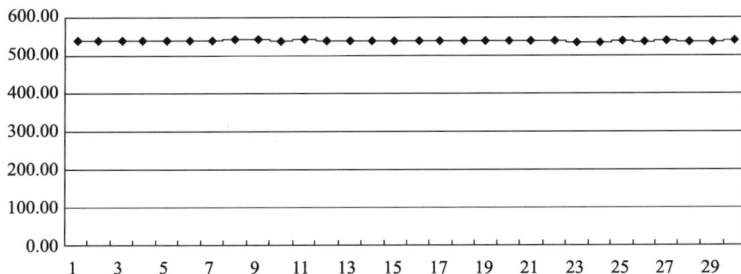

图 2-54 趋势图

从趋势图看，4 号炉主汽温度稳定在了平均值 538.91℃附近。

检查一 目标值完成情况

4 号炉主汽温度 2014 年 1 月平均值为 525.08℃，本次活动目标值为 538℃，实际提高到了 538.91℃，主汽温度提高了 13.83℃。完成了小组目标，如图 2-55 所示。

检查二 实施前后主要问题变化

小组成员再次收集"4 号炉受热面超温"和"4 号炉主蒸汽温度低"的记录数据，根据数据重新绘制了排列图，如图 2-56 所示。

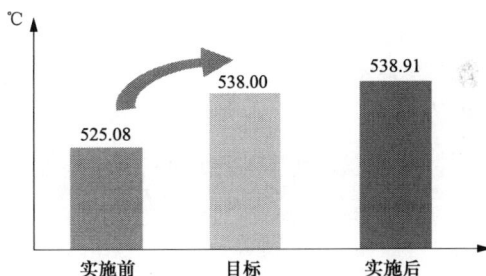

图 2-55 目标对比图

1. 导致 4 号锅炉受热面超温原因变化情况：

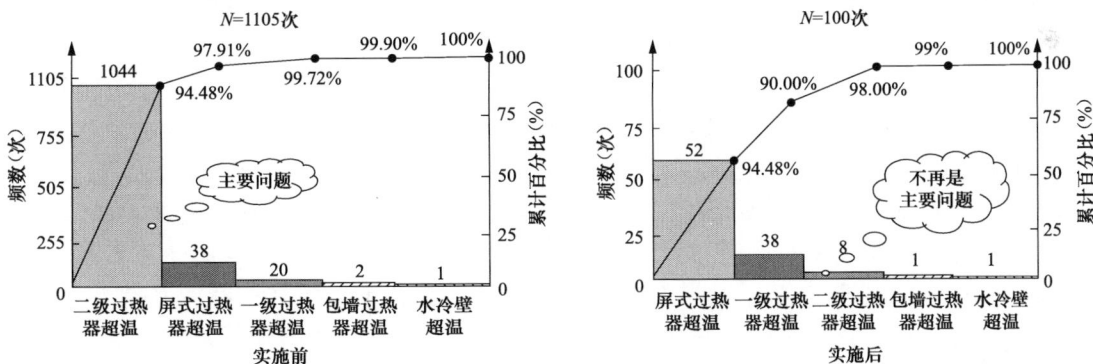

图 2-56 实施前后效果对比图

2. 导致 4 号锅炉主蒸汽温度低原因变化情况：

检查三 实施后取得的经济效益

小组成员根据"主汽温度每变化 1℃，影响煤耗 3.3g/kWh"，按照每吨煤 700 元计算。活动结束后 8 月至巩固期结束 12 月，4 号炉取得的效益。

计算公式为

$$Q=(t_2-t_1)\times A\times kW/1000\times700-Tr$$

t_2：实施后 4 号炉主蒸汽温度；

t_1：实施前4号炉主蒸汽温度；

A：8～12月份发电量；

Tr：设备升级改造投入。

代入数据

$$Q = (t_2 - t_1) \times A \times kW/1000 \times 700 - 23000$$
$$= (538.31 - 525.08)X0.07X$$
$$(123669 - 51670)X10000/106 \times 700$$
$$= 46.67 - 2.3 \, 万元$$
$$= 44.37（万元）$$

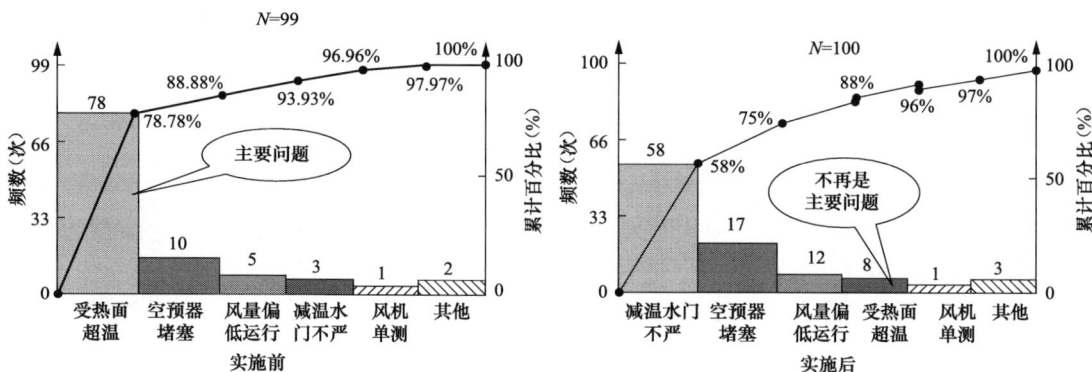

图2-57　实施前后效果对比排列图

检查四　实施后取得的社会效益

经过分析计算和大胆质疑，不仅完成了机组的指标，节约了燃煤，降低了排放，保护了祖国的蓝天白云。

为×××锅炉厂规范了壁温计算方法，×××锅炉厂依此对同类型的机组均进行了重新计算，还避免了新设计的锅炉出现此类漏洞导致效率低下。

分析　效果检查的基本思路正确，统计工具予以了运用。小组对实施效果的趋势是否稳定进行了确认；对目标值完成情况做了检查，确认达成活动目标；对活动前、后的症结变化情况予以了比对，从图2-57的排列图中能明显看出，原症结已降为次要问题；小组在计算了经济效益的同时，也关注了对社会效益的检查。不足之处体现在：一是实施后的活动达成值超出了理论目标值，有点儿偶然；二是在对活动前、后症结的比对中，排列图数据中原次要问题数值上升较多，这属于"按下葫芦浮起瓢"问题，说明解决不彻底；三是经济效益计算中，计算依据"主汽温度每变化1℃，影响煤耗3.3g/kWh"，3.3g/kWh未在计算公式中体现。如图2-57所示。

第十节　巩　固　措　施

65. 巩固措施的主要作用是什么？

巩固措施的主要作用是巩固所取得的成果，防止问题再发生。

【案例 2-56】×××电厂机控班 QC 小组以降低 DEH 系统备用电源切换时间为题开展活动，其巩固措施如下：

1. 修改后的图纸存档，作为正式用图，DEH 供电改造编入热控检修作业指导书；
2. 加强设备巡视检查工作；
3. 坚持定期试验，做好试验记录；
4. 加强技术培训，开展 QC 活动。

分　析　该小组制定的 4 条巩固措施中，只有第一条是把有效措施纳入标准化，可以起到巩固成果，防止问题的再发生作用，其余 3 条均为对今后工作的要求，既不具体，也不具备可操作性，难以有效执行，不能保障效果巩固。

66. 制定巩固措施的内容包括哪些？

制定巩固措施的内容包括：一是有效措施的标准化；二是检验标准化措施正确执行。

有效措施标准化是把对策表中通过实施已证明了的有效措施（如变更的工作方法、操作标准；变更的有关参数、图纸、资料、规章制度等）报有关主管部门批准，纳入企业相关标准，或将有效措施纳入班组作业指导书、班组办法、制度等。

制定巩固措施需要注意：一是要将措施、落实情况、形成文件清晰表述，忌用笼统语言表述不准确的、不具有可操作性的措施；二是标准化效果跟踪要用数据说明成果巩固状况，确保取得的成果真正得到巩固，并维持在良好的水平上。

【案例 2-57】×××公司炉控班 QC 小组以降低 1 号炉空预器漏风控制系统故障率为题开展活动。

为保持 QC 小组成果有效性和持续性，对采取的措施进行了标准化工作，见表 2-69。

表 2-69　　　　　　　　　　　　　巩 固 措 施 表

序号	内容	巩固措施	巩固时间	执行情况	监督人
1	改造后的控制回路图纸整理汇集	《LCS 控制系统检修图库》编号：Q/318-223.001.006-RK	11.12	已完成	李××
2	制定新的工艺流程	《1030MW 机组热控检修工艺规程及检修工艺卡》Q/318-223.001.008-RK	11.12	已完成	陈××
3	编制新型激光测距传感器型号及说明	《热控检修分公司设备清册》，并将改造后图纸随《设备变更单》设备（热控）字（2014）003 下发	11.13	已完成	陈××

分　析　该小组在开展有效措施标准化过程中，将经过实施已证明有效的 3 条措施，分别纳入不同制度、文件中，详细交待了报批的形式，并提供了最终形成的资料照片，标准化过程严谨，资料完备。

67. 标准化效果跟踪的时间如何要求？

标准化效果跟踪时间，以能够看到标准执行良好为原则，没有具体的时间周期要求。

【案例 2-58】×××公司"凝心聚力"QC 小组以提高 4 号锅炉（330MW）主蒸汽温

度为题开展活动，标准化效果跟踪如下：

1. 有效措施纳入标准化情况见表 2-70。

表 2-70 　　　　　　　　　　巩 固 测 试 表

序号	有效措施	巩固内容	实行时间	标准文件编号	负责人	审批	效果资源共享
1	修订壁温报警值	修改运行规程中壁温定值	2014.11	《330MW 锅炉运行规程》Q/XBP307GL001—2014	黎××	标准化委员会	发电部在 330MW 机组间推广 2014 年 12 月完成
2	测点加保温	修改检修规程，增加保温工艺要求。	2014.11	《330MW 锅炉检修规程》Q/XBP311GL001—2012	艾××		
3	锅炉进行水冲洗	修改检修规程，列为定期工作	2014.11	《330MW 锅炉检修规程》Q/XBP311GL001—2012	韩××		

2. 巩固期效果情况见表 2-71 和图 2-58。

表 2-71 　　　　　　　　　　调 查 表

月份	9 月	10 月	11 月	平均
4 号炉主汽温度	538.91℃	538.70℃	538.89℃	538.83℃

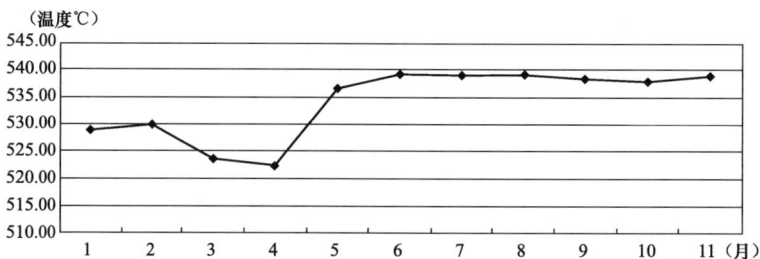

制图：×××　　制图时间：××××-××-××

图 2-58　2014 年 4 号炉主汽温度总图折线图

分　析　有效措施纳入标准化完成情况很好，也对标准化的效果进行了跟踪。小组将证明行之有效的措施纳入相关标准的工作中，内容具体、标准明确，并开展了推广工作，值得借鉴；对标准推广后的运行情况进行了检查确认。不足之处：一是制定巩固措施中，标准推广后的跟踪期不再称为巩固期，而是称为标准化效果跟踪期；二是跟踪时间应在标准实行之后。

第十一节　总结和下步打算

68. 总结和下步打算的内容主要有哪些?

总结和下步打算的内容主要有：一是全面总结本次 QC 活动；二是提出下步 QC 活动方向，最好能有下一次活动的课题。

【案例 2-59】×××公司炉控班 QC 小组以降低 1 号炉空预器漏风控制系统故障率为题开展活动，总结与今后打算见表 2-72。

表 2-72　　　　　　　　　　　　　　　　总　结　表

总结	活动理念	发现　钻研　解决　永不停息
	活动感言	组长：一路走来，其中的艰辛，成员们都能感受得到，活动成果获得的荣誉是大家共同努力的结果。 组员：一己之力显然无法完成本次课题，活动让我们加深了对"团结就是力量"的体会
	活动体会	1. 通过本次 QC 活动，小组成员分工协作、各展所长，充分发挥了各自的主观能动性，提高了团队成员协同作战的能力，同时提高了班组的工作效率； 2. 本次活动解决了生产过程中急需解决的问题，带来了一定的经济效益； 3. 本次活动增强了小组成员的质量意识，学到了解决实际问题的方法，提高了大家解决实际问题的信心； 4. 同时，我们在活动过程中也发现了自身的不足，在解决问题时，思路不够开阔，逻辑性分析不强，在今后的工作中还需要加强这方面的学习
	遇到的困难	统计技术的理解和掌握不够充分，在统计工具的应用方面比较匮乏、单一，影响了成果的整体水平
	自我评价	QC 小组活动是提高企业竞争力、增强员工积极性和能动性的有效手段，同时也是公司大力倡导和支持的活动。通过本次 QC 小组活动让我们学习充实了 QC 知识，了解了 QC 小组活动的宗旨、意义、组织、程序、特点等，尤其是通过对成果的回顾、总结，很多思路得到了启发，小组遇到的挫折引起了思考，这必将对我们个人成长和团队进步产生深远而有益的影响
今后打算		成绩只能代表过去，我们将继续总结经验，再接再厉，挑战下一个难题"降低 1 号炉吹灰器故障率"力争再创佳绩

分　析　该小组的总结和下步打算步骤中两项基本内容都具备，在总结中分别从活动理念、活动感言、活动体会、遇到的困难、自我评价五个方面对本次活动过程进行了思考，对于 QC 活动的认识有了进一步提高，这是小组在通往不断成长路上的标志。美中不足的是下一次课题未交待来源与出处。

69. 为什么要进行总结？

总结的过程实质是一个提高的过程。通过总结成功经验，有利于今后更好地开展活动；通过吸取失误教训，避免今后的活动走弯路。通过总结，可以鼓舞士气、增强自信、体现自身价值，提高分析问题和解决问题的能力，更好地调动小组成员的积极性和创造性。

70. 总结一般从哪些方面进行？

一是专业技术方面，应从小组成员哪些专业技术得到了提高、哪些专业知识及经验得到了掌握、哪些专业知识和技能还欠缺进行总结；

二是管理技术方面，应从活动程序的逻辑性是否严密、各阶段判断分析与决策是否能够以客观事实和数据为依据、统计方法应用是否正确恰当进行总结；

三是小组成员的综合素质方面，应从质量意识（安全、环保、成本、效率等意识）是否提高、问题意识和改进意识是否加强、分析问题和解决问题的能力是否提高、QC 方法应用能力是否提高、团队精神和协作意识是否树立或增强、工作干劲和热情是否高涨、创新精神和能力是否增强等进行总结。

【案例 2-60】某电能量采集班 QC 小组以提高电采系统采集成功率为题开展活动，其总结阶段工作如下：

在本次 QC 活动过程中，小组成员团结努力、协作攻坚，成功解决了现场实际问题，提高了电采系统运行可靠性。同时，小组通过活动增强了成员现场查找、辨识、分析和解决问题的能力，本次活动小结见表2-73。

表2-73　　　　　　　　　　　　　　小　组　活　动　小　结

活动内容	优点	不足	今后努力方向
选择课题	选题紧密围绕上级要求，切合自身需要，运用"三段式"结构，简明扼要	—	多借鉴其他优秀成果经验，扩大选题范围
设定目标	依据上级要求设定目标，运用一句话和一个柱状图说明，简明合理	—	加强数据的收集和分析，使目标设定更明确化与合理化
目标可行性分析	能够层层深入调查，查清问题，找准了症结，辨明了方向，确定了可改进程度	—	加强统计方法的学习、灵活应用
原因分析	运用头脑风暴法，大家能够充分发表意见，做到不遗漏；能够沿着因果关系刨根问底，找到末端原因	有的原因描述不够恰当	进一步确认原因是否分析到末端，如没有，应进一步分析
要因确认	能够逐条验证是否要因，在验证过程中注意用数据说话，并合理运用工具	有的要因确认不够全面	要运用所有可能的数据说明它对问题的影响程度
制定对策	运用价值工程法进行对策优选，避免了主观判断	提出的对策不够深入	充分提出各种解决方案
对策实施	对策措施执行到位，严格验证对策目标，实施效果明显	实施过程前未评估其副作用	吸取一些创新性的方法，评估改善其副作用
效果检查	对目标值和症结分别确认效果，确保效果稳定	—	持续追踪，持续改进
巩固措施	验证有效的措施形成标准，相关要求贯彻至设备采购环节	—	将标准推广至各兄弟单位

制表：×××　制表日期：××××-××-××

根据小结中所反映的活动成效与不足，小组编制了活动自我评价表和雷达图，见表2-74和图2-59所示。

表2-74　　　　　　　　　　　　　　活　动　自　我　评　价　表

序号	评价项目	活动前（分数）	活动后（分数）
1	团队精神	3	5
2	质量意识	3	5
3	专业知识	2	4
4	技术能力	3	4
5	工作热情	4	5

制表：×××　制表日期：××××-××-××

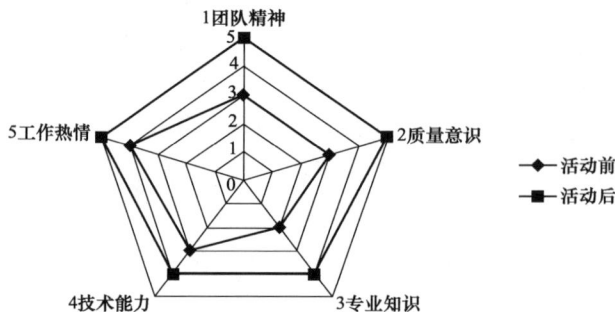

制图：×××　制图日期：××××-××-××

图2-59　自我评价雷达图

随着电采系统的进一步深化应用，利用电采系统实施远程停、送电的紧迫性日益凸显。电采系统远程停、送电可有效减轻抄表人员的劳动强度，提高工作效率。特别是可明显加快欠费补缴用户的供电恢复速度，显著提升用户满意度，为公司营造更加和谐友好的用户环境。因此，提高电采系统远程停、送电服务应用率将成为小组 2015 年度的努力方向。

分析　小组对活动的每一个步骤的优、缺点进行了评估，并提出了今后努力的方向，这种做法值得肯定；下一步打算紧扣工作形势变化，根据距离要求的差距确定下步课题继续开展 QC 活动。但在雷达图应用中应体现小组特色或给出相应的评分依据，否则容易落入空泛而谈的套路。

71. 下步打算需要关注哪些内容？

下步打算需要关注：一是下步打算必须建立在进行了全面总结的基础上；二是下步打算应尽可能地提出下一次活动课题，将小组活动持续地开展下去。

下步要解决的课题可从三方面寻找：

一是在现状调查分析问题症结时，找出的关键少数问题已解决，原来的次要问题会上升为主要问题，可把它作为下次活动课题。

二是在最初选择课题时，小组成员曾提出过可供选择的多个课题，经小组评估得分最高者已解决，可在其余问题中选择作为下次活动课题。

三是再次发动小组成员广泛提出问题，从中评估选取新课题。

【案例 2-61】　某"凝心聚力"QC 小组以提高 4 号锅炉（330MW）主蒸汽温度为题开展活动，其下步打算工作如下：

经过本轮活动，成功地解决了导致锅炉主蒸汽温度低的主要问题，第一次要问题"减温水门不严"可以简单经过检修处理和提高检修质量来实现，如图 2-60 所示。

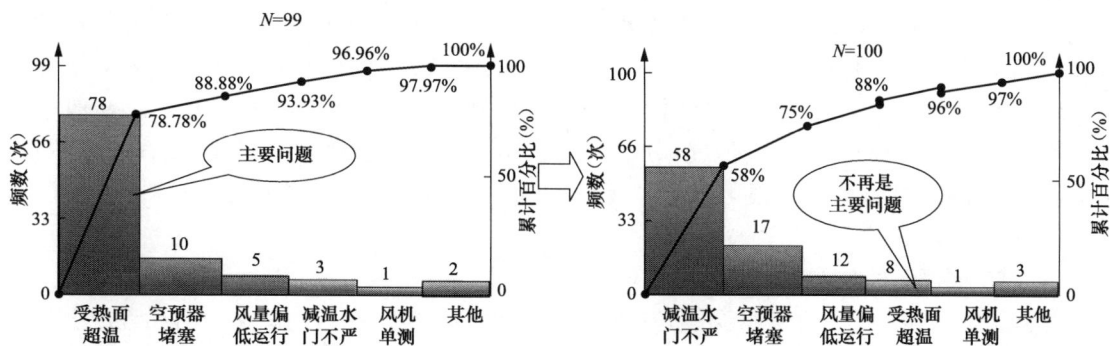

图 2-60　问题对比图

为了体现小组跨部门凝心聚力的原则，选择了更加有挑战的课题"降低脱硝系统（SCR）氨耗量"来作为下一课题。

分析　小组在认真总结，全面思考后，对本课题存在的主要问题（症结）进行了分析排除，在此基础上确定了新的课题继续开展 QC 活动，体现小组严谨的工作作风。

第 三 章 创 新 型 程 序

知 识 点

一、产生的背景、活动的实质与内涵

创新型课题 QC 小组活动是随着市场的需求、形势的发展以及小组现场、现实、现物等的变化而产生出来的。1999 年,中国质量协会开展创新型课题 QC 小组活动的研究,于 2000 年下发了《关于试点开展"创新型"课题 QC 小组活动的建议》,明确了创新型课题是 QC 小组活动一种新的课题类型。

创新型课题,是指 QC 小组成员运用全新的思维和创新的方法,开发新产品(项目、服务)、新工具、新方法或设备等,以提高企业产品的市场竞争力,并不断满足顾客日益增长的新需求,提高企业经营绩效。创新型课题 QC 小组实质是针对研发类项目开展的 QC 小组活动。运用 QC 小组团队成员自愿结合、共同参与的活动形式,充分发挥小组成员创造性思维,运用小组成员已有的知识、技术和想象力,打破固有约束,提出各种设想与途径,实现预期目标。

创新型课题活动,需注意两个关键点:第一,要敢于对过去说"不"。创新的基础是有计划和系统地淘汰陈旧、正在死亡的事务,只有系统地抛弃过去,才能解放工作和业务上所需的各种资源。因此,创新面对的最大障碍就是不愿抛弃过去。第二,要敢于面对失败。对日常工作或项目的改进,成功率约 50%,而创新性工作的成功率远远不及,几乎有 90% 的"卓越想法"很可能是"无效劳动",多数以失败而告终,但不能认为所做的事情没有意义。

二、与问题解决型课题的区别

由于课题类型不同,创新型课题与以往问题解决型小组,在活动思路与活动程序上都有所不同。主要区别有以下几个方面:

(1) 立意不同。创新型立足于研制原来没有的产品、服务、软件、方法、材料及设备等,即打破现状,突破传统;问题解决型是在原有基础上的改进或提高。如果选题在立意上突破常规、追新求变,则应按照创新型课题 QC 小组程序开展活动;如果是提高现有产品和业务水平,应选择问题解决型。比如,为实现主变压器铁芯接地电流监测成立 QC 小组,如果课题是针对新型装置研制的即为创新型,如果小组课题是提高监测精度或改进问题的应为问题解决型。

(2) 过程不同。创新型课题由于属开发、研制新产品/服务、新业务、新方法,是针对

过去没有发生过的，当前还没有实现的产品、服务或工作业务而开展的活动，没有历史数据作为参考，即没有现状可查，因此，要以研发课题的目的为切入点，提出各种方案，选择最佳方案；而问题解决型则需对现状数据（信息）进行收集调查、并加以分析，找出问题的症结所在和影响现状的原因。因此，创新型课题的具体活动程序与常见的问题解决型课题的活动程序不同，其对比详见图 3-1。

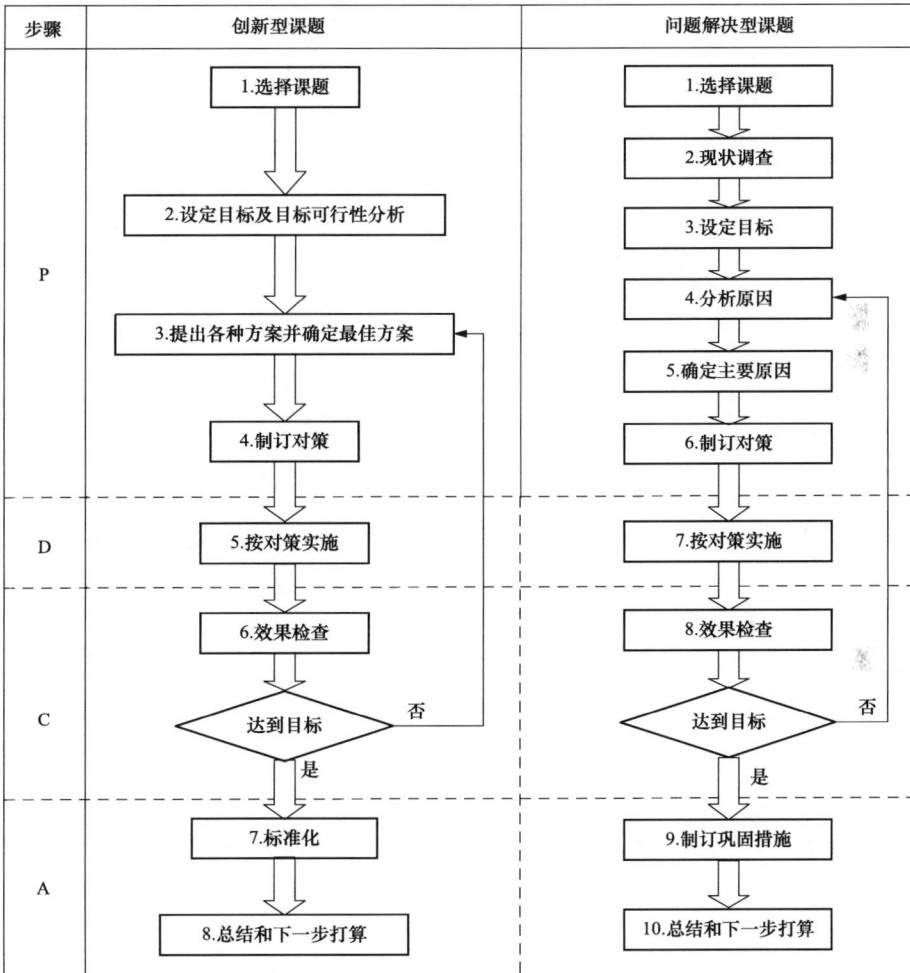

步骤	创新型课题	问题解决型课题
P	1.选择课题 ↓ 2.设定目标及目标可行性分析 ↓ 3.提出各种方案并确定最佳方案 ← ↓ 4.制订对策	1.选择课题 ↓ 2.现状调查 ↓ 3.设定目标 ↓ 4.分析原因 ← ↓ 5.确定主要原因 ↓ 6.制订对策
D	5.按对策实施	7.按对策实施
C	6.效果检查 ↓ 达到目标 —否→ 是↓	8.效果检查 ↓ 达到目标 —否→ 是↓
A	7.标准化 ↓ 8.总结和下一步打算	9.制订巩固措施 ↓ 10.总结和下一步打算

图 3-1　创新型课题与问题解决型课题自选课题目标的活动程序对比图

从图3-1 的对比可以看出，创新型课题与问题解决型自选课题目标的活动程序在 P 阶段有较大区别。

图 3-1 中将创新型课题与问题解决型课题活动各步骤内容进行了比较，有助于小组成员对这两种课题类型进一步地了解，以指导小组活动的开展。

（3）结果不同。创新型课题是从无到有，即由活动前企业不存在的产品、方法、软件等，经过活动完成了研发，创造出新产品、新方法、新技术、新设备等，并成为提高工作效率或增加经营业绩的增值点。需要指出的是，有些创新型课题，QC 小组活动后的结果，可能还不是很完美，但对解决关键技术问题、满足当前或未来工作需要起到很大的促进作用。

而问题解决型课题则是在原有基础上的改进，是在不断追求和追逐实现更加完美的结果。

表 3-1　　　　　　　　　创新型课题与问题解决型课题活动程序内容比较

活动程序			创新型课题	问题解决型课题
P	1. 选择课题		小组从未做过的课题	在原有基础上改进或提高的课题
	2. 现状调查		不需现状调查，但要根据课题寻找创新的切入点	自选目标的课题，要对问题的现状进行调查，寻找症结所在
				指令性目标的课题，无现状调查
	3.	设定目标	针对创新课题，提出活动目标	在原来基础上提升一个新的台阶，目标要量化
		目标可行性分析	进行目标可行性论证	自选目标的课题，不进行目标可行性分析
				指令性目标的课题，进行目标可行性分析
	4. 分析原因		没有原因分析，但需发散思维，提出各种方案，并通过试验等形式进行对比验证，确定最佳方案	针对问题的症结分析原因，列出所有的末端因素
	5. 原因确认			针对末端因素进行逐一确认，确定主要原因
	6. 制定对策		针对最佳方案制订对策和措施	针对要因制订对策和措施
D	7. 对策实施		按照制订的对策统一实施	按照制订的对策统一实施
C	8. 效果检查		对照目标，检查实施效果	对照目标，检查实施效果
A	9. 制订巩固措施（标准化）		将可推广的对策、措施进行标准化	对有效措施制订巩固措施或标准化
	10. 总结及下一步打算		总结回顾活动全过程，提出今后活动方向	总结活动全过程，提出下次活动课题

（4）方法不同。创新型课题运用更多的是以非数据分析工具为主，如头脑风暴法、亲和图、系统图、PDPC 法、正交试验等；而问题解决型则是以数据分析工具为主，非数据分析工具为辅，如排列图、控制图、直方图、散布图等。

因此，创新型课题与问题解决型课题 QC 小组是企业解决不同问题的两种不同活动思维与活动形式，课题本身决定小组课题类型，所以，各种类型小组应根据实际情况选择课题，开展活动，而不要盲目追求创新型课题 QC 小组。

第一节　创新型程序概述

1. 创新型课题 QC 小组存在的主要问题有哪些？应如何正确应用？

一、选题不对

将创新型 QC 小组课题与问题解决型 QC 小组课题相混淆，把"降低某某产品不合格率""提高某某产品合格率"等明显是问题解决型的课题，误作为创新型课题。

实际上，课题必须立意在开发研制新产品、新服务项目、新业务、新方法等方面，课题名称必须清晰明确。

👤【案例 3-1】主变压器铁芯接地电流在线监测装置；

工井盖开启器加工攻关；

技改工程档案控制体系。

👤【案例 3-2】研制主变压器铁芯接地电流在线监测装置；

研制工井盖开启器；

研制技改工程档案控制体系。

二、活动程序有误

创新型和问题解决型课题类型活动程序界定不清；问题解决型课题用创新型课题的部分程序（如提出方案并确定最佳方案），也有创新型课题用问题解决型课题程序（如有现状调查、原因分析等）。实际上，创新型课题和问题解决型课题出发点不一样，因此活动程序完全不同。

在创新型课题 QC 小组试行阶段，曾采用"提出问题，进行课题突破口的选择"活动程序。正式推出开展创新型课题后，即将活动程序"提出各种方案并确定最佳方案"取代原来的"突破口的选择与评估""对策方案的提出及可行性分析"程序，现在仍有小组延用"选择突破口"，明显不符合要求。

三、目标设定不量化，且太多

目标设定不直接，没有量化值，且目标设定太多，不便检查课题活动的实效。

👤【案例 3-3】"研制主变压器铁芯接地电流在线监测装置"课题的目标值设定如下：

（1）量化目标：研发的装置测得铁芯接地电流大于或等于 100mA 时，装置可靠动作。

（2）非量化目标：研发的装置能实时在线监测到铁芯接地电流值。

👤【案例 3-4】"研制工井盖开启器"课题的目标值设定为：研发的工井盖开启器能够开启小于 100kg（即 1000N）的井盖。

四、方案选择不彻底

有的小组在提出方案并确定最佳方案的过程中，仅对总体方案进行综合评价；方案选择不彻底；评价的主观性强，而分解方案缺少数据，又不做分析对比。有的小组将分解方案的评价放在制订对策或对策实施过程中进行。

五、方案选择没有数据，多数为主观判断

如在方案选择中采用评价打分法、举手表决法等，而不是通过实际考察、数据分析后再做决定。

确定最佳方案所存在的问题如下：

（1）提出方案太少，多数只有一次选择比较机会。很多小组没有更广泛地拓宽思路；不能从多角度、多方位提出不同的方案，以进行对比选择；只有两个方案，可选择范围小。有的小组将方案单纯设定为"购置""外委"或"自我开发"；再对这几种方案过于"简单"的进行主观判断；最后根据"综合得分"选出最佳方案。

👤【案例 3-5】"研发作业现场数据实时查询系统"课题的方案为：

确定研发一套智能实时查询系统后，小组成员对现有相关方面技术进行了解，发现目前能实现的有两种方案，小组成员就这两种方案进行了比较分析，见表 3-2。

表 3-2　　　　　　　　　　方案可行性分析及评估表

方案	分析	评估					综合得分	选定方案
		可实施性	经济性	有效性	可靠性	对工作的影响		
1. 开发一个APP应用	(1) 开发难度大，需要专业技术人员配置服务器、编写后台程序、后台维护。 (2) 开发费用约在1万～2万元。 (3) 开发过程复杂，耗时长。 (4) 查询时针对性不强，还需要再次分类搜索	□	□	◎	○	◎	15	不选
2. 将数据录入二维码中实时扫描查询	(1) 无需专业技术开发。 (2) 建设零费用。 (3) 建设简单。 (4) 有针对性的录入数据，查询更加快捷	◎	◎	◎	◎	◎	25	选定

注　◎　5分；○　3分；□　1分。

通过分析评估，方案二可实施性、经济性、有效性、可靠性得分最高，它最适合目前的工作实际情况。小组成员通过开会讨论研究，确定方案为：将数据录入二维码中实时扫描查询。

（2）方案的对比性差，只是为了比较而比较。

【案例 3-6】方案一，除最强信号外，降低其他各路信号功率。

方案二，引入或增强一路信号，压制其他信号。

上述两个方案说法不相同但意思基本一致，可比性及可选择性差。

（3）虽然提出两个方案，但明显可用的方案只有一个，另一个方案本身就不属于创新方案或仅仅是为了方案而做的"陪衬"。

（4）没有将总体方案进行分解。

（5）没有对重点、难点分方案的选择进行实验对比。

（6）方案对比评价中较少运用统计技术。

【案例 3-7】"研制主变压器铁芯接地电流在线监测装置"课题的提出方案及确定最佳方案。

（一）初步方案分析与选择。小组对所研制装置能实现的功能进行分析，提出三个初步方案，如图 3-2 所示。

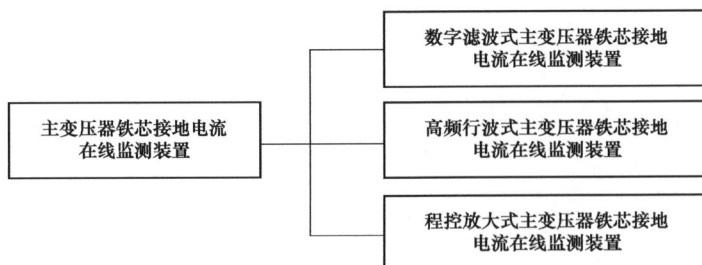

图 3-2　提出初步方案

根据装置原理，小组选购电子器件制作三种简易的装置，设定装置动作电流 100mA，并记录装置动作的电流值，重复 100 次，计算其过程能力指数 C_p。据生产质量标准，$C_p \geqslant 1.33$ 达到一级过程能力，过程能力充分，达到要求。方案分析和选择如表 3-3 所示。

表 3-3 方案分析与选择

待选方案	试验分析	方案评估	结论
方案一：数字滤波式主变压器铁芯接地电流在线监测装置	略（参见方案三）	略	不选择
方案二：高频行波式主变压器铁芯接地电流在线监测装置	略（参见方案三）	略	不选择
方案三：程控放大式主变压器铁芯接地电流在线监测装置 铁芯接地电流较小，增加一个放大单元将采集到较小的电流信号进行放大，以增加采集数值的准确性	试验结果： 求得平均动作值 $$\bar{x}=\frac{1}{100}\sum_{i=1}^{100}x_i=90.74$$ 求得标准差 $$\sigma=\sqrt{\frac{1}{100}\sum(x_i-\bar{x})^2}=2.2$$ 求得过程能力指数 $$C_P=\frac{T_U-\bar{x}}{3\sigma}=1.41>1.33（T_U\text{为公差上限}）$$	1. 优点 （1）过程能力指数 $C_P>1.33$。 （2）监测装置采集电流精度高。 2. 缺点研发费用约为0.7万元	选择

制表：×××　时间：××××-××-××

（二）对方案三的分解及选择

1. 方案Ⅰ级分解与选择

小组从装置可实现功能上考虑，将程控放大式主变压器铁芯接地电流在线监测装置分解为数据监测系统与自动限流系统，如图 3-3 所示。

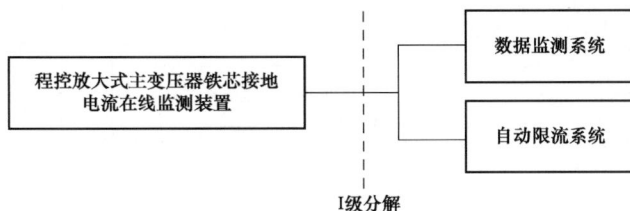

图 3-3 方案Ⅰ级分解

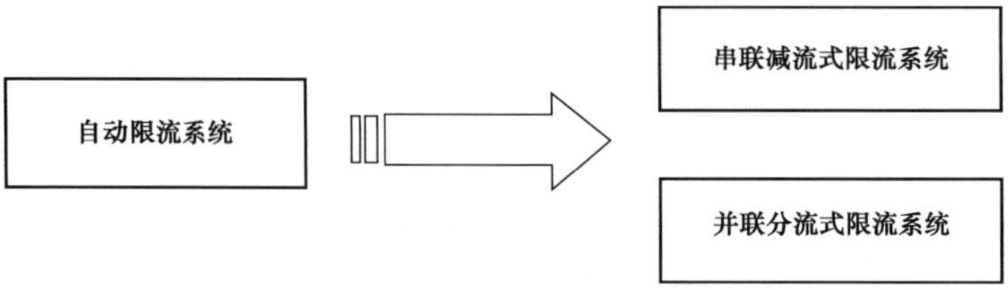

图 3-4　自动限流系统的选择

小组通过查阅资料，对自动限流系统提出了串联减流式限流系统和并联分流式限流系统两个备选方案（见图 3-4），其选择结果如表 3-4 所示。

表 3-4　　　　　　　　　　　　　自动限流系统的选择

方案目标： （1）限流比 $P \leqslant 10\%$； （2）制作简单、安装方便	试验描述：用 100Ω 电阻分别构建串联电阻回路和并联电阻回路，进行 100 次电流限流试验，测量输入和输出的电流大小，计算限流比 P（$P = I_o/I_i \times 100\%$）。为保证限流效果，要求限流比 $P \leqslant 10\%$。同时，应制作简单、安装方便		
待选方案	试验分析	方案分析	结论
方案一：串联减流式限流系统 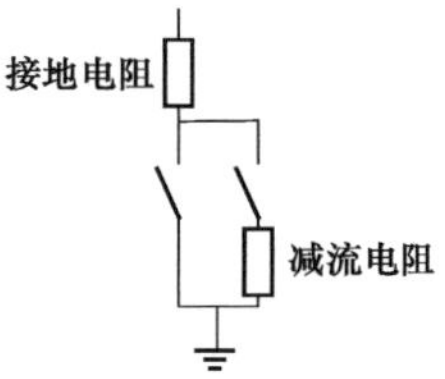 接地电阻 减流电阻 回路中串入电阻，由欧姆定律 $I = U/R$，减小主回路的电流值	试验结果： 	序号	1	2	…	100	平均
---	---	---	---	---	---
输入电流（mA）	5	10	…	500	—
输出电流（mA）	0.1	0.2	…	43	—
限流比（%）	2	2	…	8.8	6 | 需断开原回路，并在回路中串入限流系统，原回路改动较大	1. 优点 限流比 $P \leqslant 10\%$。 2. 缺点 需断开原回路，制作较为复杂	选择
方案二：并联分流式限流系统	略	略	不选择

制表：×××　时间：××××-××-××

2. **方案Ⅱ级分解与选择**（见图 3-5）

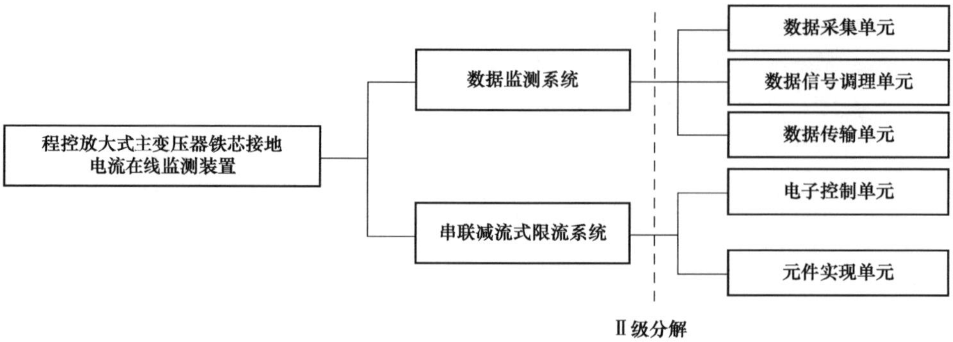

图 3-5　方案Ⅱ级分解

（1）数据采集单元的选择。小组通过市场调查，提出有源电流传感器和无源电流传感器两个待选方案（见图3-6），其选择结果如表3-5所示。

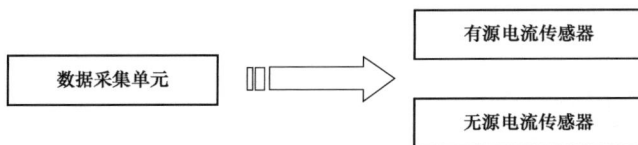

图 3-6　数据采集单元的选择

表 3-5 　　　　　　　　　　　　　　　数据采集单元的选择

方案目标： （1）采集精度不小于99.5%。 （2）工作环境适应性好，安装方便	试验描述：使用标准电流源装置产生 5～500mA 电流值，分别进行采集电流值，并测量输出的电流大小。根据电流传感器的精度等级为 0.5 的标准，即要求采集的电流为标准值的 99.5%。同时，应具有良好的环境适应能力，且安装方便						方案分析	结论
待选方案	试验分析						方案分析	结论
方案一：有源电流传感器在工作时需要外部能量源，常常配合有电流测量电路和运算放大器	试验结果：						1. 优点 （1）传感器采集精度不小于99.5%； （2）环境适应性好。 2. 缺点安装复杂	选择
	序号	1	2	…	100	平均		
	注入电流（mA）	5	10	…	500	—		
	测量电流（mA）	4.993	10.05	…	499	—		
	误差（mA）	0.007	0.05	…	1	—		
	采集精度	99.86%	99.5%	…	99.8%	99.72%		
	经调查，有源电流传感器安装复杂，其工作环境的温度为 −25～＋70℃，适应环境性好							
方案二：无源电流传感器	略						略	不选择

制表：×××　　时间：×××

（2）数据信号调理单元的选择。小组通过市场调查发现程控放大器型号各异，因此小组决定通过正交试验来选取符合要求的程控放大器部件，见表3-6。

经调查，适合使用的程控放大器参数主要有：①线性度（0.2级、0.1级）；②工作温升（10～70℃、−10～＋60℃）；③输入过载能力（1倍、2倍）；④输出负载能力（200、300Ω）。在市场上采购了多种型号参数的程控放大器部件进行正交试验，并测量放大器的输出值与响应时间，通过公式（1−｜输出值−理论值｜/理论值）×100%，求得放大器的运算准确度，其中响应时间应小于行业标准250ms。

表 3-6 　　　　　　　　　　　　　　　正 交 试 验 表

试验计划					试验结果	
试验号	线性度	工作温升	输入过载能力	输出负载能力	运算准确度	响应时间
1	1（0.2级）	1（−10～＋60℃）	1（1倍）	1（200Ω）	96%	合格
…	…	…	…	…	…	…
8	2	2	2	2	97%	超时
ΣⅠ＝位级1产率之和	384	374	379	377	ΣⅠ＋ΣⅡ＝762＝总和	
ΣⅡ＝位级2产率之和	378	388	383	385		
极差R	762	762	762	762		

制表：×××　　时间：××××-××-××

　　试验结果分析："直接看"第3号的运算准确度99最大，且响应时间合格，试验参数见表3-7。

表3-7 第3号试验参数

线性度 0.2	工作温升 10～70℃	输入过载能力 2倍	输出负载能力 300Ω

制表：×××　时间：××××-××-××

　　"算一算"：因素从主到次：线性度、工作温升、输入过载能力、输出负载能力为0.2、10～70℃、2倍、300Ω。

　　"算一算"的好条件和"直接看"的好条件一致，因此根据正交试验结果选择了相应参数的程控放大器——HK-D3I型程控放大器，如图3-7所示，其参数见表3-8。

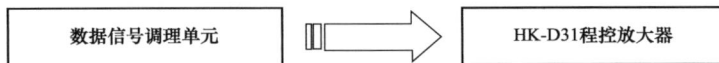

```
┌──────────────────┐      ┌──────────────────┐
│   数据信号调理单元   │ ═══▷ │  HK-D3I程控放大器   │
└──────────────────┘      └──────────────────┘
```

图3-7　选择程控放大器

表3-8 HK-D3I程控放大器

型号 HK-D3I	线性度 0.2	输入过载能力 2倍	输出负载能力 300Ω	输出负载能力 300Ω

制表：×××　时间：××××-××-××

　　(3) 数据传输单元的选择。小组根据目前常用的传输方式，提出了有线传输和无线传输两个待选方案，如图3-8所示，分析结果见表3-9。

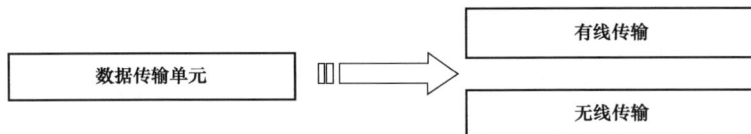

```
┌──────────────┐      ┌──────────────┐
│              │      │   有线传输    │
│  数据传输单元  │ ═══▷ └──────────────┘
│              │      ┌──────────────┐
└──────────────┘      │   无线传输    │
                      └──────────────┘
```

图3-8　数据传输单元的选择

表3-9 数据传输单元的选择

方案目标：(1) 信号失真度，＜0.5%。(2) 抗干扰能力强。(3) 施工难度低	试验描述：小组使用ZC4128信号失真度测试仪在站内相距100m进行信号失真度试验，检测100次，并根据信号传输的失真度应小于0.5%的要求，统计其平均值			
待选方案	试验分析		方案分析	结论
方案一：有线传输　有线传输是利用光、电信号通过双绞线、电缆等传输媒介实现信号传送	序号 1 2 … 100 平均值 失真度 0.4% 0.2% … 0.2% 0.27% 有线传输的抗干扰能力强，但施工难度高，埋设电缆需挖坑铺管等的问题		1. 优点 (1) 平均值＜0.5%。 (2) 抗干扰能力强。 2. 缺点 施工难度高	选择
方案二：无线传输	略		略	不选择

制表：×××　时间：××××-××-××

3. 方案Ⅲ级分解与选择

方案Ⅲ级分解如图 3-9 所示。

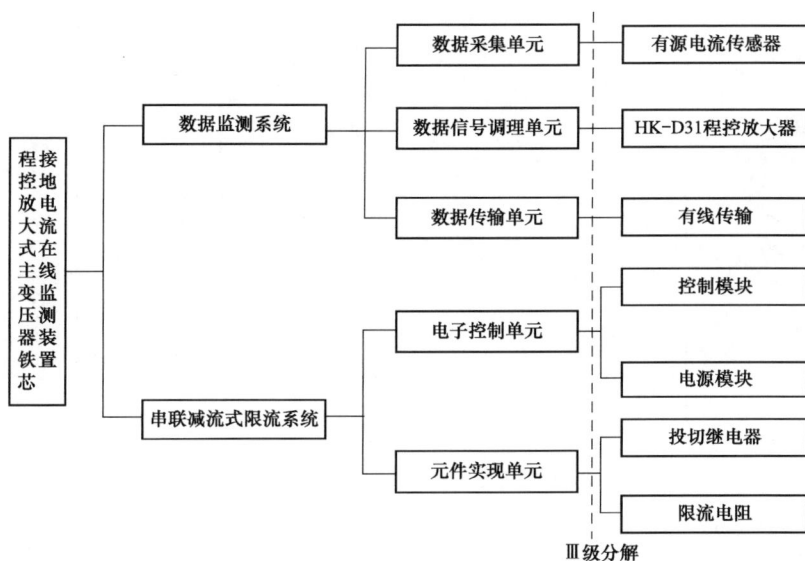

图 3-9　方案Ⅲ级分解

（1）有源电流传感器的选择。小组通过市场调查，提出 ANG 低频电流传感器、SO1T 霍尔电流传感器、SE6T 漏电流传感器和 SL4T 开环式电流传感器四个备选方案，如图 3-10 所示。分析结果见表 3-10。

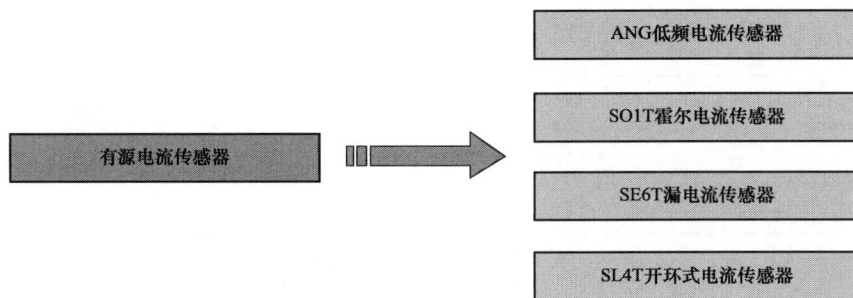

图 3-10　有源电流传感器的选择

表 3-10　　　　　　　　　　　　　　有源电流传感器的选择

方案目标： （1）传感器采集的相对误差率不大于 0.5%； （2）工作环境适应性好，维护方便； （3）体积小，便于安装	试验描述：用电流发生器产生 100mA 的电流值，通过四种电流传感器进行采集，测量其采集到的值与输入值对比，重复试验 100 次。根据传感器类误差率标准，要求采集的相对误差率在 0.5% 以内。同时，传感器应具有良好的工作环境适应能力并便于维护和安装		
待选方案	试验分析	方案分析	结论
方案一：ANG 低频电流传感器	略	略	不选择
方案二：SO1T 霍尔电流传感器	略	略	不选择

121

续表

方案三：SE6T 漏电流传感器 采用磁调制技术，达到磁场平衡，能测得的电流数值为几百微安	 SE6T 漏电流传感器原理图 试验结果： | 序号	1	2	…	100	平均
---	---	---	---	---	---
注入电流（mA）	100	100	…	100	—
测量电流（mA）	99.9	99.8	…	99.5	—
误差（mA）	0.1	0.2	…	0.5	—
误差率	0.1%	0.2%	…	0.5%	0.26% | 经调查，体积约为 500cm³	1. 优点 （1）传感器采集误差率不大于 0.5%。 （2）工作环境适应强，维护方便。 2. 缺点 体积大 选择
方案四：SL4T 开环式电流传感器	略	略 不选择

制表：×××　时间：××××-××-××

（2）控制模块的选择。小组通过讨论分析，提出了 DSP 数字信号电路及单片机电路两个方案，如图 3-11 所示。其分析结果如表 3-11 所示。

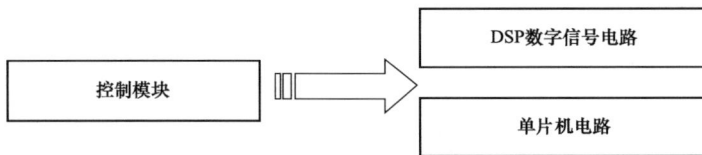

图 3-11　控制模块的选择

表 3-11　　　　　　　　　　　　　控制模块的选择

方案目标： （1）计算正确率＞99%。 （2）维护方便	试验描述：小组设定阈值为 100，用 EWB 软件分别设计好 DSP 数字信号电路和单片机系统的电路接线，用频数发生器连续输入 1000 个 0～100 之间的随机信号，检查输出电位高低，统计计算正确率，按照工业集成电路运算标准，小组要求计算正确率大于 99%		
待选方案	试验分析	方案分析	结论
方案一：DSP 数字信号电路	略	略	不选择
方案二：单片机电路 用最少的元件组成控制系统，可实现输入信号的运算及动作信号的输出		序号	1	2	…	867	…	1000	正确次数	正确率
---	---	---	---	---	---	---	---	---
输入	2	45	…	72	…	98	—	—
输出	低	低	…	低	…	高	—	—
结果	正确	正确	…	错误	…	正确	991	99.1% | 单片机系统修改阈值只需导入新的程序，无需改变电路	1. 优点 （1）计算正确率大于 99%。 （2）维护方便。 2. 缺点 需附加编译程序	选择

制表：×××　时间：××××-××-××

（3）电源模块的选择。通过讨论分析，小组提出了 D-120 开关电源和 D-60F 开关电源两个备选方案，如图 3-12 所示。分析结果如表 3-12 所示。

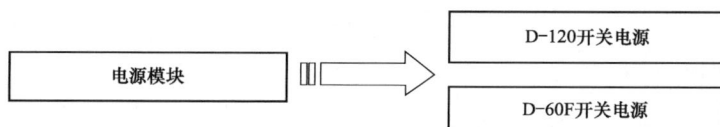

图 3-12　电源模块的选择

表 3-12　　　　　　　　　　　　　　　电源模块的选择

方案目标： (1) 电压波动，≤±10%。 (2) 电压稳定性好。 (3) 价格适中	调查分析：小组进行 100 次输出电压波动测试，用能精确真实反映输出值的准确级为±（0.5%＋3 字）的万用表，按照目前国内 3C 规格标准，电源输出电压波动须在±10% 以内		
待选方案	试验分析	方案分析	结论
方案一：D-120 开关电源	略	略	不选择
方案二：D-60F 开关电源 D-60F 开关电源是一种推挽式电源	试验结果： 	序号	1	2	⋯	50	平均
标准电压	24	24	⋯	24	24
输出电压	23.1	23.5	⋯	23.6	23.5
电压波动	−4%	−2%	⋯	−2%	−2% | 电压均在 22.5～24.5V，波动范围−6%～＋2%。经调查，其价格为 118 元	1. 优点 (1) 电压波动不大于±10%。 (2) 电压稳定性好。 2. 缺点 价格相对高	选择

制表：×××　　时间：×××

（4）投切继电器的选择。小组通过调查市场，并提出了 CYA-1S 型继电器和 G5V-1 型继电器两种继电器（见图 3-13），并进行分析选择，分析结果如表 3-13 所示。

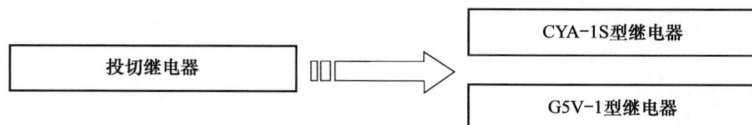

图 3-13　投切继电器选择

表 3-13　　　　　　　　　　　　投 切 继 电 器 的 选 择

方案目标： (1) 动作成功率，99%。 (2) 使用寿命长	试验描述：使两种继电器分别动作 200 次，统计动作结果，计算动作成功率。小组参考继电器动作失败容忍次数 1/100，要求动作成功率大于 99%			
待选方案	试验分析		方案分析	结论
方案一：CYA-1S 型继电器	略		略	不选择

方案二：G5V-1 型继电器

G5V-1 型继电器触点形式为一合一断，触点开关区域 1mA～1A

性能参数	数据
动作时间	5ms 以下
使用环境度	−40～+70℃
使用寿命	800 万次以上

试验结果：

序号	1	2	3	…	200	动作成功次数	动作成功率
动作结果	成功	成功	成功	…	成功	200	100%

方案分析：
1. 优点 动作可靠，动作成功率大于 99%。
2. 缺点 使用寿命相对短

结论：选择

制表：×××　　时间：××××-××-××

（5）限流电阻的选择。通过讨论分析，小组提出了独立电阻和等效电阻电路两个备选方案，如图 3-14 所示。分析结果如表 3-14 所示。

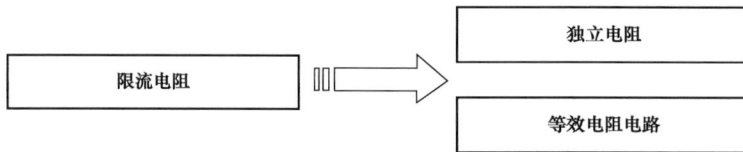

图 3-14　限流电阻的选择

表 3-14　　　　　　　　　　　　限 流 电 阻 的 选 择

方案目标： (1) 限流比 $P \leqslant 10\%$。 (2) 装置适应能力强。 (3) 制作简单	试验描述：分别构建独立电阻和等效电阻电路，进行 100 次电流限流试验，测量输入和输出的电流大小，计算限流比 P（$P = I_o / I_i \times 100\%$）。为保证限流效果，要求限流比 $P \leqslant 10\%$，同时，应有较好的装置适应能力且制作简单			
待选方案	试验分析		方案分析	结论
方案一：独立电阻	略		略	不选择

方案二：等效电阻电路

接地电阻

R1 R2 R3 R4 R5

建立等效电阻电路，根据电流大小投入不同阻值电阻

试验结果：

序号	1	2	…	100	平均
输入电流（mA）	5	10	…	500	—
输出电流（mA）	0.1	0.1	…	39	—
限流比（%）	2	1	…	7.8	5.9

需设计累积电阻电路，可适应各种设备的电流值，制作复杂

方案分析：
1. 优点
(1) 限流比 $P \leqslant$ 10%。
(2) 装置适应性强。
2. 缺点 制作复杂

结论：选择

制表：×××　　时间：××××-××-××

4. 方案Ⅳ级分解与选择

方案Ⅳ级分解与选择如图 3-15 所示。

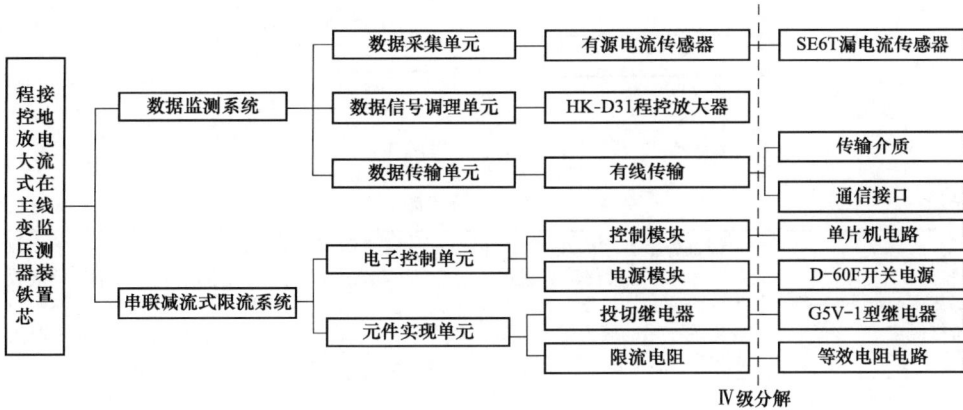

图 3-15 方案Ⅳ级分解

（1）传输介质的选择。小组通过市场调查，提出 SYV 型同轴电缆及 RVSP 型屏蔽双绞线两个方案，如图 3-16 所示。分析结果如表 3-15 所示。

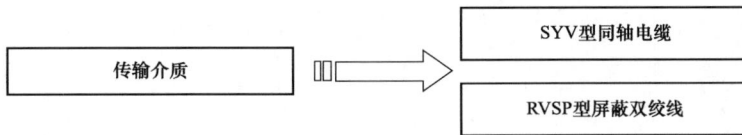

图 3-16 传输介质的选择

表 3-15 传输介质的选择

方案目标： （1）传输衰减不大于 1.5dB。 （2）价格适中	试验描述：实际信号传输距离在 200m 以内，因此选取了两种介质各 200m 进行了传输衰减测试，在一端给定一个恒定的 2A 电流输入信号，另一端测量输出，二者比值求对数得到电缆的衰减，重复试验 100 次。经查阅行业规范，要求误差范围在 ±1.5dB 以内					
待选方案	试验分析				方案分析	结论
方案一： SYV 型同轴电缆	略				略	不选择
方案二：RVSP 型屏蔽双绞线	序号	输入信号（mA）	输出信号（mA）	衰减（dB）	1. 优点 传输衰减不大于1.5dB。 2. 缺点价格相对较高	选择
	1	2000	1800	0.91		
	2	2000	1700	1.41		
	3	2000	1700	1.41		
	4	2000	1700	1.41		
	5	2000	1800	0.91		
	6	2000	1700	1.41		
	7	2000	1700	1.41		
	…	…	…	…		
	100	2000	1800	0.91		
由四组对地互相缠绕并包装在绝缘管套中的铜线所组成，每对相同颜色的线传递着来回两方向的电脉冲	平均	2000	1750	1.61		
	屏蔽双绞线的价格约 1.5 元/m					

制表：××× 时间：××××-××-××

125

（2）通信接口的选择。小组调查了市场上常见的通信接口，提出了 RS232 通信接口及 RS485 通信接口两个方案，如图 3-17 所示。分析结果如表 3-16 所示。

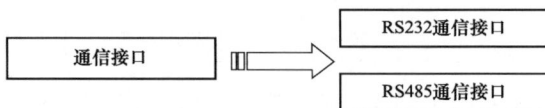

图 3-17　通信接口的选择

表 3-16　　　　　　　　　　　　　　　　　通信接口的选择

方案目标： （1）码元畸变度小于 4%。 （2）价格便宜	调查分析：小组在实验室模拟 20 组数据，将模拟数据进行 A/D 转换为二进制的代码（32 位）后进行传输，通过通信接口采集相应的 20 组二进制代码，并记录接收出现差错的码元数。根据码元畸变度公式 $M_e = N_e/N \times 100\%$（N 为发送的码元数，N_e 为接收出现差错的码元数），求出码元畸变度 M_e。在计算机网络中，一般要求误码率低于根据 RS 通信接口标准规定其码元畸变度应小于 4%					
待选方案	试验分析				方案分析	结论
方案一：RS232 通信接口	略				略	不选择
方案二：RS485 通信接口 RS485 采用差分信号负逻辑，采用平衡驱动器和差分接收器的组合，抗共模干扰能力增强	组号	发送的码元数（N）	接收出现差错的码元数（N_e）	码元畸变度（M_e）	1. 优点 码元畸变度小于 4%。 2. 缺点 价格较高	选择
	1	32	0	0		
	2	32	1	3.1%		
	3	32	1	3.1%		
	4	32	0	0		
	5	32	1	3.1%		
	…	…	…	…		
	18	32	1	3.1%		
	19	32	1	3.1%		
	20	32	0	0		
	平均值			1.9%		
	经调查，RS485 通信接口的单价为 50 元					

制表：×××　　　时间：××××-××-××

5. 方案 V 级分解与选择

方案 V 级分解如图 3-18 所示。

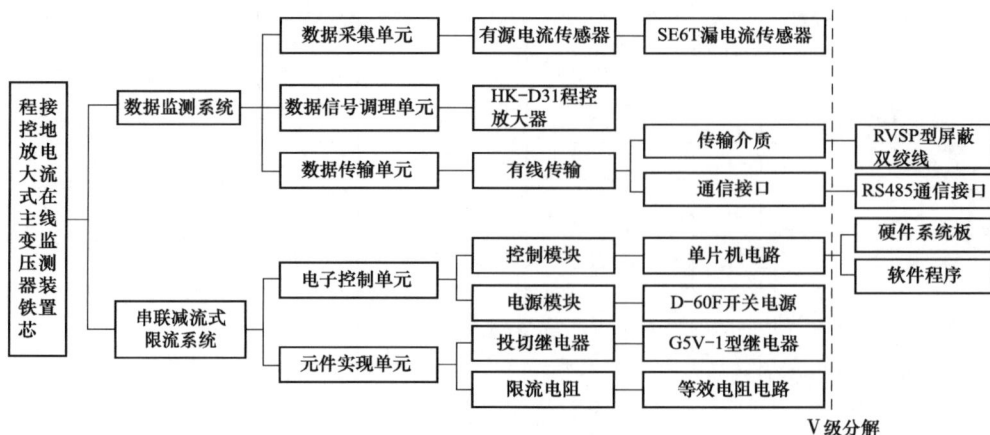

图 3-18　方案 V 级分解

（1）硬件系统板的选择。小组根据目前市场调查结果，提出了 LM3S9B92 型系统板和 STC10F04XE 型系统板两个方案，如图 3-19 所示。分析结果如表 3-17 所示。

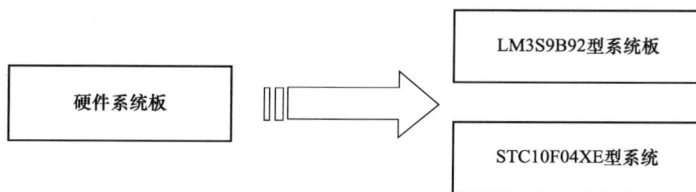

图 3-19　硬件系统板的选择

表 3-17　　　　　　　　　　　　　　硬件系统板的选择

方案目标： （1）ABC 分析法选择性价比最高的系统板。 （2）工作频率不小于 40MHz	试验描述：使用价值工程 ABC 分析法，将几种系统板的硬件模块按成本大小依次排队，根据硬件模块排队的累计件数，求出占全部硬件模块总数的百分比。根据硬件模块累计成本，求出占总成本的百分比，将全部硬件模块划分为 A、B、C 三类		
待选方案	试验分析	方案分析	结论
方案一：LM3S9B92 型系统板 采用 M3 芯片进行系统的构建增强了系统的实时性处理能力，工作频率为 80MHz	列出 LM3S9B92 型号开发板的 A、B、C 成本分类 （见下方表格与曲线图） 从表中看出 A 类金额累计百分比 37.5%。 其 A、B、C 分析曲线图如下： 经调查该型号系统版体积为 240cm³	1. 优点 （1）A 类较重要的功能模块成本高，B、C 类较次要模块功能成本低。 （2）工作频率不小于 40MHz。 2. 缺点体积偏大	选择
方案二：STC10F04XE 型系统板	略	略	不选择

列出 LM3S9B92 型号开发板的 A、B、C 成本分类

序号	硬件模块名称	项数	项数累计	累计百分比	每项金额	累计金额	累计百分比	分类
1	CPU	1	1	16.67%	45	45	37.5%	A
2	存储器	1	2	33.33%	27	72	60%	B
3	晶振	1	3	50%	18	90	75%	
4	A/D	1	4	66.67%	13	103	85.83%	C
5	PDI	1	5	83.33%	14	117	97.5%	
6	复位	1	6	100%	3	120	100%	

制表：×××　　时间：××××-××-××

（2）软件程序的选择。小组通过查阅资料提出 PL/M 语言、BASIC 语言、C 语言三个方案，并进行了选择，如图 3-20 所示。分析结果如表 3-18 所示。

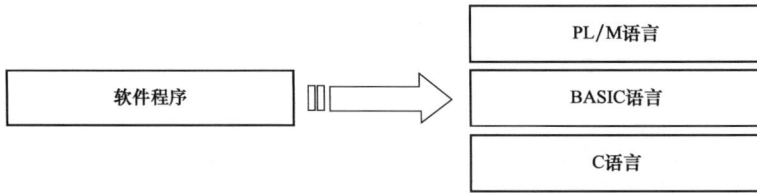

图 3-20　软件程序的选择

表 3-18　　　　　　　　　　　　　　　软件程序的选择

方案目标： (1) 仿真正确率100%。 (2) 编程可维护性好。 (3) 速度快	试验描述：小组请专业人员分别用 PL/M 语言、BASIC 语言、C 语言编译简单的输入—判断—输出程序，假定阈值60，并分别在各自的编译环境下进行 100 次仿真，模拟输入值，统计输出结果，计算软件仿真正确率，统计每次执行时间						
待选方案与描述	试验分析					方案分析	结论
方案一：PL/M 语言	略					略	不选择
方案二：BASIC 语言	略					略	不选择

方案三：C 语言	序号	1	2	⋯	100	正确率	平均	1. 优点 (1) 仿真正确率100%。 (2) 编程可维护性好。 2. 缺点速度慢	选择
	输入	45	26	⋯	70	—	—		
	输出	低	低	⋯	高	—	—		
	结果	正确	正确	⋯	正确	100%	—		
	时间	5μs	4μs	⋯	5μs	—	5μs		
C 语言兼有高级语言与汇编语言的特点	C 语言紧凑、灵活、代码简单、可移植性好，其执行速度较另两种语言慢，但装置所用程序相对简单，执行速度差距甚微								

制表：×××　　时间：××××-××-××

（三）　确定最佳方案

最佳方案如图 3-21 所示。

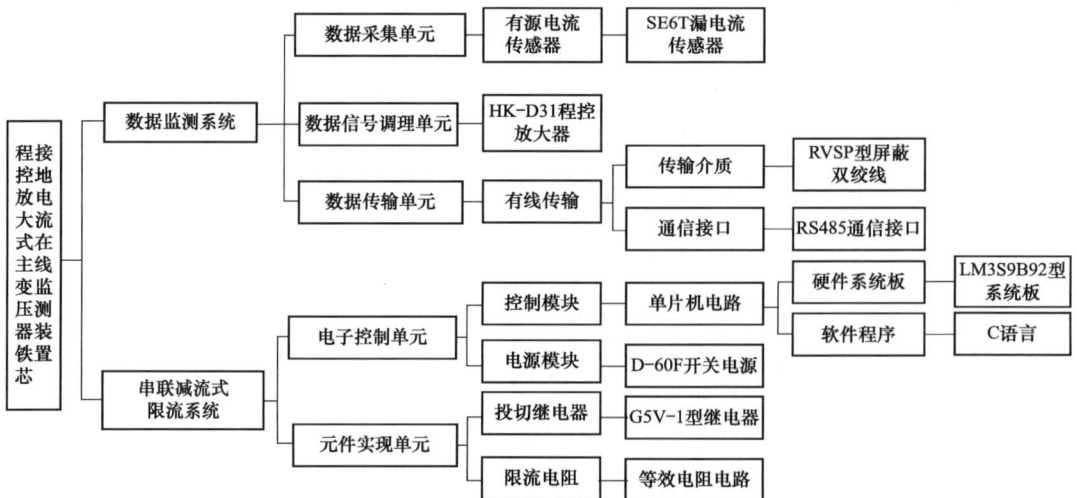

图 3-21　最佳方案示意

【案例 3-8】"研制工井盖开启器"课题提出的各种方案并确定最佳方案为：

1. 提出初步方案

小组结合所研发产品的原理性分析，小组成员提出了如下的两个初步方案，并进行对比分析，如图 3-22 所示。

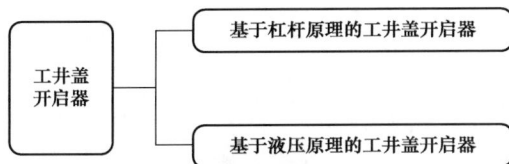

制图：××× 时间：××××-××-××

图 3-22 工井盖开启器的初步方案

2. 确定初步方案

初步方案对比分析见表 3-19。

表 3-19　　　　　　　　　　　初步方案对比分析表

方案目标：
(1) 能够将 100kg 重物抬起并转移位置。
(2) 质量轻。
(3) 节省人工。
(4) 成本低

待选方案	方案分析			结果
基于杠杆原理的开启器 	方案描述：购买一根 2m 钢管，并制作一个三脚架作为支点，一点挂有 100kg 重物，另一端人工用力下压观察能否抬起重物			✓
	能否挪动位置	是	1. 优点 (1) 能够抬起 100kg 的重物。 (2) 操作简单。 (3) 制作成本低。 (4) 易于研发。 (5) 可单人操作。 2. 缺点 抬起重物挪动位置的过程中，重物存在晃动	
	材料成本	30 元		
	质量	0.52kg		
	操作人数	1 人		
基于液压原理的开启器 	方案描述：利用液压顶工具，观察其能够抬起 100kg 重物，并测量其质量			✗
	能否挪动位置	是	1. 优点 能够提供抬起 100kg 重物。 2. 缺点 (1) 单人无法挪动抬起的重物，需 2 人操作。 (2) 制作成本高。 (3) 结构复杂，不方便携带。 (4) 质量体积大，组装麻烦。 (5) 研发困难	
	材料成本	600 元		
	质量	8kg		
	操作人数	2 人		

制表：×××　　审核：×××　　时间：××××-××-××

通过上述对比分析，发现利用杠杆原理和液压原理都能够抬起100kg重物，但是利用液压原理制作成本高，并且存在开启井盖后移除困难，制作和研发比较困难，因此最终确定方案为基于杠杆原理的井盖开启器。

3. 确定最佳方案

（1）方案的I级分解。小组对基于杠杆原理的工井盖开启器提出两种方案，双侧平行外支点式和单侧倾斜内支点式，如图3-23所示。具体分析如表3-20所示。

图3-23　方案的I级分解

表3-20　　　　　　　　　　　两种杠杆方式的对比表

方案目标：（1）一人操作。（2）省力。（3）节省材料			
待选方案	方案分析		结果
双侧平行外支点式	方案描述：利用铁链通过工井盖上两个开启孔固定住工井盖，再将铁链固定在制作的杠杆一端，将杠杆放在另外制作的支点上，在杠杆另外一点使力，便水平提拉起井盖		✗
	支点	1个	
	是否省力	是	（1）该方案需要井盖具有两个开启孔，现有井盖多为一孔，适用范围受限制。 （2）直接提拉费力，需借助杠杆，杠杆臂长度是至少井盖直径的1.5倍，才能节省一半力。 （3）需要的制作材料和成本相对较高
	开启孔	需要两个	
	杠杆长度	至少1.5d（d为井盖直径）	
单侧倾斜内支点式	方案描述：利用井盖自身圆形的特点，只要以一端为支点，另一点为施力点，整个井盖就符合杠杆原理。据此在开启孔处固定井盖，便可用手单侧倾斜提拉起井盖		✓
	支点	不需要	
	是否省力	是	该方案可以充分利用杠杆原理，以井盖一端为支点，提拉起井盖，该方法比直接提拉节省一半力；可用于所有井盖开启，适用范围更广
	开启孔	只需一个	
	杠杆长度	d	

制表：×××　审核：×××　时间：××××-××-××

通过上述对比方案的分析，单侧倾斜内支点式的方案不仅能够满足单人操作和省力的目的，最大优势就是只需一个开启孔，使用范围广，同时节省材料，因此采用该方案。

（2）方案的II级分解。根据上述方案，小组对工井盖开启器进行II级功能性分解，如图3-24所示。

（3）对工井盖开启器的功能性部件的细节设计进行III级分解，如图3-25所示。

图 3-24 工井盖开启器的Ⅱ级分解

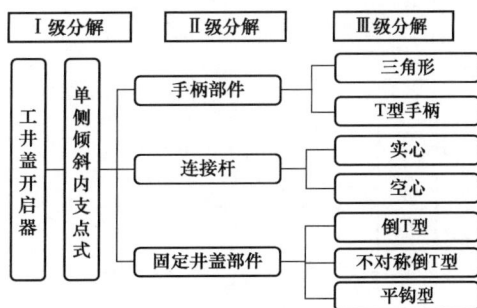

图 3-25 工井盖开启器的Ⅲ级分解

综上所述，倒 T 型的固定井盖部件的牢固程度最好，因此选择倒 T 形。

（4）方案的Ⅳ级分解。通过市场调研，发现井盖开启孔 90％为圆形且直径最大为 23mm，为使得固定井盖部件的 T 形结构能够顺利进入开启孔，固定井盖部件只能采用伸缩式结构。小组成员通过集思广益提出伸缩方案：在连接杆底端固定一可伸缩的活动横杆，在使用前收缩到连接杆底端管内为竖"一"字形，使用时将连接杆底端伸入井盖开启孔内，然后将活动横杆伸出，与连接杆形成倒 T 形结构，固定住井盖。为了实现该方案，对固定井盖部件进行功能性分解，如图 3-26 所示。

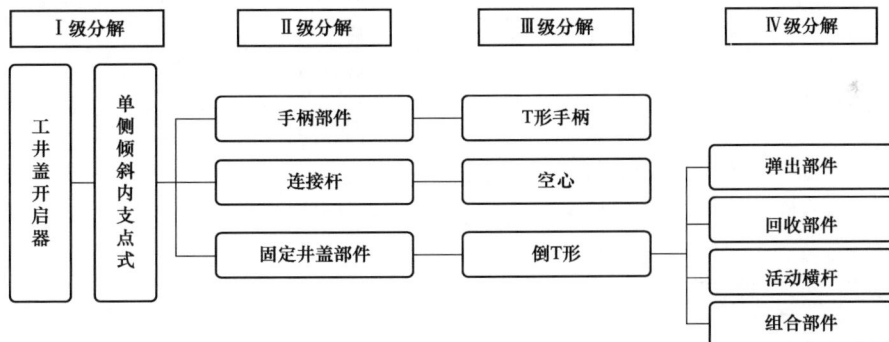

图 3-26 固定井盖部件的功能性分解

（5）对该部件的细节设计进行Ⅴ级分解，如图 3-27 所示。

（6）对该部件的细节设计进行Ⅵ级分解，如图 3-28 所示。

4．最佳方案

通过上述所有环节的设计优化，工井盖开启器的最佳方案如图 3-29 所示。

六、对策表制订不正确

没有对确定的最佳方案的分解步骤逐一制定对策，对策制定也比较笼统，不具体。这样做，实施起来困难，时常出现边做、边修改、边制订的现象。制订对策时的主要问题如下：

（1）没有按分解方案步骤逐一制订对策。

制图：×××　时间：××××-××-××

图 3-27　工井盖开启器 V 级分解

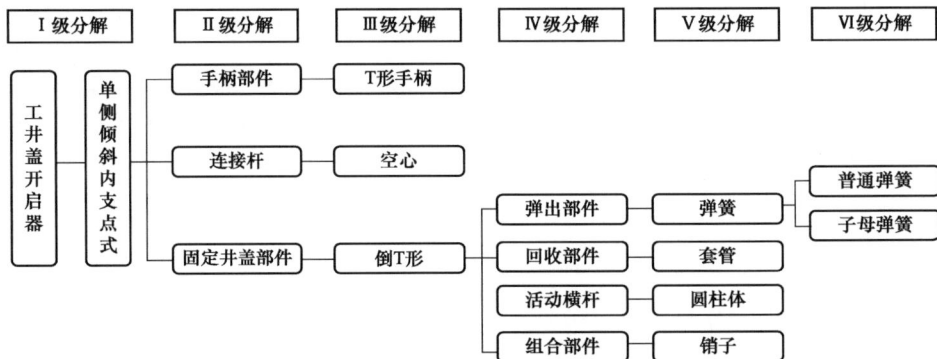

制图：×××　时间：××××-××-××

图 3-28　工井盖开启器的 VI 级分解

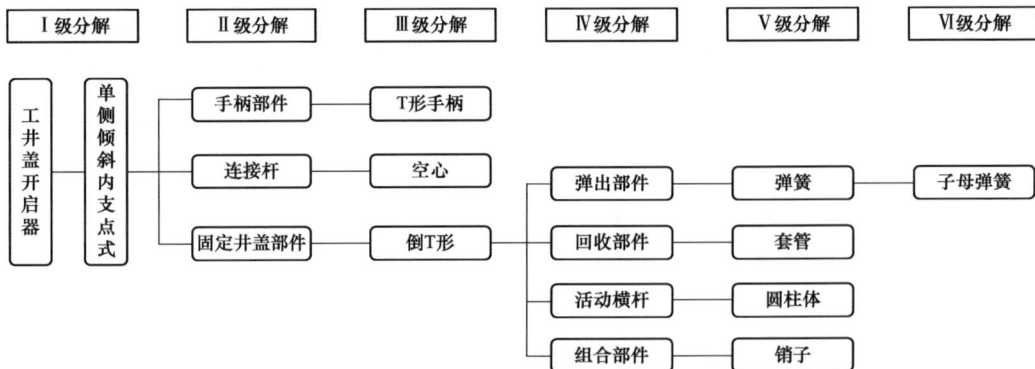

制图：×××　时间：××××-××-××

图 3-29　工井盖开启器的最佳方案

（2）没有针对对策逐项制订目标。

（3）措施没有针对具体对策展开。

【**案例 3-9**】"研制主变压器铁芯接地电流在线监测装置"课题的对策表见表 3-21。

表 3-21　　　　　研制主变压器铁芯接地电流在线监测装置对策表

序号	对策	目标	措施	地点	负责人	时间
1	安装 SE6T 漏电流传感器	传感器采集误差率不大于 0.5%	（1）采购并安装 SE6T 漏电流传感器； （2）对传感器采集电流值并计算其采集误差率	×××	×××	××××-××-××
2	安装 HK-D3I 型程控放大器	程控放大器运算准确度不小于 98%	（1）安装 HK-D3I 型程控放大器； （2）进行信号运算放大试验	×××	×××	××××-××-××
3	采购 RVSP 屏蔽双绞线	RVSP 屏蔽双绞线的传输衰减不大于 ±1.5dB	（1）采购并安装 RVSP 屏蔽双绞线； （2）对 RVSP 屏蔽双绞线进行传输衰减试验	×××	×××	××××-××-××
4	安装 RS485 通信接口	通信接口的数据传输的码元畸变度小于 4%	（1）采购并安装 RS485 通信接口； （2）RS485 通信接口进行数据传输试验	×××	×××	××××-××-××
5	安装 LM3S9B92 型系统板	数据传输误码率不大于 10^{-6}	（1）安装 LM3S9B92 型号开发板； （2）调试板内部的计数器	×××	×××	××××-××-××
6	C 语言程序设计	软件仿真正确率 100%	（1）用 C 语言编写程序，并进行调试； （2）对程序进行编译	×××	×××	××××-××-××
7	采用 D-60F 开关电源	输出电压波动不大于 ±10%	（1）采购开关电源； （2）安装调试	×××	×××	××××-××-××
8	采购 G5V-1 型继电器	计算继电器动作成功率大于 99%	（1）采购 G5V-1 型继电器； （2）计算继电器动作成功率	×××	×××	××××-××-××
9	设计制作等效电阻电路	计算限流比不大于 10%	（1）设计等效电阻电路图； （2）计算限流比	×××	×××	××××-××-××
10	组装调试	装置测得电流值不小于 100mA 动作	搭建实验平台，进行调试	×××	×××	××××-××-××

【案例 3-10】"研制工井盖开启器"课题的对策表见表 3-22。

表 3-22　　　　　　　　　　　研制工井盖开启器对策表

序号	对策	目标	措施	负责人	地点	完成时间	检查人
1	制作 T 手柄	手柄焊接口承受 1000N 拉力 30min，焊接口无开裂	（1）设计手柄长度、厚度和直径尺寸； （2）根据设计图纸，制作手柄	×××	×××	××××-××-××	×××
2	制作空心连接杆	连接杆底端打孔处悬挂 1000N 重物 30min，连接杆无损坏	（1）设计连接杆长度、厚度和直径尺寸； （2）设计连接杆上限位滑轨的尺寸和位置； （3）根据设计图纸，制作连接杆	×××	×××	××××-××-××	×××
3	制作套管	能够进入开启孔，且直径小于 20mm	（1）根据开启孔尺寸设计套管的结构图纸和尺寸； （2）设计外管上限位滑块位置和尺寸； （3）设计套管上回位槽和撬孔的尺寸和位置； （4）根据设计图纸，制作套管	×××	×××	××××-××-××	×××
4	制作圆柱体活动横杆	承受 1000N 重力 30min，活动横杆无裂痕，不磨损 U 型槽边缘	（1）设计活动横杆的尺寸； （2）根据设计尺寸，制作活动横杆	×××	×××	××××-××-××	×××
5	制作子母弹簧	能够压缩试验 1000 次后，不发生形变	（1）根据手柄竖管的内径尺寸，确定子母弹簧的圈数； （2）对子母弹簧两臂进行设计制作	×××	×××	××××-××-××	×××
6	制作销子	用振荡仪强振荡 100min，无松动现象	（1）根据设计图纸，制作合适的销子； （2）将销子安装到指定位置	×××	×××	××××-××-××	×××
7	各部件组装测试	单人能够成功开启工井盖	（1）根据设计图纸，利用销子将套管装在连接杆上； （2）利用销子将活动横杆和子母弹簧固定在连接杆上； （3）进行测试实验	×××	×××	××××-××-××	×××

七、实施过程描述不正确

未按对策表进行逐项措施的买施，也未检查各项措施目标完成情况。

八、文字叙述多、工具应用少

创新型不一定要用两图一表，两图是用于分析现状和原因的，基本用不上。但不等于就不要用 QC 工具。除了对策表，可用的方法还很多，如 PDPC 法、头脑风暴法、直方图、控制图、散布图、亲和图、流程图、系统图以及简易图表等。切不可用大段的文字说明，应该以图表数据为主说明问题。

九、仍然沿用问题解决型的程序

创新型课题的侧重点与问题解决型的不一样，没有现成的问题分析，也不需要针对找出的问题分析原因，因此不能沿用问题解决型课题的程序。

第二节　选 择 课 题

2. 创新型课题如何选题?

（1）课题的选择。创新型课题立足于研制原来没有的产品、软件、服务、方法、设备等。因此，在选题时，要发动全体小组成员，运用头脑风暴法，打破常规，大胆设想，突破现有产品（服务）、业务、方法的局限，积极思考，从不同的角度寻求创新的想法和意见。如果是多个课题，小组可以采取少数服从多数或矩阵分析等方法，选择小组成员最感兴趣、更具挑战性的课题，以更好地调动小组成员积极性与创造性，确保活动的顺利进行。此步是创新型课题活动的关键步骤。

（2）课题名称。创新型课题名称是对本次小组创新活动内容的高度概括，要直接针对所要研制的产品、服务、方法、设备等。其特点主要体现在两个方面：①明确本次活动要研发的内容；②体现该课题的创新特征。当然同其他类型的课题名称一样，要简洁、明确，一目了然，避免用抽象语言描述，如"输电线路巡检系统的研发""高空作业车乘斗防触碰装置的研制"。课题名称结构简单的，也可将创新特征放到内容之前，如"研发输电线路巡检系统""研制高空作业车乘斗防触碰装置"。

（3）选题理由。选题理由要用简洁清楚的语言表达出课题的立意与来源，如，没有可替代的产品及可借鉴的经验，也没有可参考的做法，从而引发了小组成员自己动手创新的想法等。选题理由要做到思路清晰，理由直接，用数据交代清楚。

【案例 3-11】"油中糠醛固相萃取方法的研制"课题的选择。

（一）课题的提出

1. 课题背景

小组成员每年对全省每台 110kV 及以上变压器进行 1 次糠醛测试操作，以评估变压器的运行状况。目前国内外普遍采用高效液相色谱法检测油中糠醛含量，通过测试油中糠醛含量，以评估变压器纸绝缘的老化程度。全省范围内的变压器数量快速增长，变压器油中糠醛测试的工作量逐年增大。

分析液相萃取法的工作流程及步骤，可以发现液相萃取法的特点如图 3-30 所示。

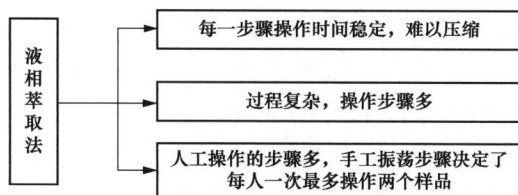

制图：×××　时间：××××-××-××

图 3-30　液相萃取法的特点

2014年3月1～31日，小组利用液相萃取糠醛方法从油样品中萃取糠醛21次。采用甲醇为萃取剂，并利用离心机的萃取方法，记录了每次试验的费时情况，见表3-23：

表3-23　　　　　　　　　　液相萃取糠醛费时统计表　　　　　　　　　　（min）

次数	试验时间	容器准备	油样采集	调整容积	加入试剂	振荡	平衡	转移	清理	小计	备注
1	2014-03-03	11	1	2	5	10	5	7	10	51	
...											
21	2014-03-31	7	2	3	6	11	5	7	13	54	连续试验

制表：×××　　时间：××××-××-××

依据统计表制作直方图（见图3-31）和统计平均表（见表3-24）。

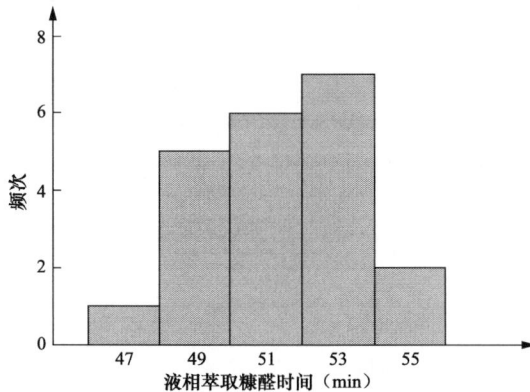

制图：×××　时间：××××-××-××

图3-31　直方图

表3-24　　　　　　　　　　液相萃取糠醛费时统计平均表　　　　　　　　　　（min）

个数	平均值	标准差	总和	最小值	中间值	最大值
21	51.90	2.41	1090	46	52	56

制表：×××　　时间：××××-××-××

2. 课题提出

定义每个人每小时完成糠醛萃取操作的变压器数量，为糠醛萃取工作的工作效率（单位：台/人·h），其计算公式为

$$\eta = \frac{糠醛萃取变压器数量}{糠醛萃取投入人力}$$

液相萃取糠醛平均耗时51.90min，则由上述公式计算得到液相萃取糠醛的平均萃取效率为1.18台/人·h。

液相萃取法技术已经较为成熟，萃取效率比较稳定。根据公司每年工作和绩效统计，目前小组有5人从事糠醛萃取工作，每人投入时间为其总工作时间的1/7～1/6，最多可到1/6。

一年工作日的计算方法如下：根据中华人民共和国国务院令第270号规定，全国法定节假日放假时间为11天，由此推算一年工作日天数为365－104（休息日）－11（法定休假日）＝250天/年。每人每个工作日工作时间为8h，那么每人一年的糠醛萃取处理能力为

$$1.18 \times 250 \times 8 \times 1/6 = 393.33（台）$$

目前××省电力系统 110kV 及以上变压器呈逐年递增趋势，2014 年 110kV 及以上油浸式变压器有 1827 台，统计每年递增趋势约为 10%。目前糠醛萃取工作人员 5 人，小组目前糠醛萃取处理能力为 1966.67 台。变压器台数与目前处理能力的变化曲线如图 3-32 所示。

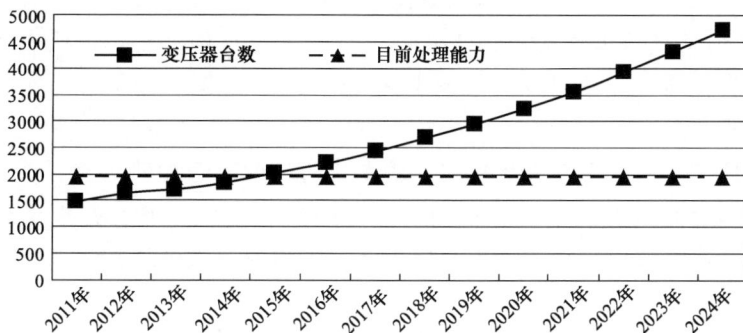

制图：×××　时间：××××-××-××

图 3-32　变压器台数与目前处理能力的变化曲线

由图 3-31 可知，从 2014 年开始，小组糠醛萃取处理能力明显跟不上变压器的增长速率，提高糠醛萃取处理能力越加重要。

（二）方案评选并确定课题

1. 方案分析

为提高糠醛萃取的处理能力，小组召开会议，经"头脑风暴法"讨论出可研方案及问题分析，见表 3-25。

表 3-25　　　　　　　　　　　可研方案及问题分析表

序号	可研方案	方案描述及分析	结论
1	增加糠醛萃取工作人员及设备	略	不可行
2	改进现有液相色谱法	略	不可行
3	固相萃取法	固相萃取法使液体样品溶液通过吸附剂，保留其中被测物质，再选用适当强度溶剂冲去杂质，然后用少量良溶剂迅速洗脱被测物质，从而达到快速分离净化与浓缩的目的。固相萃取法具有如下特点： 固相萃取法 → 过程简单，比液相萃取法速度快 固相萃取法 → 同时完成样品富集与净化，测试灵敏度高 固相萃取法 → 批量处理，一次操作 10～30 个样品 固相萃取法 → 可重现性好	批量操作，操作时间短，可用

制表：×××　时间：××××-××-××

2. 查新

经过调研，目前还没有应用固相萃取技术萃取变压器油中糠醛的先例，小组成员在中国专利网上经过查询，也没有找到相关方法。

经过综合考虑，本小组确定本次的QC活动的课题是：油中糠醛固相萃取技术的研发。

分　析　此课题立足于研发新的工艺方法。在选题时，发动全体小组成员，运用"头脑风暴法"，从不同的角度提出意见，通过比对，从最初的创新出发点"处理效率"出发，筛选出小组将要开展的课题。通过专利查新等方法发现目前未由此方面的方法或工具可以借鉴，因此确定课题。

【案例3-12】"一种多角度采集终端天线支架的研制"课题的选择。

（1）对现有终端天线安装方式进行调研。通过调查发现，现有天线安装方式主要有三种：①安装方便，把天线直接吸附在表箱墙铁上；②直接把天线吸附在表箱上；③塞在表箱里面。

（2）通过专用信号仪器对GPRS信号进行测量。小组成员通过对GPRS信号不稳定采集终端逐一测量后的数据进行统计，天线信号强度一般在$-75 \sim -90$之间，最低达到-96。根据有用信号强度低于-85时，信号误码率大大提升，影响数据采集传输，初步分析确认是墙体或电磁干扰信号减弱。

（3）根据现场实际查看，对发现问题进行汇总，见表3-26。

表3-26　　　　　　　　　　　　　　问 题 汇 总 表

现场问题	涉及数量	暴露问题
信号未覆盖	5	通信存在死角
GPRS信号受干扰	19	GPRS其实是无线电波，在受到金属、墙体、电磁干扰等影响时，信号强度会减弱，造成天线信号不稳定，以致无法正常传输数据
安装位置和角度受限	21	用电信息采集系统的GPRS天线大都为磁铁吸盘天线。此天线安装简单，信号接收好，具有可延长功能。现在一般都是直接放置在表箱上，或者吸附在墙铁上。因表箱和墙铁安装在先，天线的安装位置和角度已大大受限。如果需要移动天线，就需要新装或移动原墙铁，这样费时，费力，信号强弱还存在不确定性
天线老化	4	天线延长线外露，不仅容易造成人为破坏，还加速了它的老化进程。长期的风吹日晒，影响天线寿命。而且天线的老化隐蔽性强，不容易检测到，影响采集信号
天线损坏	6	吸盘式天线裸露，容易引起小孩子的人为破坏

为解决GPRS信号不稳定和天线损坏问题，QC小组经过以上分析和对工作现场的实地考察，决定研制一种安装天线的支架，实现天线按信号强度进行角度调整和保护天线不被人为破坏。因此，小组决定本次QC活动的课题为"一种多角度采集终端天线支架的研制"。

分　析　此案例看似是研制一种多角度采集终端天线支架，但是通过选题理由及后面的程序内容发现这是在原有支架的基础上进行的功能优化，其侧重点是在实施上进行的创新。后续内容存在对症结问题的原因分析，与"问题解决型"课题相混淆，存在程序错误。

3. 创新型课题选题常见的问题有哪些？

在创新型课题的选题中，除出现与问题解决型课题的选题相同的问题外，主要存在以下问题：

第一、课题名称模糊

创新型课题小组的课题名称常出现课题界定不清、含糊等问题，即没有创新特征。从课题名称上，无法直接判断出是哪种课题类型。

第二、与问题解决型中的攻关型课题相混淆

创新型课题容易与问题解决型中的攻关型课题相混淆。两者有相似之处，又有本质的区别。创新型课题QC小组的关注点体现在针对创新课题提出各种方案，并通过对各方案的试验等手段，选择出最佳方案；而问题解决型中攻关型课题小组的侧重点是在措施制订和实施上对原有技术、工艺、方法等方面进行的攻关与创新。

如有的小组，尽管课题名称为创新型，也按照创新型课题程序开展活动，既无现状调查，也不进行原因分析。但从成果报告所提供的数据和描述中，可以清楚地看出小组活动是针对现状问题开展的，小组解决这一问题，将目标值设定为由活动前的某值提高到活动后的某值。这类小组活动的课题，应属于问题解决型课题中自选目标的攻关型课题。小组应通过现状调查，针对问题症结进行原因分析、确定主因、采取对策，直至完成活动的全过程。因此，小组在选题时，应该对课题类型进行清楚地界定，否则很容易使活动课题与活动程序不符。

【案例3-13】 研制可调便携式开关柜隔离挡板开启工具、研制断路器线圈智能检测装置、跳线绝缘子更换专用工具的研制、全截面烟气均流取样装置的研制等课题。

分 析 创新型课题名称是对本次小组创新活动的高度概括，要直接针对所研制的产品、服务、方法、设备等。其特点主要体现在两个方面：①明确本次活动要研发的内容；②体现该课题的创新特征。当然同其他类型的课题名称一样，要简洁、明确，一目了然，避免用抽象语言描述。

【案例3-14】 新型电缆沟盖板起吊器、低压管理线损分析仪、合理利用智能紧急解锁钥匙箱等课题。

分 析 创新型课题小组的课题名称常出现课题界定不清、含糊等问题，即没有创新特征。从课题名称上，无法直接判断出是哪种课题类型。

【案例3-15】 "触点状态实时监测装置的研制"课题的提出。

1. 问题的提出

在实际工作中，隔离开关的分合闸操作故障、后台主机信号报警故障等，大多与触点状态的异常有关。因此，在此类故障处理过程中，需要继电保护人员到变电站现场对相应的触点状态进行检测。

小组成员对2013年1～3月触点状态异常故障抢修的耗时进行统计，见表3-27。

表3-27　　　　　　　　触点状态异常故障抢修耗时统计表　　　　　　　　（min）

序号	故障间隔名称	触点状态异常故障抢修流程						合计
		接受抢修任务	开车到变电站	办理工作票	检查触点状态	更换故障触点	结束工作票	
1	220kV A站甲线	5	35	15	48	15	6	124
...	...	...	...	...	...	...	...	...

续表

序号	故障间隔名称	触点状态异常故障抢修流程						合计
		接受抢修任务 ⇒	开车到变电站 ⇒	办理工作票 ⇒	检查触点状态 ⇒	更换故障触点 ⇒	结束工作票 ⇒	
10	220kV B站甲线	6	50	15	52	17	5	145
	总耗时	50	428	149	444	134	56	1261
	平均耗时	5	42.8	14.9	44.4	13.4	5.6	126.1

根据统计表，画出触点状态异常故障抢修的平均耗时排列图，如图3-33所示。

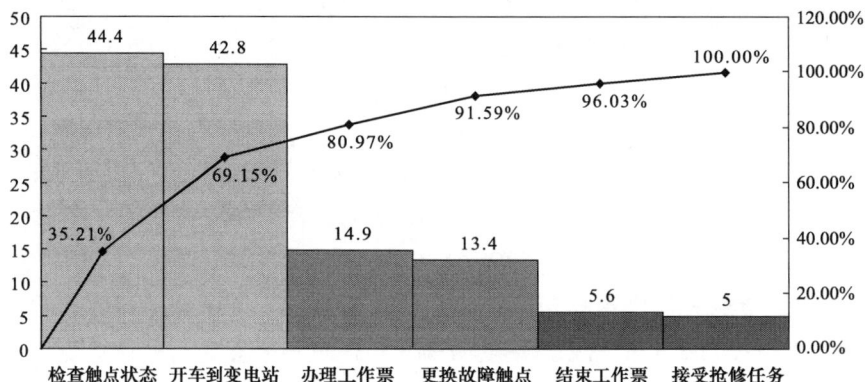

图3-33　触点状态异常故障抢修耗时排列

由图3-33可以看出，在整个故障处理过程中，检测触点状态的耗时所占比例最高，为35.21%，而其他过程都是工作所必需，不能缩减。因此，为缩减隔离开关操作故障时的抢修时间，尽量快速恢复电网的正常运行，需要缩短触点状态检测的时间。

2. 问题的分析

根据耗时统计表，现场触点状态检测的平均耗时为44.4min，对这个触点状态检测的过程进行详细分析。为在工作现场检测到某对触点的通断状态，工作人员会在隔离开关端子箱内解开该触点的接线，用万用表的电压挡测量该对触点的电压差（即测量电位），然后再将接线接回去。一对触点两端接线的电位相同表示这对触点在闭合状态，电位不同表示触点在断开状态。对1~3月的触点状态检测情况进行详细的统计，见表3-28。

表3-28　　　　　　　　　　触点状态检测耗时统计表　　　　　　　　　　（min）

序号	故障间隔名称	触点状态检测流程						耗时合计
		查看图纸 ⇒	确认相关辅助触点的位置 ⇒	解线 ⇒	用万用表测量触点电位 ⇒	接线 ⇒	判断触点位置是否正确 ⇒	
1	220kV A站甲线	17	8	6	6	7	4	48
…	…	…	…	…	…	…	…	…
6	110kV B站甲线	13	8	3	4	5	3	36
	总耗时	155	92	47	57	59	34	444
	平均耗时	15.5	9.2	4.7	5.7	5.9	3.4	44.4

根据统计表，画出触点状态检测的平均耗时排列图，如图 3-34 所示。在触点状态检测过程中，共需要六个步骤，过程多而繁琐，其中对于触点状态检测真正有效的步骤为"确认触点位置"和"判断状态是否正确"，而其他步骤却占到了总耗时的 71.7%。可以说，触点状态检测过程步骤多、流程繁琐，是导致触点状态检测耗时长这一问题的主要原因。

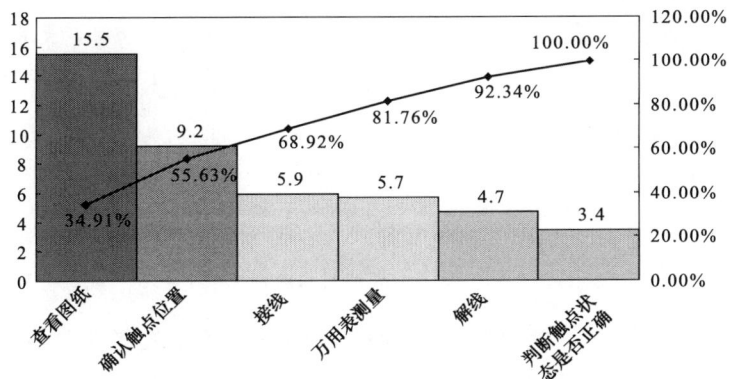

图 3-34　触点状态检测耗时排列

3. 确定课题

为缩短触点状态的检测时间，从而尽量缩短因隔离开关触点状态异常而导致的设备故障和缺陷的时间、提高供电可靠性，决定研制一种可以实时监测触点通断状态的装置——触点状态实时监测装置。

4. 确定目标值

为快速、直观地获得触点状态，从而缩短设备故障排查时间、提高供电可靠性。具体量化如图 3-35 所示。

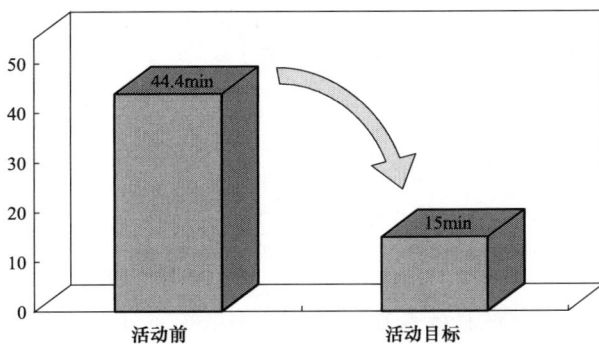

图 3-35　触点状态检测耗时

分　析　此课题名称虽然是标准的"创新型"，但是程序存在一定混乱，出现了"问题解决型"中"攻关型"课题的程序和方法。此课题是针对现状问题开展的，着重在措施的制定中在原来的技术上进行改进。其目标值没有围绕创新成果的性能参数或指标进行设定，单纯地由活动前的某值降低到活动后的某值。

【案例 3-16】研制配电设备过温指示器课题的提出。

（一）选题背景

设备与导线以及导线与导线接头处是电阻较大的地方，由于焦耳热等原因，接头处容易发热，导致金属发生氧化，造成电阻的进一步增大，若长期下去容易导致接头机械性能降低，甚至发生接头被烧断的现象，因此设备的发热越来越受到重视，Q/GDW 519—2010《配电网运行规程》要求每半年测温一次。

目前基层班组常用的测温仪器主要有红外点温仪和红外热成像仪，如图 3-36 所示。

（图形略）

（a）红外点温仪

（图形略）

（c）红外点温仪测温

（图形略）

（b）红外热成像仪

（图形略）

（d）红外热成像仪测温

制图：×××　时间：××××-××-××

图 3-36　常见测温设备

使用红外点温仪测温，需要将仪器对准要测的物体，按触发器在仪器的 LCD 上读出温度数据，保证安排好距离和光斑尺寸之比和视场。

（1）红外点温仪使用时存在下列问题：

1）随着架空线路绝缘化改造和接头裸露点的绝缘包封，使得红外点温仪无法继续使用，如图 3-37 所示。

（图形略）

（a）并沟线夹

（图形略）

（c）配电变压器

（图形略）

（b）令克

（图形略）

（d）T 接点

制图：×××　时间：××××-××-××

图 3-37　测温盲点（一）

2）红外点温仪无法测量不在电缆井附近或者直埋的电缆中间头（测温关键点）的温度，也无法测量被下层设备遮挡的上层杆上面设备温度，如图 3-38 所示。

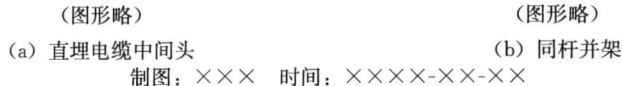

（图形略）

（a）直埋电缆中间头

（图形略）

（b）同杆并架

制图：×××　时间：××××-××-××

图 3-38　测温盲点（二）

3）红外线波长（0.76～100μm）在 5μm 以上，因此不能透过各种箱柜观察窗（材料是石英玻璃）进行测温，玻璃有很特殊的反射和透过特性，无法获得精确红外温度读数，如图 3-39 所示。

（图形略）

（a）高压柜

（图形略）

（b）环网柜

制图：×××　时间：××××-××-××

图 3-39　测温盲点（三）

（2）红外热成像仪以"面"的形式对目标整体实时成像。操作者通过屏幕显示的图像色彩和热点追踪显示功能就能初步判断发热情况和故障部位，然后加以后续分析，从而判断是否存在热点，但是存在下列问题：

1）红外热成像仪靠温差成像，而一般目标温差都不大，因此红外热图像对比度低。

2）红外热成像仪探测不到箱柜窗户玻璃这种透明障碍物后的温差。

3）精密仪器价格昂贵。有的供货方每台报价在 2.3 万元以上，配电班配置的红外热成像仪单价为 7 万元，相比配电班管理的 339 处公配配电台区、196km 配电线路，资金需求过大。

综上所述，利用红外点温仪和红外热成像仪进行输配电设备测温主要存在特地场合可测性和测量精度的问题，因此 QC 小组志在解决测温盲点这一难题。

结论：解决配电设备大量测温盲点。

（二）确定课题

小组成员对"非接触式测量，精度难以保证"和"使用方法不当"进行原因分析的关联图如图 3-40 所示。

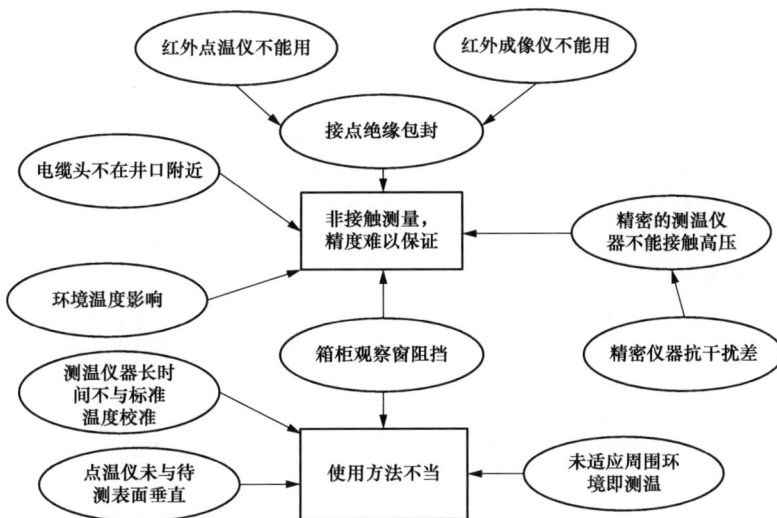

图 3-40 原因分析关联图

根据关联图，小组成员对配电设备存在的大量测温盲点问题进行了分析讨论，提出了三种解决方案，见表 3-29。

表 3-29　　　　　　　　　　　测温盲点问题解决方案分析表

课题	方案分析	特点	结论
方案一：采用示温蜡片	（1）示温蜡片是用温度蜡做成的，其原理是依据蜡的熔点原理做成。 （2）当温度超过示温蜡片额定融化温度时，示温蜡片自动融化脱落，表明过热状态，曾经在电力系统大量应用过。 （3）使用时需要用胶水辅助粘贴将示温片粘贴在母线、电气设备上，即可监视其温度。 （4）直观，示温片在母线、电气设备上是否熔化一目了然	1. 优点 （1）示温蜡片具有价格低廉的优点。 （2）准确度高，示温片熔化温度与额定温度的误差为±1℃。 （3）安全性好，可在远离母线（或电气设备）的情况下，观察到示温蜡片的熔化情况。 2. 缺点 （1）因振动，老化等原因而造成非正常脱落。 （2）蜡片一旦过温就会融化，只能使用一次就需更换，维护工作量大	不选择

续表

课题	方案分析	特　点	结论
方案二：研制基于微处理器的过温报警装置	(1) 利用单片机 AT89S52 设计一种数字温度计，它由单片机、DS18B20 传感器以及 LED 数码管等部件组成。 (2) 功能较强，可以设置上下限报警温度，且测量准确、误差小。当测量温度超过设定的温度上下限时，启动蜂鸣器和指示灯报警	1. 优点 智能化程度较高，能实现基本的功能。 2. 缺点 (1) 受强电磁干扰，环境影响较大，存在死机现象。 (2) 单机造价较贵（85 元），不适宜大量安装。 (3) 长期工作电源难以解决，存在弱电和强电的隔离难题	不选择
方案三：研制配电设备过温指示器	(1) 借助电热水壶过温切断加热电源的原理启发，设计一个过温接通的电路，采用常开温控开关，温度超过接通阀值时接通电路（包含电池），串在回路中的 LED 灯发光表示过温；温度低于断开阀值时断开电源回路，LED 灯灭表示不过温。巡视时只需观察是否有亮着的 LED 灯即可判断设备是否过温。 (2) 可以安装在红外测温仪的测量盲点，过温则发出告警信号，不过温则告警信号自动消失。 (3) 无论昼巡夜巡，均能迅速发现过温告警信号。 (4) 该过温指示器可以带电装卸。 (5) 可以用于 10kV 和 35kV 配电电压等级设备上	1. 优点 (1) 由简单的元器件组成，可靠性高。 (2) 安装方便，免维护。 (3) 能正常工作 3 年，与配电设备 3 年一次状态检修相适应。 (4) 成本较低，适宜大量安装。 2. 缺点 （无）	选择

制表：×××　时间：××××-××-××

通过讨论分析，小组成员发现研制配电设备过温指示器具有可靠性高、安装维护方便、成本低等优点。经过综合考虑，小组确定本次 QC 活动的课题。

（三）课题查新

2014 年 1 月，小组成员×××、×××到经过网络搜索和实地市场调研，发现目前市场上尚无解决大量测温盲点问题的有效解决方案。课题查新报告见表 3-30。

表 3-30　　　　　　　　　　　　　　课题查新报告

查新项目名称		配电设备过温指示器	查新人员	×××
查新机构		××大学图书馆	查新时间	××××-××-××
查询过程	市场调研	通过采用搜索引擎，以及×××和×××的市场上调研，小组成员发现都没有找到低成本的解决测温盲点的成熟产品		
	专利检索	(1) 查新范围：中国期刊全文数据库、中国学术期刊网络出版总库、国家科技成果数据库、中国电力科技成果数据库、中国专利全文数据库		
		(2) 查新点：自恢复式全天候可带电装卸输配电设备过温指示器，解决测温盲点问题。搜到专利 200820173708.7 "可复用双测温螺帽式温度指示器"，但是该指示器不能实时指示过温情况，过温弹起后不能自动复位，不适用与加绝缘护套之后的配电设备接头处		
查新结论		经查新表明，目前市场和网上尚无自恢复式全天候可带电装卸输配电设备过温指示器		

制表：×××　　时间：××××-××-××

分 析 此课题的创新点是基于目前常用的设备无法满足现行工作的需要,根据自身工作中的一些需求展开思维进行创新。小组着重提出各种方案,通过试验等方法进行优化选择,以最优满足创新初衷。而且在设定目标时也是紧紧围绕创新产品的功能、创新的目的开展的。

4. 创新型课题选题与问题解决型课题选题有什么不同?

创新型课题针对的是质量创新。小组运用新的思维方式、创新的方法,开发新产品(项目服务)、新工具、新方法,所选择的课题及达到的目标是无先例的,没有现状可调查,需要提出多种方案,对各种方案的可行性进行分析及评价,必要时进行模拟试验以确定最佳方案。

问题解决型课题是针对的质量改进。小组围绕改进质量、降低消耗和提高经济效益选择课题,选择的课题往往现状存在着问题,与标准或上级下达的指标比有差距,为此要找出问题的症结所在,分析造成问题的原因并找出主要原因,然后制定对策加以实施,从而实现目标。

第三节 设 定 目 标

5. 创新型课题如何进行目标设定?

设定目标是为小组活动指明努力的方向,也是用于衡量小组活动完成的程度。因此,创新型课题 QC 小组的目标应围绕所选课题的目的而设定,即对研发的产品、服务、方法等所要达到的目的而进行目标设定。为此,创新型课题目标应是在符合原有技术性能参数或指标的基础上,进行某一功能、效能等方面的研发,故目标值应围绕此目的而设定,且目标值需量化。

【案例 3-17】"开发变电站后台监控系统自动备份还原工具"课题的目标设定。

分 析 本案例没有精确的目标值。因为取决于不同的路途,监控机不同的软硬件配置,不同的数据量的文件和数据库,各项时间可能会有所不同,期望达到的目标是:

(1) 由备份及还原工作的自动化执行来减少人工选择、复制文件和数据库的操作时间,更消除因为人为疏失造成返工的时间损失。

(2) 在变电站部署定时自动备份的脚本,人员赶到现场直接复制备份文件到移动存储设备带走即可,无需在现场等待备份文件的制作过程。

(3) 将备份的文件和数据库文件以添加冗余恢复信息的方式压缩后保存至移动存储设备带回班组驻地,防止因为移动存储设备的部分损坏导致的备份过程失败。

(4) 因为备份工作自动执行,备份过程已经无需自动化维护专业人员参与,变电运行人员每半个月必须前往无人值守变电站例行巡视时顺便将备份所在目录复制到移动存储设备带回变电管理所,可以节省掉自动化维护人员前往偏远变电站的大量人力和车辆损耗、油耗。

自动备份还原过程如图 3-41 所示。

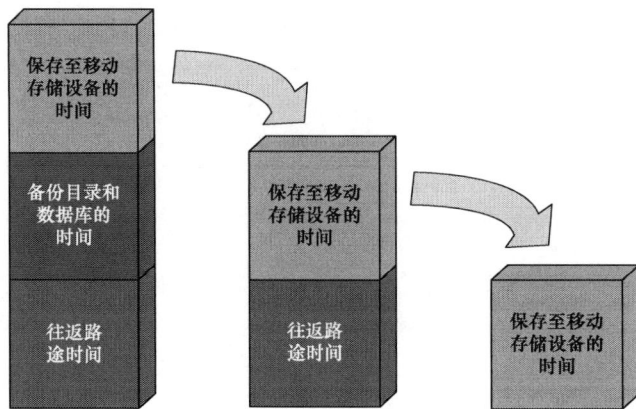

图 3-41　自动备份还原过程

第一步节省掉人员赶到变电站里等待备份生成的时间，第二步节省掉自动化维护专业人员赶往变电站的时间。事实上，如果变电运行人员去站里巡视时顺便带回备份，可以先在监控机上开始将备份转存至移动存储设备的工作，然后进行站内的例行设备巡视，无需在监控机旁边等待转存的时间。

分　析　在本案例中主要存在以下问题：一是缺少数据、工具的应用，目标值没有量化；二是目标设定过多，总共设定了 4 个目标，且设定的 4 个目标与课题关系不密切，没有体现出课题某一功能的改善或是效率的提升；三是无法用目标衡量小组活动完成情况，活动结束后无法确定活动开展的效果。

【案例 3-18】"便携式电缆沟盖板专用工具的研制"课题的设定目标为：

（1）课题目标：研制一种专业的、实用的便携式电缆沟盖板开启与回封工具。

（2）目标值：一块电缆沟盖板开启、回封平均时间由 120s 减少到 15s，如图 3-42 所示。

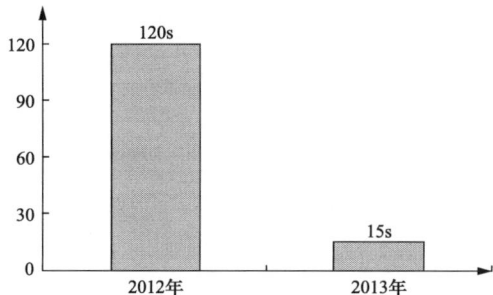

图 3-42　一块电缆沟盖板的开启和回放时间

分　析　本案例中目标的设定直指创新工具、手段、方法的根本目的，不需要过多的文字来解释说明。研制便携式电缆沟盖板专用工具的目的是提高电缆沟盖板开启回封的效率，提高效率最直接的表现就是缩短工作时间，因此本案将量化的目标值定为了"一块电缆沟盖板开启、回封平均时间由 120s 减少到 15s"。

6. 创新型课题如何进行目标可行性分析？

创新型课题 QC 小组，在确定目标之后，因以前从未做过，小组确定的目标是否可行不得而知，因此，应进行目标可行性分析。主要从人、机、料、法、环、测等方面分析小组所拥有的资源、具备的能力，以及课题难易度等。通过目标可行性分析，一是帮助小组成员系统地发现自身优势，提高活动信心；二是使小组在活动前能够充分掌握资源配置情况，对可能遇到的问题有充分的思想准备，提高活动的成功率。如需要多少的资金投入、什么样的研发环境，以及小组成员所具备的专业能力，当前人员是否满足需求等，从中判断所设定的目标是否可行，确保目标的实现。

小组在进行目标可行性分析时，要注意用数据和事实说明该课题目标实现的可行性，不可只做定性分析。

【案例 3-19】"开发变电站后台监控系统自动备份还原工具"课题的目标可行性分析为：

（1）小组成员们具有多年的工作经验，连续多年开展了技术创新，有能力完成对整个过程的实施，并最后验证备份结果的有效性。在工作中使用自动化的工具是降低工作强度最好的途径，本项目的创意和代码编写者本身就是自动化维护人员，他了解备份工作，拥有近 20 年的编程经验，有能力有意愿通过将备份还原工作自动化来降低自己工作的强度，提高工作的质量。

（2）由于该工具的使用能够大大减少投入备份的人力物力，并且提高备份数据的可靠性，所以该方案得到了公司主管部门的大力支持。

结论：目标是可以实现的。

分 析 本案例中主要存在以下问题：一是通篇地进行分析，缺少数据支撑；二是可行性分析不全面，仅仅从人员经验和上级主管部门支持就推断处目标可行，缺少说服力。三是目标设定没有挑战性，通过目标分析得出的信息，仿佛只需要一人从事编程就可以完成本次 QC 活动，课题缺少挑战性。

【案例 3-20】"研制工井盖开启器"课题的目标可行性分析为：

1. 技术性因素可行性分析

目标可行性分析：关于井盖质量的问题，小组成员对各类市政井盖的国家标准进行调研统计和比对，如表 3-31 所示。市政工程中最重井盖为 ϕ800（QH）轻型灰口铸铁井盖，质量为 77kg。基于工程学设计原理，需为额定值预留 20%～30% 的保险系数。为进一步确保施工安全，将保险系数设为最大值 30%，据此计算井盖质量的最上限值为 $77+77\times30\%\approx100$（kg）。因此，可将工井盖开启器能够开启的工井盖质量设定为小于 100kg。

根据这个设定目标，通过对力学知识的研究发现，各类提升工具和顶推工具均采用杠杆原理和液压原理等制作而成，且目前这类工具都能够将小于 100kg 的物体抬起，从当前的制作水平上能够研发出开启小于 100kg 的工井盖。因此目标可行。

表 3-31　　　　　　　　　　工井盖型号和重量统计表

类型	材质和何载等级	质量（kg，盖＋支座）
ϕ500（QQ）轻型球墨铸铁儿井盖	QT500-7　汽-10 级主车	25＋27＝52
ϕ500（ZQ）重型球墨铸铁儿井盖	QT500-7　超汽-20 级主车	28＋32＝60
…	…	…
ϕ800（QH）轻型灰口铸铁儿井盖	HT200　汽-10 级主车	77＋54＝122

制表：×××　审核：×××　时间：××××-××-××

2. 非技术性因素可行性分析

（1）工井盖开启器的研究方案提出以后，得到公司高度重视，在人员安排、研发场地、资金预算等方面均给予大力支持，为小组顺利开展课题攻关提供了良好的条件。

（2）小组活动实例评估可行性分析依据见表3-32。

表3-32　　　　　　　　　　　　　可行性分析依据表

分类	目标	依据	结论
人员	专业设计能力	小组成员均系电力工程、机械设计等专业人才，其中硕士研究生两名，具有丰富的课题研发能力	可行
	方案实施能力	小组成员均具有多年的现场工作经验，具有较强的工作执行力和动手能力	可行
资金	资金保障	本课题得到公司领导高度重视，给予资金上的大力支持	可行
合作	第三方支持	与机械加工厂达成合作协议，由他们根据小组研发设计的标准图纸，为小组提供零部件加工	可行

制表：×××　审核：×××　时间：××××-××-××

综上所述，小组成员一致认为：目标可以实现。

〔分　析〕本案例中小组成员分别从人员、技术、测量、方法、材料等几个方面，进行目标可行性分析，通过实地调查和查阅资料获取了相关数据，但如果能进一步分析工作设备、工作场所，条件会更加充分。

7. 创新型课题设定目标常见的问题有哪些？

创新型课题在目标设定时，由于是新的事物，一些小组常常给自己定两三个目标，且几个目标之间互为保证条件，造成目标的混乱。

【案例3-21】"变压器M型有载调压分接开关吊芯检修架的研制"课题的目标为：

1. 目标提出

课题目标：研制变压器M型有载调压分接开关吊芯检修架。

目标值：①检修架能适用于不同变压器M型有载调压分接开关；②检修架能可靠承受有载调压分接开关芯子；③检修架的安装时间不能超过10min；④有载调压分接开关吊离油室和吊至地面的时间不能超过5min。

2. 目标可行性分析

小组制作过35kV电流互感器吊装架等检修工具，人员有丰富的设计及制作经验。经过对目前的各类检修架的分析性，小组成员有信心研制出变压器M型有载调压分接开关吊芯检修架。研制出的检修架应能达到吊车吊装时间的要求，故检修架的吊装时间按照吊车的常规吊装时间设定。

〔分　析〕本案例中共设定了4个目标：目标1、目标2、目标3是小组完成课题的支撑和保证，是完成该装置研制的必备条件，不宜作为小组活动的课题目标；目标4是小组在使用工具时能够将有载调压分接开关吊离油室和吊至地面的时间控制在5min内，该目标值准确地反映出小组活动要达到的结果，又有量化的数据，便于检查对比。因此，小组可将目标4定为该小组的活动目标。

8. 创新型课题设定目标与问题解决型课题有什么不同？

（1）步骤不同。创新型课题设定目标及目标可行性分析为一个步骤，问题解决型课题中设定目标是单一步骤，设定目标的依据自定目标体现在现状调查中，指令性目标体现在目标可行性分析中。

（2）目标来源不同。

1）创新型课题目标应是在符合原有技术性能参数或指标的基础上，进行某一功能、效能等方面的研发，故目标值应围绕此目的而设定，且目标值需量化。创新型课题目标属于小组成员自定目标。

2）问题解决型课题按活动目标的来源，一般分为自定目标和指令性目标。自定目标是小组经过现状调查，明确了可改进程度而制定的目标。指令性目标则分为两种情况：一是上级以指令形式下达给小组的活动目标；二是小组直接选定的上级考核指标。

（3）目标值设定依据不同。创新型课题在目标设定之后，主要从人、机、料、法、环、测等方面分析小组所拥有的资源、具备的能力，以及课题难易度等，并以此来进行目标可行性分析。

问题解决型课题目标设定的依据，来源于现状调查或目标可行性分析（指令性目标）的过程。如果是自定目标值，要能够从现状调查中清楚地看到目标设定的依据，当目标设定后，不需要再进行目标的可行性分析，否则将与现状调查内容重复；如果是指令性目标，是否能实现目标，要在目标可行性分析中做进一步说明。

目标设定的依据要尽可能以事实为依据，用数据说话。

第四节 提出各种方案并确定最佳方案

9. 创新型课题如何提出各种方案？

由于小组是进行一种创新性的、以往没有过的、带有挑战性的活动，因此要实现课题目标，小组全体成员须用创造性思维，集思广益，把可能达到预定目标的各种方案（途径）充分地提出来。这些方案不受常规思维、经验的束缚，不拘泥于该方案（途径）技术是否可行、经济是否合理、能力是否做到等。在组员提出的各种想法的基础上，运用亲和图进行整理，去掉重复的，把一些不能形成独立方案的创意归并，形成若干个相对独立的方案。但切不可去掉任何一个看似"离谱"的创意。需要强调的有以下几点：

（1）方案应为多个，至少两个以上，否则无法对方案进行对比选择。但方案不要硬凑，明知确实不可用的应直接去掉。

（2）方案应该具有可比性和独立性，可比性是指各方案提供的信息相互可比，独立性是指总体方案的实质和形式上的独立。

（3）方案应尽可能细化分解，直至分解到可以采取对策为止（此阶段类似于"问题解决型"课题中的"原因分析"）。只有对方案进行分解，才能为进一步比较选择方案、确定最佳方案提供充分的依据。

【**案例 3-22**】"研制双分裂导线带电作业二联板扶正专用工具"课题的提出方案。

4.1　确定初步方案

4.1.1　提出初步方案

4.1.2　初步方案选择

二联板扶正专用工具初步方案如图 3-43 所示，初步方案选择见表 3-33。

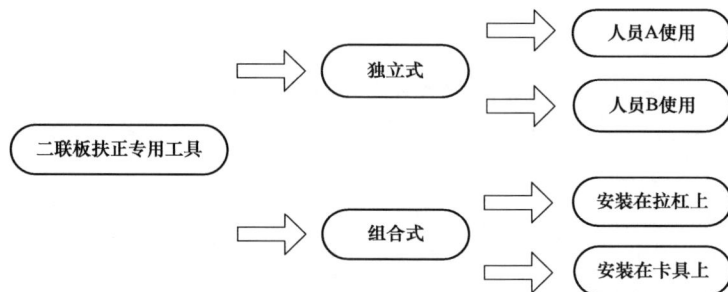

图 3-43　二联板扶正专用工具初步方案

表 3-33　　　　　　　　　　　　　　　　初步方案选择

备选方案		方案分析	结论
独立式：专用工具安装在绝缘杆一端，需人员控制使用	（1）人员 A 使用	（1）预计加工时间 3 天； （2）工具数量没有改变； （3）需考虑高空放置问题，具有安全隐患； （4）使用时对人员 A 站位有要求，使用不便	否决
	（2）人员 B 使用	（1）预计加工时间 3 天； （2）工具数量没有改变； （3）需考虑高空放置问题，具有安全隐患	否决
组合式：专用工具组装在拉杠或卡具上，安装就位后，无需人员控制	（3）安装在拉杠上	（1）预计加工时间 7 天； （2）工具数量减少 1 个； （3）会对拉杠表面造成磨损，影响其安全性	否决
	（4）安装在卡具上	（1）预计加工时间 7 天； （2）工具数量减少 1 个； （3）使用方便	采用

综上，初步方案确定为安装在导线卡具上的组合式专用工具。

分　析　本案例中小组共提出两种类别共 4 个备选方案，在初步方案中均未对方案进行细化，造成后续的分析无法通过数据直观对比，仅通过主观分析进行判断。另外独立式的 2 种方案主要区别是人员 A 和 B，方案缺少独立性。备选方案 1、2 具有安全隐患，方案 3 影响安全性，方案的提出与创新型课题目标设定"应在符合原有技术性能参数或指标基础"的原则相违背，以上 3 种方案的提出没有任何意义。

【案例 3-23】"触点状态实时监测装置的研制"课题的提出方案。

小组成员应用"头脑风暴法"针对研制什么类型的监测装置进行了分析，小组充分讨论提出三个方案。

4.1　方案的提出

方案一：后台主机加装触点状态光字牌，见表 3-34。

表 3-34   **后台主机加装触点状态光字牌**

方案 1	原理图	监测原理
在后台主机加装触点状态光字牌		技术说明（略）
制表时间：××××-××-××		

方案二：在触点两端加装发光二极管，见表 3-35。

表 3-35   **在触点两端加装发光二极管**

方案 2	原理图	监测原理
在每对触点两端加装发光二极管		技术说明（略）
制表时间：××××-××-××		

方案三：采用可视数字化触点状态实时监测装置，见表 3-36。

表 3-36   **采用可视数字化触点状态实时监测装置**

方案 3	原理图	监测原理
采用可视数字化触点状态实时监测装置		技术说明（略）
制表时间：××××-××-××		

　　分　析　本案例中小组在提出各种方案时，应用"头脑风暴法"针对研制什么类型的监测装置进行了分析，以开创性的思维提出了3种不同原理的实施方案，每项方案均紧扣所选课题及目标，突出了方案的可比性和独立性，为后续方案的细化、分析、评估奠定了基础。

10. 创新型课题各种方案如何比较？

　　小组全体成员对提出的各种方案逐个进行试验、综合分析、论证、对比，并做出评价。分析论证可以从技术的可行性（含难易程度）、经济的合理性（含需投资多少）、预期效果（实现课题目标的概率）、耗时多少、对其他工作的影响，以及对环境的影响等方面进行。

　　在对各方案进行综合分析和评价过程中，可以采用试验的方法，用试验结果数据将各个方案的优劣直接进行对比选择；也可以将两个方案中的优势进行组合，形成新的更优方案。在比较方案时，小组应用数据和事实说话，对一些不能够直接对比的项目，必要时可进行模拟试验，获取数据再进行对比。不提倡仅用定性方式进行方案的评价比较，如用矩阵图打分，对优势（强项）、劣势（弱项）评价等，这种评价更多依赖于个人感觉和主观意愿，缺少数据和客观事实做依据，影响判断的准确性和方案选择的正确性。

　　【案例 3-24】"变压器 M 型有载调压分接开关吊芯检修架的研制"课题的方案比较。

　　经过可行性分析，为更好地体现小组活动广泛的民主性，由每个成员都对两个对策方案进行评估打分，结果见表 3-37。

表 3-37　　　　　　　　各对策方案的可行性分析及评估表

序号	对策方案	可行性分析	评估项目（项目组员 ×××等10人打分）	综合得分	是否采用
1	研制类似于门型架的吊芯检修架	(1) 安全性较高。(2) 费用较低。(3) 简单易行。(4) 需要时间短	安全性、经济性、难易度、需要时间、预计效果	179	不采用
2	研制类似于塔吊的吊芯检修架	(1) 安全性高。(2) 费用较低。(3) 简单易行。(4) 需要时间短	安全性、经济性、难易度、需要时间、预计效果	257	可采用

　　注　◎—5分；○—3分；△—1分。

　　评估结果：综合得分满分应是 275 分。把得分率超过 70% 即 192.5 分以上作为可采用的方案，则 2 号方案为可采用方案，1 号方案为不采用方案。1 号得分低的主要原因是在安全性，这是由于类型门型架的吊芯检修架只能将变压器 M 型有载调压分接开关芯子吊离油室，不能将芯子吊至地面，还需要通过人力将芯子搬运到地面以便于检修，这大大提高了人和设备的风险。

　　分　析　本案例中存在两方面问题：①方案的对比使用矩阵图，仅凭小组成员主观打分，缺少试验验证或事实数据；②未对方案进行进一步分界和选择，这样就会影响后续对策制定的可行性和有效性。在选择方案阶段，没有正确、系统地进行对比，难以确保课题目标的实现。

【案例 3-25】"研制保护跳闸出口测试仪"课题的方案比较。

（一）方案选择阐述

方案一：2013 年 3 月 18 日，设计数字电路原理图如图 3-44 所示。

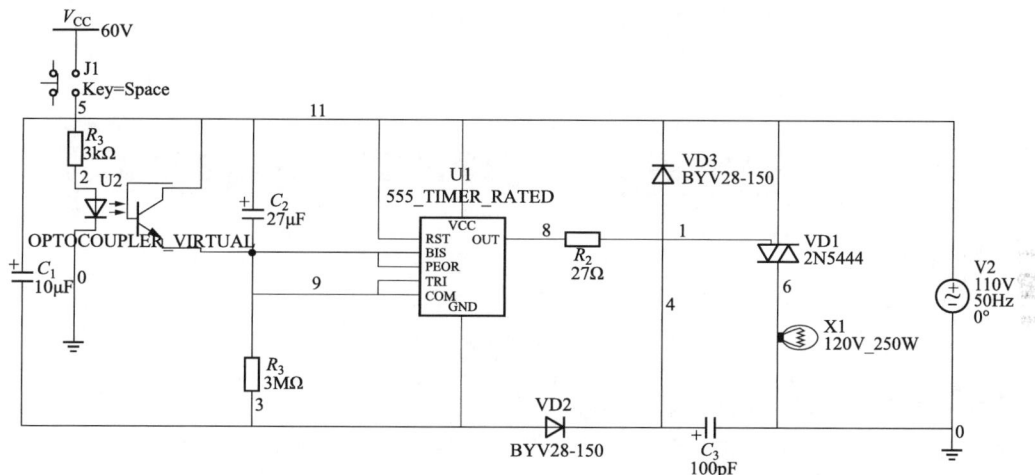

图 3-44　数字电路原理图

数字电路原理：（技术描述略，原报告未省略。）

2013 年 03 月 19 日，通过在市场上买来相应的材料，按原理图焊接成试验成品进行试验，如图 3-45 所示。

试验结论：该数字电路反应灵敏，灯亮的保持时间可通过电容 C_2 来调节，但由于是通过电容来控制芯片的，不能做到有复归功能，只能等待灯熄灭后，才能开始下一轮测试。且芯片主要应用于弱电回路，耐压性不高，尽管采用了电阻来分压，但是芯片还是很容易烧毁，此数字电路可靠性不高。

方案二：2013 年 3 月 21 日，设计谐振电路原理图如图 3-46 所示。

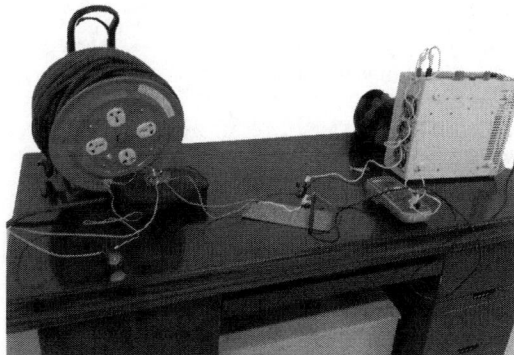

图 3-45　数字电路试验图

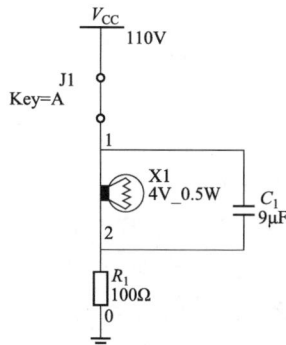

图 3-46　谐振电路原理图

153

谐振电路原理：略（原报告未省略）。

试验结论：通过设计软件仿真试验，该电路在理论上能实现功能，但是电容充电需要一个过程，而保护有出口时，出口压板上的电压只能保持短暂的时间，达不到电容充好电的要求。而且也不能做到有复归功能，只能等待灯熄灭后，才能开始下一轮测试。

方案三：2013 年 3 月 21 日，设计蜂鸣电路原理图如图 3-47 所示。

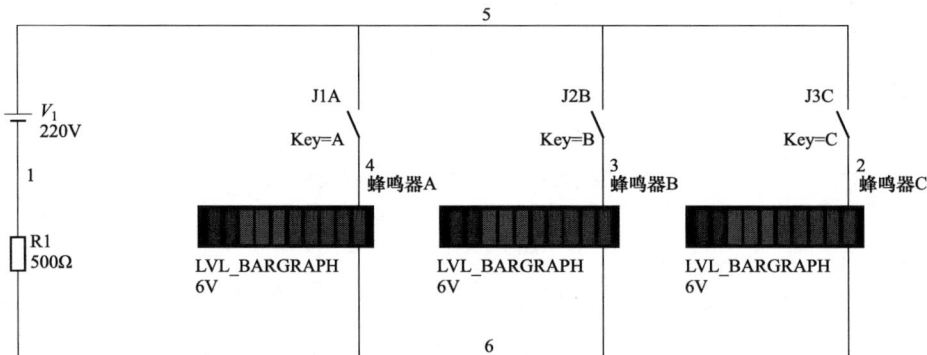

图 3-47　蜂鸣电路原理图

蜂鸣电路原理：略（原报告未省略）。

试验结论：通过研究讨论，该蜂鸣电路能并不现实，但当有多个出口时，声音叠加，很容易造成声音混淆。

方案四：2013 年 3 月 22 日，设计模拟电路原理图如图 3-48 所示。

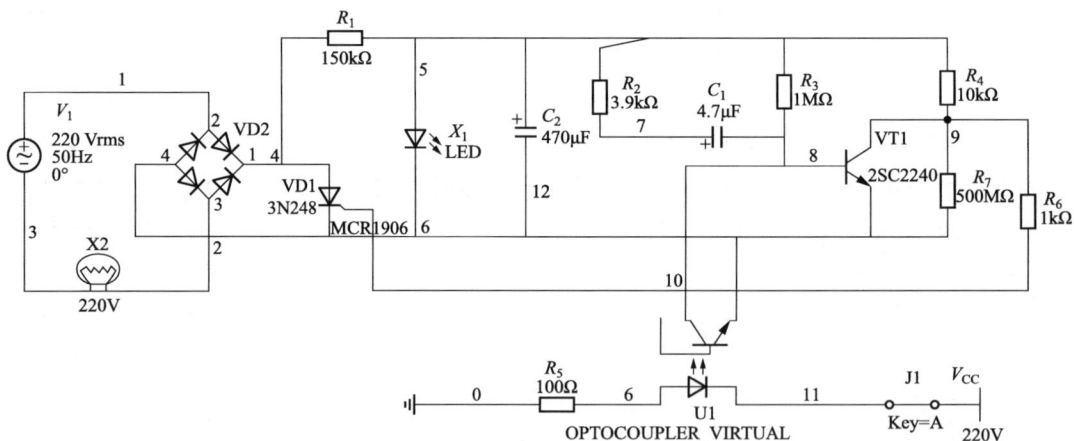

图 3-48　模拟电路原理图

模拟电路原理：略（原报告未省略）。

2013 年 03 月 24 日，通过在市场上买来相应的材料，按原理图焊接成试验成品进行试验，如图 3-49 所示。

试验结论：由于三极管的特性，此电路导通不是很灵敏，延时时间虽然可以通过电容 C1 调节，但是难以掌控，也不能做到有复归功能，同样只能等待灯熄灭后，才能开始下一轮测试。且考虑到出口压板从无到有电压的过程电压波动很大，很容易对三极管造成冲击，损坏三极管。

方案五：2013 年 3 月 24 日，设计继电器电路原理图如图 3-50 所示。

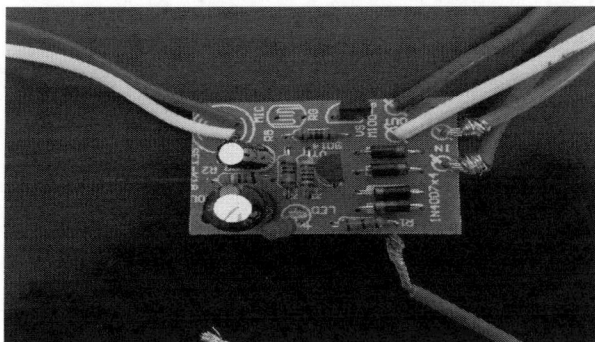

图 3-49　模拟电路试验成品图

图 3-50　继电器电路原理图

继电器电路原理：略（原报告未省略）。

2013 年 03 月 25 日，通过在市场上买来相应的材料，按原理图焊接成试验成品进行试验，如图 3-51 所示。

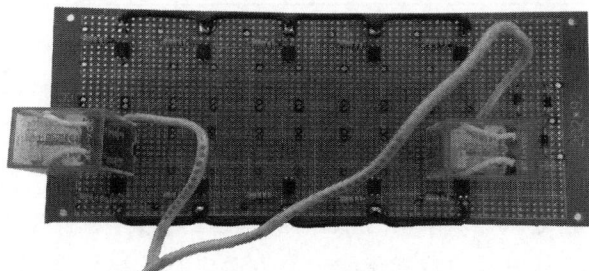

图 3-51　继电器电路试验成品图

试验结论：此电路采用的光耦反应灵敏，可瞬间接通继电器实现回路的导通。光耦有隔离作用，能有效地隔离压板的电压与仪器的电压，不会有窜电风险。且回路有自保持功能，又能复归，可达到仪器的设计要求。

（二）方案论证选取

提出方案后，小组为了选取最佳方案，从可行性、可靠性、经济性、设计难度和后期维护5个方面进行逐一分析论证，见表3-38。

表3-38　　　　　　　　　　　方 案 论 证 表

序号	一	二	三	四	五
方案名称	数字电路	谐振电路	蜂鸣电路	模拟电路	✓ 继电器电路
方案电路图					
可行性	0.5s 点亮灯，60秒熄灭灯	压板有电压时间200ms 左右，电容充电需 3s	1s 可发出声音，有 10 种声音混淆	0.6s 点亮灯，45s熄灭灯	0.1s 点亮灯，可随时熄灭灯
可靠性	试验时，10 个芯片烧毁 4 个，平均11min 烧毁一个，可靠性 60%	电容充电电压仅达到 0.2V，可靠性6.7%	声音持续 1s 就停止了，可靠性 10%	试验时，10 个三极管击穿了 7 个，平均 16min 击穿一个，可靠性 30%	试验时，12 只继电器损坏 0 只，可靠性 100%
经济性	可控在 1500 元内	可控在 900 元内	可控在 1200 元内	可控在 1400 元内	可控在 1000 元内
设计难度	1 个芯片引出线有 8 回路，共有 80回路，电平要控制在 5V 以下	电容仅充电 200ms左右，达不到需要的 3V	声音持续时间达不到需要的至少 10s	1 只灯串并联电阻达 7 个，有 7 回路，共有 70 回路	1 只继电器引出线仅 2 回路，共 20 回路
后期维护	电路紧密，拆解维修需要 3h	电路紧密，拆解维修需要 2h	电路清晰，拆解维修需要 1h	电路紧密，拆解维修需要 3h	电路清晰，拆解维修需要 1h

方案选择：为了确保在保护跳闸出口测试仪安全、稳定运行，通过对五种方案进行对比分析后，选择了可行性最优和可靠性最高，同时兼顾经济成本较低、设计回路简易和后期维护时间少的方案五——继电器电路为活动的可行方案。

分　析　本案例中在方案的选择过程中，小组成员很少凭感觉、推理或猜测进行主观判断，而是通过多次的实验验证，以事实为依据，用数据说话。在最终方案的选择，又从可行性、可靠性、经济性、设计难度、后期维护5个方面进行了综合分析，可以清晰看到小组对5个方案的对比选择过程。

11. 创新型课题如何选择最佳方案？

小组成员在对各个方案进行逐个分析、论证和评价的基础上，通过各方案间的比较，选出最佳方案，也就是准备实施的方案。对于数据比较接近或不能够直接做出判断决定的，可通过深入调查，必要时可进行小规模的模拟试验进一步论证，以确定最佳方案。

【案例 3-26】 "变压器 M 型有载调压分接开关吊芯检修架的研制"课题的选择最佳方案。

（一）支撑架的形式及选用材料

支撑架的形式选用原则是牢固和便于制作。经过小组调研，决定对人字梯进行改装加固作为支撑架，人字梯便宜且固定牢固。材料选择铝合金，重量轻，硬度也能符合要求。

（二）支撑架的固定方式

支撑架固定有两种方式：①可通过螺栓将检修架固定在有载分接开关封板的螺孔处；②由于变压器外壳是铁磁材料，可以通过永磁吸盘来固定。两种方式优、缺点分析见表3-39。

表 3-39　　　　　　　　　　支撑架两种方式优、缺点分析

序号	支撑架固定方式	优、缺点分析	是否采用
1	螺栓固定	（1）优点：固定牢固。 （2）缺点：有载分接开关不同，其封板大小也不同，螺栓固定限制了检修架的支脚的大小，即一个检修架只能用于同样大小封板的有载分接开关。	不采用
2	永磁吸盘固定	（1）优点：便于固定，可适用于不同大小，不同形状的有载分接开关。 （2）缺点：永磁吸盘费用高、质量较重	可采用

小组经过讨论分析，采用永磁吸盘固定的方式。因为永磁吸盘固定拆装方便，虽然永磁吸盘费用高，但可以通用于不同大小的有载分接开关，省下了制作不同大小支架的费用，综合考虑还是采用永磁吸盘。

（三）起吊电动机的选择

电动机要满足垂直起吊和横向移动的要求，所以选用了电动葫芦用于垂直起吊，跑车用于横向移动。为了防止电动葫芦失灵，导致有载分接开关芯子坠落，加装了两个防坠器。

变压器 M 型有载调压分接开关吊芯检修架的实物图如图 3-52 所示。

分　析 本案例中小组对每级提出的不同方案，均没有采用试验验证的方法或用事实数据进行对比确认，仅凭小组成员主观感觉进行判断，缺乏依据和说服力，从而影响方案选择的正确性，进而影响课题目标的实现。

【案例 3-27】 "电容电流测试PT集成箱的研

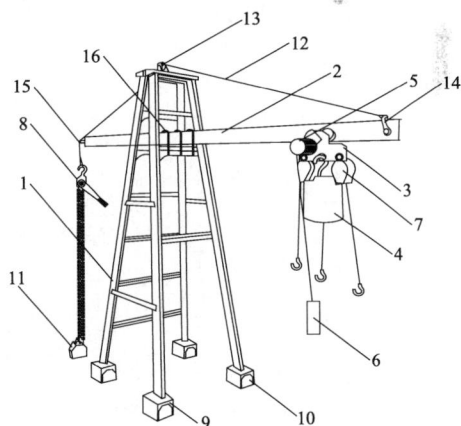

图 3-52　变压器 M 型有载调压分接开关吊芯检修架的实物图

1—支架；2—工字型横梁；3—电动跑车；4—牵引葫芦；5—电动行车的一侧固定起吊电动机；6—起吊电机的控制板；7—防坠器；8—固定用的手拉葫芦；9—支架底部的四个支脚均连接固定套；10—固定套内嵌套有的永磁吸盘；11—固定用永磁吸盘；12—钢丝绳；13—支架的顶部固定的定滑轮；14—U型钩；15—转向滑轮；16—固定工字铝的U型扣

制"课题的选择最佳方案。

（1）设备箱。制作设备箱主要选择不易受潮、耐重物压力强、质量轻、和不易受化学物体侵害几个方面的内容。设备箱选择见表3-40。

表3-40　　　　　　　　　　　　　设 备 箱 选 择

方案	材料实验方法					特点	结论
铝合金	(1) 试验人数：2人。 (2) 试验方法：对设备箱进行淋水，压力和侵蚀试验。 (3) 试验情况统计：					(1) 优点：不易受化学侵蚀、压力试验无变形。 (2) 缺点：质量重	采用
	项目	淋水	质量	40kg重物压力	化学液体侵蚀		
	效果	无受潮	2.5kg	无变形	无侵蚀		
P.P工程塑料	(1) 试验人数：2人。 (2) 试验方法：对设备箱进行淋水，压力和侵蚀试验。 (3) 试验情况统计：					(1) 优点：质量轻。 (2) 缺点：易受化学侵蚀、压力试验会有轻微变形	不采用
	项目	淋水	质量	40kg重物压力	化学液体侵蚀		
	效果	无受潮	2kg	轻微变形	侵蚀明显		

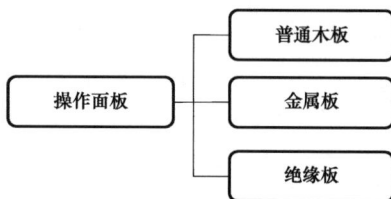

图3-53　面板种类

综合表3-51分析，测试设备面板材料选择为铝合金。

（2）操作面板。面板主要起到固定各元件，使得设备便于操作的作用。主要考虑因素是能否满足日常工作需求和应对各种测试环境如强电场、潮湿、重物受压、化学腐蚀等。操作面板种类如图3-53所示，面板选择见表3-41。

表3-41　　　　　　　　　　　　　面 板 选 择

方案	材料实验方法					特点	结论
普通木板	(1) 试验人数：2人。 (2) 试验方法：对设备箱进行淋水.压力和侵蚀试验。 (3) 在周围加强电场，看有无静电感应。 (4) 试验情况统计：					(1) 优点：无受潮现象、无静电感应。 (2) 缺点：腐蚀明显、受潮明显	不采用
	项目	静电感应	淋水	30kg重物压力	化学液体侵蚀		
	试验结果	无	受潮明显	有小幅变形	侵蚀明显		
金属板	(1) 试验人数：2人。 (2) 试验方法：对设备箱进行淋水，压力和侵蚀试验。 (3) 在周围加强电场，看有无静电感应。 (4) 试验情况统计：					(1) 优点：无受潮现象、无腐蚀、压力试验有轻微变形。 (2) 缺点：感应电较大	不采用
	项目	静电感应	淋水	30kg重物压力	化学液体侵蚀		
	试验结果	无	无受潮	无明显变形	无侵蚀		
绝缘板	(1) 试验人数：2人。 (2) 试验方法：对设备箱进行淋水，压力和侵蚀试验。 (3) 在周围加强电场，看有无静电感应。 (4) 试验情况统计：					(1) 优点：无受潮现象、无腐蚀、压力试验无变形、无感应。 (2) 缺点：无	采用
	项目	静电感应	淋水	30kg重物压力	化学液体侵蚀		
	试验结果	无	无受潮	无明显变形	无侵蚀		

综合表 3-41 分析，测试设备面板材料选择为绝缘板。

（3）导线及接线柱。

1）导线选择。通过不同铜导线截面积的不同载流电流值，来确定所选取的铜导线，见表 3-42。

表 3-42   **导 线 选 择**

铜导线截面积（mm²）	允许通流（A）	结论
1.5	6	采用
2.5	10	不采用
4	12	不采用

制表：×××　制表时间：××××-××-××

根据表 3-42，并且考虑一定安全裕量，铜导线截面积选取 1.5mm²。

2）接线柱选择。为了便于试验接线，适应各类型导线，接线柱应能灵活应对。选择时考虑工作电路参数，测试时有香蕉插头使用需求。接线柱选择见表 3-43。

表 3-43   **接 线 柱 选 择**

方案	材料实验方法		特点	结论
920（4mm）接线柱	（1）试验人数：2 人。 （2）试验方法：对设备箱进行接线试验。 （3）试验情况统计： <table><tr><td>项目</td><td>额定电压</td><td>额定电流</td><td>面板安装孔</td><td>价格</td><td>是否可插香蕉插头</td></tr><tr><td>数值</td><td>1000V 及以下</td><td>5A 及以下</td><td>10mm</td><td>0.8 元</td><td>是</td></tr></table>		（1）优点：可用香蕉插头、价格低。 （2）缺点：额定电压、电流较小	采用
M6 接线柱	（1）试验人数：2 人。 （2）试验方法：对设备箱进行接线试验。 （3）试验情况统计： <table><tr><td>项目</td><td>额定电压</td><td>额定电流</td><td>面板安装孔</td><td>价格</td><td>是否可插香蕉插头</td></tr><tr><td>数值</td><td>2000V 及以下</td><td>60A 及以下</td><td>10mm</td><td>1.2 元</td><td>否</td></tr></table>		（1）优点：额定电压、电流较高。 （2）缺点：可用香蕉插头、价格低	不采用

根据表 3-43，更满足试验需求的接线柱为 920（4mm）。

（4）球轴承车轮。球轴承车轮种类如图 3-54 所示。

球轴承车轮要起到移动的作用，并且可以承受 50kg 以上质量。主要考虑因素是能否满足日常工作移动和承重的作用。球轴承选择见表 3-44。

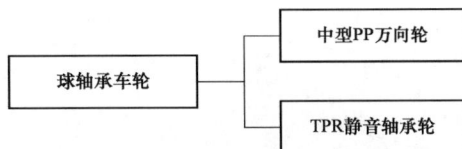

图 3-54　球轴承车轮种类

（图中：球轴承车轮——中型PP万向轮、TPR静音轴承轮）

表 3-44　　　　　　　　　　　球 轴 承 选 择

方案	材料实验方法	特点	结论
中型 PP 万向轮	(1) 试验人数：2 人。 (2) 试验方法：对设备箱进行淋水．压力和侵蚀试验。 (3) 试验情况统计： 	项目	淋水	50kg 重物压力	化学液体侵蚀
试验结果	无受潮	有小幅变形	侵蚀明显		(1) 优点：无受潮、受重物压力试验变形小。 (2) 缺点：侵蚀明显	不采用
TPR 静音轴承轮	(1) 试验人数：2 人。 (2) 试验方法：对设备箱进行淋水．压力和侵蚀试验。 (3) 试验情况统计： 	项目	淋水	50kg 重物压力	化学液体侵蚀
试验结果	无受潮	有小幅变形	无明显		(1) 优点：无受潮、受重物压力试验变形小、无侵蚀现象。 (2) 缺点：无	采用

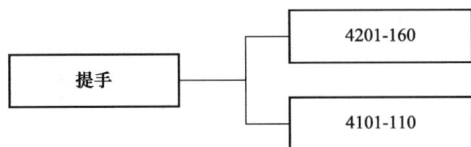

```
            ┌──────── 4201-160
提手 ───────┤
            └──────── 4101-110
```

图 3-55　提手类型

(5) 提手。提手类型如图 3-55 所示。

提手主要在搬运过程中起到作用，在选用时，应考虑到使用时的舒适度、经济性及承重能力等方面。提手选择见表 3-45。

表 3-45　　　　　　　　　　　提 手 选 择

方案	材料实验方法	结论
4201-160	(1) 试验人数：2 人。 (2) 试验方法：对设备箱进行压力和试用试验。 (3) 试验情况统计： 	项目	试用	承重（kg）	价格（元）
试验结果	不舒适	60	11.5		采用
4101-110	(1) 试验人数：2 人。 (2) 试验方法：对设备箱进行压力和试用试验。 (3) 试验情况统计： 	项目	试用	承重（kg）	价格（元）
试验结果	不舒适	60	7		不采用

（6）拉杆。拉杆类型如图3-56所示。

在选择拉杆材料过程中主要考虑经济性、舒适性、承重能力等方面的内容。拉杆选择见表3-46。

图3-56 拉杆类型

表 3-46　　　　　　　　　　　拉 杆 选 择

方案	材料实验方法					结论
XB924	（1）试验人数：2人。 （2）试验方法：对设备箱进行压力和试用试验。 （3）试验情况统计：					不采用
	项目	试用	承重（kg）	稳定性	价格（元）	
	试验结果	舒适	60	较好	98	
XB938	（1）试验人数：2人。 （2）试验方法：对设备箱进行压力和试用试验。 （3）试验情况统计：					采用
	项目	试用	承重（kg）	稳定性	价格（元）	
	试验结果	舒适	60	好	35	

根据上述方案的分解，确立最佳方案分解如图3-57所示。

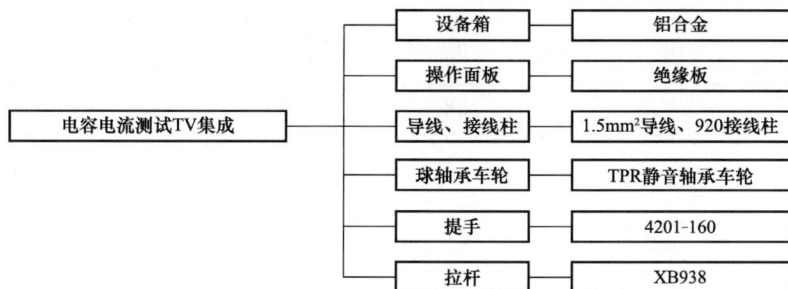

图3-57 电容电流测试TV集成最佳选择方案

分 析 本案例中小组成员对各级方案进行逐个分析、论证和评价，通过大量试验对各种材料的承重、化药液体侵蚀等进行对比选出了最佳方案。方案的选出依据和说服力充分。

12. 创新型课题提出各种方案并确定最佳方案阶段常见问题有哪些?

一、方案少且没有可比性

一些小组在方案提出阶段做得不够充分、全面和严谨，所提出的方案数量少，且方案之间没有可比性。有的小组早已有了主体方案，其他的方案只是作为"陪衬"，这种做法显然违背了创新型课题小组活动的思想，容易造成过分主观，忽视或错失更好的方案，不利于小组准确、有效地选择出最佳方案，完成课题。

【案例3-28】 某一创新型课题小组，根据设定的目标提出以下四种方案：

方案一，对现有设备进行改造；

方案二，委托外单位制作采集装置；

方案三，市面购买现成采集装置；

方案四，新采集装置的研制。

分　析 本案例中方案一是对现有设备进行改造，与创新型课题立足于研制原来没有的产品、设备等不符，应属于问题解决型课题；方案二属于外部协助，超出小组能力范围以外，无法体现小组自身能力和努力；方案三是购买，同样无法体现小组自身能力和努力。因此，方案四成了唯一可选择的方案，其余方案与方案四没有可比性。

【案例3-29】"多功能绝缘工器具综合试验台的研制"课题的确定方案。

经咨询相关生产厂家、同行及专利检索后，发现目前的绝缘工器具试验平台均只具有绝缘靴试验单一功能的试验平台，而绝缘垫、绝缘杆、绝缘绳、带电工作服等多种绝缘工器具没有相关的试验平台。于是小组成员针对研制怎么样的绝缘工器具专用试验平台利用头脑风暴法进行了分析讨论，提出了几种方案，并用亲和图进行了归纳整理，如图3-58所示。

图3-58　结构功能类型亲和图

分　析 本案例中小组成员应用创造性思维，通过头脑风暴法从功能类型、平台结构类型各抒己见，并应用亲和图进行整理，形成了5个相对独立的方案，有利于小组后续准确、有效的选择出最佳方案。

二、方案选择不彻底

小组在提出各种方案过程中，常常没有将方案逐级分解到可以直接采取措施，或者是将方案的分解和选择放在制订对策或对策实施过程中进行。造成方案选择不彻底，无法针对性地制定对策和组织实施，将影响到对各个方案的评价以及小组活动的效果。

【案例 3-30】"新型电流互感器极性测试装置的研制"课题的方案选择对策表见 3-47。

表 3-47　　　　　　　　　　　　对　策　表

序号	对策	目标	措施	地点	负责人	完成时间
1	制作双舌式接线夹	连接可靠率 100%，设计尺寸负荷率 100%	(1) 绘制设计图。 (2) 组合接线夹。 (3) 现场试验验证	×××	×××	××××-××-××
2	信号通过光电耦合器触发单向可控硅保持后接入	逻辑判断功能准确率 100%	(1) 绘制电路图并进行仿真试验。 (2) 制作电路板。 (3) 电路验证调试	×××	×××	××××-××-××
3	采用单片机控制实现指示	逻辑判断功能准确率 100%	(1) 绘制电路图并进行仿真试验。 (2) 制作电路板。 (3) 电路验证调试	×××	×××	××××-××-××
4	使用不锈钢饭盒改装外壳	外壳尺寸满足内部器件和电路板的尺寸要求，≥220mm×180mm×60mm，测试准确率 100%	(1) 选定不锈钢饭盒尺寸。 (2) 改装外壳。 (3) 组装电路并进行预装测试	×××	×××	××××-××-××

分　析　案例中为某小组制定的对策表。由于没有将方案逐级分解到最后，导致对策表中对策措施不全面，进而造成在后续对策实施中做了进一步选择。如对策 2、3 中绘制电路图并进行仿真试验，对策 4 中的选定不锈钢饭盒尺寸等。这些措施由于图纸绘制、材料选择等存在不确定性，导致了措施的不确定，直接影响课题目标的实现。

【案例 3-31】"研制双分裂导线带电作业二联板扶正专用工具"课题的方案选择。

为实现目标，小组成员运用头脑风暴法，将初步方案设计分为三个部分分别进行攻关，分解初步方案如图 3-59 所示。

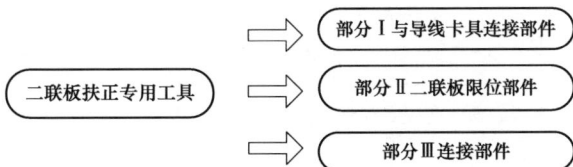

图 3-59　分解初步方案

（1）部分Ⅰ方案选择。现用双分裂导线卡具为 LF2540 大刀前卡，其实物图如图 3-60 所示。

根据卡具形状特点，小组经过讨论、分析，对与导线卡具连接部件提出三种备选方案，如图 3-61 所示。部分Ⅰ方案选择见表 3-48。

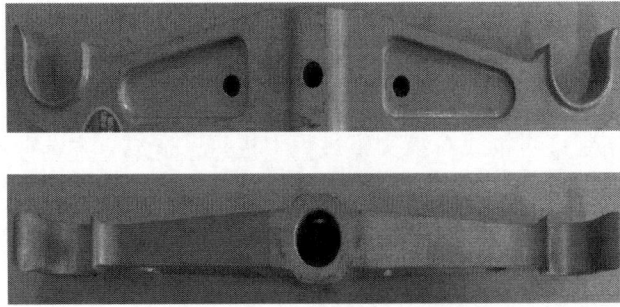

图 3-60　大刀前卡实物图

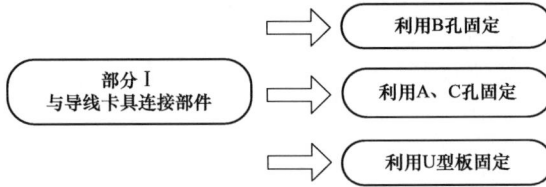

图 3-61　与导线卡具连接部件固定方案

表 3-48　　　　　　　　　部分Ⅰ方案选择

方案目标	(1) 连接牢固。 (2) 装拆方便		
试验分析	对连接好的构件进行多方位冲击、承力试验，构件晃动角度在 5°内合格		
备选方案	方案分析	试验分析	结论
利用 B 孔固定	略	略	否决
利用 A、C 孔固定	略	略	否决
利用 U 形板固定 U 形板底面及两侧面有圆孔，位置及大小与卡具相应，利用拉杆及螺栓、螺母固定	(1) 预计加工时间 5h。 (2) 装（拆）时间 1min。 (3) 多方位固定	(1) 固定维度为 3。 (2) 各方向均牢固稳定，晃动角均小于 5°，合格	采用

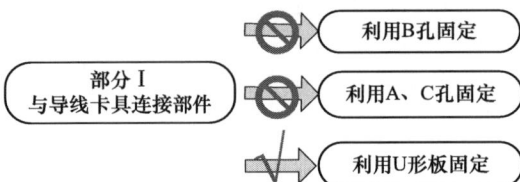

图 3-62　与导线卡具连接部件选择

参照表 3-48，与导线卡具连接部件选择利用 U 形板固定，如图 3-62 所示。

材料选择：U 形板采用金属薄板制作，带电作业工具常用的金属材料主要用碳素钢、合金钢和铝合金，现对以上各类型薄板进行对比分析，见表 3-49。

表 3-49 材 料 对 比

材料	碳素钢	合金钢	铝合金
强度（MPa）	220～240	720～835	190～210
密度（g/cm³）	7.2	7.9	2.78
耐腐蚀性	较强	强	强
加工难度	低	高 （焊接温度高黏度高、不宜切割加工）	高 （焊接需要一定技术）
价格（元/kg）	5	20	25
结论	采用	否决	否决

所研制的专用工具需要具有较强的强度、耐腐蚀、易加工的特点，同时成本应尽量低。综合考虑后，选用碳素钢，Q235 的强度、塑形和焊接性等综合机械性能在碳素钢中属最好，创新工作室存有一些 4mm×30mm 的 Q235 余料，为进一步节省成本，U 形板制作材料最终选用 4mm×30mm 的 Q235 碳素钢板。

U 形板的固定螺栓，原有卡具配套螺栓（M14×70mm，合金钢）长度不足，小组采用从市面购买的 M14×80mm 合金钢螺栓。

由于 U 形板底面孔径为 34mm，根据现有加工设备，钻孔难度较大，且精度很难满足要求。小组经讨论、分析，做进一步优化，将 U 形板设计为圆环和两直板组合方式，如图 3-63 所示。

其中，两直板选用 4mm×30mm Q235 碳素钢板，圆环利用单位现有 M30mm 螺栓垫片加工制成。

（2）部分Ⅱ方案选择。110、220kV 双分裂导线采用 L1240、L2540 二联板，实物如图 3-64 所示。L1240 二联板（含碗头，下同）质量为 3.6kg、厚度为 1.5cm；L2540 二联板质量为 4.8kg、厚度为 2.3cm。考虑工具通用性，针对 L2540 二联板进行设计。二联板限位部件选择方案如图 3-65 所示。

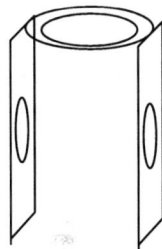

图 3-63 圆环和两直板组合方式的 U 形板

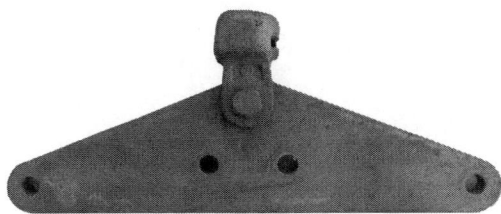

图 3-64 二联板

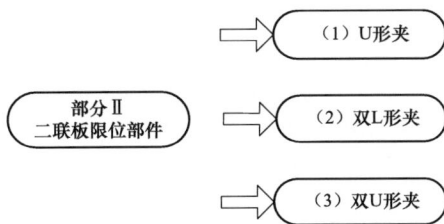

图 3-65 二联板限位部件选择方案

表 3-50 部分Ⅱ方案选择

方案目标	（1）扶正二联板。 （2）扶正碗头
试验分析	制作模型，通过仿真试验验证目标实现情况，二联板及碗头倾斜角度在 5°内合格

续表

备选方案	方案分析	试验分析	结论
U形夹	略	略	否决
双L形夹	略	略	否决
双U形夹 A、B、C、D四个面夹住二联板；a、b、c、d四个边夹住碗头	(1) 预计加工时间5h。 (2) 用材少、构件轻	(1) 二联板倾斜范围为−5°～+5°，合格。 (2) 碗头倾斜范围为−5°～+5°，合格	采用

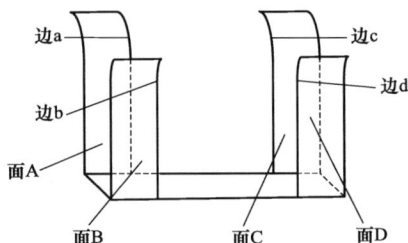

图 3-66　优化后双U形夹

参照表 3-50，部分Ⅱ二联板限位部件选择双U形夹。同时，为更便于实际应用，根据经验，小组对此方案做进一步优化如下：①B、D两面的高度减少2cm；②A、B、C、D四个面上端部向外弯 1cm。优化后的双U形夹如图 3-65 所示。

本部分材料要求与部分Ⅰ一致，同样选用 4mm×30mm 的 Q235 碳素钢板。

(3) 部分Ⅲ方案选择。连接部件的选择方案如图 3-67 所示。

1) 构架。为使构架具有良好牢固性，采用三角形构架方案，进一步分为线线型、线面型、面面型三种，如图 3-68 所示。

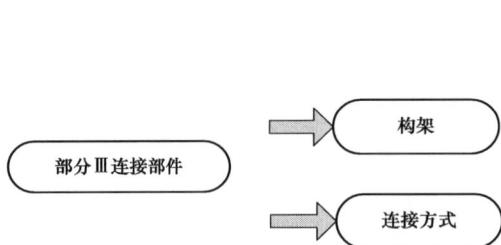

图 3-67　连接部件选择方案

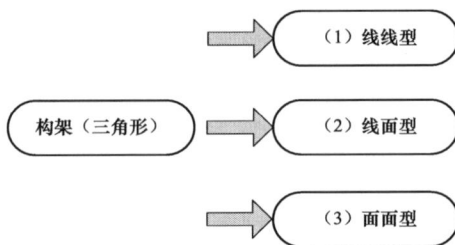

图 3-68　三角形构架方案

构架方案选择见表 3-51。

表 3-51   构 架 方 案 选 择

方案目标	牢固可靠、质量轻	
备选方案	方案分析	结论
线线型 	(1) 预计加工时间 2h。 (2) 用材最少、构件最轻	采用
线面型	略	否决
面面型	略	否决

构架主要起支撑、固定作用，且应尽量轻，故最终选用线线型三角构架方案。为增大焊接接触面，提高牢固性，做进一步优化，即将斜支撑杆两端微弯。

2）连接方式。连接方式包括与部分Ⅰ的连接方式和与部分Ⅱ的连接方式两种，如图 3-69 所示。

连接方式可分为固定式、组装式两种，鉴于部分Ⅰ、部分Ⅱ需满足要求及实现目标等特性不同，分别进行详细分析，见表 3-52。

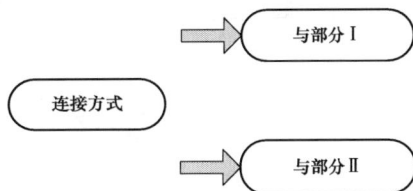

图 3-69 连接方式分类

表 3-52   连 接 方 式 分 析

部分	特性分析	方案选择
部分Ⅰ	(1) 起支撑作用，需牢固可靠。 (2) 不需调节位置	固定式
部分Ⅱ	(1) 起支撑作用，需牢固可靠。 (2) 不同线路的二联板位置（与卡具相对高度）不同，需相应调节位置	组装式

固定式连接方式，即将两部件进行焊接，根据本单位实际条件，采用手工电弧焊方法。对于组装式连接方式，小组提出两种方案，具体分析见表 3-62 所示。

表 3-53   组装式连接方案选择

方案目标	部分Ⅱ可在 z 轴方向移动 5cm	
备选方案	特性分析	结论
方向可调 	(1) 预计加工时间 2h。 (2) 前端可在 z 轴方向移动 5cm。 (3) 前端可绕 z 轴转动，形成任意方向	实际中，二联板（x 轴）与导线走向（y 轴）并不严格垂直，可能有一定角度偏差，因而，此方案更适用

续表

备选方案	特性分析	结论
方向不可调 接二联板限位部件 螺母 螺栓 三角构架	（1）预计加工时间 5h。 （2）前端可在 z 轴方向移动 5cm。 （3）前端方向不可调节	否决

根据上述分析，部分Ⅲ方案选择如图 3-70 所示。

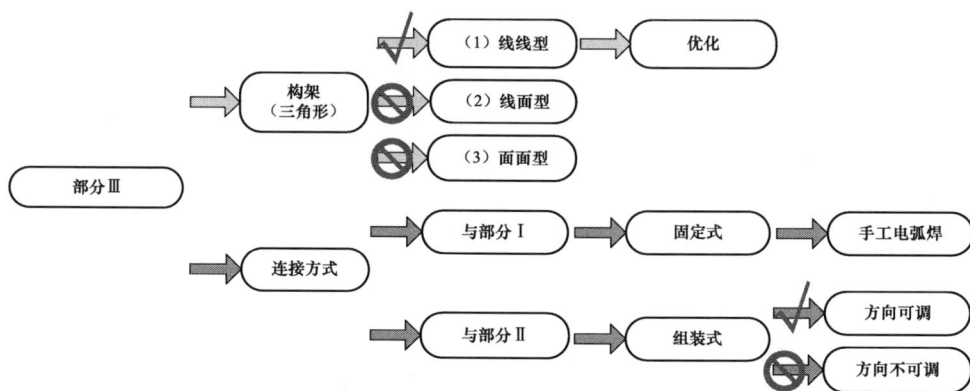

图 3-70　部分Ⅲ方案选择

为便于焊接加工，且尽可能节约成本，本部分材料仍选用工作室存有的 Q235 碳素钢材料。对于支撑架部分，水平杆要求强度高，不易变形，选用 M14；斜杆形状需加工处理，选用 M10 较为适宜。调节螺杆选用 M10，且自行加工螺纹。

确定最佳方案框图如图 3-71 所示。

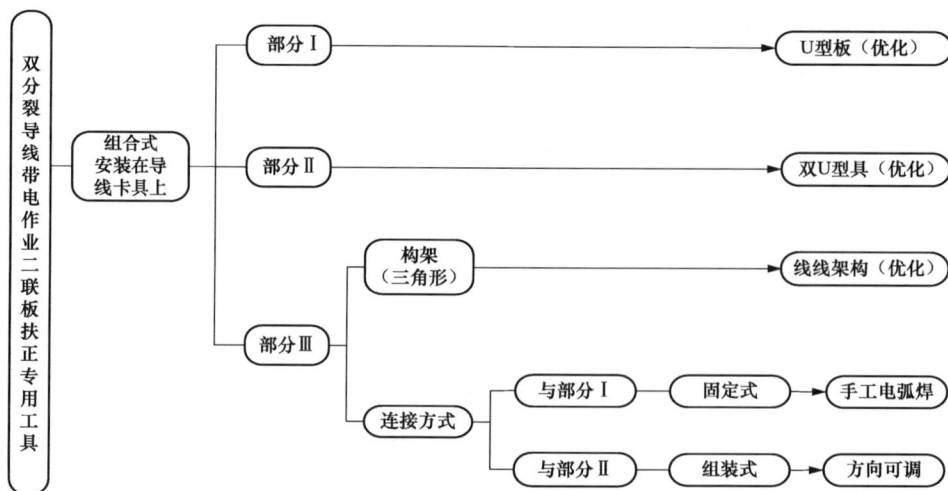

图 3-71　最佳方案框图

168

有了整体最佳方案后，便可制作专用工具设计图，如图 3-72 所示。

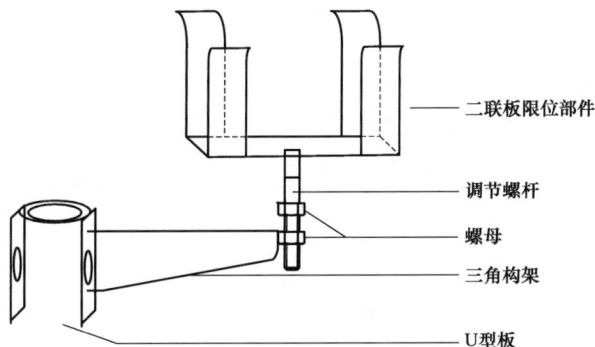

图 3-72　专用工具设计图

根据以上分析，汇总工具制作所需材料清单，如表 3-54 所示。

表 3-54　　　　　　　　　　　　　　　　所 需 材 料

序号	材料	制作部件	获得渠道
1	4mm×30mm 碳素钢	二联板限位部件、U 形板	
2	M30mm 螺栓垫片	U 形板底面（需加工）	
3	M14 碳素钢	三角构架水平杆	×××
4	M10 碳素钢	三角构架斜杆调节螺杆（需加工螺纹）	
5	M10 螺母	三角构架、调节螺杆	
6	M14×80mm 合金钢螺栓	固定 U 形板与卡具	购买

分 析　本案例中对每个细化方案均进行了特性分析，对不能直接做出判断的方案进行了模式试验进一步论证分析。每一级方案均分析到可直接采取措施，并在最佳方案确定后制作了整体图纸，并汇总了工具制作所需的材料。

三、方案选择缺少数据和试验验证

在确定最佳方案过程中，小组应通过实际考察、数据分析、试验验证后再做选择。而不能采用主观的评价打分法、举手表决法、01 打分法等，这样选择出的方案完全是由小组成员拍脑袋、凭感觉而定，依据不充分，缺乏说服力，最终将会影响方案选择的正确性，以致影响课题目标的实现。

【案例 3-32】"研制工器具防坠提升装置"课题的方案验证。

（1）方案的提出。小组运用头脑风暴法，提出了三个方案，如图 3-73 所示。

（2）最佳方案确定。对各种方案进行对比分析，见表 3-55，确定最佳方案。

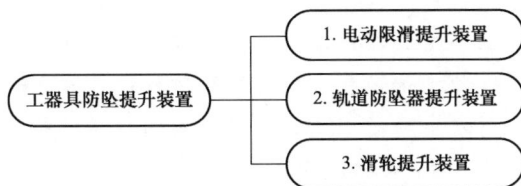

图 3-73　案例方案

表 3-55 方 案 对 比 分 析

方案			分析	结论
方案 1 电动限滑提升装置		（1）提升器结构：电动限滑吊葫芦。 （1）安装位置：户外杆塔顶部。 （3）费用：每基杆塔4200元。 （4）承重试验：出厂试验合格	1.优点 （1）采用电动方式，节省人力。 （2）有自动限滑功能，杜绝因体力不足或手滑导致工器具坠落。 2.缺点 （1）每基杆塔都需安装，成本高。 （2）安装复杂，后期维护困难	电动机限滑提升装置能够直接避免工器具坠落，但成本高、安装复杂、后期维护困难
方案 2 轨道防坠器提升装置		（1）提升器结构：轨道防坠器。 （2）安装位置：已安装的防坠落轨道。 （3）费用：每个约1000元。 （4）承重试验：出厂试验合格	1.优点 （1）每个变电站只需配置一至两套，成本较低。 （2）具有自动限滑功能，可直接防止坠落。 2.缺点 （1）仍然需要人工操作。 （2）现有工具需要改造过才能使用	轨道防坠器提升装置价格便宜，有限滑功能，但在省力方面提高不大，且现有工具需要改造
方案 3 滑轮提升装置		（1）提升器结构：滑轮组＋绳索。 （2）安装方法：每次操作时悬挂在杆塔上。 （3）费用：460元。 （4）承重试验：出厂试验合格	1.优点 （1）价格便宜，每个变电站只需配置一至两套。 （2）采用滑轮组，可有效节省人力。 2.缺点 （1）无限滑功能，虽省力但仍无法杜绝工具坠落。 （2）增加悬挂滑轮、安装绳索的步骤，工作步骤更加繁琐	滑轮式提升装置价格便宜、省力，但仍不能杜绝工具坠落，且增加了工作步骤
最佳方案的确定	根据前面的分析，结合成本、效能及后期维护等方面因素，小组决定采用第二方案——轨道防坠器提升装置，并在现有工具的基础上加以改造，成为一个全新的工器具防坠提升装置			

分 析 本案例中提出的三个方案，没有用试验验证或事实数据进行对比分析，仅通过小组成员主观判断进行比较。另外对方案没有进行细化分解，如方案的安装方法、安装位置、绳索的选择等。小组未对方案分解就进行对比，会影响到最佳方案选择的合理性，进而影响对策的有效性和可行性。

【案例 3-33】 "研制更换 GW16 型隔离开关夹紧弹簧专用工具"课题的方案验证。

根据机械工具的设计思路，小组成员运用头脑风暴法对更换 GW16 型隔离开关夹紧弹簧专用工具结构进行讨论，将专用工具的原动机、传动机构、执行机构、支承装置以及控制系统五个组成部分分别进行一级、二级和三级分解，如图 3-74 所示。

传动机构起着将原动机和执行机构联系起来的中间作用，因此小组成员决定先对传动机构进行方案确定，然后根据确定的传动机构选择相匹配的原动机与执行机构。

（一）传动机构

传动机构是用来将原动机和执行机构联系起来，传递运动和力（力矩），或改变运动形式的机构。一般情况是将原动机的高转速、小扭矩转换成执行机构需要的较低速度和较大的

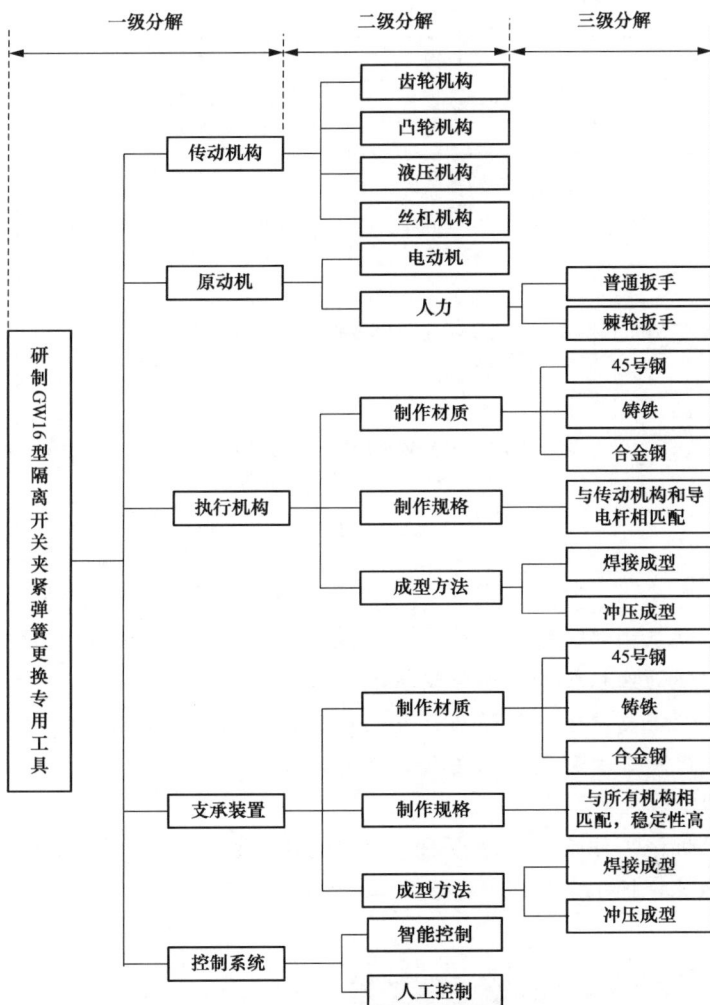

图 3-74　课题分解示意图

力（力矩）。常见的传动机构有齿轮机构、凸轮机构、丝杠机构、液压机构等，各种液压机构对比分析见表 3-56。

表 3-56　　　　　　　　　　　　　　各种液压机构对比分析

结构	齿轮机构	凸轮机构	液压机构	丝杠机构
图片				

结构	齿轮机构	凸轮机构	液压机构	丝杠机构
组成	齿轮箱、齿轮、轴、轴承、轴承套	凸轮、摆杆、底座、滚轮等	油泵、液压缸、电磁阀、油箱、油管和液压油	丝杆、螺母
结构特点	结构复杂 ×	结构复杂 ×	结构复杂 ×	结构简单 √
成本	3500 元 ×	2000 元 ×	4000 元 ×	350 元 √
精度	通过传动比控制精度，精度高 √	可实现从动件任意预期的运动，精度高 √	传动精度主要靠伺服阀，比较难控制，精度低 ×	靠齿条传动，精度可达 0.1mm，精度高 √
功率	通过传动比可获得很大的力和力矩，功率大 √	多用来实现载荷较小的运动，功率小 ×	采用液压力可获得很大的力和力矩，功率大 √	通过传动比可获得大的力和力矩，功率大 √
结论	不采用	不采用	不采用	采用
实施人员：×××		地点：会议室	完成时间：××××-××-××	

　　通过对不同传动机构的试验对比分析，小组成员决定选用结构简单、精度高、功率大、成本低而且维护方便的丝杠机构作为传动机构。

　　另一方面，小组成员发现一般隔离开关的操动机构都是采用丝杠机构，因此可以将仓库中报废的操动机构进行二次利用，如图 3-75 所示。

（二）　原动机

　　原动机是提供机械工作运动的动力源。常用的原动机有电动机、人力等，人力操作又可以借助普通扳手和棘轮扳手来实现，如图 3-76 所示。

图 3-75　仓库中报废的操动机构

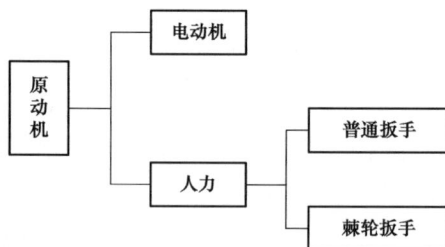

图 3-76　原动机分解示意图

　　各种原动机对比分析见表 3-57。

表 3-57　　　　　　　　　　　各种原动机对比分析

结构	电动机	普通扳手	棘轮扳手
图片			

结构	电动机	普通扳手	棘轮扳手
成本	500元 ×	100元 √	150元 √
可操作性	省时、省力 √	费时、费力 ×	省时、省力 √
可控制性	转动快，不容易控制 ×	手动调节，容易控制 √	手动调节，容易控制 √
与丝杠连接性	电机与丝杠之间的连接 需自制连接套 ×	开口可调 无需连接套 √	扳手孔与丝杠相匹配 无需连接套 √
其他要求	需另接电源 ×	空间狭小时操作困难 ×	对空间无要求 √
结论	不采用	不采用	采用
实施人员：×××		地点：会议室 完成时间：××××-××-××	

通过对不同原动机的试验对比分析，小组成员决定选用成本低，操作省时、省力，可控性强，对空间无要求且连接方便的棘轮扳手作为原动机。

图3-77　棘轮扳手

经过方案试验分析，小组成员决定棘轮扳手（见图3-77），采用人力作为动力源。

（三）执行机构

由于无法找到现成的机构零件将丝杠、弹簧连接起来，因此小组成员决定自制一个连接部件，通过该部件将丝杠上的作用力传递至弹簧，从而实现对弹簧的压缩与能量释放功能。执行机构分解示意如图3-78所示。

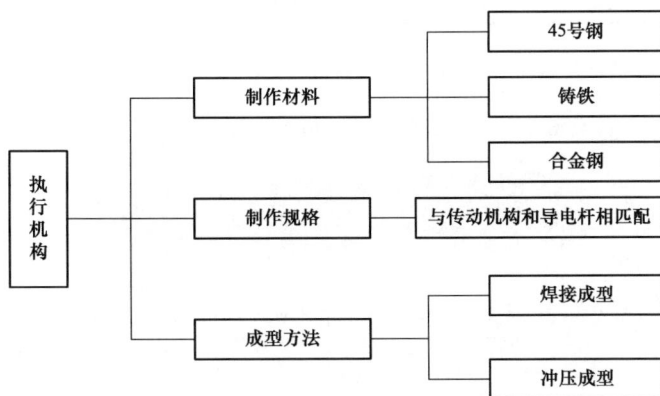

图3-78　执行机构分解示意图

（1）制作材料的选择。对各种材料进行对比分析选择合适材料，见表3-58。

表 3-58　　　　　　　　　制作材料选择分析

方案	45 号钢	铸铁	合金钢
外观			
概念	常用中碳调质结构钢,具有较高的强度和较好的切削加工性,经适当的热处理后可获得一定的韧性、塑性和耐磨性	主要由铁、碳和硅组成的合金的总称,为含碳量较高的铁,质脆,不能锻压,一般用来炼钢或铸造器物	在普通碳素钢基础上添加适量的一种或多种合金元素而构成的铁碳合金
屈服强度	屈服强度是钢的一项重要力学性能指标,主要用于衡量钢材抵抗变形的能力,屈服强度越大,说明钢材抵抗变形的能力越强		
屈服强度	屈服强度不小于 355MPa √	脆性材料,无屈服强度 ×	屈服强度不小于 275MPa √
焊接性能	适合于氢焊和氩弧焊 √	铸铁含碳量高,塑性差,组织不均匀,焊接性很差 ×	需要特种焊条,一般是不锈钢焊条,焊接工艺技术要求高 ×
分析	屈服强度高,焊接性能好	屈服强度低,焊接性很差	屈服强度一般,焊接工艺复杂
结论	采用	不采用	不采用
实施人员:×××　　　　　地点:会议室　　　　　完成时间:××××-××-××			

(2) 制作规格的确定。制作规格确定见表 3-59。

表 3-59　　　　　　　　　制 作 规 格 确 定

序号	结构	分析内容
A	与导电杆相匹配端	首先,对导电杆侧的结构进行分析,如下图所示: 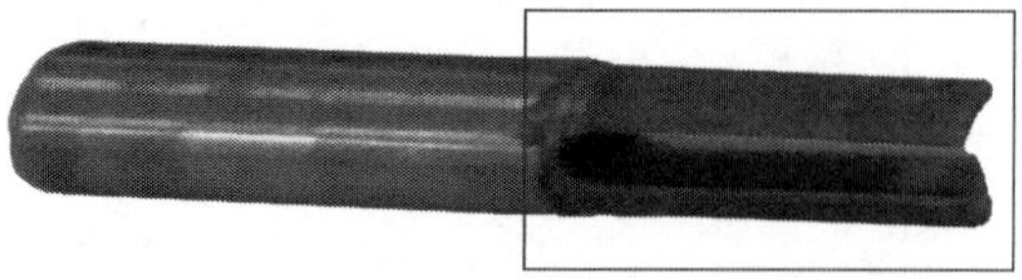 导电杆的直径 $D_1=32\mathrm{mm}$,长度 $L_1=64\mathrm{mm}$; 同时由图可见,导电杆由上、下两段组成,为了保证导电杆在运动过程中不受丝杠影响发生转动,要求连接套端通过横向导向杆杆进行固定。 因此,对连接套与导电杆相匹配端要求: 长度 $L_1=64-(3\sim5)=59\sim61$ (mm) 直径 $D_1=32+(2\sim4)=34\sim36$ (mm) 中部有一横向导向杆,且导向杆的长度 $L_2>D_2=36\mathrm{mm}$

续表

序号	结构	分析内容
B	与丝杠相匹配端	小组成员首先对丝杠的结构进行分析，如下图所示：丝杠第 I 段 D_I =20mm，L_I =25mm； 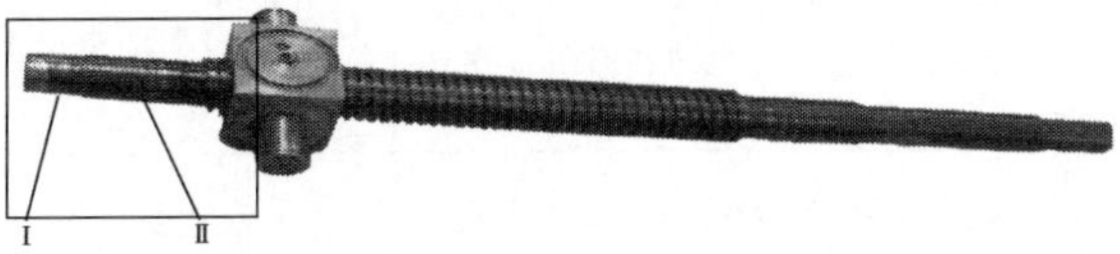 线杠第 II 段 D_{II} =23mm，L_{II} =40mm。 $L=L_I+L_{II}$ =65mm 因此，为了实现对丝杠的固定作用，同时又保证丝杠端部在连接套内能自由转动，对连接套的尺寸要求为： D'_I <20mm D'_{II} =23+（2～4）=26～27mm 40mm=L_{II} <L' <L =65mm
C	定位件	为了保证连接套在横向进给过程中，不同时发生周向进给，因此需要给连接套加装一定位件，而定位件的加装位置与形状将根据底座的设计结果进行具体实施
D	模型	经过初步讨论，小组成员对初步确定出的执行机构的设计图绘制如下： 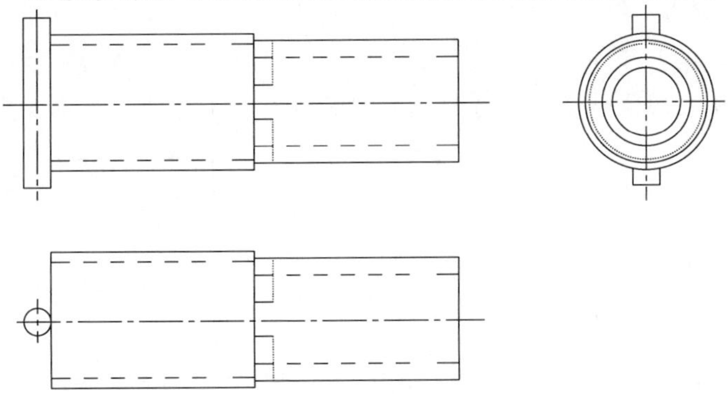

实施人员：×××　　　地点：会议室　　　完成时间：××××-××-××

（3）成型方法的选择。成型方法选择见表3-60。

表3-60　　　　　　　成 型 方 法 选 择

方案	焊接成型	冲压成型
成型方法	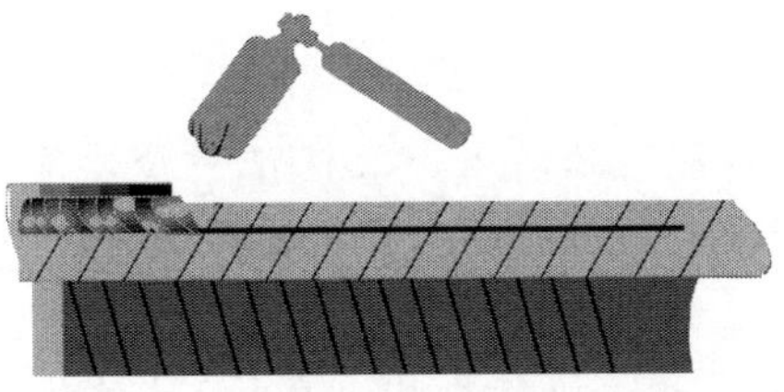	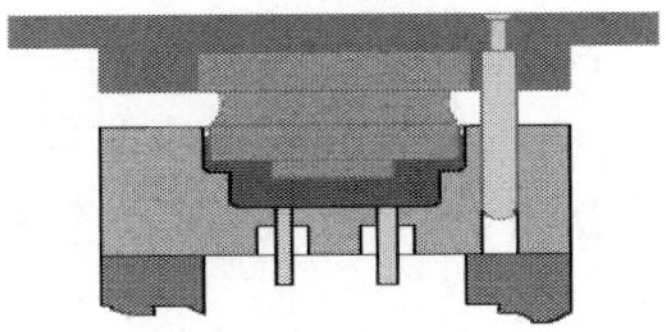

175

方案	焊接成型	冲压成型
成型方法	焊接成型是通过加热或者加压，或者两者并用，采用或者不用填充材料，使两个分离的工件产生原子（分子）间结合而形成永久性的连接的工艺	冲压成型是指靠压力机和模具对板材、带材、管材和型材等施加外力，使之产生塑性变形或分离，从而获得所需形状和尺寸的工件（冲压件）的加工成型方法
优点	（1）焊接成型一般用于小批量生产，精度差些，外观差些。 （2）成本低，节省材料，可以组合成复杂的零件	外形美观，无焊缝，适用于大批量生产
缺点	需要专业焊工作业人员	（1）需要专门开制模具，以及专用成型机器。 （2）制作复杂，成本很高
分析	（1）小组成员中2名成员有焊接工证。 （2）由于小组成员研制的底座结构复杂，专门开制模具成本高、开模复杂。 （3）该专用工具不用于批量生产	
结论	采用	不采用
实施人员：×××　　　地点：会议室		完成时间：××××-××-××

（四）支承机构

针对支承机构，小组成员决定根据原动机、传动机构、执行机构的模型自行设计一个支承机构，而支承机构的设计还需要考虑制作材料以及加工方法。支承装置分解如图3-79所示。

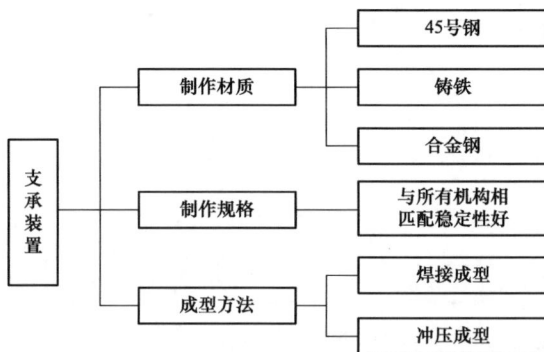

图 3-79　支承装置分解

（1）制作材料的选择。经小组成员讨论，底座的制作材质同样建议从铸铁、45号钢和合金钢三种材质中进行选择，根据执行机构设计部分对三种材料的分析比较，同样决定选用45号钢。

（2）制作规格。

1）宽度。对底座宽度的要求：①夹紧弹簧能轻松放入；②保证夹紧弹簧在压缩过程中不左右摇摆。因此选择夹紧弹簧的外径 $D=39mm$，底座的宽度 $K=D+15\sim25=55\sim65$（mm）。

2）长度。对底座长度的要求为保证夹紧弹簧、执行机构（套筒）、丝杠都能放入底座中。因为夹紧弹簧长度 $L_1=580mm$，套筒的长度 $L_2=130mm$，丝杠底端到螺母的长度 $L_3=$

100mm，所以底座的长度 $L=L_1+L_2+L_3+80\sim100=890\sim910$（mm），取 $L=900$mm。

3）高度。对底座高度的要求是保证夹紧弹簧完全包裹在卡槽中。高度太低，在对夹紧弹簧施力的过程中，弹簧容易弹出卡槽，对人身安全造成一定的威胁，不利于弹簧的压缩。夹紧弹簧的外径 $D=39$mm，因此底座的高度 $H=D+2\sim5=39+2\sim5=41\sim44$（mm）。

4）挡板位置。为了保证很好地对夹紧弹簧施加压力，需要对导电杆进行固定，即对夹紧弹簧的另一端进行固定，需要在底座上加装挡板。

挡板位置位于底座的尾端，远离尾端 150~250mm 左右处用于固定导电杆，保证导电杆放入不会发生倾倒即可，同时根据导电杆的直径留一空隙 A，其空隙应略大于导电杆的直径 D'（其中导电杆的直径 $D'=25$mm），保证导电杆顺利放入。因此，挡板位置为 $L_d=150\sim250$mm，取 $L_d=200$mm。挡板之间的空隙为 $A_d=25+4\sim6=29\sim31$（mm），取 $A_d=30$mm。

5）开孔位置、尺寸。为保证卡销方便拆除与安装，需要在底座的底部开一用于卡销拆装的孔。

a）对开孔尺寸的要求：大于卡销的尺寸，卡销直径为 $D=5$mm。

b）对开孔位置的要求：保证夹紧弹簧在压缩后，卡销能自由安装与拆除，根据挡板距离底座尾端的长度以及夹紧弹簧压缩后的长度确定开孔位置。

c）开孔尺寸：$D=10$mm。

d）开孔位置：$L=L_d+L_t=200+270=470$（mm）。

为了保证卡销在一定的长度范围内均可实现顺利拆装，因此给销孔的长度预留一定的裕度，开孔长度设置为 40mm。

6）螺母位置。为了保证在对夹紧弹簧更换的过程中，丝杆位置不发生移动，需要对丝杠结构中的螺母进行固定。

螺母的位置，根据螺母到丝杠顶端的长度进行确定，$L_m=70$mm 螺母的直径为 $D_m=20$mm，因此需在底座上开一半径为 $10+2=12$（mm）的半圆，保证螺母能稳固的放入底座中。

7）底座固定件。为了保证在对夹紧弹簧更换的过程中，底座平稳，因此需要在底座安装两块角铁，保证底座稳定。

8）模型。制作模型如图 3-80 所示。

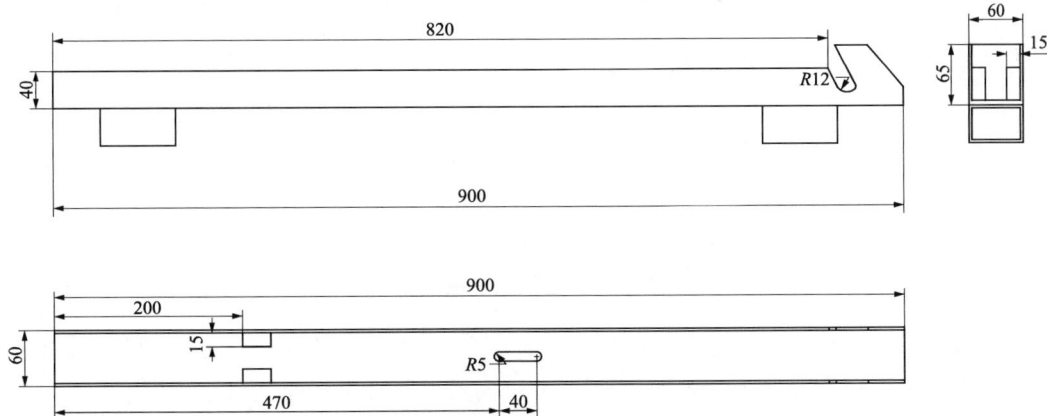

图 3-80 制作模型

（3）成型方法的选择。根据底座制作规格的设计以及模型可见底座结构复杂，再结合执行机构部分对焊接成型与模具成型两种成型方式的优缺点分析，综合决定采用焊接成型。

（五）控制系统

控制系统是用来操纵机械的启动、制动、换向、调速等运动，控制机械的压力、速度等工作状态的机构系统，一般包括智能控制和人工控制。

由于本项目所研制的工具不是用于大批量、不间断的压缩弹簧，因此不采用智能控制系统，而选择人工手动控制。

四、确定最佳方案

确定的最佳方案如图 3-81 所示。

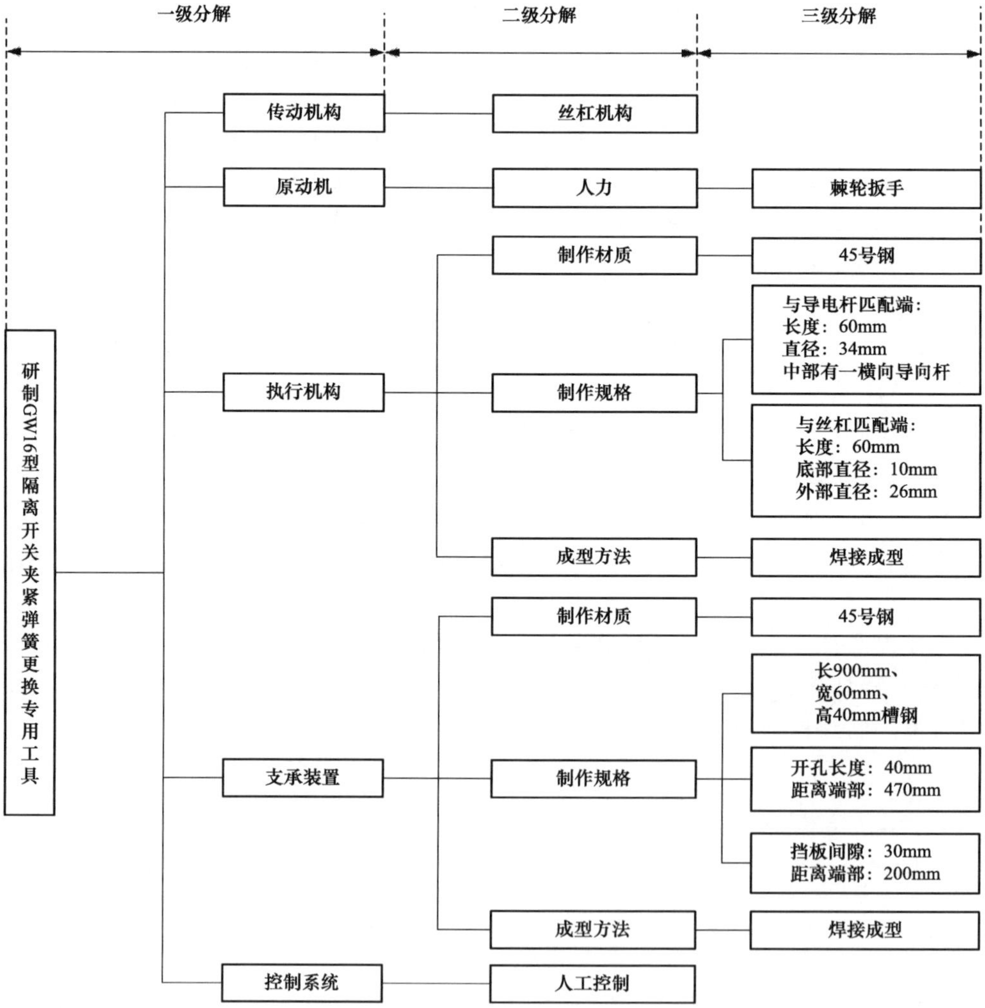

图 3-81　最佳方案确定图

分　析　本案例中小组成员没有凭感觉、经验等进行主观判断，而是针对每一个分解方案进行对此实验验证，以事实、数据说话。小组的最佳方案选择有实验、有数据、有事实，最终选择的方案也已细化至可直接采取对策。

第五节 制订对策表

13. 创新型课题如何制订对策？

小组在制订对策这一步骤前，先要将选定的准备实施的最佳方案具体化。由于小组在提出并选择方案的过程中是边展开、边进行比较的过程，方案往往是多层级，且每层都要展开到可以采取对策，很难看出方案的系统性和一致性。因此，在所有方案选择完之后，小组应将最终所选的方案用系统图等方法进行整理，以便纳入对策表。如果方案是唯一的，可用系统图展开或用流程图按流程进行描述；如果方案是备选的，则可以采用 PDPC 图展示。运用 PDPC 法制订对策时，应把第一套方案纳入对策表中。

【案例 3-34】"试验专用计算工具的研制"课题的对策表（见表 3-61）。

表 3-61　　　　　　　　　　　　　[案例 3-34] 对策表

方案	步骤	对策	目标	措施	负责人	完成时间
研制试验专用计算工具	1	设计工序流程	拟定实施基本流程、所需材料及注意事项	查阅标准、Java 应用程序书籍	×××	××××-××-××
	2	筛选公式	常用、涵盖所有数据计算功能	查阅标准、Java 应用程序书籍	×××	××××-××-××
	3	设计程序界面	美观、简单明了	小组讨论	×××	××××-××-××
	4	编写专用计算工具程序	能够正确计算试验数据	（1）下载开发软件	×××	××××-××-××
				（2）搭建运行环境编写程序	×××	
				（3）程序运行	×××	
				（4）循环改进	×××	
	5	认证	通过上级部门装置认证，计算快速，结果正确	进行各项试验数据计算，计算速度明显快于普通计算器计算时的速度，正确率 100%，请公司领导及专责人现场认证评定	×××	××××-××-××
	6	培训考核	每个小组成员会使用专用计算工具	对小组成员进行培训	×××	××××-××-××
	7	正式应用	使用专用计算工具进行数据计算	在大型预试中使用该专用计算工具计算	全体	××××-××-××

分　析　本案例中小组没有将最终选择方案利用系统图等方法进行整理，没有把对策内容与课题所选方案联系起来，这样就难以制订出有针对性的对策。而且制订的对策目标没有量化，不便于对策实施后的效果检查。

【案例 3-35】"便携式互感器极性测试杆的研发"课题的对策表。

小组确定的最佳方案选择图如图 3-82 所示，对策表见表 3-62。

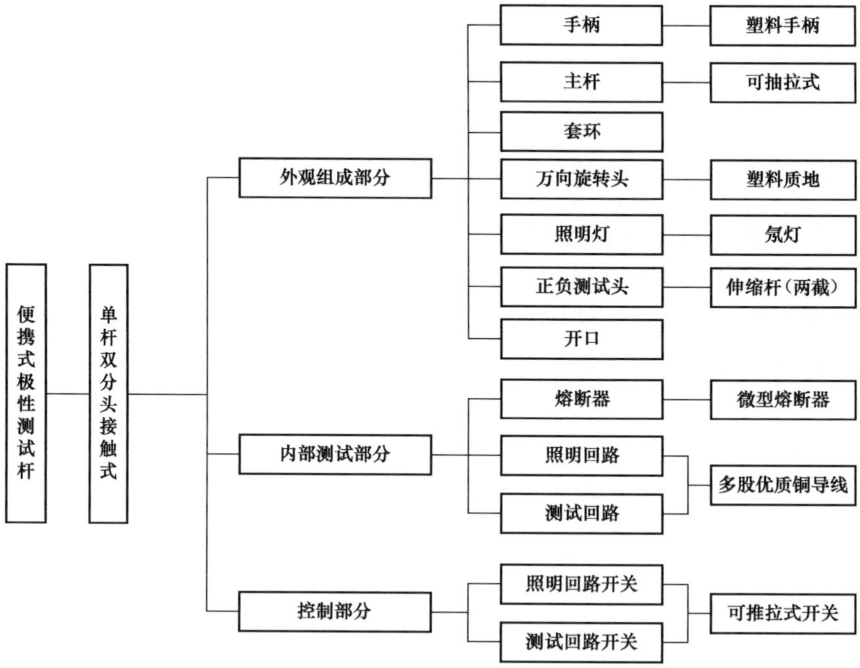

图 3-82　方案选择图

表 3-62　　　　　　　　　[案例 3-3] 对策表

课题	最佳方案	对策	目标	措施	地点	负责人	完成时间
便携式极性测试杆的研发	外观组成部分	塑料手柄　采用防滑空心绝缘手柄	材料绝缘，易加丝扣，丝扣操作 100 次无松动。开孔操作时间在 25min 以内，组装时间不得超于 3min。手柄长度为 10cm，直径 4cm，方便成人单手把握、操作	（1）手柄上下两侧加装丝扣。（2）手柄表面开凿两孔备用	×××	×××	××××-××-××
		可抽拉式主杆　采用可伸缩式绝缘套管	使主杆与被测设备接触合格率达 90％以上，收缩长度 40cm，伸长长度 1.2m	仿照高压验电器主杆设计	×××	×××	××××-××-××
		套环　套环作为安全警示线	从测量点到套环的距离应保持在大于 100cm，防止工作人员越线造成人身事故	采用黑色塑料防滑套，牢固固定于手柄上侧	×××	×××	××××-××-××
		塑料材质的万向旋转头　作为重要连接，并且能够使两触角灵活在半球面范围内旋转	两分支头在半球面达到 90°旋转，主头与主杆连接点可 180°旋转，测量直径可达到 60cm	（1）选用绝缘材料。（2）上侧双开口并能保证两触头在半球范围内万向旋转	×××	×××	××××-××-××
		氖灯　选用体积小、耗电量低、照明效果好的氖管	中心光强 15cd，能满足 0.2m³ 的空间的照明需求	在测量顶部开小孔镶嵌于仪器表面	×××	×××	××××-××-××

课题	最佳方案		对策	目标	措施	地点	负责人	完成时间
便携式极性测试杆的研发	外观组成部分	正负测试头	采用抗折能力强、多股铜导线	接触试验成功率达到90％以上，内部管腔直径大于 10mm，伸缩时不易损坏内置线	选用多股铜导线，现场试验得出适合测量的最佳材料	×××	×××	××××-××-××
		开口	开口尺寸根据熔断器大小设计，以方便更换	开口呈椭圆形，长轴为 35mm，短轴为 10mm，方便熔断器更换	由合作厂家用精密仪器进行开孔	×××	×××	××××-××-××
	内部测试部分	微型熔断器	采用 PBU 内置微型熔断器	尺寸为 3.6mm×10mm，熔断器上侧出现大电压时能快速断开回路	在测试杆上侧开孔内置保险，联通导线	×××	×××	××××-××-××
		照明回路	内置于设备且不易折损	保证照明回路畅通	采用 2×0.5mm² 的多股铜导线，合理选择长度及走向、提高使用寿命	×××	×××	××××-××-××
		测试回路	内置于设备且不易折损	使测试效果明显	采用 2×0.5mm² 的多股铜导线，合理选择长度及走向、提高使用寿命	×××	×××	××××-××-××
	控制部分	照明回路开关	采用微型推拉式开关	方便正确控制回路	牢固置于手柄开孔处	×××	×××	××××-××-××
		测试回路开关	采用微型推拉式开关	方便正确控制回路	牢固置于手柄开孔处	×××	×××	××××-××-××
整组实验			从 5 月中旬起，完成了便携式极性测试杆的组装，并在不同的计量柜进行了 50 次测试实验，测试准确率达到 96％；箱式变压器互感器极性测试平均时间 6min，比老式工具用时节省 40％，对于配电室计量柜互感器极性测试平均用时 9.5min，用时缩短 37％		×××	×××	×××

分　析　本案例中小组通过大量工作选择了单杆双分头接触式便携极性测试杆，并用系统图对最佳方案进行了整理。对策表"对策"一栏中，小组根据选择的最佳方案逐项将各个对策列出，制订出的对策有效性较强，保证了措施与方案的一致性。

14. 创新型课题怎样正确填写对策表?

对策表仍须按"5W1H"的标题设计来制定。其中"对策"栏应按小组选择的最佳方案（准备实施的方案）的步骤或手段（要素）逐项列出；"目标"栏则应是每个对策步骤或手段所要达到的对策目标，要尽可能量化；"措施"栏则是指每一项对策目标实现的具体做法，要详细具体描述。其他项与问题解决型课题的要求相同。

●【案例 3-36】"研制降低架空绝缘导线感应电压的装置"课题的对策表。

表 3-63　　　　　　　　　　　　[案例 3-36] 对策表

项目		对策	目标	措施	地点	负责人	完成时间
针刺部分	转动部分	选择电动机	转速达到200r/min	购买标准转速200r/min的电动机	×××	×××	××××-××-××
	针尖	制作钢质螺旋式针尖	制作圆柱形的直径 0.5mm、长度 4mm 螺纹钢质针尖	使用数控机床加工钢件制作	×××	×××	××××-××-××
	导轨	采用硬铝制作	能确定滑轨前进方向	使用数控机床加工，人工组装	×××	×××	××××-××-××
	滑轨	采用硬铝制作	磨差力达到要求	使用数控机床加工，人工组装	×××	×××	××××-××-××
	连接杆	采用硬铝制作	连接牢固	使用数控机床加工，人工组装	×××	×××	××××-××-××
	伸缩杆	采用钢材制作	强度达标	使用数控机床加工钢件制作	×××	×××	××××-××-××
操作部分		采用 PLC 逻辑电路	实现对针刺部分的控制及验电、放电功能	编制 PIC 逻辑程序，并反复检测其可行性	×××		××××-××-××
绝缘杆		采用分节螺旋式	达到有关规程规定的绝缘要求	购买达标产品	×××	×××	××××-××-××

分　析　本案例中对策表的主要问题是：①对策表中对策描述不清楚；②对策表中的措施不具体，部分对策目标没有量化，不便于对策实施后的效果检查。

【案例 3-37】"航标灯状态自动监控装置的研制"课题的对策表。

表 3-64　　　　　　　　　　　　[案例 3-37] 对策表

序号	对策	目标	措施	地点	负责人	时间
1	10W 直流电源模块设计	设计出电源电路，且电源输出电压误差小于1%	（1）电源电路设计。 （2）制作直流电源电路板。 （3）直流电源测试平台搭建。 （4）直流电源电路测试	×××	×××	××××-××-××
2	电阻与晶闸管混合设计	设计出晶闸管调压电路，且晶闸管导通角 $\theta_{RW,min}$ 均大于 0	（1）晶闸管调压电路设计。 （2）调压电路制作。 （3）晶闸管调压电路测试平台搭建。 （4）晶闸管调压电路测试	×××	×××	××××-××-××
3	变压器式电流互感器测试	要求变压器式电流互感器的最大误差小于1%	（1）确定所需电流互感器的各项参数。 （2）采购相应型号的电流互感器。 （3）电流互感器测试	×××	×××	××××-××-××
4	运算放大器OP497 设计	设计出逻辑判断电路，且整流变换误差小于1%，脉动幅度不大于5%	（1）逻辑判断电路设计。 （2）制作逻辑判断电路板。 （3）测试逻辑判断电路的脉动幅度和变换误差	×××	×××	××××-××-××

续表

序号	对策	目标	措施	地点	负责人	时间
5	继电器和声光报警设计	设计出继电器和声光报警电路；声光报警组合正确区分故障状态，切换动作正确率100%	（1）设计切换动作电路。 （2）设计声光报警电路。 （3）制作输出执行电路板。 （4）模拟故障测试输出执行电路	×××	×××	××××-××-××
6	电子温度表外壳安装	电路元件安装，装置组装成品，元件固定可靠，质量小于2kg	（1）获取电子温度表外壳。 （2）测量安装尺寸。 （3）整机安装	×××	×××	××××-××-××
7	航标灯状态自动监控装置运行及现场调试	能够正确检出故障，发出报警，切换备灯，切换时间满足活动目标	（1）做好试运行前准备。 （2）模拟现场工作环境进行使用。 （3）现场与航标灯、控制柜连调多次试验。 （4）总结运行结果	×××	×××	××××-××-××

分　析　本案例中对策表按照"5W1H"的原则进行制定，且每一条对策制订的措施详细具体，对策目标均已量化，便于对策实施后的效果检查。

15. 创新型课题对策制订常见的问题有哪些？

制订对策中的常见问题有两个：

（1）未按照所选方案进行。对策制订时，小组所有的方案已经选择完成，这些方案是可以直接采取措施的，所以按方案提出的步骤要逐一将其纳入对策表中。一些小组常常会出现不是按照所选择的方案制订了对策。

（2）在制订对策时又进行方案的展开。由于小组在上一步骤中对方案分解得不够彻底，因此在对策制订中再进行方案的展开，直到制订了具体的、可实施的措施为止。这种步骤顺序倒置的做法，势必影响到选择活动方案是否最佳，以及活动的实施效果。

其他还常出现对策目标未量化、措施与对策混淆且不具体等，与问题解决型课题的常见问题类似。

【案例 3-38】"温控器接点通断测试仪的研制"课题的对策制订（见图 3-83 和表 3-65）。

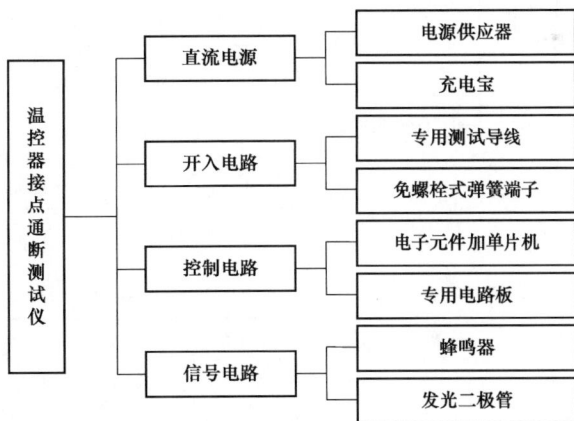

图 3-83　方案选择图

表 3-65　　　　　　　　　　　　　　　[案例 3-38] 对策表

方案	对策	目标	措施	负责人	地点	完成时间
温控器触点通断测试仪的研制	设计电路	（1）能同时监测6对接点通断。 （2）有声音和灯光提示	（1）根据温控器触点通断测试仪结构树图绘制电路图。 （2）在单片机上编写相应程序	×××	×××	××××-××-××

续表

方案	对策	目标	措施	负责人	地点	完成时间
温控器接点通断测试仪的研制	平面布局和实物焊接	（1）布局紧凑美观，体积小。 （2）便于焊接	先在电路板上绘制布局图，然后再进行焊接	×××	×××	××××-××-××
	调试试验	（1）消除干扰。 （2）确保所有回路良好	用一标准的单片机母板装置对其进行调试试验	×××	×××	××××-××-××

分　析　本案例中小组通过大量工作选择了最佳方案，但存在以下问题：①对策表中的对策与所选方案不完全一致，而且"对策"一栏没有将所选择的所有对策纳入，这样就影响了措施与方案的一致性；②对策目标没有量化，制订的措施不具体。

【案例3-39】"断路器液压机构自动排气装置的研制"课题的对策制订。

该课题确定的最佳方案选择及对策表如图3-84及表3-66所示。

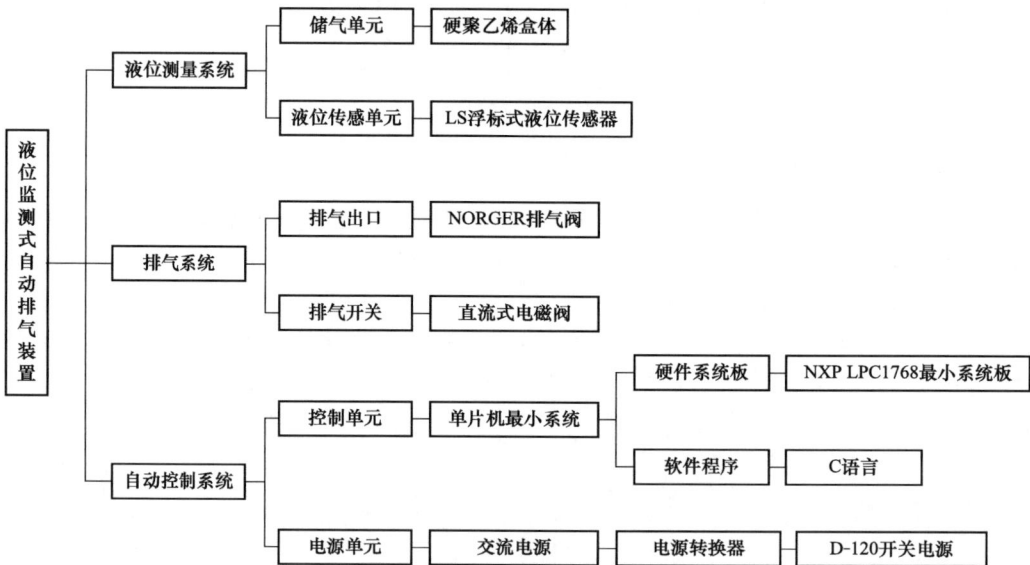

图 3-84　方案选择图

表 3-66　　　　　　　　　　　　　　　［案例 3-39］对策表

序号	对策	目标	措施	地点	负责人	完成时间
1	制作硬聚乙烯盒体	盒体能承受 17228Pa 的压强	（1）确定盒体大小。 （2）并加工合适大小的盒体。 （3）将油气导管与盒体连接	×××	×××	××××-××-××
2	安装 LS 浮标式液位传感器	液位传感器误差率低于 2%	（1）确定液位传感器安装位置。 （2）安装液位传感器。 （3）调试液位传感器	×××	×××	××××-××-××
3	采购 NORGER 排气阀	排气阀动作成功率大于 98%	（1）确定排气阀大小规格。 （2）采购安装排气阀	×××	×××	××××-××-××

续表

序号	对策	目标	措施	地点	负责人	完成时间
4	安装直流式电磁阀	电磁阀动作成功率大于98%	(1) 采购电磁阀。 (2) 安装调试电磁阀	×××	×××	××××-××-××
5	采购 NXP LPC 1768 系统板	系统板数据传输的误码率不大于 10^{-6}	(1) 将液位传感器输出的脉冲信号与主 MCU 单片机的输入管脚连接在一起。 (2) 调试单片机内部的计数器,实现对脉冲信号的计数	×××	×××	××××-××-××
6	C 语言编程	软件仿真正确率100%	(1) 安装 C 语言编译软件。 (2) 用 C 语言编写程序,并在 KELL 平台下进行调试。 (3) 对程序进行编译	×××	×××	××××-××-××
7	采用 D-120 开关电源	开关电源输出电压准确度高于98%	(1) 采购开关电源。 (2) 安装调试	×××	×××	××××-××-××
8	组装调试	装置排气动作值不大于 60mL	(1) 制作排气装置面板。 (2) 将各部分焊接组装。 (3) 进行调试试验	×××	×××	××××-××-××

分 析 本案例中小组将最终方案纳入对策表,且作为每一条对策,对策直接有效且制定的措施详细具体。每一项对策目标也都具体量化,便于对策实施后的效果检查。

第六节 按对策表实施

16. 创新型课题按对策实施的具体要求有哪些?

(1) 按对策实施。由于所确定的主要原因性质各不相同,而对策表中的每条对策都是针对不同的主要原因制订的改进措施,因此小组成员要按照对策表中的改进措施逐项实施,才能确保改进,达到受控状态。

(2) 确认结果。在每条对策实施完成后,都应立即收集改进后的数据,与对策表中的每一个对策目标进行比较,以确认对策的有效性。

(3) 修正措施。小组在实施阶段有两种情况需要对措施进行适当的修正:

1) 当小组成员在实施过程中遇到困难无法实施下去时,组长应及时召开小组讨论会,对于无法实施下去的措施进行修改,制订新的措施计划,并按之实施。

2) 当小组确认措施实施后没有达到对策目标,小组要对措施的有效性进行评价,必要时应修改措施内容,以实现对策目标。

【案例 3-40】"一种多角度采集终端天线支架的研制"课题的对策实施。

制定对策见表3-67。

表3-67 [案例3-40] 对策表

序号	对策	目标	措施	责任人	实施地点	实施时间
1	确定设计图纸	讨论制定整体解决方案，达到方便、实用	查阅资料，根据想法设计图纸	×××	×××	××××-××-××
2	确定采用材质	（1）强度要达到一定要求。（2）制作加工方便。（3）防锈、耐磨、美观，不易磨损	试验、选择，听取加工人员意见	×××	×××	××××-××-××
3	画出加工图纸	画出能够进行加工的图纸	选择易加工材料做出初步模型	×××	×××	××××-××-××
4	联合车间加工，试做样品	做出样品	选择加工能力较好的机加工车间	×××	×××	××××-××-××
5	试用改进	制作出符合最佳方案的成品	（1）找出存在的不足。（2）加工成品	×××	×××	××××-××-××

制表：××× 时间：××××-××-××

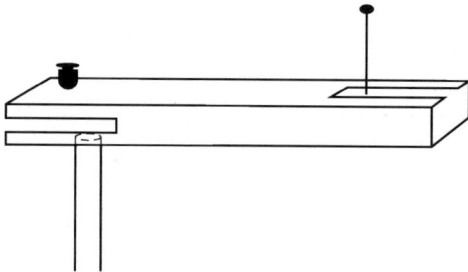

图3-85 绘出图纸

按对策表实施情况如下：

实施一：出设计图纸

小组成员讨论研究制定多角度终端天线支架的构造，根据讨论结果，由绘图能力较好的小组成员画出图纸，如图3-85所示。

实施二：确定采用加工材料的材质（见表3-68）。

表3-68 加工材料材质

材质	特点	分析结论
铁质管	优点：强度高。 缺点：笨重、易锈蚀	×
硬质塑料管	优点：质量轻。 缺点：不容易加工，需要模具，且易损坏，成本较高	×
镀锌钢管	优点：强度高，不生锈、质量轻、易加工	√

验证：镀锌钢管市场上材料易得，加工方便，可以达到标准化生产的要求。

实施三：确定采用支架形状。支架材质对比见表3-69。

表3-69 支架材质对比

材质	特点	分析结论
圆形钢管	焊接面小连接不牢固，天线安置不牢固	×
方形钢管	焊接面大，连接牢固，操作灵活	√

实施四：制作样品

画出完整图纸，确定尺寸，具备加工条件，联系车间进行样品加工。

实施五：试用改进

做出样品后，实施实际试验，找出存在的问题和需要改进的地方，包括不合适的尺寸，进行完善。多角度终端天线支架零部件说明见表3-70。

表3-70　　　　　　　　　　多角度终端天线支架零部件说明

序号	部件名称	功能
1	空芯镀锌管	长度可以根据实际安装位置需要自由选择。此管抗氧化性强，是电力器具常用材质
2	调节槽	在镀锌管一头对称设计一个约10cm的槽，可方便地夹在每个表箱上方出户线墙铁上。利用此槽可进行方向调节，根据信号来源方向，理论上可以进行180°旋转，使天线更好地定位
3	压紧丝	起到固定天线支架的作用，在天线支架移动到合适位置后，压紧此丝帽
4	天线固定槽	在镀锌管另一端上壁上设计一个长4cm、宽约2cm的长方形开口，使天线镶嵌在这个固定槽中，既防止雨淋，又使天线底座有家可安置，减少了人为损坏和自然破坏。在吸附力减弱时，还起到稳固作用
5	进出线孔	天线通过此孔与集中器或终端设备相连
6	PVC管	此管可根据天线高度安装，起到保护天线的作用，减少破坏和老化

制表：×××　　时间：××××-××-××

经试用，多角度采集终端天线支架可以满足调整信号、提高终端在线率，同时还起到稳固天线的作用，方便、快捷，满足要求。

分析 本案例中小组成员制订对策表，针对每条对策制订了措施，但在对策实施过程中，未能根据制订的对策措施逐项实施，未能确保措施按计划实施，不能确保对策实施达到受控状态。

在每条对策实施完成后，未能立即收集改进后的数据，与对策表中的每一个对策目标进行比较，未能体现对策目标的实现，未能确认对策实施的有效性。

【案例3-41】"电容电流测试PT集成箱的研制"课题的对策实施。

制定对策见表3-71。

表3-71　　　　　　　　　　［案例3-41］对策表

方案	对策	目标	措施	地点	责任人	完成时间
便携式电容电流测试PT集成箱	制作设备箱	制作长350mm、宽200mm、高380mm，两侧具有提手孔，底侧具有安装车轮凹槽的设备箱	（1）绘制图纸：标注尺寸，长350mm、宽200mm、高380mm。（2）准备材料：准备一个铝合金设备箱。（3）加工设备箱：设备箱盖打两个安装提手的孔；设备箱地面四个角安装车轮的凹槽	×××	×××	××××-××-××
	制作操作面板	制作长340mm、宽190mm、厚20mm的具备绝缘、防水性能的操作面板	（1）绘制图纸：标注尺寸，标注出绝缘板的长宽高的尺寸，标注出一次、二次及接地端子的位置距离图。（2）准备材料：选用绝缘板，经车床加工，做成一个长340mm、宽190mm、厚20mm的面板。（3）加工面板：在面板长边侧的左右角用钻孔机各打出φ1cm孔，另一侧长边靠边依次打六个φ0.8cm孔	×××	×××	××××-××-××

续表

方案	对策	目标	措施	地点	责任人	完成时间
便携式电容电流测试PT集成箱	制作导线、插头	（1）将高压采样信号线，一头制作成挂钩头，另一头制作成插头，二次测量线两头都制作成插头。（2）将ϕ0.8cm外包绝缘插孔金属与PT接头引出线焊接	（1）准备材料：准备具有香蕉接头的920接线柱及1.5mm²的导线。（2）加工导线接线柱：用ϕ3cm的黄铜制作弧ϕ6cm的挂钩，与带绝缘包皮的导线一头焊接，另一头将长4cm、ϕ0.8cm的金属插头与导线焊接，接头处采用高温处理塑料绝缘，将接头固定。ϕ0.8cm外包绝缘插孔金属与PT接头引出线焊接，插孔外包绝缘经高温处理，与面板空洞焊接	×××	×××	××××-××-××
	制作球轴承车轮	加工球轴承车轮上端片，使之具有能与设备箱相连螺孔	（1）准备材料：选用无受潮、受重物压力试验变形小、无侵蚀的TPR静音轴承轮。（2）加工车轮：在设备箱底板四个离顶角3cm处，以楞边为起点，向与楞相邻的两个面上各开长4cm、宽3cm的凹槽，靠楞内侧固定一根长5cm、ϕ4cm的轴承杆，球轴承车轮就固定在此杆上	×××	×××	××××-××-××
	制作提手	承重达60kg，舒适度较好的提手	（1）绘制图纸：标注尺寸，长9cm、宽5cm。（2）加工长9cm、宽5cm的金属提手	×××	×××	××××-××-××
	制作拉杆	制作舒适性及承重能力好的长21cm、宽8cm的收缩式拉杆	（1）准备材料。（2）制作并加工长21cm、宽8cm的收缩式拉杆	×××	×××	××××-××-××
	组装调试集成箱	完成安装并调试合格PT集成箱	（1）准备材料：准备好设备箱、操作面板、导线、插头、球轴承车轮、提手、拉杆。（2）安装并检查集成箱面板与PT接线是否正确，将集成箱面板、提手、拉杆、滚轮与箱体用螺丝固定；试验时能够方便拖拉搬运，在滚轮轴承上添加机油润滑	×××	×××	××××-××-××

制表：×××　时间：××××-××-××

对制定的对策进行分解，并组织人员认真具体地实施各项工作。

实施对策一：制作设备箱（见表3-72）。

表3-72　　　　制作设备箱实施对策

实施项目	实施情况	负责人	实施地点	实施时间
制作设备箱	绘制图纸并加工	×××	×××	××××-××-××

188

续表

实施项目	实施情况	负责人	实施地点	实施时间
绘制图纸标注尺寸	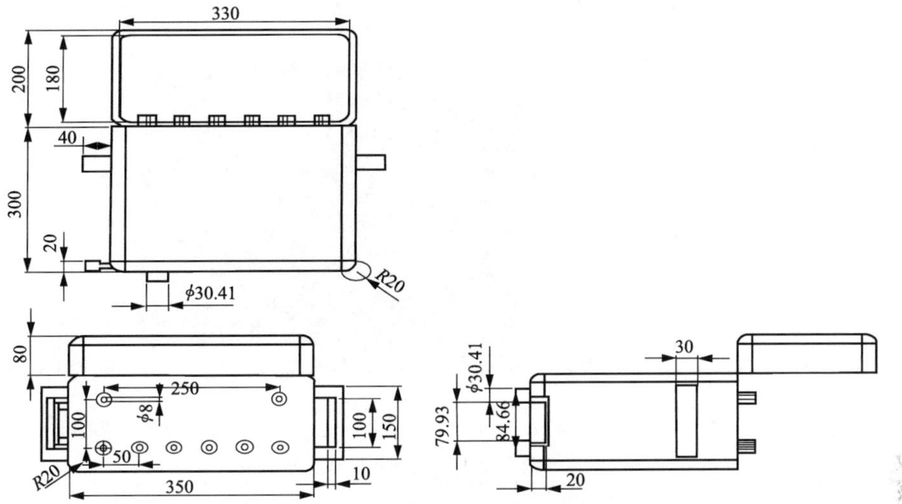 绘图人：×××　　绘图时间：××××-××-××			
准备材料	准备一个铝合金设备箱			
加工设备箱				
实施效果	制作长 350mm、宽 200mm、高 380mm，两侧具有提手孔，底侧具有安装车轮凹槽的设备箱			
	设备箱制作完成，完成实施对策一			

制表：×××　　时间：××××-××-××

实施对策二：制作操作面板（见表 3-73）。

表 3-73　　　　　　　　　　　制作操作面板实施对策

实施项目	实施情况	负责人	实施地点	实施时间
制作操作面板	绘制图纸并加工	×××	×××	××××-××-××
绘制图纸标注尺寸	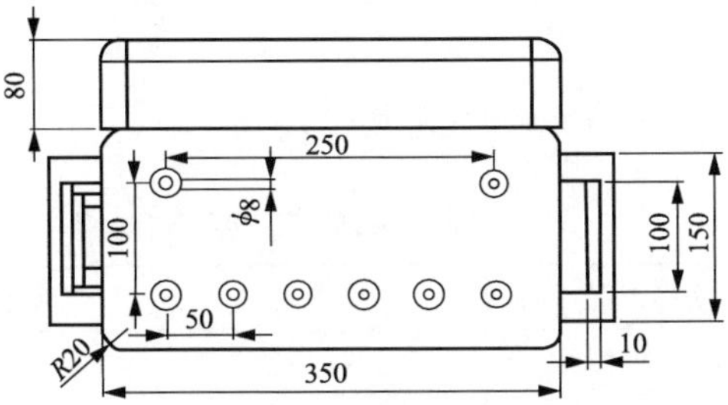 绘图人：×××　　绘图时间：××××-××-××			

续表

实施项目	实施情况	负责人	实施地点	实施时间
准备材料	准备材料：选用绝缘板，经车床加工，做成一个长 340mm、宽 190mm、厚 20mm 的面板			
加工面板	在面板长边一侧的左右角用钻孔机各打出 ϕ1cm 孔，另一侧长边靠边依次打 6 个 ϕ0.8cm 孔			
实施效果	制作长 340mm、宽 190mm、厚 20mm 的具备绝缘、防水性能的操作面板			
操作面板制作完成，完成实施对策二				

制表：×××　时间：××××-××-××

实施对策三：制作导线、接线柱（见表 3-74）。

表 3-74　　　　　　　　　　　导线、接线柱实施对策

实施项目	实施情况	负责人	实施地点	实施时间
制作导线、接线柱	绘制图纸并加工	×××	×××	××××-××-××
准备材料	选用导线、接线柱			
加工导线接线柱	用 ϕ3cm 的黄铜制作弧 ϕ6cm 的挂钩，与带绝缘包皮的导线一头焊接，另一头将长 4cm、ϕ0.8cm 的金属插头与导线焊接，接头处采用高温处理塑料绝缘，将接头固定。ϕ0.8cm 外包绝缘插孔金属与 PT 接头引出线焊接，插孔外包绝缘经高温处理，与面板空洞焊接			
实施效果	(1) 将高压采样信号线，一头制作成挂钩头，另一头制作成插头，二次测量线两头都制作成插头。 (2) 将 ϕ0.8cm 外包绝缘插孔金属与 PT 接头引出线焊接			
导线、接线柱制作完成，完成实施对策三				

制表：×××　时间：××××-××-××

实施对策四：制作球轴承车轮（见表 3-75）。

表 3-75　　　　　　　　　　　制作球轴承车轮实施对策

实施项目	实施情况	负责人	实施地点	实施时间
制作球轴承车轮	绘制图纸并加工	×××	×××	××××-××-××
准备材料	选用轴承轮			

续表

实施项目	实施情况	负责人	实施地点	实施时间
加工轴承车轮				
	在设备箱底板四个离顶角 3cm 处，以楞边为起点，向与楞相邻的两个面上各开长 4cm、宽 3cm 的凹槽，靠楞内侧固定一根长 5cm，ϕ4cm 的轴承杆，球轴承车轮就固定在此杆上			
实施效果	加工球轴承车轮上端片，使之具有能与设备箱相连螺孔			
轴承轮制作完成，完成实施对策四				

制表：×××　时间：××××-××-××

实施对策五：制作提手（见表3-76）

表 3-76　　　　　　　　　　　制作提手实施对策

实施项目	实施情况	负责人	实施地点	实施时间
制作提手	绘制图纸并加工	×××	×××	××××-××-××
绘制图纸	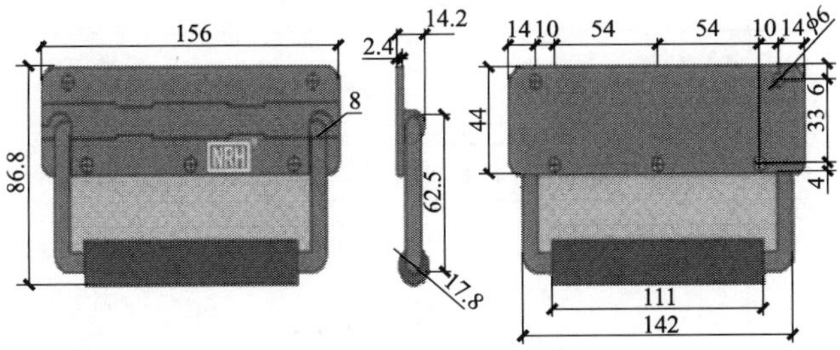			
加工提手	 加工长 9cm、宽 5cm 的金属提手			
实施效果	制作完成承重达 60kg、舒适度较好的提手			
提手制作完成，完成实施对策五				

制表：×××　时间：××××-××-××

实施对策六：制作拉杆（见表3-77）

表 3-77 制作拉杆实施对策

实施项目	实施情况	负责人	实施地点	实施时间
制作拉杆	绘制图纸并加工	×××	×××	××××-××-××
准备材料	选用拉杆			
加工设备箱	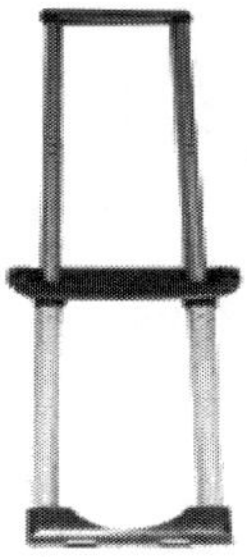 在设备箱车轮对侧安装长21cm、宽8cm的收缩式拉杆			
实施效果	制作舒适性及承重能力好的长21cm，宽8cm的收缩式拉杆			
提手制作完成，完成实施对策六				

制表：×××　时间：××××-××-××

实施对策七：设备组装（见表3-78）

表 3-78 设备组装实施对策

实施项目	实施情况	负责人	实施地点	实施时间
设备组装	绘制图纸并加工	×××	×××	××××-××-××
准备材料	已准备好的设备箱、操作面板、拉杆、提手、轴承轮、接线柱、导线			
加工设备箱	 检查集成箱面板与PT接线是否正确，将集成箱面板、提手、拉杆、滚轮与箱体用螺栓固定；试验时能够方便拖拉搬运，在滚轮轴承上添加机油润滑			

续表

实施效果	完成安装并调试合格 PT 集成箱
	设备组装完成，完成实施对策七

制表：×××　时间：××××-××-××

分 析 本案例中小组成员制订对策表，针对每项对策制订措施，在对策实施过程中严格按照措施措施逐项实施，确保了对策实施的可控。每条对策实施后，对都应立即收集改进后的数据，与对策表中的每一个对策目标进行比较，保证了对策实施的有效性。

17. 创新型课题按对策实施的注意事项有哪些？

（1）在实施过程中各小组成员要随时做好记录，包括每条对策的具体实施时间、参加人员、活动地点、具体做法、费用支出、遇到困难及如何克服等，以真实地反应活动全貌，为小组课题完成后整理成果报告提供依据。

（2）在实施过程中，小组长除了完成自己负责的对策外，要更多地组织协调各成员之间的衔接工作，并定期检查实施进程。

（3）每条对策完成后的结果确认十分重要。很多小组没有逐条确认对策完成结果，而是到效果检查阶段直接检查课题的总体效果。这样一旦发现没有达到总体效果，就必须重新对之前的各个阶段进行检查，寻找原因，工作量和工作难度都大大增加，降低了工作效率。

另外要注意的是，部分小组每条对策实施完后不是检查对策目标实现情况，而是检查课题总目标的完成情况。由于课题总目标往往是一个综合性的指标，大多数情况下，只实施一项对策很难对总目标形成影响，所以小组每项对策实施后，只需检查相应的对策目标是否实现，而不应检查总目标的完成结果。

（4）每条对策实施后，除去对对策目标实现与否进行确认外，还需对措施的实施是否影响安全、环境、相关质量、管理以及是否带来成本大幅增加进行核查，以评价对策的综合有效性。

在对策实施阶段，由于进入了质量改进的实质性操作阶段，各种改进及结果都需要用数据表达，因此，可用的工具及方法也最多。常用的工具、方法有：调查表、直方图、控制图、过程能力指数、散布图、矩阵图、PDPC 法、箭条图、头脑风暴法、流程图、优选法、正交试验设计法等，QC 小组应根据自己处理数据的实际需要，正确、恰当地选用。

【案例 3-42】"研制梅花触头压缩式拆装工具"课题的对策实施。

小组成员经过反复讨论，制定了对策表见表 3-79。

表 3-79　　　　　　　　　　［案例 3-42］对策表

序号	项目	对策	目标	措施	地点	完成时间	负责人
1	绘制工具示意图及设计工具部件具体尺寸规格	根据功能需要绘制拆装工具示意图，设计具体部件尺寸规格	绘制符合方案确定的拆装工具示意图，尺寸设计合理	采用 CAD 制图法绘制，确定具体部件尺寸	×××	××××-××-××	×××
2	委托加工组装	根据加工图尺寸要求，对各部件加工组装	按图加工，合理选材，确保产品质量。控制精度，尺寸误差不大于 0.5mm	根据图纸要求，对各部件进行加工，满足组装要求	×××	××××-××-××	×××

序号	项目	对策	目标	措施	地点	完成时间	负责人
3	工具试验	公司安监部组织试验	专用工具在试验负荷 2.8kN 状态停留 10min，在工作负荷 0.5kN 停留 10min，无变形、无破坏，完全满足作业要求	依据国家标准进行拉力试验	×××	××××-××-××	×××
4	编制使用说明书	根据装置特点编制使用说明书	确保拆装工具安全正确使用	结合工具特点、功能及注意事项编写使用说明书	×××	××××-××-××	×××
5	现场功能验证	拆装工具现场测试	验证安全性、实用性	现场拆装试验	×××	××××-××-××	×××
6	实用化改进	改进工具使用中出现的问题	完善装置的实用性，有利于现场使用	增加部件增加设备安全性	×××	××××-××-××	×××

对策实施如下：

实施一：绘制拆装工具示意图及设计工具部件具体尺寸规格

确定目标后，小组成员开会讨论项目实施对策，根据拆装工具功能需要绘制符合方案确定的拆装工具设计图，同时设计出各部件具体尺寸。

（1）选用合适的材料以保证梅花触头每个触片都能受力均匀，且选用材料应具备足够的拉力。小组成员在网上查询自行车刹车线型号规格和数据，最后决定购买型号 1050 刹车线，其拉力 2800N，钢性 65 号。选用自行车刹车钢线能保证拆装过程每个铜触片都受力均匀，不会产生变形，且符合所有规格梅花触头所需的压缩力。

（2）确定采用拉线作为主要传动部分后，为了让钢线保持稳定，在操动过程中实现稳定匀速直线行走，需要采用一条丝杆与其连接，通过反复试验，最后决定采用直径为 12mm 的丝杆在其尾部使用车床加工后与钢线连接，与钢线成为梅花触头拆装器的主要传动部分。

（3）小组成员对 630、1250、1600、2000、3150、4000A 梅花触头外形尺寸做了测量汇总，见表 3-80。

表 3-80 　　　　　　　　　梅花触头外形尺寸统计表 　　　　　　　　　　　　（mm）

类别（A）	400	630	1250	1600	2000	2500	3150	4000
直径	57	74	78	93	117	127	127	147
周长	179	233	245	293	368	399	399	462

由于 400～4000A 触头周长相差 283mm，且拉力相差也较大，不可能实现同长度钢丝就能拆装所有型号的触头。为了尽可能降低成本，使同尺寸长度钢丝尽可能多地拆装不同型号的触头，决定加长 φ12 丝杆长度。通过多次试验，最后确定丝杆长度选择 150mm，钢丝选用 370mm 和 550mm 两根，分别拆装 400、630、1250、1600A 梅花触头和 2000、2500、3150、4000A 梅花触头。为保证拆装过程稳固，使用铣床和线性车床将丝杆加工成扁圆形。

小组成员确定梅花触头快速拆装器的各项参数，并结合现场实际和梅花触头的各种型号规格，设计了梅花触头快速拆装器加工初步设计图纸，如图 3-86 所示。

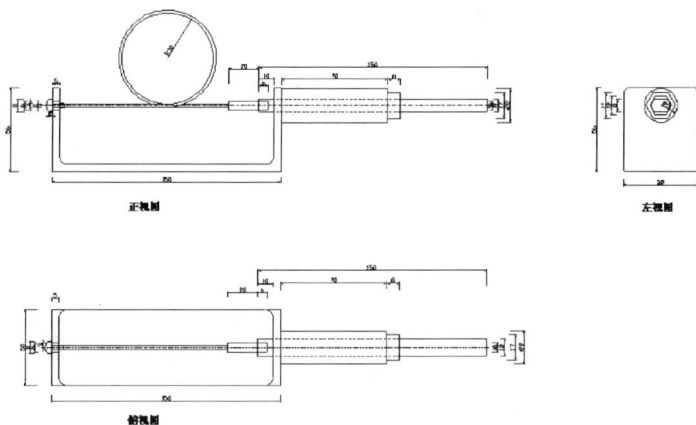

图 3-86 梅花触头快速拆装器三视图

小组成员对图纸进行会审后，确认设计合理，一致同意按照设计图纸加工。

验证：对照梅花触头进行模拟试验，结构合理，尺寸符合现场要求，适用性 100%。

实施二：加工组装

开始购买了 3mm 自行车刹车线、160mm 槽钢、自行车轮圈辐条帽等材料，现场监督修造厂按图纸加工，专用工具各部件加工完成后，进行部件组装。

验证：组装后工具各部件尺寸偏差小于 0.5mm，连接部分牢固，传动结构顺畅，可靠性 100%。

实施三：工具试验

小组成员对组装后的梅花触头压缩式工具在变电检修班仓库进行试验，分别对 10kV 装置式开关柜内的 630、1250A 两种梅花触头进行了拆装试验。专用工具在试验负荷 2.8kN 状态停留 10min，在工作负荷 0.5kN 停留 10min，无变形、无破坏，完全满足作业要求。

试验中发现装置中导轨部分过长，操作范围较大，应该适当缩短导轨长度，经反复试验最终导轨长度定为 30mm。

小组委托公司安监部在安全工器具室利用安全带拉力试验机对拉线进行测试，经试验，该工具试验拉力合格。

验证：工具安全可靠，拉力正常，槽型支架承载能力正常，能保证触头拆装全过程的各项要求。

实施四：编制使用说明书

结合专用工具的特点、功能、使用方法编制使用说明书，对工具使用范围、原理、结构、功能和具体使用方法进行详细说明，有利于该工具的推广使用。

经公司运维检修部、安监部、等部门领导批准，梅花触头压缩式拆装工具准予使用。

实施五：现场功能验证

经运维检修部、安全监察质量部批准，2014 年 6 月 6 日，小组全体人员在 35kV 变电站对 10kV 备用开关，现场利用梅花触头压缩式拆装工具对 630A 梅花触头经行拆装作业。

小组组织 8 人分为 4 组，分别对 35kV 变电站 10kV 备用柜手车式真空断路器的 630A

梅花触头用所研制的梅花触头快速拆装器进行单只梅花触头拆装工作，拆装时间结果统计见表3-81。

表3-81　　　　　　　　　　　　梅花触头拆装时间统计表

序号	组别	单只触头拆装时间（min）
1	一组	4
2	二组	3
3	三组	5
4	四组	4
平均用时		4

由表3-81可以看出，使用研制的梅花触头快速拆装器进行单只梅花触头拆装工作由传统工艺的18min降为4min，实现目标。无论熟练工还是学徒都能安全快速拆装梅花触头，特别是抢修停电时间得到很大缩短，提高了劳动效率，降低了人工强度。

经实验发现问题：钢丝固定螺栓与传动螺栓连接处没固定，容易出现松动和转动；操作时间还有进一步提升空间。

实施六：实用化改进

针对上述两个问题在现场进行了改进：在钢丝固定螺栓处加装内径为6mm的螺母，这样就解决了拉线螺栓不固定出现的松动和转动问题；在操作时使用17mm快速棘轮扳手，大大加快了拉线运行速度，降低了拆装时间。

分　析　本案例中对策实施阶段，进入了质量改进的实质性操作阶段，各种改进剂结果都需要用数据表达，该小组对对策实施结果的验证无数据表达，缺少质量管理工具的应用，对于能否达到目标要求，不具有说服力。

【案例3-43】"断路器液压机构自动排气装置的研制"课题的对策实施。

有了最佳方案，小组根据5W1H的原则制订了活动对策表，见表3-82。

表3-82　　　　　　　　　　　[案例3-43] 对策表

序号	对策	目标	措施	地点	负责人	完成时间
1	制作硬聚乙烯盒体	盒体能承受17228Pa的压强	(1) 确定盒体大小。 (2) 并加工合适大小的盒体。 (3) 将油气导管与盒体连接	×××	×××	××××-××-××
2	安装LS浮标式液位传感器	液位传感器误差率低于2%	(1) 确定液位传感器安装位置。 (2) 安装液位传感器。 (3) 调试液位传感器	×××	×××	××××-××-××
3	采购NORG-ER排气阀	排气阀动作成功率大于98%	(1) 确定排气阀大小规格。 (2) 采购安装排气阀	×××	×××	××××-××-××
4	安装直流式电磁阀	电磁阀动作成功率大于98%	(1) 采购电磁阀。 (2) 安装调试电磁阀	×××	×××	××××-××-××
5	采购NXP LPC1768系统板	系统板数据传输的误码率不大于10^{-6}	(1) 将液位传感器输出的脉冲信号与主MCU单片机的输入管脚连接在一起。 (2) 调试单片机内部的计数器，实现对脉冲信号的计数	×××	×××	××××-××-××

续表

序号	对策	目标	措施	地点	负责人	完成时间
6	C 语言编程	软件仿真正确率 100%	(1) 安装 C 语言编译软件。 (2) 用 C 语言编写程序,并在 KELL 平台下进行调试。 (3) 对程序进行编译	×××	×××	××××-××-××
7	采用 D-120 开关电源	开关电源输出电压准确度高于 98%	(1) 采购开关电源。 (2) 安装调试	×××	×××	××××-××-××
8	组装调试	装置排气动作值不大于 60mL	(1) 制作排气装置面板。 (2) 将各部分焊接组装。 (3) 进行调试试验	×××	×××	××××-××-××

制表:×××　时间:××××-××-××

对策实施

对策实施一:制作硬聚乙烯盒体

小组成员购买了硬质聚乙烯塑料板,焊接了 5cm×2cm×8cm 的硬聚乙烯盒体,并在盒体顶部和底部开孔,采用塑料螺栓连接好油气导管,如图 3-87 所示。

对策检查一:

小组对盒体进行破坏性试验,记录盒体发生裂纹时承受的极限压强,见表 3-83。

图 3-87　制作硬聚乙烯盒体

表 3-83　　　　　　　　　试验极限压强

序号	1	2	3	4	5	6	7	8	9	10	最小值
极限压强(Pa)	63990	61400	59700	63240	59780	58280	67140	59940	63710	62110	58280

制表:×××　时间:××××-××-××

结论一:盒体能承受 17228Pa 的压强,符合要求。

对策实施二:安装 LS 浮标式液位传感器

小组成员前往五金市场,选购了适合实际盒体大小的 LS01 型液位传感器(见图 3-88),并安装在盒体中。

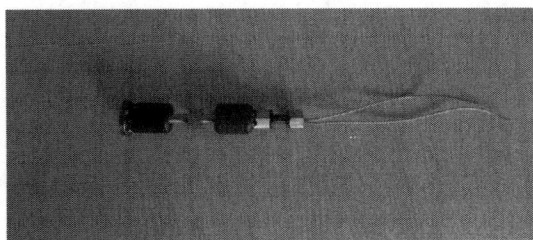

图 3-88　LS01 浮标式液位传感器

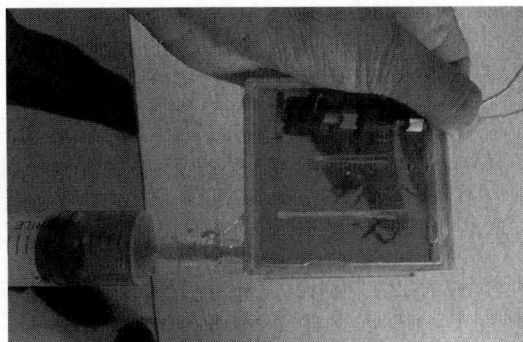

图 3-89　液位传感器试验

对策检查二：液位传感器试验（见图3-89）

小组成员在盒体内注入100mL液压油，用LS01浮标液位传感器测量计算盒体内含油量，与注入量比较，重复试验10次，统计各次试验结果，计算误差，结果见表3-84。

表3-84　　　　　　　　　　　试　验　结　果

序号	1	2	3	4	5	6	7	8	9	10	平均
注入体积（mL）	20	40	60	80	100	120	140	160	180	200	—
测量结果（mL）	19.66	39.64	59.22	78.8	98.3	118.0	137.2	157.4	176.9	196.4	—
误差（mL）	0.34	0.36	0.78	1.2	1.7	2.0	2.8	2.6	3.1	3.6	—
误差率	1.7%	0.9%	1.4%	1.5%	1.7%	1.7%	2.0%	1.6%	1.7%	1.8%	1.6%

制表：×××　时间：××××-××-××

结论二：液位传感器误差率低于2%，符合要求。

对策实施三：采购NORGER排气阀

小组成员在五金有限公司采购了NORGER排气阀，如图3-90所示。

对策检查三：排气阀试验（见图3-91）。

图3-90　NORGER排气阀　　　　　图3-91　排气阀试验

为了确定该排气阀是否满足能排气的要求，小组成员将排气阀进气侧用塑料管连接好，往塑料管内部注入液压油直至液压油充满塑料管，记录排气阀是否能顺利排气，重复试验10次，结果见表3-85。

表3-85　　　　　　　　　　　试　验　结　果

序号	1	2	3	4	5	6	7	8	9	10	成功率
排气情况	能排气	能排气	能排气	能排气	能排气	能排气	能排气	能排气	能排气	能排气	100%

制表：×××　时间：××××-××-××

结论三：排气阀动作成功率大于98%，符合要求。

对策实施四：安装2W-160常闭型直流式电磁阀

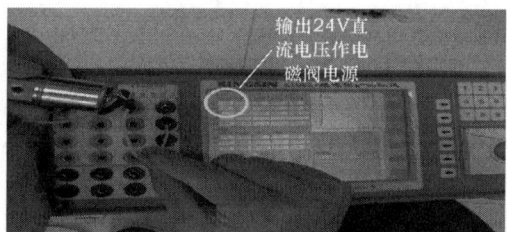

小组成员前往五金市场，选购了2W-160常闭型直流式电磁阀，如图3-92所示，并进行了安装。

对策检查四：电磁阀动作试验（见图3-93）。

图3-92　2W-160常闭型直流式电磁阀　　　　图3-93　电磁阀动作试验

小组成员使电磁阀动作 100 次，统计动作结果，计算动作成功率，见表 3-86。

表 3-86   试 验 结 果

序号	1	2	3	4	5	6	7	…	100	动作成功次数	动作成功率
动作结果	成功	成功	成功	成功	成功	成功	成功	…	成功	100	100%

制表：×××　时间：××××-××-××

结论四：电磁阀动作成功率大于 98%，符合要求。

对策实施五：采购 NXP LPC1768 系统板

将液位传感器输出的脉冲信号与系统板（见图 3-94）主 MCU 的输入管脚连接在一起，通过调试系统板内部的计数器，实现对脉冲信号的计数。

图 3-94　NXP LPC1768 系统板

对策检查五：系统板动作试验。

在实验室中模拟九组数据，将模拟数据进行 A/D 转换为二进制的代码后记录下来，通过通信接口再传送到系统板数据采集接口中，在系统板数据采集接口处测得相应的九组二进制代码，用误码率测试仪将这九组二进制代码与输入的源二进制代码相比较，求出误码率。

结果见表 3-87。

表 3-87   试 验 结 果

组号	发送数据（x/b）	接收数据（y/b）	(x—y)/b	误码率
1	100000	100000	0	0
2	500000	500000	0	0
3	1000000	999999	1	1×10^{-6}
4	1500000	1499999	1	0.67×10^{-6}
5	2000000	1999999	1	0.5×10^{-6}
6	2500000	2499998	2	0.8×10^{-6}
7	3000000	2999998	2	0.67×10^{-6}
8	4000000	3999998	2	0.5×10^{-6}
9	5000000	4999997	3	0.6×10^{-6}
平均值				0.68×10^{-6}

制图：×××　时间：××××-××-××

根据上表，绘制出柱形图，如图 3-95 所示。

结论五：系统板数据传输的误码率不大于 10^{-6}，符合要求。

对策实施六：C 语言编程

进行程序功能设计，绘制程序流程图，并进行编程与调试工作，使用 C 语言开发工具按流程分块对单片机进行编程，小组设定通过液位信号算得气体含量达到 60mL 时，发排气指令。程序流程如图 3-96 所示。

图 3-95　误码率柱形图

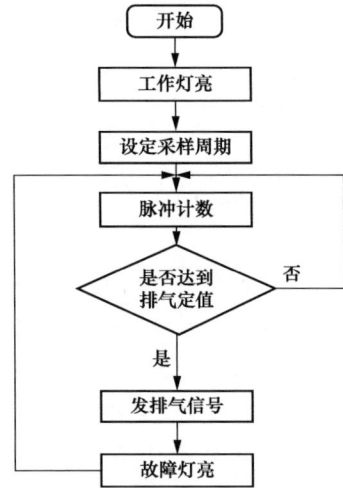

图 3-96　程序流程图

对策检查六：仿真试验

小组对编号的软件进行了仿真试验，输入 100 个模拟含气量，分别检测是否发出排气信号，统计软件仿真正确率，见表 3-88。

表 3-88　　　　　　　　　　　试　验　结　果

序号	含气量输入（mL）	输出信号	是否正确
1	89	排气指令	正确
2	40	不排气指令	正确
3	73	排气指令	正确
4	54	不排气指令	正确
5	25	不排气指令	正确
6	16	不排气指令	正确
7	61	排气指令	正确
8	34	不排气指令	正确
...	...	...	...
99	76	排气指令	正确
100	58	不排气指令	正确
正确率	—	—	100%

制表：×××　时间：××××-××-××

结论六：软件仿真正确率 100%，符合要求。

对策实施七：采用 D-120 开关电源

小组选购了 D-120 开关电源，并进行了安装调试，其中所用万用表准确级为 ±（0.5%+3 字），完全能够精确真实的反映输出值。

对策检查七：开关电源试验（见图 3-97 和图 3-98）

小组成员对 D-120 开关电源测试 20 次输出电压值，计算输出电压准确度，见表 3-89。

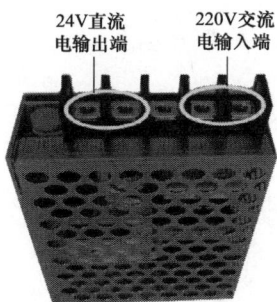

图 3-97　D-120 开关电源

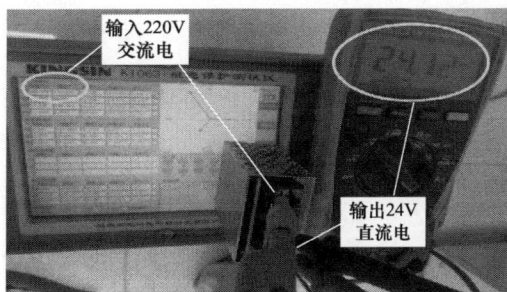

图 3-98　D-120 开关电源试验

表 3-89　　　　　　　　　　　　　　　电 压 准 确 度 试 验

序号	1	2	3	...	20	平均
标准电压（V）	24	24	24	...	24	24
输出电压（V）	23.7	24.1	23.7	...	23.8	23.8
准确度	99%	99%	99%	...	99%	99%

制表：×××　　时间：××××-××-××

结论七：开关电源输出电压准确度高于 98%，符合要求。

对策实施八：组装调试

小组根据所选用各部件的大小制造了塑料外壳，根据各部件的功能制作了面板（如电磁阀具有手动打开功能，储气盒具有液位观察功能），并将各部件连接好并固定在塑料外壳内，将制作好的面板粘贴在外壳上，如图 3-99 所示。

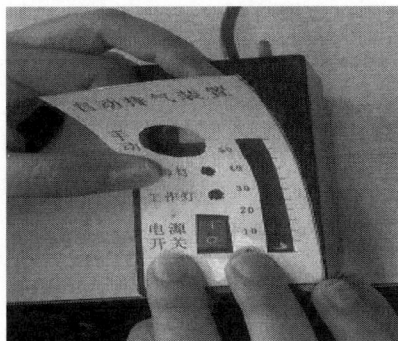

图 3-99　制作面板

对策检查八：组装试验

小组将排气装置安装备用开关上，对断路器液压回路注入空气，直至装置动作排气，进行 100 次试验，统计每次排气动作值，结果如下：

57.0	58.2	57.5	56.2	57.6	58.7	58.1	56.1	56.6	58.0
58.5	57.6	57.4	58.1	57.7	58.3	56.8	58.0	57.7	55.3
58.7	56.8	56.5	59.6	56.3	58.8	57.0	58.1	57.4	57.5
57.8	57.4	57.0	56.6	57.6	56.9	57.8	57.8	56.9	57.4
57.8	58.0	56.2	59.0	58.1	56.7	56.6	57.7	56.3	57.1
56.9	58.8	57.1	56.3	56.2	57.6	58.5	56.2	58.4	60.2
56.3	59.5	56.4	56.3	56.8	57.0	57.5	57.5	55.5	60.2
57.8	56.9	57.2	58.2	56.6	57.2	59.2	58.5	58.0	56.3
57.3	56.8	56.5	54.9	58.4	55.7	59.9	58.0	60.8	57.3
57.7	56.0	58.1	56.9	56.7	58.1	59.6	58.4	58.5	56.8

计算得出其平均值

$$\bar{x} = \frac{1}{100} \sum_{i=1}^{100} x_i = 57.9 (\text{mL})$$

对上述样本利用 Minitab 软件进行安德森-达林正态性检验，其中 P 值定义为 $P\left(U \geqslant \dfrac{\bar{x}\mu_0}{\sigma_0/\sqrt{n}}\right)=P$，显著性水平 $\alpha=0.05$。Minitab 软件进行数据分析后的检验结果如图 3-100 所示。

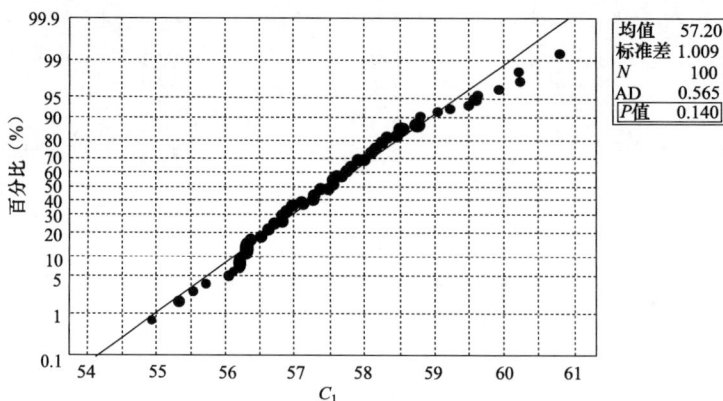

均值	57.20
标准差	1.009
N	100
AD	0.565
P值	0.140

图 3-100　安德森-达林正态性检验概率图

根据安德森-达林检验的判据，由于 $P=0.140>\alpha=0.05$，正态性成立，即认为样本结果符合正态分布规律，且动作值 $X \sim N$（57.2，1.0092）。

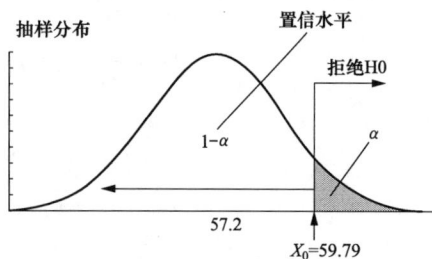

图 3-101　假设检验示意图

下面在显著性水平 $\alpha=0.05$ 下对目标进行假设检验：

H0：动作值 $X \leqslant 60$；

H1：动作值 $X>60$。

显著性水平 $\alpha=0.05$ 的时候，临界值 $Z_\alpha=2.576$，即 $P（X>Z_\alpha）=\alpha$。动作值 X 的置信区间临界值 X_0 计算过程如下：

因为动作值 $X \sim N$（57.2，1.0092），由正态分布标准化转换可知【$(X-57.2)/1.009$】$\sim N$（0，1），令 $(X_0-57.2)/1.009=Z_\alpha=2.576$，求得临界值 $X_0=2.576 \times 1.009+57.2=59.79<60$。

而且统计量 57.9 落在置信区间以内，说明动作值大于 60 的事件发生为小概率事件，所以 H0 成立。因此排气动作值不大于 60mL 的目标实现。

假设检验示意图如图 3-101 所示。

结论八：装置排气动作值不大于 60mL，符合要求。

分　析　本案例中该小组由于进入了质量改进的实质性操作阶段，每项对策实施均能用数据表达，且质量管理工具使用正确恰当，能够很好地说明每项实施的效果，数据表达充分，具有很高的说服力。

第七节　效　果　确　认

18. 创新型课题如何进行效果检查？

当全部对策实施完成后，小组成员就要进行效果检查，以确认小组设定的课题目标是否达成。

可通过收集的客观数据，检查是否达到小组设定的课题目标。如果达到了课题目标，说明小组取得了较好的活动效果，完成了此次的创新型活动课题；如果未达到课题目标，小组就要查找原因所在，是措施制订的问题，还是对策方案的问题，必要时再进行新一轮的 PDCA 循环。

小组在效果检查时，不但要计算经济效益，更要证实小组创新性的活动给未来的工作带来的效率、产品的更新换优及填补国内外相关领域空白等社会效益，以展现小组课题活动的重大意义。

【案例 3-44】"研制 KYN28 开关柜母线触头盒绝缘遮蔽装置"课题效果检查。

检验效果如下：

（1）小组对母线触头盒绝缘遮蔽装置进行了整体组装，并再次在工作现场进行了模拟试验。通过试验发现，母线触头盒绝缘遮蔽装置尺寸大小准确，操作方便，可靠性高，装置各方面特性都达到了设计目标要求。

通过试验发现，母线触头盒绝缘遮蔽装置操作简便，两人即可完成工作，大大节约人力，操作安全可靠，提高工作效率，节约时间，圆满完成了预定目标。

实验数据见表 3-90，效果对比如图 3-102 所示。

表 3-90 ［案例 3-44］实验数据

序号	开关位置名称	开关型号	操作时间（h）	作业人数
1	35kV×××变电站××10kV××线开关	KYN28	2.36	2
2	110kV×××变电站 10kV××线开关	KYN28	2.12	2
3	35kV×××变电站 35kV××线开关	KYN28	2.09	2
4	35kV×××变电站××东线开关	KYN28	2.45	2
5	110kV×××变电站备用Ⅰ线开关	KYN28	2.02	2
6	35kV×××变电站 10kV××线开关	KYN28	2.16	2

制表：×××　时间：××××-××-××

从表 3-90 和图 3-102 可以看出，母线触头盒绝缘遮蔽装置满足工艺要求，操作可靠稳定，达到了预期效果，目标实现。

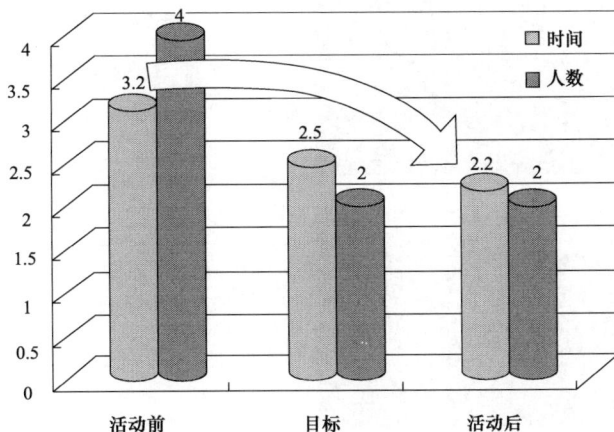

图 3-102　效果对比

（2）意外收获。小组对母线触头盒绝缘遮蔽装置进行了整体组装时发现当绝缘支架上的绝缘挡板拆除时可以应用于核相工作，同时减少人力。

分　析　本案例中效果检查环节中，运用了表格数据、图表、图片等方式多种分析了该母线触头盒绝缘遮蔽装置的实用性及为工作带来的效率上的提升。但是忽略了计算经济效益，效果检查的项目较为单一。

【案例3-45】"便携式电缆沟盖板开启工具的研制"课题效果检查。

效果检查一：达标效果检查

便携式电缆沟盖板开启工具的具体操作步骤如图3-103所示。

整个开启工具由千斤顶、夹杆、支架三个部分组成，便于携带，同时组装方便

组装后，将工具移到所需打开的盖板处，拧紧螺杆，夹紧盖板

用千斤顶吊起盖板到一定的高度

盖板被吊起，推开到旁边，现在可进行防小动物检查等工作

盖板复位到位，且完全没有夹伤手的顾虑

图3-103　电缆沟盖板开启实施过程图

活动目标检查效果见表 3-91。

表 3-91   活 动 目 标 检 查 效 果

项目	内容	达标结果
操作人数	单人（且可女性单独操作、如图 3-102 所示）	达到目标
便携程度	分体式，可拆解成三个部分。体积为 0.06m³（0.5m×0.6m×0.2m），质量 8kg，便于携带（可放在巡检车后备箱，如图 3-103 所示）	达到目标

小组通过活动，达到了预期目标。同时在操作快捷性及保障人员不被受伤等方面都取得了明显的效果。

效果检查二：费用检查

卧式千斤顶：本体 100 元＋改造费用 50 元＝150 元。

支架：钢材 50 元＋四个轮子 30 元＋加工费 200 元＝280 元。

盖板可伸缩夹杆：钢材 50 元＋加工费 200 元＝250 元。

其他：100 元。

总成本费用：780 元。

该工具成本低（780 元），可直接推动（安装四个轮子），质量轻（8kg），符合便携的特点，如图 3-104 所示。

图 3-104   开启工具放在巡检车后备

效果检查三：现场检查

小组成员利用该工具对变电站站内所有规格的电缆盖板进行开启，均可满足现场盖板迅速、轻便开启的要求，适应变电站运维人员在实际运行生产工作中的需要。

分 析 本案例中从多个方面对活动的效果实施了效果检查，讨论了电缆沟盖板开启工具的易用性、实用性、便携性，经济效益及社会效益。尤其是运用了数据展示了其经济型和便携性，全面彰显了活动的意义。

19. 创新型课题效果检查与问题解决型课题有什么不同？

创新型课题小组的效果检查，是针对研制的某一产品、项目、技术、工艺或方法，通过收集的客观数据，检查是否达到小组设定的课题目标；而问题解决型课题的效果检查是在所有要因都得到解决或改进之后，按照改进后的条件试生产（工作），并从试生产（工作）中收集数据，从而检查改进后所取得的总体效果。

第八节　标　准　化

20. 创新型课题怎样进行标准化?

"创新型"课题的小组成果如果具有推广意义和价值,在今后生产、服务和工作中可再现、重复应用的,应将对策(方案)和措施进行标准化,标准化的内容可以是设计图纸、工艺规程、管理办法及技术文件等。或根据研发课题的实际情况,经巩固期确认后进行标准化。如"输电线路巡检系统的研发"课题活动结果是研制出一套输电线路的巡检系统,该系统要经过一段时间的巩固期验证,确认效果保持稳定后,将该系统的操作规范进行标准化,使其在今后的工作中严格遵照执行,确保输电线路安全畅通。

如果有的课题是为解决某个专项问题而进行的一次性的问题,可将研发过程的相关资料存档备案,指导今后小组活动的开展。

【案例 3-46】"变压器有载调压开关起吊器的研制"课题的标准化。

标准化内容:

(1) 将新工具工作工艺纳入变压器检修作业指导手册。

(2) 对变压器检修人员进行培训。

(3) 定期检查维护有载调压起吊装置。

(4) 使用过程中发现问题对其进行改造完善。

分　析　本案例中在标准化这一步中,没有对成果是否具有推广意义和价值进行评价,而直接做出标准化;从内容上看,更类似于宣传口号,用简单的文字叙述标准化内容,而没有把真正需要进行标准化的工艺、图纸、设计等相关内容纳入到标准之中。

【案例 3-47】"电容电流测试 PT 集成箱的研制"课题的标准化。

在使用了电容电流测试 PT 集成箱后,工作效率大幅提升,大大减小了作业人员的劳动强度,达到了既定目标。同时还降低了作业风险,减少了人员的损伤。

标准化内容如下:

(1) 图纸归档。

(2) 把电容电流测试 PT 集成箱的管理纳入本班工器具管理制度。

(3) 编写《电容电流测试 PT 集成箱使用说明书》。

本电容电流测试 PT 集成箱(以下简称 PT 集成箱)是我小组成员根据工作经验,结合作业实践制作的专用辅助工具,并经过实际操作验证该工具确实方便可靠。为使班组其他成员能正确、安全地使用本工具,特制定使用说明如下:

本 PT 集成箱适用于配网系统电容电流测试中性点电压信号获取,搬运时请使用拉杆托运或两人搬运。使用时,应注意:

1) 确认电容电流测试设备已接地,并检查测量接线。

2) 使用前先检查 PT 集成箱外观情况是否完好。

3) 将 PT 集成箱接地端接地。

4) 先把电容流测试设备测量线接至 PT 集成箱输出端、然后将中性点电压采样线接到

PT 集成箱输入端。

5）检查接线无误后，将中性点电压采样线用绝缘挂钩搭接到中性点处，接通电容电流测试仪电源，开始测量。

6）测量完毕，先收回中性点电压采样线用绝缘挂钩，然后拆除输入、输出端接线，最后拆除地线。

分　析　本案例中在进行标准化前，首先分析了活动成果的推广意义和推广价值，得出结论后分别从设计图纸、管理制度两个方面开展标准化工作，同时编制了本课题研究成果的使用说明书，总结较为全面，符合 QC 活动基本原则。

21. 创新型课题成果如何保护与转让？

创新型课题在产品、项目、工艺、技术、手段和方法等方面实现突破，都是以前没有的，带有创新性的。创新课题成果具有推广价值，应该标准化，以便推广，有的已经得过或正在申请专利。QC 小组活动可及时解决企业当前设备、工器具、工艺和流程等方面问题，成果形成的周期性较短，同时创新成果针对性和局限性较强，积极开展成果专利申请保护与转让，可促进成果的推广和应用，能推动整个行业的发展与进步。因此小组应增强对创新成果的保护及转让意识，使创新型课题成果发挥更大的价值和作用。

【案例 3-48】"10kV 电压互感器开关柜母线避雷器小车的研制"课题的保护。

（1）巩固推广：此项成果已应用到实际当中，收到效果良好，该装置的经济性、安全性、实用性得到专业人士的一致认可。

（2）纳入规范化管理：编制高压开关柜母线避雷器小车的制造规范和技术说明书及标准化作业指导书，并纳入运维检修部技术资料室统一管理。

分　析　本案例中在选择课题时，小组成员研究了国内外开关柜生产厂商的相关技术资料，并查阅了大量技术文献，未发现 10kV 电压互感器开关柜母线避雷器小车，又在国家知识产权局网站专利检索没有检索开关柜母线避雷器小车，未检索到相关专利。该成果解决问题效果显著，得到专业人士认可，但小组成员并未进行专利申报。很多优秀的 QC 成果仅局限于企业内部使用，未能进行保护与转让和进一步的推广与应用，造成资源的浪费。

【案例 3-49】"10kV 配电室高压计量箱定位支架的研制"课题的保护。

为了进一步巩固已取得的成果，我们修订完善了"10kV 配电室高压计量箱定位支架"使用说明书和标准化作业指导书；同时在实际使用过程中，做好关键数据的存档和研究，通过对比、改进，不断提升单位作业效率。

《10kV 配电室高压计量箱移动定位支架》于 2013 年 03 月 16 日成功申请了实用新型专利，专利号为 ZL20132　0099369.9。

分　析　本案例中小组成员成功研制出 10kV 配电室高压计量箱移动定位支架，解决 10kV 高压计量箱安装移动的定位的问题。该课题成果专业性强，行业内其他企业也面临相同或相似的问题，具有行业内推广价值。该小组在开展质量管理活动的同时，积极进行的专利申报，维护了企业技术的知识产权，也为下一步成果的转让奠定基础。

第九节　总结和下一步打算

22. 创新型课题成果总结的内容有哪些？

创新型课题成果总结的内容是从创新角度对在专业技术、管理技术，特别是小组成员素质等方面进行全面的回顾与总结，找出小组活动的不足和创新特色，激励今后更好地开展创新课题活动。

【案例 3-50】"研制更换 GW16 型隔离开关夹紧弹簧专用工具"课题的总结。

活动总结：

（1）GW16 型隔离开关夹紧弹簧更换工具的开发，创造性地解决了工作中的实际问题，收到了预期效果。

（2）在此次 QC 活动中，本小组成员始终保持着高度的工作热情，从各方面考虑问题，并做了大量工作，达到了预期的目标，大大增强了小组的凝聚力和自信心。

分　析　本案例中总结相对片面，只是用简短的语言对活动结果做了一个简要的描述，证明达到了预期效果，没有深入到技术层面对活动整体过程进行总结，也没有总结出活动中存在的不足之处。

【案例 3-51】"研制高压开关操作回路故障区域辨识系统"课题的总结。

总结：课题总结见表 3-92。

表 3-92　　　　　　　　课 题 总 结

序号	程序	QC 工具	优点	可改进点	今后打算	负责人
1	活动计划	甘特图	活动计划明确	提前计划时间和活动时间	合理安排活动与工作时间	×××
2	确定课题	调查表流程图	课题选择范围较小，重点突出	进一步拓宽思路	加强技术学习、研讨及总结	×××
3	目标值设定	饼状图	目标值设定合理	继续细化可行性分析	结合柱状图进行细化分解	×××
4	提出方案并确定最佳方案	头脑风爆发法 亲和图 调查表 树状图	图片、表格数据详细、准确，方案优缺点分析具体，选择明确	增加试验次数	学习运用矩阵数据分析法，加强试验数据记录	×××
5	制定对策及实施	5W1H	对策实施目标量化，数据详实、准确	加强 QC 工具应用，可将过程决定程序图运用到质量管理中	学习应用矢线图法与 PDPC	×××
6	效果检查	调查表 折线图 柱状图	目标值追踪确认明确、清晰	与兄弟单位交流经验，并推广	持续跟进效果，大力推进小组成果	×××
总结	本次活动，小组成员在创新精神、团队精神、进取精神等方面都有大幅提高，小组打破常规故障处理模式，利用常规继电器，独立设计监视系统，实现对操作回路故障区域的辨识，做到了故障检修省时省力					

（1）本次 QC 活动，小组打破了常规故障处理的模式，利用小小的继电器独立设计监视系统，实现对操作回路故障区域的辨识，做到了故障检修省时省力。

（2）本次 QC 活动由本小组成员共同努力完成，小组成员在创新精神、团队精神、进取精神等方面都有很大的提高。

> **分　析**　本案例中以图表与文字相结合的形式，对成果进行了较为全面的总结，通过本次活动总结回顾解决了本课题中提及的相关问题，同时阐明了在活动程序方面以及统计技术方法应用方面的成功之处及下一步的改进方向。

23. 创新型课题成果今后打算如何进行？

继续寻找并发现小组成员身边和工作现场存在的创新机会，明确下一个创新型的小组课题。

【案例 3-52】"室内屏柜防漏水实时检测报警系统研制"课题的今后打算。

下一步打算：我们 QC 小组将继续跟踪室内屏柜防漏水实时检测报警系统在现场的实用情况，发现问题并进行改进，将成果进行进一步的完善优化，并致力于将成果在全国范围内尤其是多雨且偏远地区变电站推广使用，为电网安全稳定运行、变电站运维一体化工作顺利实施提供帮助。

> **分　析**　本案例中没有真正理解"下一步打算"的内涵，而是将重点放在了本次课题的优化改进和推广应用方面，没有明确下一个创新型的小组课题。

【案例 3-53】"研制 500kV GW16/17 型隔离开关综合检修平台"课题的今后打算。

下一步打算：今后本小组还将继续积极投入到 QC 活动中。在进行 500kV GW16/17 型隔离开关大修的过程中，小组成员发现个别固定螺栓由于使用了非国标件或长期暴露在恶劣的环境中表面锈蚀软化，使得螺母外径缩小，标准型号扳手难以拆除，而活动扳手又受限于体积无法进入。因此，本小组计划明年对常用工具进行一些改进，拟定课题为《研制可调节棘轮扳手》。

> **分　析**　本案例在本次活动开展的过程中，小组成员发现了工作现场存在的影响工作效率的问题，并本着 QC 小组活动的宗旨明确了下一个"创新型"课题为《研制可调节棘轮扳手》，从而将小组活动持续地推进下去。

第十节　创新型成果评审与评价

24. 创新型课题成果评审的"四项基本原则"是什么？

（1）抓大放小。
（2）客观有依据。
（3）避免在专业技术上钻牛角尖。
（4）不以经济效益大小评价成果优劣。

25. 创新型课题成果评审的目的是什么？

对 QC 小组活动成果的评审目的，就是对小组课题活动的成果按照 PDCA 循环，对课题活动过程的完整性、工具方法运用的正确性、课题活动的真实性及活动结果的有效性进行客观、公正、全面的评价，以肯定成绩、发现不足，促进 QC 小组活动水平的不断提升。当然，通过评审才能比较出不同小组课题活动的水平高低，有利于树立典范、表彰先进，激励小组成果不断追求更高的目标。

26. 创新型课题成果评审要求是什么？

QC 小组活动成果的评审包含肯定成绩、指出不足两个方面的内容。评审中如何识得准、抓得实是能否正确引导小组活动的关键，也是考验评审人员水平的要点。评审人员既要指明小组成果中的优点，以利于今后继续发扬光大，更要准确指出问题所在，而且要注意尺度的把握，使小组成员明白不足在何处，今后怎么做才能有所改进和提高，同时又使小组成员易于接受，避免挫伤他们的积极性。

27. 创新型课题的总体评价主要从几个方面考虑？

（1）成果的创新特点。应指明小组本次活动课题的主要创新特点。这是 QC 小组本次活动的基本出发点，是决定小组是否按照创新型程序进行活动的根本依据。如果小组选择的是问题解决型课题，却按照创新型课题开展活动，或者将创新型课题按问题解决型课题程序组织活动，都会带来活动程序的错误。因此，在综合评价时首先要明确小组本次活动课题是否和内容完全一致，是否属于创新型课题。

（2）目标值完成情况。评价小组本次课题活动目标值是否完成，创新型课题主要看研发是否成功并实现了预期的目标，以此来评价小组的活动效果。

（3）程序、方法应用情况。从总体上评价小组在活动程序上逻辑性如何，特别是创新过程是否注意用数据说话，是否进行了必要的试验验证，并经逐级的分解展开、评价和选择出最佳方案。在工具方法的应用方面是否准确、有效。从总体上对小组课题活动程序和方法的应用水平做一个评价。

（4）有无推广意义。评审时要对 QC 小组本次课题活动的效果及推广意义进行评述。创新型课题推出时间短，小组在活动中对程序和方法的应用也在不断地摸索实践。评审时要注意小组在活动程序上有哪些特点，在工具方法应用中有哪些独到之处，可以为广大小组学习借鉴的地方，要指出并给予充分的肯定。

（5）结论及改进之处。对小组本次课题的成果给出总体评价，并指明问题和需要改进之处，特别是要准确的指出小组活动过程中的不足，为小组今后的活动指明方向。

28. 创新型课题的总体评价如何从程序方面指出课题存在的不足？

QC 小组活动是遵循 PDCA 循环的科学程序进行的，对活动成果的总结应该思路清晰，具有严密的逻辑性。因此，评审时首先要评审成果所展示的活动全过程是否符合 PDCA 的活动程序，是否按照程序环环相扣。如：小组的选题是否为研发新的产品、方法或材料等；目标是否针对研发活动要达到的最终效果，制订目标后是否进行可行性分析，整体评估小组解决问题的能力；是否对方案进行逐级展开评价和选择，最佳防范的选择是否以试验结果为基础；最佳方案选择完成后，是否形成系统方案，并将其纳入对策表；实施过程是否按对策表逐条进行等。评价时只要掌握了各步骤的要点，就能够比较准确的识别出程序各环节的不足之处。

29. 创新型课题的总体评价如何从方法方面指出课题存在的不足？

创新型课题与问题解决型课题相比，尽管应用的统计方法有限，且情理型方法多于数据型方法，但还是要评审其统计方法应用是否正确、恰当和有效。在课题提出、最佳方案的选择等过程中，根据内容的不同，可以应用头脑风暴法、亲和图、系统图、正交试验、单因素试验等统计方法，如果不能够正确地应用统计方法，将影响小组活动过程的科学性和有效性，从而影响小组的活动效果。

第四章 统 计 工 具

知 识 点

一、统计工具

统计工具是指有关收集、整理、分析和解释统计数据，并对其所反映的问题做出一定结论的方法。质量统计工具包括：描述性统计技术——以揭示数据分布特性方式的汇总，并表达定量数据特征的方法，如统计特征数（平均值、中位数、众数、极差、方差、标准偏差、变异系数等），简易图表（包括折线图、柱状图、饼分图、环形图、砖图、雷达图等），调查表，分层法，排列图，直方图等；推断性统计技术——通过在给定信度的条件下样本的观察值，推断总体的参数情况以判断有无显著性差异的方法，如参数估计，假设检验，拟合度检验，符号检验等。

统计工具可分为两类：一类是帮助解决质量管理问题思路的工具，例如头脑风暴、亲和图等。这些工具并不直接针对过程或产品中的数据，而是更强调一种创造性思维，强调跳出框。这类工具更多地应用在管理和策划活动中。另一类是涉及如何分析和处理过程或产品中的数据波动。这类工具是以统计技术为核心，用于质量控制或质量改进的各个阶段，帮助我们系统地识别、分析、诊断和改进产品或过程。

统计工具的用途包括以下七个方面：

（1）提供表示数据特征的数据（平均数、标准偏差、极差等）；

（2）比较两事物的差异（水平对比、假设检验等）；

（3）分析影响事物变化的因素（因果图、系统图、分层法等）；

（4）分析事物间相关关系（散布图、正交试验等）；

（5）研究取样和试验方法，确定合理的试验方案；

（6）发现质量问题，分析掌握质量数据的分布状态和动态变化（排列图、直方图、散布图等）；

（7）描述质量形成过程（流程图、控制图等）。

使用工具方法必须做到正确、恰当。所谓正确，就是方法不能用错，例如因果图是针对单一问题来分析原因的方法，假如是两个问题而用一个因果图来分析原因，就必然产生所分析的原因针对性不强的问题，因此，这就属于方法应用错误。所谓恰当，就是要恰如其分，不要盲目追求用新的方法和复杂方法，只要能解决问题就行。

QC小组活动中，小组成员为了取得证据，收集了大量的数据，其中有些是有效数据，有些则是无效数据，我们必须对数据进行整理、分析，就需要应用统计工具方法；不能做到全数检验时，可以随机抽取一定数量作为样本，判断总体质量状况，也需要统计工具方法。所以说，开展小组活动必须使用统计工具方法。

小组成员使用工具方法时，既不能以老七种工具（分层法、调查表、排列图、因果图、直方图、控制图、散布图）和新七种工具（树图、关联图、亲和图、矩阵图、矢线图、PD-PC 法、矩阵数据分析法）为框框，只局限于使用新、老七种工具方法，也不是使用工具方法越多越好。而应从实际出发，从实用出发，有选择地使用更多的质量工具方法，使用工具方法的原则是正确、恰当，使用工具方法能够解决问题就行。

二、抽样

为什么要进行抽样？抽取样本的目的是通过研究局部（样本）来推断全部（总体），从而达到保证和提高产品质量的目的。抽样检验主要分为以下四种方法：

（1）简单随机抽样法。指总体中的每一个个体被抽到的机会是相等的。为实现抽样的随机化，可采取抽签（抓阄）、查随机数表等方法。例如，要从 100 件产品中抽取 10 件组成样本，可把 100 件产品从 1～100 编号，然后用抽签的方法，任意抽取 10 个号码，假如抽到的是 5，7，10，29，33，57，73，79，88，90 这 10 个，就将与这 10 个编号对应的产品拿出来组成样本。一般随机抽样法的优点是误差小，缺点是抽样手续较为繁杂。

（2）系统抽样法。又叫等距抽样法或机械抽样法。例如，要从 100 件产品中抽取 10 件组成样本，可把 100 件产品按 1，2，3，…100 顺序进行编号；其次用抽签或查随机数表的方法确定 1～10 号中的哪一件产品入选样本（如 7 号）；再次，按等距原则确定入选样本编号：17号，27 号，37 号，47 号，57 号，67 号，77 号，87 号，97 号；最后抽取编号为 7，17，27，37，47，57，67，77，87，97 的 10 件产品组成样本。系统抽样法的优点是简便易行，缺点是容易出现偏差。一般来说，在总体会发生周期性变化的场合，不宜采用这种抽样方法。

（3）分层抽样法。是指从一个可以分成不同子总体（分层）的总体中，按规定的比例从不同层中抽取样本（个体）的方法，也叫类型抽样法。例如，有甲、乙、丙三个工人在同一台机器设备上倒班生产同一种零件，他们加工完了的零件分别放在 3 个地方，如果现在抽取 18 个零件组成样本，按照分层抽样法，应从堆放零件的 3 个地方分别抽取 6 个零件，合起来一共 18 个。这种抽样方法的优点是样本代表性好，抽样误差比较小。缺点是抽样手续较一般随机抽样还要繁琐。此方法常用于产品质量验收。

（4）整群抽样法。又叫集团抽样法。是在整体中，不抽取个别样本，而抽取整群的产品。这种方法是将总体分成许多群，每个群由个体按一定方式结合而成，然后随机地抽取若干群，并由这些群中的所有个体组成样本。其抽样法的背景是：有时为了实施上的方便，常以群体（公司、工厂、车间、班组、工序或一段时间内生产的一批零件等）为单位进行抽样，凡抽到的群体就全面检查，仔细研究。例如，对某种产品抽取 5% 的抽样检查来说，每隔 20h 抽出其中 1h 的产量组成样本，然后对这些抽出来的样本进行质量检验并推断总体的质量情况。这种抽样方法的优点在于抽样实施方便。缺点是由于样本只来自于个别几个群体，不能均匀地分布在总体中，因而代表性差，抽样误差大。这种方法常用在工序控制中。

抽样检验是质量管理活动的重要过程，抽样检验本身也要求工作效率和工作质量。质量的要求强调抽样检验判定的准确性和有效性，这些都与抽样的方法有关。所以，抽样检验工作必须进行标准化，使组织在掌握和运用抽样检验的方法时有章可循。

第一节　调查表、分层法

1. 什么叫调查表？

调查表（Data-collection Form）又称检查表，是用来系统地收集资料和积累数据，确认事实并对数据进行粗略整理和分析的统计图表。由于调查表使用简便，既能够促使我们按统一的方式收集资料，又便于直观分析，因此，调查表在质量管理活动中，特别是在QC小组活动、质量分析和质量改进活动中得到了广泛的应用。

2. 常用调查表有哪几种？

（1）不合格项目调查表。主要用来调查现场不合格品项目频数和不合格品率，以便继而用排列图等分析研究。插头焊接缺陷调查表见表4-1。

表 4-1　　　　　　　　　　　　　　　插头焊接缺陷调查表

序号	项 目	频数	累计	累计（%）
A	插头槽径大	3367	3367	69.14
B	插头假焊	521	3888	79.84
C	插头焊化	382	4270	87.69
D	插头内有焊锡	201	4471	91.82
E	绝缘不良	156	4672	95.02
F	芯线未露	120	4747	97.48
G	其 他	123	4870	100.00

调查者：吴××
____年____月____日
地点：×××公司插头焊接小组

（2）不合格位置调查表。外观质量不合格。发生的部位和密集程度，进而从中找出规律。汽车车身喷漆质量的缺陷位置调查表见表4-2。

表 4-2　　　　　　　　　　　　　汽车车身喷漆质量的缺陷位置调查表

车 型		检查处	车 身
工 序		检查者	
调查目的	喷漆缺陷	调查数	2139 辆

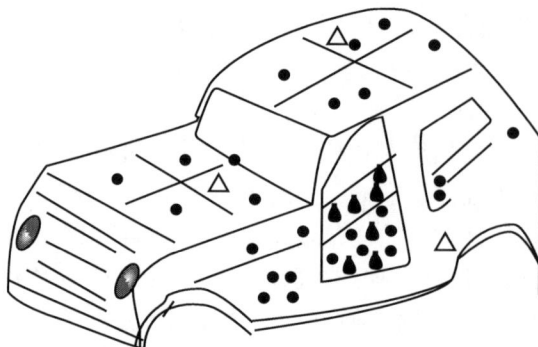

● 色斑
◆ 流漆
△ 尘粒

年　　月　　日

（3）质量分布调查表。对计量数据进行现场调查。根据以往的资料，将某一质量特性项目的数据分布范围分成若干区间制成的表格。从表格形式看，质量分布调查表与直方图的频数分布表相似。

质量分布：根据以往资料，首先划分区间范围，然后制成表格，以供现场调查记录数据。

直方图分布：首先搜集数据，再适当划分区间，然后制成表格，以供分析现场质量分布状况。

见表 4-3 零件实测值分布调查表。

表 4-3　　　　　　　　　　塑料制品外观质量调查表

调查人：×××　　　　　　　　　　　　调查日期：××××-××-××

调查数（N）：121 件　　　　　　　　　调查方式：根据原始凭证统计

频数	1	3	6	14	26	32	23	10	4	2		
40												
35												
30				丅								
25					一	正						
20					正	正	下					
15						正	正					
10				下	正	正	正					
5			一	正	正	正	正	正				
0	一	下	正	正	正	正	正	正	下	丅		
	0.5	5.5	10.5	15.5	20.5	25.5	30.5	35.5	40.5	45.5	50.5	(g)

（4）矩阵调查表。多因素调查表。把产生问题的对应因素分别排成行和列，在其交叉点上标出调查到的各种不合格问题及数量。表格设计较为复杂，需要正确分层。见表 4-4 塑料制品外观质量调查表。

表 4-4　　　　　　　　　　塑料制品外观质量调查表

缺陷符号：○气孔，△成形，●疵点，×变形，□其他

机号	2 月 5 日		2 月 6 日		2 月 7 日		2 月 8 日		2 月 9 日		2 月 10 日	
	上午	下午	上午	下午	上午	下午	上午	下午	上午	下午	上午	下午
1	○●× ×○	●□ ○○	○○	×□△ ×	△○△ ○	○	○○○ ○●△ ○○	○○● △○○ ○△	□○	○△	○×	×× ●
2	△○ ●● □	○○ ●● ×△	○× ×× ●	●● △△	●●● △△	○○× ××	○○○ ●△× ○○○	○○○ ●△× ○○○ ○	×●● ○	×○ △□	○○ ×	○□

调查者：李××
时间：××××-××-××
地点：××厂××车间
调查方式：实地观测

备注

3. 调查表应用的基本步骤有哪些?

调查表没有固定的格式,而是调查者根据调查内容需要自行设定。应用调查表主要按以下步骤进行:

(1) 明确收集数据资料的目的。收集数据的目的不同,将直接影响到收集数据的类型、方法等工作。因此在应用调查表时首先要明确收集数据资料的目的,是为了解问题出在哪里,以解决、减少直至消灭这些问题的发生;还是要了解顾客的需求,以预测市场的产品走向趋势,开发适销对路的新产品和服务业务等。

(2) 确定为达到目的所需收集的数据资料。

(3) 确定对资料的分析方法(如运用哪种统计方法)。

(4) 根据不同目的,设计用于记录资料的调查表格式,内容应包括调查者、调查的时间、地点和方式等栏目。

(5) 用收集和记录的部分资料进行表格试用,目的是检查表格设计的合理性。

(6) 如有必要,应评审和修改该调查表。

4. 调查表应用常见问题有哪些?

调查表在应用中常见的错误,主要是调查表设计不当和记录数据上的差错。这是由于设计调查表时未能正确地分层或分层项目的概念混淆,使分类数据混杂,从而无法进行归纳分析。

【案例 4-1】见表 4-5 和图 4-1。

表 4-5　　　　　　　　　　　　热风快关门缺陷统计表

序号	缺陷单内容	条数	比率(%)	累计条数	累计比率(%)
1	热风快关门开不到位	21	91.3	21	91.3
2	热风快关门关不到位	2	8.7	23	100
合　　计		23	100	23	100
调查人:××× 地　点:热工班			时　　间:××××-××-×× 调查方式:查询 EAM 系统、运行日志		

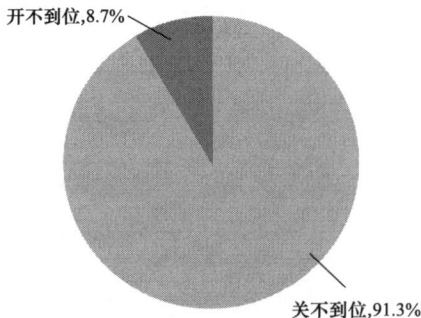

图 4-1　热风快关门缺陷饼分图

分 析 上述案例中，小组在组合使用调查表和饼分图时，没有针对收集和记录的数据进行预检，检查表格是否合理；表头设计出现问题，调查表与饼分图收集统计的数据不统一，出现了无用的统计数据，如调查表中统计了累计条数和累计比率，这两个数据在饼分图中均没有体现，所以说调查表的设计出现了问题。在小组活动中，只有使用排列图时，调查表才能统计累计频率，而使用饼分图、柱状图、折线图等工具时，均不能在调查表中统计累计比率。

【案例 4-2】见表 4-6（1）和表 4-6（2）。

表 4-6（1）　　　　　　　　　　资料问题归类示意

资料整理不规范	资料数据不一致	资料收集不齐全	资料缺乏真实性	资料管理不到位
资料盒背脊没有标明年份，工程名称，项目编号	资料中开工日期与实际的开工日期有偏差	电子化录入资料照片不足	图纸施工接线与现场接线不符合	资料打印模糊，排版不清晰
原始资料没有按照规定顺序归档	土建的日期与电气施工的日期有偏差	隔离开关、避雷器、刀闸等元件合格证、说明书缺少	图纸中填写材料数量与施工现场使用数量不一致	缺乏规范的资料查询、索引体系
原始签证资料编制格式不规范	领料单及退料单单据不全，填写不规范	施工综合管理文件原件不齐全	报审表签章与实际不对应	资料没有分门别类保管

表 4-6（2）　　　　　　　　　　资料问题统计表

序号	检查项目	频数（本）	频率（%）	累计百分比（%）
1	资料整理不规范	73	41	41
2	资料收集不齐全	64	36	77
3	资料数据不一致	17	10	87
4	资料缺乏真实性	14	8	95
5	资料管理不到位	9	5	100

分 析 上述案例中，"资料管理不到位"是主观因素，其他"资料整理不规范""资料数据不一致""资料收集不齐全""资料缺乏真实性"是客观结果，前者是后四者的原因，原因和结果混杂出现，数据收集层级混乱，将造成重复统计，造成假象，不能找到真正影响问题的关键症结所在。

5. 小组活动过程常见调查表实例。

调查表主要应用于小组选题、现状调查、设定目标、确定主要原因、检查效果、制定巩固措施、总结和下一步打算 7 个阶段，其中在选题和现状调查阶段特别有效。

（1）选题阶段。

【案例 4-3】"提高输电线路混凝土杆塔接地电阻合格率"课题的选题确定过程如下：

国网梁山县供电公司根据历史数据对输电线路杆塔接地电阻合格率的要求 ⟹ 输电线路混凝土杆塔接地电阻合格率≥95%

2010~2013年接地电阻测试结果统计表

时间 类别	2010年	2011年	2012年	2013年	总计	合格率(%)
测试数(个)	860	848	830	860	3398	
合格数(个)	790	766	775	796	3127	92%
不合格数(个)	70	82	55	64	271	

制表：×××　制表时间：××××-××-××

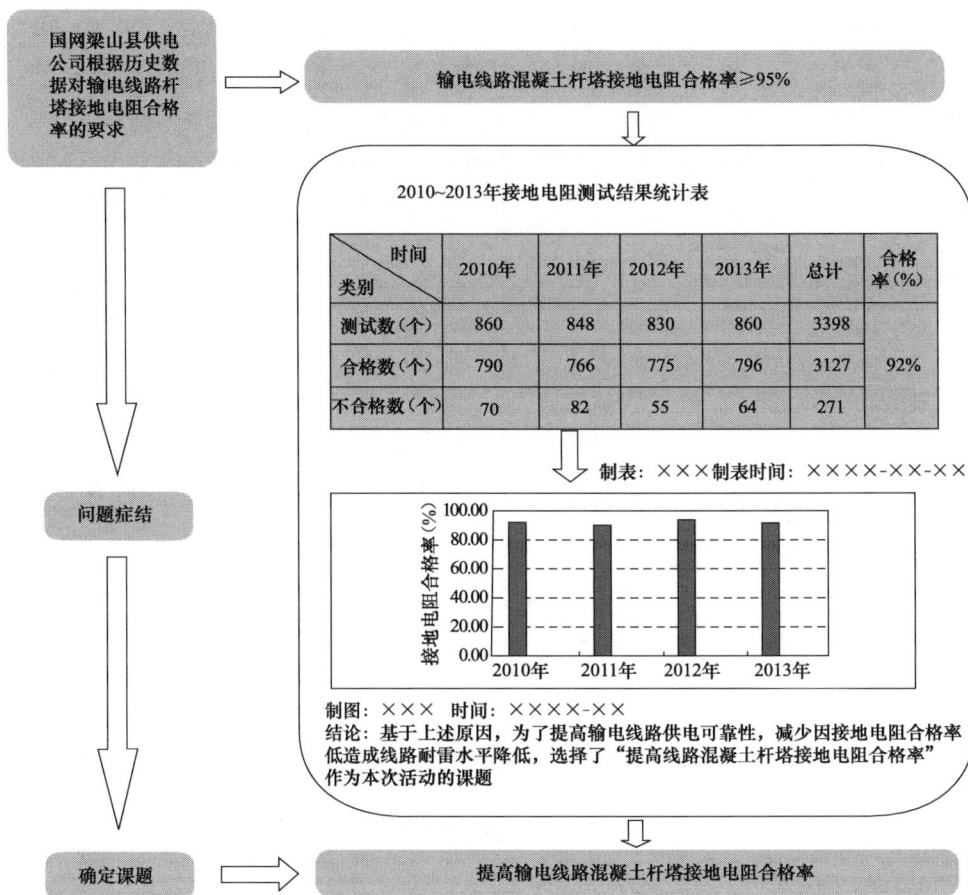

制图：×××　时间：××××-××
结论：基于上述原因，为了提高输电线路供电可靠性，减少因接地电阻合格率低造成线路耐雷水平降低，选择了"提高线路混凝土杆塔接地电阻合格率"作为本次活动的课题

问题症结

确定课题 ⟹ 提高输电线路混凝土杆塔接地电阻合格率

分　析　该小组发现"输电线路混凝土杆塔接地电阻合格率"无法达到相关要求，明确了收集资料数据的目的，用调查表和柱状图得到的数据确认当前存在的主要问题。

（2）现状调查阶段。

【案例4-4】"缩短故障点柱上开关定位时间"课题的现状调查过程如下：

调查一：

……

结论一：通过数据统计分析，发现2013年1月至2013年6月的故障点柱上开关定位的平均时间为79分/次，未达到部门质量目标。因此得出故障点柱上开关定位时间长的结论。

调查二：

……

结论二：由表中数据分析发现，c的故障点柱上开关定位平均时间与全国先进水平相比，具有一定的差距，定位时间长是迫在眉睫需要解决的问题。但2013年3月和5月c故障点柱上开关定位时间达到历史最好水平，接近全国先进水平。

调查三：通过对2013年1月至2013年6月，a、b、c三个城市的故障点柱上开关定位的各阶段平均时间损耗进行进一步分层调查分析，其各阶段平均时间损耗如表4-7和表4-8和图4-2所示。

表 4-7　　　　a、b、c 故障点柱上开关定位各阶段的平均时间损耗统计表

序号	类别	平均耗时（min）			累计耗时（min）			累计百分比（%）		
		a	b	c	a	b	c	a	b	c
1	故障点研判时间	34	31	40	34	31	86	51.52	50.00	50.63
2	配电运维人员到达故障现场时间	18	17	25	52	48	81	78.79	77.42	82.28
3	配电运维人员判断10kV柱上开关状态时间	6	7	7	58	55	66	87.88	88.71	91.14
4	95598客户服务中心派单时间	4	4	4	62	59	83	93.94	95.16	96.20
5	配网抢修指挥中心接收派单时间	3	2	2	65	61	62	98.49	98.39	98.73
6	其他	1	1	1	66	62	88	100	100	100
7	合计	66	62	79						

制表：×××　制表日期：××××-××-××

表 4-8　　　　　　　c 故障点柱上开关定位各阶段时间损耗统计表

序号	类别	平均耗时（min）	累计耗时（min）	累计百分比（%）
1	故障点研判时间	40	40	50.63
2	配电运维人员到达故障现场时间	25	65	82.28
3	配电运维人员判断 10kV 柱上开关状态时间	7	72	91.14
4	95598 客户服务中心派单时间	4	76	96.20
5	配网抢修指挥中心接收派单时间	2	78	98.73
6	其他	1	79	100
7	合计	79		

制表：×××　制表日期：××××-××-××

2013 年 1～6 月 c 配网故障点柱上开关定位各阶段时间损耗排列图如图 4-2 所示。

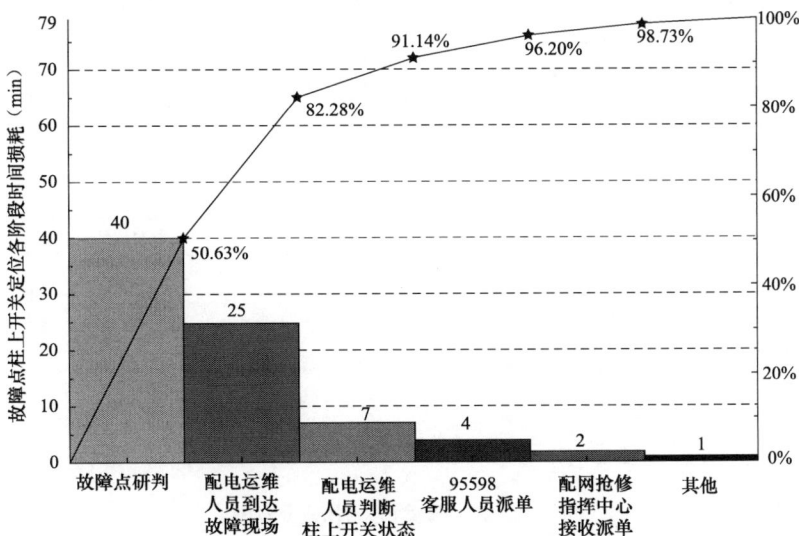

制图：×××　制图日期：××××-××-××

图 4-2　时间损耗排列图

结论三：经过统计分析，发现a、b、c三个城市的故障点柱上开关定位的平均时间损耗，具有一个共同点：故障点研判时间占全部定位时间的50%左右，均为此阶段时间损耗长造成故障点柱上开关定位时间长。因此本小组发现只要能缩短这个阶段的时间，就能解决c配电网故障点柱上开关定位时间长的症结。

分　析　在现状调查中，调查表的合适与否与分层项目密切相关，此案例分层清晰，表格设计恰当，较好地完成了现状调查的目的，一般多与排列图、简易图表配合使用。

（3）设定目标阶段。

略。

（4）确定主要原因阶段。

【案例4-5】"缩短直流功率升降操作的准备时间"课题确定的主要原因（节选）如下。

要因确认四：闹铃软件操作步骤多

确认依据：无特定要求

确认方法：现场测试

确认情况：2013年6月24日，小组成员×××、×××在华新站控制室运行人员工作电脑上按照2013年6月24日的一张功率升降卡设置当日的闹铃，每一次闹铃需要5个操作步骤（图4-3），经确认，此5个操作步骤已无法再精简。×××再按照2013年6月24日的国调功率升降曲线进行了18次闹铃设定，每次设置闹铃所用时间见表4-9。

图4-3　闹铃设置步骤图

表4-9　　　　　　　　　　　　　单次闹铃设定用时统计表

功率升降序号	1	2	3	4	5	6	7	8	9	10
闹铃设置用时（s）	24	23	26	23	24	24	23	24	25	23
功率升降序号	11	12	13	14	15	16	17	18	平均	当日前期准备总时间
闹铃设置用时（s）	24	23	23	24	25	24	25	25	24	1380

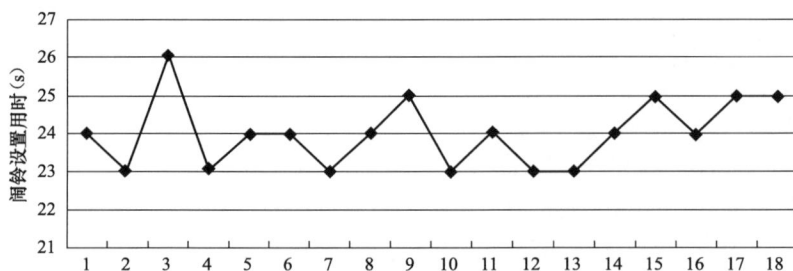

图4-4　单次闹铃设置用时折线图

从表4-9可见，每个闹铃设定所需时间约24s，当日整个功率升降前期准备时间为1380s，约为23min，前者占后者比例为2%，如图4-5所示。

确认分析：经现场测试，确认运用此闹铃软件设置单个闹铃需要5个步骤且无法再精简，并且每个闹铃设定用时占前期准备总时间的比例很小。

确认结果：非要因。

分 析 在此阶段中，调查表多与简易图表、直方图、散布图、控制图、正交试验法等搭配使用，用以验证末端因素是否为要因。

（5）检查效果阶段。

【案例 4-6】"提高电能量采集系统月合格率"课题的检查效果。

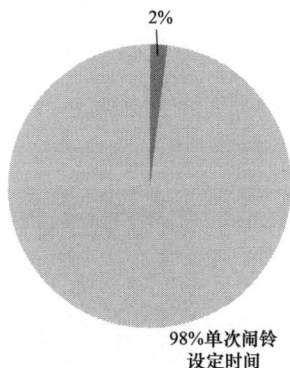

图 4-5 单次闹铃设定占前期准备总时间比例图

小组对电能量采集系统从 2013 年 7 月到 10 月份的运行情况进行了分析。

（1）同目标可行性分析时一样，先统计影响电能量采集系统运行使用的缺陷，共发生采集失败的情况 318 次，见表 4-10。

表 4-10　　　　　　　　　　　　活动后缺陷统计表

序号	关键问题	采集失败次数	累积次数	所占百分比（%）	累积百分比（%）
1	系统参数异常	92	92	28.93	28.93
2	电源故障	78	170	24.53	53.46
3	装置故障	74	244	23.27	76.73
4	系统功能缺陷	53	297	16.67	93.40
5	其他故障	21	318	6.60	100

制表：×××　　时间：××××-××-××

根据表 4-10 绘制了 2013 年 7 月到 10 月份的各类异常排列图，如图 4-6 所示，与现状调查部分所画的排列图对比，可以非常直观地看出班组症结已解决。

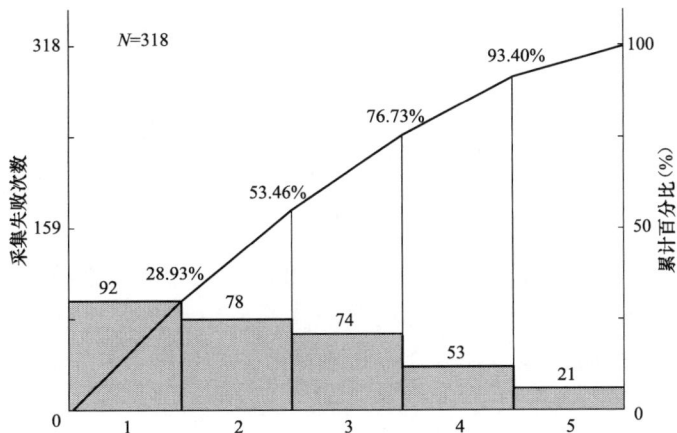

图 4-6　各类异常排列图

经过统计：电能量采集系统装置故障和系统功能缺陷原因只占总故障数量的 39.94%，因此电能量采集系统装置故障和系统功能缺陷原因这两个问题已不是主要问题点。

实施完成后，小组成员对 2013 年 9 月电能量采集系统合格率做了调查统计，如图 4-7 所示。

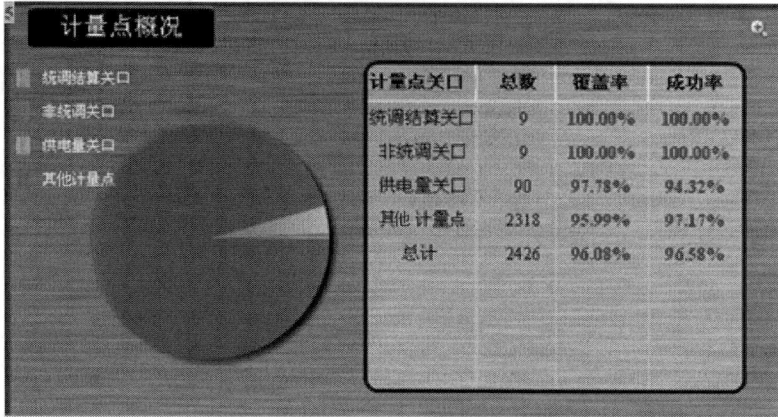

图 4-7　电能量采集系统合格率统计截图

表 4-11　　　　　　　　　　　　　　**效 果 调 查 统 计 表**

9月电能量采集系统地区采集总次数	2426
采集失败次数	83
成功采集次数	2343
合格率（%）	96.58%

制表：×××　　时间：××××-××-××

（2）计算出电能量采集系统采集月平均合格率指标，见表 4-12。

表 4-12　　　　　　　　　**活动后电能量采集系统月平均合格率统计表**

时　间	月系统采集总次数	月系统采集失败次数	月系统采集平均合格率	统计人/审核人
2013.7	2339	73	96.88%	×××/×××
2013.8	2351	95	95.96%	×××/×××
2013.9	2371	67	97.17%	×××/×××
2013.10	2426	83	96.58%	×××/×××
合　计	9487	318	96.65%	×××/×××

制表：×××　　时间：××××-××-××

（3）表 4-12 可以看出，从 2013 年 7 月到 10 月，电能量采集系统月平均合格率均达到了 96.65%，超出了我们所制定的目标值 95%，每月的合格率也均在 95% 以上。画出活动前后电能量采集系统月平均合格率指标值的效果对比图，如图 4-8 所示。

效果检查结论：预定目标值已经达到。

分　析　在效果检查阶段，调查表多与排列图、简易图表、直方图、散布图、控制图、水平对比法等联合使用，用以检验课题目标是否实现。

（6）制定巩固措施阶段。

略。

（7）总结和下一步打算阶段。

【案例 4-7】"降低 110 千伏西郊站 2 号主变压器超温告警误报率"课题的总结和下一步打算阶段：

在效果检查和巩固期检查阶段，小组发现告警误报率虽然降低了，但是每月的告警数量仍偏高，见表 4-13。

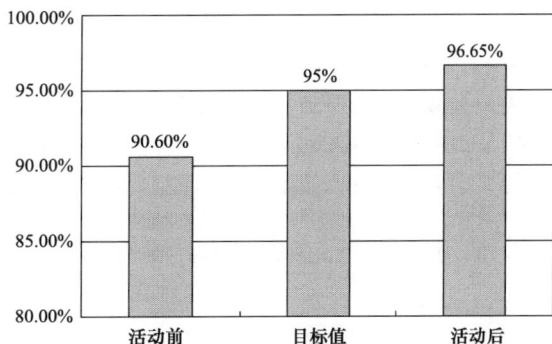

图 4-8 效果对比图

表 4-13 4～7 月份告警统计

时间	4 月	5 月	6 月	7 月
告警数量	4	3	2	3

制表：×××   时间：××××-××-××

通过对 4～7 月 2 号主变每日温度变化曲线的收集整理，得到每日主变压器最低运行温度分析见表 4-14。

表 4-14 最 低 运 行 温 度 分 析

温度区间	天数	温度区间	天数
50～60℃	4	70～80℃	77
60～70℃	41		

制表：×××   时间：××××-××-××

从数据中发现西郊站 2 号主变压器的日常运行温度偏高，容易造成频繁告警动作，也会加快设备内部构件的老化。为了能够使管辖的设备更健康，小组决定将如何有效降低主变运行温度作为下一步 QC 活动的方向。

分　析 在此步骤中，调查表的作用是在本次 QC 活动后，小组受到启发或者调查发现了下一次 QC 活动的方向，体现 QC 活动的逻辑性和延续性，PDCA 的不断循环。

6. 什么叫分层法？

分层法又叫分类法、分组法。它是按照一定的标志，把搜集到的大量有关某一特定主题的统计数据按照不同的目的、特征加以归类、整理和汇总的一种方法。分层的目的在于把杂乱无章和错综复杂的数据加以归类汇总，使之能确切地反应客观事实。

分层的原则是使同一层内的数据波动幅度尽可能小，将相同、相近类型或同性质的数据分在同一层。而层与层之间的差别尽可能大，否则就起不到归类、汇总的作用。分层的目的不同，分层的标志也不一样。一般来说，可以依据以下类别来进行分层分析：

（1）人员。可按年龄、工级、性别、班组等分层。

（2）设备。可按设备类型、新旧程度、不同的生产线和工装夹具类型等分层。

（3）材料。可按产地、批号、制造厂、规格、成分等分层。

（4）方法。可按不同的工艺要求、操作参数、操作方法、生产速度等分层。

（5）时间。可按不同的班次、日期等分层。

（6）环境。可按照明度、清洁度、温度、湿度等分层。

（7）其他。可按地区、使用条件、缺陷部位、缺陷内容等分层。

（8）分层的方法很多，可根据具体情况灵活运用。

7. 使用分层法遵循的基本步骤有哪些？

（1）收集数据；

（2）将收集到的数据根据目的不同选择分层标志；

（3）分层；

（4）按层归类；

（5）画分层归类图。

8. 分层法应用的常见问题有哪些？

👆【注意事项1】分层不恰当，导致分层失败。

👤【案例4-8】"提高远程培训在线考试成绩回收成功率"课题的现状调查中使用了分层法，远程培训在线考试成绩回收不成功调查见表4-15。

表4-15　　　　　　　　远程培训在线考试成绩回收不成功调查表

序号	问题分析	人数	频率（%）	累计频率（%）
1	未成功提交考试	156	78	78
2	计算机软硬件故障造成考试中断	20	10	88
3	考试过程中学员主动中断考试	8	4	92
4	在线考试经验不足	6	3	95
5	考试系统技术故障	6	3	98
6	其他问题	4	2	100
	合计	200	100	

分析 由表4-14可以看出，在对远程培训在线考试成绩回收不成功的数据进行分层调查分析时，"未成功提交考试"与"计算机软硬件故障造成考试中断""考试过程中学员主动中断考试""考试系统技术故障"等其他几项问题之间存在包含关系或因果关系，虽然小组通过调查表和排列图，勉强找出"未成功提交考试"是导致远程培训在线考试成绩回收不成功的主要问题。但是，由于分层不当，现状调查没有起到作用，没能找到真正的症结，导致在原因分析阶段又回到了课题进行原因分析。分层法应做到"层层剥皮，直到露出本质"。

👆【注意事项2】当按照多个标志进行分层时，应进行综合分层分析，不可根据简单分层下结论。

👤【案例4-9】如某装配厂的气缸体与气缸盖之间经常发生漏油。经调查50套产品后发现，一是由于三个操作者在涂黏结剂时，操作方法不同；二是所使用的气缸垫是由两个制造厂所提供的。在用分层法分析漏油原因时采用：①按操作者分层（表4-16）；②按气缸生产厂家分层（表4-17）。

表 4-16　　　　　　　　　　　　　**按 操 作 者 分 层**

操作者	漏油	不漏油	漏油率（%）
王师傅	6	13	32
李师傅	3	9	25
张师傅	10	9	53
共　计	19	31	38

表 4-17　　　　　　　　　　　　　**按 供 应 方 分 层**

供应厂	漏 油	不漏油	漏油率（%）
A厂	9	14	39
B厂	10	17	37
共　计	19	31	38

根据两表得出结论为降低漏油率，应采用李师傅的操作方法和选用B厂气缸垫。

分　析　上述案例中，最后结论分别来自两个分层，没有考虑两个分层之间的联系，实际上应该综合考虑操作者与供应厂的关系，进行综合分层，见表4-18。

表 4-18　　　　　　　　　　　　　**综 合 分 层 统 计 表**

操作者　　　　材料		气缸垫 A厂	气缸垫 B厂	合计
操作者	王　漏油	6	0	6
	王　不漏油	2	11	13
	李　漏油	0	3	3
	李　不漏油	5	4	9
	张　漏油	3	7	10
	张　不漏油	7	2	9
合　计	漏油	9	10	19
	不漏油	14	17	31
共　　计		23	27	50

从表中可以看出，采用上述结论得出的方法后，漏油率并未降到预期指标，算出漏油率为 $\frac{3}{7}$ 等于43%。另外从综合分层表中可以得到正确的方法应该是①当采用A厂的气缸垫时，应推广采用李师傅的操作方法；②当采用B厂的气缸垫时，应推广采用王师傅的操作方法。这时它们的漏油率平均为0。因此，运用分层法时，不宜简单地按单一因素确定改进方案，必须考虑各因素的综合影响。

9. 小组活动过程中常见分层法实例。

分层法主要应用于小组选题、现状调查、制定对策、按对策实施、总结和下一步打算 5 个阶段，其中在选题和现状调查阶段特别有效。

（1）选题阶段。

【案例 4-10】"降低 1A 给水泵机械密封缺陷次数"课题的选择。

| 生产现状 | → | 2013年下半年因缺陷造成1A给水泵组停运22 次，给系统安全运行带来严重威胁 |

给水泵组是由给水泵、耦合器、前置泵组成的一个给水泵系统。

小组成员根据 2013.7～2013.12 给水泵组停运申请单，对 1A 给水泵组停运原因进行了调查统计分析，见表 4-19。

表 4-19　　　　　　　　　　　调 查 统 计 表

停运原因	停备次数	百分比（%）
给水泵缺陷	19	86.4
耦合器缺陷	2	9.1
前置泵缺陷	1	4.5

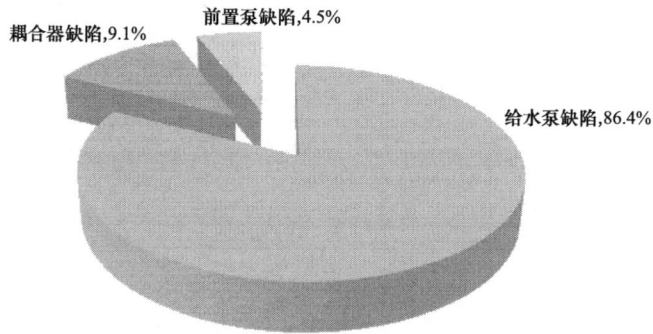

制图：×××　　　　日期：××××-××-××

图 4-9　1A 给水泵组停运原因饼分图

小组成员根据 A9 资产管理系统对 1A 给水泵缺陷调查统计分析，见表 4-20。

表 4-20　　1A 给水泵缺陷调查统计表

缺陷种类	缺陷次数	百分比（%）
机械密封缺陷	15	78.9
推力轴瓦缺陷	2	10.5
支持轴瓦缺陷	1	5.3
泵壳缺陷	1	5.3

存在问题 →

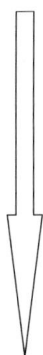

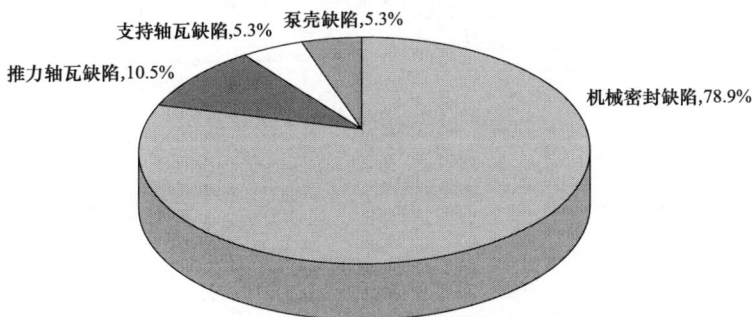

制图：×××　　　日期：××××-××-××

图 4-10　1A 给水泵缺陷饼分图

通过饼分图 4-10 可以明显看出"机械密封缺陷"占导致 1A 给水泵停备缺陷次数的 78.9%，这是造成 1A 给水泵停运次数多的主要因素。

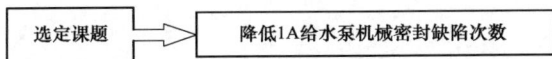

分　析　首先对给水泵组停运原因按照给水泵缺陷、耦合器缺陷、前置泵缺陷进行分层，确定给水泵缺陷为主要原因，随后对给水泵缺陷再次进行按照缺陷类型进行分层，找到机械密封缺陷为根本原因。通过两次分层，最终选题确定为降低 1A 给水泵机械密封缺陷次数。

（2）现状调查阶段。

见【案例 4-4】"缩短故障点柱上开关定位时间"课题的现状调查中分层法应用。

（3）制定对策阶段。

【案例 4-11】如"降低燃机入口空滤器压差超限时间"课题的制定对策之一"在空滤器外加装过滤装置"分层法应用：

1. 对策优化

加装外置过滤器该如何实施做进一步优化细化分析，将所有想到的设计归纳总结为图 4-11 和图 4-12。

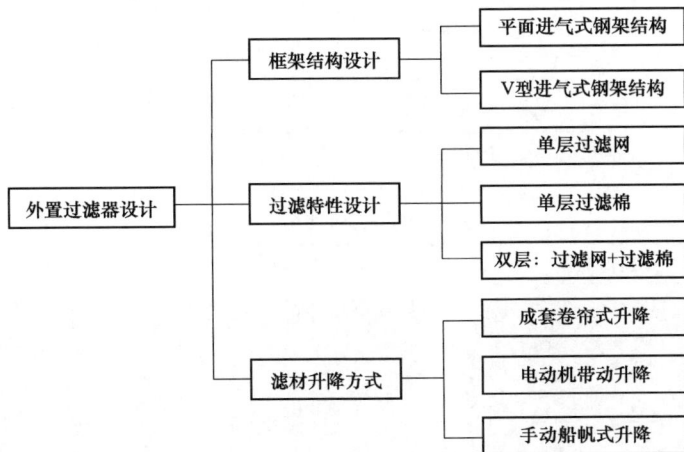

图 4-11　外置过滤器树图

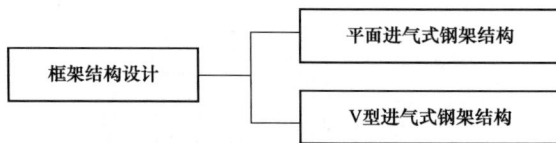

图 4-12　结构设计树图

小组对两种方案从可操作性、性能要求等方面进行了对比分析，见表 4-21。

表 4-21　　　　　　　　　　　方 案 对 比 分 析 表

结构设计	平面进气式钢结构	V 型进气式钢结构
方案说明		
优　点	☆ 可设计导轨及滑轮，方便人员操作； ☆ 可加设安全防护装置； ☆ 检修空间宽敞，检修操作方便	☆ 可设计导轨及滑轮方便人员操作； ☆ 过滤面积更大； ☆ 检修空间宽敞
缺　点	△ 改造时间较长，费用较贵	△ 改造时间较长，费用较贵； △ 对施工精度要求较高； △ V 型导轨不利于人员操作
选定方案	✓	✗

制表：×××　时间：××××-××-××

图 4-13

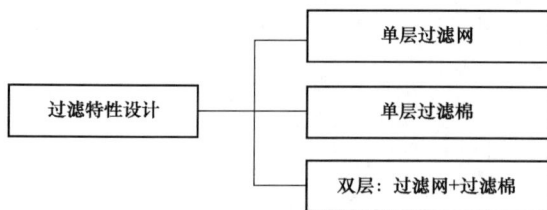

图 4-13　过滤特性设计树图

1.1　过滤特性设计

通过分析对比，选定外置过滤器的结构为平面进气式钢结构，在此基础上，对过滤棉加装的层数及选型进行对比分析，见图 4-13 和表 4-22。

表 4-22　　　　　　　　　　　层数及选型对比分析表

过滤特性	单层过滤网	单层过滤棉	双层：过滤网+过滤棉
所需滤材			

续表

过滤特性	单层过滤网	单层过滤棉	双层：过滤网＋过滤棉
性能描述	过滤孔径较大，不易阻塞，使用周期较长； 可过滤空气中较大的沙粒、树叶、柳絮等杂物，同时能够阻挡雨、雪	为过滤等级为 G4 的棉使用周期相对较短； 可过滤空气中较小的沙尘、灰尘、雪、PM2.5 等	能够分层过滤空气中的较大沙粒、灰尘、雨、雪、霾等
优点	☆ 可长时间使用	☆ 过滤精度高	☆ 实现分级过滤，能适当延长过滤棉的使用寿命； ☆ 过滤精度高
缺点	△ 不能够过滤细小灰尘	△ 过滤棉需定期更换	△ 过滤棉需定期更换
选定方案	✗	✗	✓

制表：××× 时间：××××-××-××

1.2 悬挂升降方式（见图 4-14）

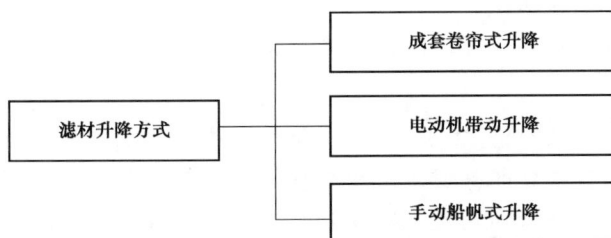

图 4-14 悬挂升降方式树图

确定用阻燃网＋过滤棉的双层过滤结构后，为更好地实现操作的便捷性和安全性，对滤材的升降方式进行谈论、对比分析，见表 4-23。

表 4-23　　　　　　　　　滤材升降方式对比分析表

升降方式	成套卷帘式升降	电动机带动升降	手动船帆式升降
所需设备			
优点	☆ 可实现自动化，操作方便、节省人力	☆ 可实现自动化，操作方便、节省人力	☆ 半自动化，操作方便，升降过程受人员控制
缺点	△ 设备尺寸有限，最大为1.5m×5m，每列需安装两台； △ 费用较高，与厂家沟通单台价格为8000元	△ 加装电动机需配套改造较多，如走线、防雨等，方案一中每台电机只能控制一列； △ 电动升降容易犯卡，设备可靠性较低	△ 需要人员手动操作完成
选定方案	✗	✗	✓

制表：××× 时间：××××-××-××

2. 确定对策（见图 4-15）

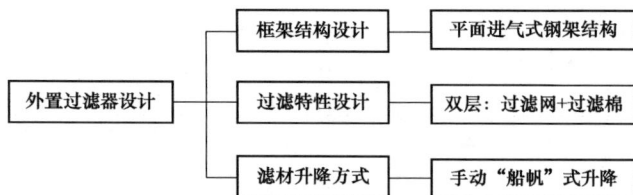

图 4-15　确定对策树图

分　析 该课题在设计外置过滤器时，采用分层法将过滤器设计分成框架结构设计、过滤特性设计、滤材升降方式 3 个层次，并分别进行设计，最终确定对策。

（4）对策实施阶段。

略。

（5）总结和下一步打算阶段。

【案例 4-12】"提高业扩服务时限达标率"课题的总结和下一步打算。

1. 总结

（1）专业技术方面：通过开展 QC 活动，普及了对营销 GIS 系统的应用，缩短了客户业扩报装服务时间，使客户业扩服务时限达标率达到了预定目标，提升了班组优质服务水平，提高了用户满意度，并在省公司同类别班组指标对标中取得了较好的成绩。

（2）管理技术方面：小组成员严格按照科学的 PDCA 程序开展活动，灵活运用质量管理分析工具，提高了分析问题及解决问题的能力。经过 QC 活动，将得到的成果运用到实际工作中，提高了工作效率和管理水平。

（3）综合素质方面：通过开展 QC 活动，增强了小组成员的 QC 知识，提高了成员的质量意识、攻坚意识、个人能力和团队合作能力。更加激发了 QC 小组成员自觉运用 QC 原理解决实际问题的信心。

2. 下一步打算

通过本次活动，小组成员成功解决了业扩服务时限达标率这一课题，提高了班组对标指标排名。但随着省电力公司对优质服务工作的要求越来越高，下一步小组将继续围绕提高客户服务满意率这一课题，采用 PDCA 循环方法，积极开展 QC 活动，不断创新，不断提升班组优质服务水平。

分　析 该课题中，小组成员从"专业技术、管理技术、综合素质"三个层次总结了本次 QC 活动取得的成果，层次清晰、总结全面。

第二节　头脑风暴法、排列图、亲和图

10. 什么叫头脑风暴法？

头脑风暴法又称智力激励法，是现代创造学奠基人美国奥斯本提出的，是一种创造能力的集体训练法。它把一个组的全体成员都组织在一起，使每个成员都毫无顾忌地发表自己的观点，既不怕别人的讥讽，也不怕别人的批评和指责。它适合于解决那些比较简单、严格确

定的问题，比如研究产品名称、广告口号、销售方法、产品的多样化等，以及需要大量的构思、创意的行业，如广告业。

头脑风暴法的特点是让与会者敞开思想，使各种设想在相互碰撞中激起脑海的创造型风暴，其可分为直接头脑风暴和质疑头脑风暴法。前者是在专家群体决策基础上尽可能激发创造性，产生尽可能多的设想的方法；后者则是对前者提出的设想、方案逐一质疑，发现其现实可行性的方法。这是一种集体开发创造性思维的方法。头脑风暴法可以用来识别存在的质量问题并寻求解决的办法，还可以用来识别潜在的质量改进机会。因此，它在 QC 小组活动中，尤其是在质量改进的活动中用途很大。画因果图、树图、亲和图时就可用这种方法。

参与头脑风暴的好处：

（1）极易操作执行，具有很强的实用价值。

（2）非常具体地体现了集思广益，体现团队合作的智慧。

（3）每一个人思维都能得到最大限度的开拓，能有效开阔思路，激发灵感。

（4）在最短的时间内可以批量生产灵感，会有大量意想不到的收获。

（5）几乎不再有任何难题。

（6）面对任何难题，举重若轻。对于熟练掌握"头脑风暴法"的人来讲，再也不必一个人冥思苦想，孤独"求索"了。

（7）因为头脑越来越好用，可以有效锻炼一个人及团队的创造力。

（8）使参加者更加自信，因为，他会发现自己居然能如此有"创意"。

（9）可以发现并培养思路开阔、有创造力的人才。

（10）创造良好的平台，提供了一个能激发灵感、开阔思路的环境。

（11）良好的沟通氛围有利于增加团队凝聚力，增强团队精神。

（12）可以提高工作效率，能够更高效地解决问题。

（13）使参加者更有责任心，因为人们一般都乐意对自己的主张承担责任。

11. 使用头脑风暴法遵循的基本原则是什么？

应用头脑风暴法需要遵循以下原则：

（1）自由思考。要求小组成员尽可能解放思想、无拘无束地思考问题并畅所欲言，不必顾忌自己的想法或说法是否"离经叛道"或"荒唐可笑"。不要计较建议内容的优劣，不批评也不赞扬。把意见记下来，到会议结束后再做归纳分析。

（2）延迟判断。要求小组所有成员不要对他人的设想品头论足，不要发表任何赞扬或批评的态度。对设想的评判，应留在会后组织专人评价判断。

（3）轻质重量。鼓励参加会议的小组成员尽可能多而广地提出设想，以大量的设想来保证质量较高的设想存在。鼓励点子的数量，数量是产生质量的铺垫，力求在最短的时间内，提出最多的建议。

（4）结合改善。即鼓励与会者积极进行智力互补，在增加自己提出的设想的同时，注意思考如何把两个或更多的设想结合成一个更完善的设想。

（5）如果邀请专家，应考虑有不同的专业背景，建议领导人员不参加小组头脑风暴会议。

12. 使用头脑风暴法遵循的基本步骤有哪些?

（1）准备阶段。

首先要确定会议的组织者，明确阐述会议的目的。创造激发思想火花的氛围，让与会者积极发表自己的意见和看法，做到知无不言，言无不尽，言者无过。

会议要领：

1）与会者平等；

2）明确会议目的；

3）每人依次发表一条意见或一个观点；

4）成员互相补充，组内无训令；

5）现场记录；

6）会议进行到无人发言为止；

7）将每个人的意见重述一遍。

（2）引发和产生创造性思维的阶段。

在这个阶段，质量管理的领导者、推进者，应熟悉并重温头脑风暴法的意义、精神实质和做法，搞头脑风暴法的目的，在于为与会者创造一个激发思想火花氛围，让与会者都能"眉头一皱，计上心来"，积极发表自己的意见和看法，做到知无不言，言无不尽。头脑风暴法的规则是：

1）领导同与会者人人平等；

2）明确头脑风暴会议的目的；

3）每人依次发表一条意见、一个观点；

4）可以互相补充各自的观点，但不能评论，更不能批驳别人的观点；

5）当面把每个成员的观点毫无遗漏地记录下来；

6）会议持续到无人发表意见为止；

7）将每个人的观点重复一遍。

（3）整理阶段。

将每个人的观点重述一遍，以使每个成员都知道每个观点的内容，去掉重复的、无关的观点；对各种见解进行评价、论证。最后集思广益，按问题进行归纳。

简言之，BS法要遵守以下原则：

1）禁止批评：对别人的发表内容不批评、不反对。

2）自由奔放：奔放地构思、自由地发言。

3）多多益善：新构思越多越好。

4）结合改善：和别人的新构思结合起来，求得改善，应附和别人的发言。

13. 头脑风暴法应用常见问题有哪些?

要达到头脑风暴法的理想效果，在召开头脑风暴会议时要掌握以下关键点：

（1）绝对不用好与差给予评判。当遭到批评后，人一般就会不愿再说出未说完的话。因此不要计较建议内容的优劣，不要指责别人的发言妥否，同时也不要加以赞扬。

（2）倡导自由奔放。激励出新出奇，哪怕异想天开，要的是自由自在，畅所欲言。

（3）轻质求量。首先要确保建议的数量，建议的质量是第二位的，因为数量是质量的铺垫，应力求在较短的时间内提出最大量的建议。

（4）综合性地提炼升华他人的提案建议。建议之间的取长补短极为重要，通过融合，能产生出新的智慧，因此搭乘他人的智慧快车，不失为一种捷径。

14. 小组活动过程中常见头脑风暴法实例。

由于头脑风暴法是发挥集体智慧的方法，能创造出更多的智慧，因此常用于新产品、新工艺、新材料的开发。在 QC 小组活动中，被广泛使用于创新型课题的 QC 小组活动。在问题解决型 QC 小组活动中常用于选择课题、原因分析、制定对策等程序。

（1）创新型课题提出方案。

【案例 4-13】"研制更换 GW16 型隔离开关夹紧弹簧专用工具"创新型课题的提出方案并确定最佳方案。

根据机械工具的设计思路，小组成员运用头脑风暴法对更换 GW16 型隔离开关夹紧弹簧专用工具结构进行讨论，将专用工具的原动机、传动机构、执行机构、支承装置以及控制系统五个组成部分分别进行一级、二级和三级分解，如图 4-16 所示。

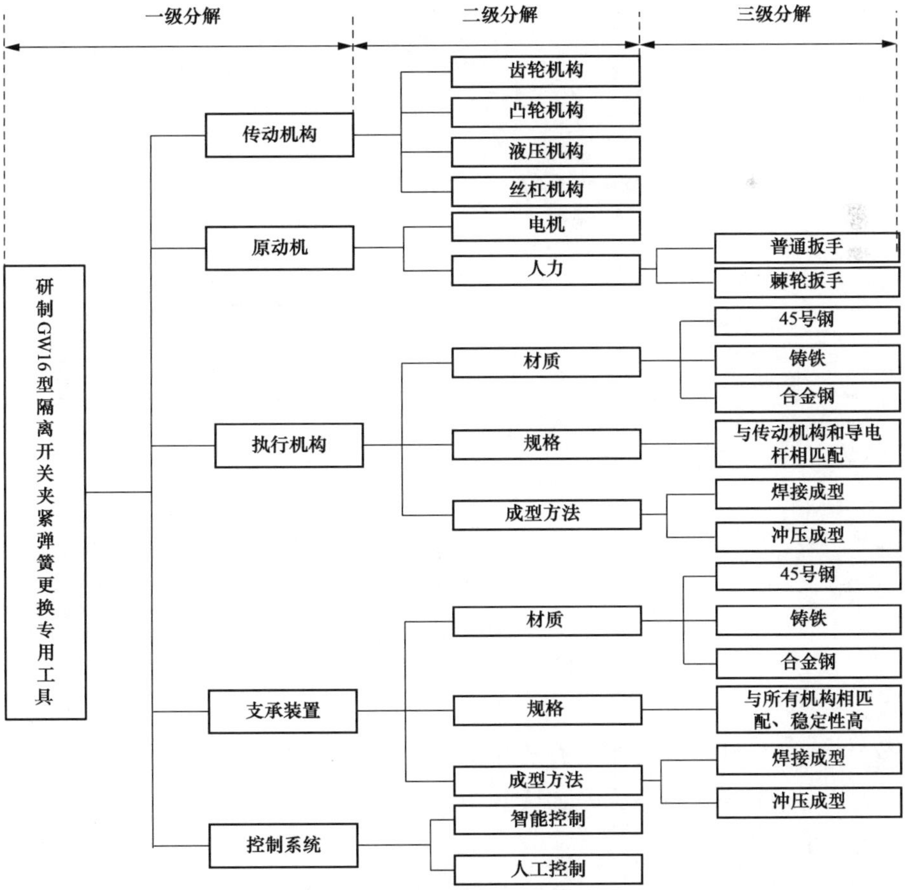

图 4-16 方案三级分解展开图

传动机构起着将原动机和执行机构联系起来的中间作用，因此小组成员决定先对传动机构进行方案确定，然后根据确定的传动机构选择相匹配的原动机与执行机构。

分　析　该QC成功为创新型成果，小组运用头脑风暴法对"对更换GW16型隔离开关夹紧弹簧专用工具结构"进行讨论，将工具进行一级分解确定原动机、传动机构、执行机构、支承装置、控制系统5部分，同时对以上五部分进行二级、三级分解，直到分解到可以采取对策为止，便于下一步确定最佳方案。

（2）原因分析阶段。

【案例4-14】"缩短业务系统停机维护时间"课题的原因分析。

针对症结，小组成员各抒己见，运用头脑风暴法开展了充分的讨论，针对操作环境部署时间长及维护操作时间长的症结，制定关联图如图4-17所示。

制图：×××　　　制图日期：××××-××-××

图4-17　原因分析关联图

分　析　该成果针对"环境部署阶段时间长""维护操作阶段时间长"两要因进行头脑风暴，充分讨论，最终确定6条末端因素。

（3）制定对策阶段。

【案例4-15】"降低负荷预测不合格天数"课题的制定对策如下。

针对"缺乏对高温天气作用负荷情况的研究"这一要因采取何种对策，小组成员运用头脑风暴法，并运用亲和图归纳整理方案，如图 4-18 所示。

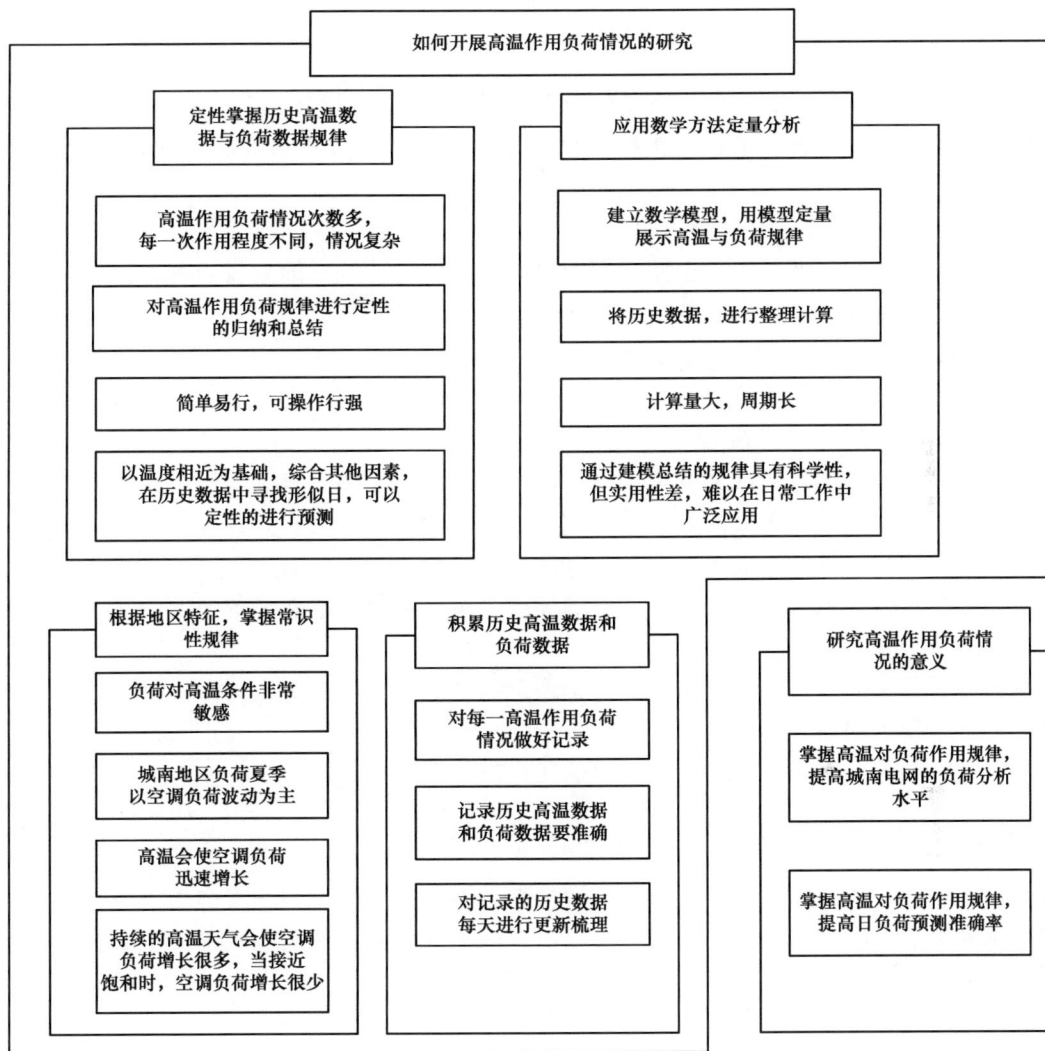

图 4-18 亲和图

分析 该成果针对"缺乏对高温天气作用负荷情况的研究"这一要因进行头脑风暴，提出多种方案，并对方案运用亲和图进行分类。

15. 什么叫排列图？

排列图（Pareto Diagram）又叫帕累托图。它是将质量改进项目从最重要到最次要顺序排列的一种图表。排列图有一个横坐标、两个纵坐标、几个按高低顺序（"其他"项例外）排列的矩形和一条累计百分比折线组成。

排列图的主要用途为

（1）按顺序显示每个质量改进项目对整个质量问题的影响度；

（2）识别进行质量改进的机会；

（3）对比质量改进的绩效。

16. 排列图的应用步骤有哪些？

（1）确定分析项目。选择要进行质量分析的项目或质量问题。

（2）明确度量。选择用来进行质量分析的度量单位，如出现的次数（频数、件数）、成本、金额或其他。

（3）确定分析周期。选择进行质量分析数据的时间间隔。

（4）收集数据制定统计表。按照确定的时间周期及进行分析的变量项目，收集整理相关数据，编制数据统计表，计算各变量项目的百分比及累计百分数。

（5）绘制排列图。

画横坐标。按度量单位量值递减的顺序自左至右在横坐标上列出项目，将量值最小的一个项目或几个项目归并成"其他"项，放在最右端。

画纵坐标。在横坐标的两端画两个纵坐标，左边的纵坐标为频数坐标，高度按度量单位标定，其高度必须与所有项目的量值总和相等。右边的纵坐标为百分比坐标，其高度与左边的纵坐标量值等高，并从 0 到 100% 进行标定。

画矩形。在每个项目上画长方形，它的高度表示该项目度量单位的量值，显示出每个项目的影响大小。

画累计百分比曲线。由左到右累加每个项目的量值（以%标识），并画出累计频率曲线，用来表示各个项目的累计影响。

（6）确定结论。用排列图确定最重要的质量改进项目。

17. 为什么排列图的频次要不少于 50 次？

用排列图分析关键问题时，如果收集的数据较少，得到的排列结果容易出现偏差，关键问题的排列可能会出现错误，为了减少排列错误的出现，排列图的频次不能少于 50 次。

18. 排列图中为什么其他项的频次不能是 1？

排列图画横坐标时，按质量单位量值递减的顺序自左向右在横坐标上列出项目，将量值最小的 1 个或几个项目归并为"其他"项，其他项的频数是 1 个或几个项目的合计频数。所以，排列图中"其他"项的频次不能是 1。

19. 使用排列图进行项目分类时应当注意哪些问题？

根据所收集的数据，按不良状况、不良项目、不良发生位置等不同区分标准而加以整理、分类，按其大小顺序排列，从排列图可看出哪一项目是影响小组问题的关键，其影响度如何，以判断问题所在。

项目的分类应当注意以下问题。分析质量问题时可根据目的要求，用结果或原因两种方法来确定分类项目。但同一张排列图中不可将原因和结果混杂出现，所列项目必须是具有同一分层标志的项目。否则，数据收集层级混乱，将造成重复统计，进而造成假象，不能找到真正影响问题的症结所在。

20. 计量数据和计数数据在应用排列图时有什么区别?

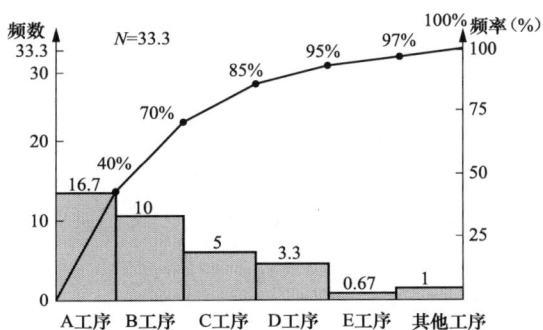

图 4-19　耗时排列图（h）

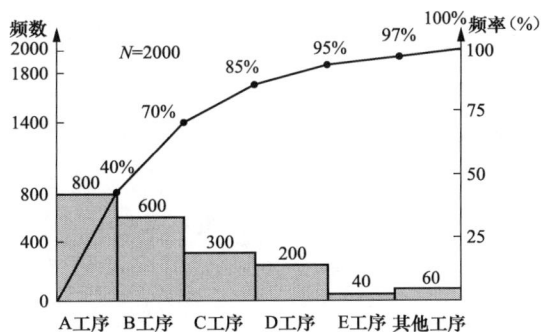

图 4-20　耗时排列图（min）

对比图 4-19 和 4-20 两个排列图。

左边的累计频数为 33.3，右边的累计频次为 2000，显然左侧的数据不满足排列图累计频数应不小于 50 的要求。但深入分析两个排列图会发现，两个排列图内涵是完全一样的，不同的只是计量单位（"h""min"）的不同。

那么如何看待这种现象呢？其实，出现这种偏差，是因为统计数据（工序耗时）是计量数据而不是计数数据。计量数据不同于计数数据的重要一点就是可以连续取值、可测量出小数点，如 900s 与 15min、0.25h 是等值的。因此，在使用计量数据绘制排列图时，会出现内涵完全一致但频次有差异的现象（如图 4-19 和图 4-20 所示）。在使用计数数据时，不会出现选择计量单位的问题，因为计数数据是不能连续取值、没有小数点的数据。

明白了以上道理，应如何判断图 4-19 和图 4-20 两个工序耗时排列图是否正确呢？

从排列图本身来看，是无法断定正确与否的。在绘制排列图时，要求与统计表配对使用，小组必须要对照统计表的内容来判断能否使用排列图。如果小组累计统计了不少于 50 个流程耗时的数据，每个工序耗时的数据均不小于 50 次，并且各工序耗时的数据处于稳态（可使用过程能力指数、控制图等工具分析判定），则可以使用排列图统计分析计量数据。如果通过分析发现某工序耗时不稳定，则应分析、剔除异常数据，避免不稳定因素对分析工序耗时的异常干扰后，再使用排列图对各工序耗时进行分析，查找主要症结。

不仅是时间数据，包括成本、行驶里程、油耗、线损等计量数据在内的现状调查，在使用排列图前，均应确保数据处于稳态且采集的有效样本不少于 50 个。

需要特别说明的是，如果一个数据是分数，在判断属于计量数据还是计数数据时是以分子的数据性质决定的，分子是计量数据，分数就是计量数据；分子是计数数据，分数就是计数数据。不能看到带小数点、分数的数据就认为是计量数据。以电压合格率为例，如果电压采集点是每 15min 采集一个数据，全天采集 96 个数据，某天或某月的电压合格率看似是一个小数点后位数很多的小数，但从数据原理来说电压合格率仍旧是一个计数数据，因为该数据是不能无限连续可分的。例如，每出现 1 次电压不合格，该电压采集点的电压合格率就降低 1/96，如果某小组管理了 100 个采集点，那么日电压合格率就降低 1/9600，即使数据计量单位非常小，但仍不能无限连续细分超过最小计数单位（1/9600），电压合格率数据仍旧不是连续的（尽管是非常接近连续）。从本质上来说，不合格电压的点数仍旧是按次统计的，电压合格率属于计数数据。

21. 排列图应用的常见问题有哪些?

🖐【注意事项1】收集数据应在50个以上;排列图的纵坐标达到频数上限、累计频率达到100%后不再延长。

👤【案例4-16】在"降低绝缘油介损及体积电阻率试验作业异常率"课题的现状调查中:小组针对2012年11~12月变压器绝缘油介损及体积电阻率试验作业异常率高的问题,再次查阅分析了2012年绝缘油原始试验记录,对绝缘油介损及体积电阻率试验作业异常情况进行分类统计见表4-24。

表4-24　　　　　　　　　　　　试验作业异常统计表

序号	原因类别	频数(次)	累计频数(次)	累计百分比(%)
1	油杯内电极侧翻倒地	9	9	69
2	电极接触不良	2	11	84
3	测量导线接触不良	1	12	92
4	油杯脏污	1	13	100

制表:×××　　　制表日期:×××-××-××

根据统计表4-23,绘制排列图如图4-21所示。

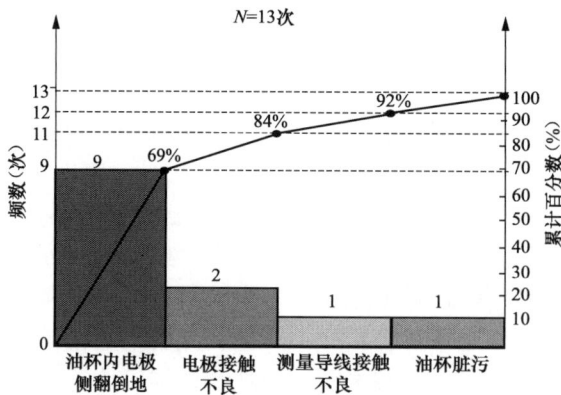

制图:×××　　制图日期:××××-××-××

图4-21　试验作业异常排列图

从图4-21的排列图可以看出,油杯内电极侧翻倒地的频数9次是最多的,占绝缘油介损及体积电阻率异常次数的69%,是影响绝缘油介损及体积电阻率试验作业异常率高的主要问题,解决此问题可以大幅度降低绝缘油介损及体积电阻率试验作业异常率。

分析　在此案例中,频数小于50个,不具有广泛代表性,不符合排列图的使用规范。另外排列的四个项目中没有"其他"一项,因为影响课题的因素除了这四项外还有许多其他可控或不可控因素,虽然影响较小,但应进行列出说明。频数和累计百分比达到满值后又延长出一段箭头,绘制不规范。

【注意事项 2】排列图的频数应是计数数据，尽量避免计量数据。

【案例 4-17】在"降低绝缘油介损及体积电阻率试验作业异常率"课题的现状调查中，在 500kV CVT 试验中，从试验的总体流程工序来进行分析，首先分析出了该试验的总体工序流程图，如图 4-22 所示。

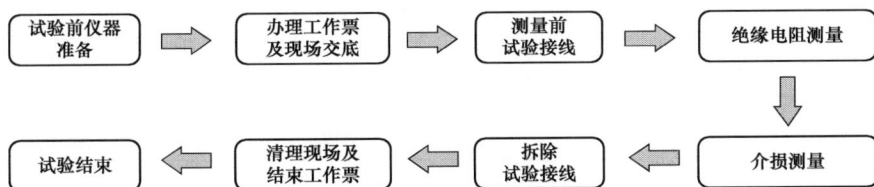

图 4-22 500kV CVT 试验总体流程工序图

每部分用时分析如下：

试验前仪器准备：根据实际情况选取介损仪和兆欧表。

办理工作票及现场交底：现场履行许可手续及工作负责人对工作班成员现场交底。

试验接拆线：包括试验接线和拆除试验接线，由 500kV CVT 多节电容器元件串联而成，要单独测量各电容器元件需要有不同的接线方法（反接屏蔽、正接法、自激法等）。

绝缘电阻测量：分别测量各节电容器绝缘电阻。

介损测量及电容值：采用不同的接线方式、测试方法，分别测量各节电容。

器介损及电容值。

清理现场及结束工作票：收拾仪器，清点工具，检查现场，结束工作票。

根据调查的结果，统计出各个试验工序所需的时间，见表 4-25。

表 4-25 试验工序所需时间表

编号	被测设备	试验前仪器准备（min）	办理工作票及现场交底（min）	试验接拆线（min）	绝缘电阻测量（min）	介损测量（min）	清理现场及结束工作票（min）
1	500kV 鼓峰甲线	12	15	111	14	21	12
2	500kV 鼓峰乙线	13	16	117	16	20	10
3	500kV 鼓峰丙线	15	15	115	15	24	13
4	500kV 鼓峰丁线	12	17	137	13	19	8
5	500kV 峰香甲线	10	13	110	14	25	9
6	500kV 峰香乙线	12	14	123	17	18	10
7	500kV 襟峰线	14	16	109	16	24	10
8	500kV 五江甲线	8	18	130	13	20	11
9	500kV 五江乙线	9	12	130	14	21	12
10	500kV 换江甲线	10	20	137	15	23	9
11	500kV 换江乙线	8	17	135	13	20	9
12	500kV 江西甲线	7	13	125	17	18	8
13	500kV 江西乙线	10	14	143	13	17	11
14	500kV 顺江甲线	9	14	160	15	20	12

编号	被测设备	试验前仪器准备（min）	办理工作票及现场交底（min）	试验接拆线（min）	绝缘电阻测量（min）	介损测量（min）	清理现场及结束工作票（min）
15	500kV 顺江乙线	8	16	156	15	18	9
16	圭峰站 2 号主变变高	11	14	83	14	20	8
17	圭峰站 3 号主变变高	12	12	132	16	17	10
18	江门站 1 号主变变高	10	19	145	16	18	11
19	江门站 2 号主变变高	10	13	135	14	20	12
	平均时间	10.52	15.15	128.24	14.73	20.15	10.21

再统计各试验工序累计所需时间，见表 4-26。

表 4-26　　　　　　　　　各试验工序累计所需时间表

试验工序	平均耗费时间（min）	累计时间（min）	累计百分比（%）
试验接拆线	128.24	128.24	64
介损测试	20.15	148.39	74
办理工作票及现场交底	15.15	163.54	82
绝缘电阻测量	14.73	178.27	89
试验前仪器准备	10.52	188.79	94
清理现场及结束	10.21	199	100

做出排列图如图 4-23 所示。

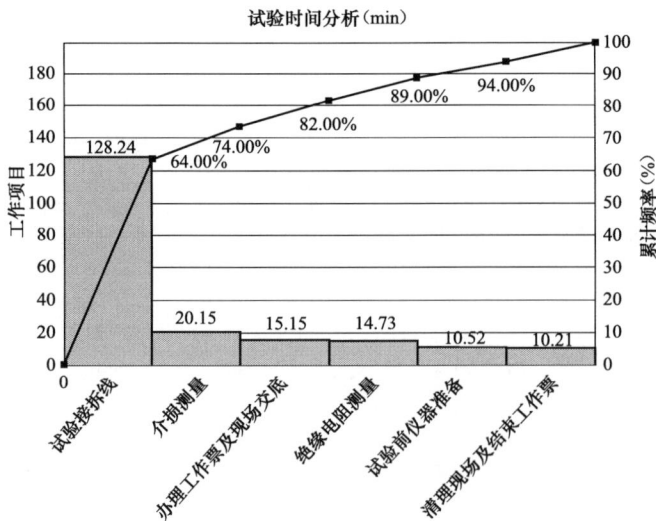

图 4-23　各试验工序时间排列图

从排列图很容易看出，试验接拆线时间长是影响 500kV CVT 预防性试验时间的最大的因素，故针对该试验的试验接拆线时间长作为主要攻关方向。

分　析　此例中选用了时间这一计量数据作为频数，一般计量数据可因单位不同而进行无限分割，因此在此处应用不恰当，用时长则可。

【**注意事项 3**】排列图遵循"80/20 原则",用来识别关键的少数和次要的多数。

【**案例 4-18**】在"提高宏大线停送电管理系统送电成功率"课题的现状调查中,

- 因为停/送电成功率**95%**是该管理系统的投标文件,所以小组按自选课题程序活动。
- 根据**2013年3~5月份**送电成功率统计,对送电不成功品数进行统计调查
- **2013年3~5月**送电不成功问题品数调查统计表

表03

序	间题项目	频数（户）	累计频数（户）	频率（%）	累计频率（%）
1	采集设备故障	94	94	36.86	36.86
2	基础信息不准确	77	171	30.2	67.06
3	网上停电信息反馈不及时	36	207	14.1	81.16
4	其他	48	255	18.81	100
	合计	255		100	

制表：张玉振　审核：宁宇　时间：**2013.6.8**

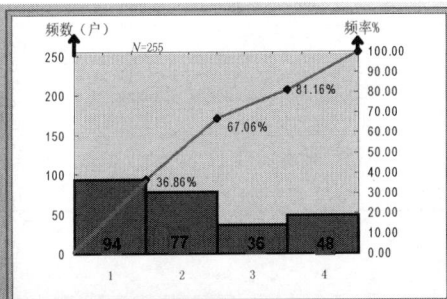

制表：×××　审核：××时间：**2013.6.8**

送电不成功问题排列图（图2）
由排列图看出,影响送电不成功的主要问题采集设备故障和台区基础信息不准确占送电不成功品数67.06%。

分　析 此例中的排列图有两点不恰当。一是两个纵坐标在达到满值后向上延长了一段且还带有箭头;二是此排列图的四项排列之间差距不是非常明显,并不能确切地找到"关键的少数"。

22. 小组活动过程常见排列图实例。

排列图主要应用于小组选题、现状调查、检查效果 3 个阶段。

（1）选题阶段。

略。

（2）现状调查阶段。

【**案例 4-19**】"降低 2 兆电路的故障频次"课题的现状调查。

为了找出 2M 电路的故障频次偏高的症结,QC 小组对 2012 年 7 月～2013 年 1 月的值班日志和故障处理登记簿中所记录的故障原因进行分类统计,如表 4-27 所示。

表 4-27　　　　　　　　　2012 年 7 月～2013 年 1 月 2M 电路的故障记录表

月份＼类别	通道误码	线缆中断	停　电	设备故障	其　他	合　计
2012.7	21	4	3	2	1	31
2012.8	29	5	2	2	2	40
2012.9	24	6	3	2	2	38
2012.10	24	5	4	1	1	35
2012.11	31	5	1	3	2	42
2012.12	19	7	2	2	2	32
2013.1	26	6	3	3	1	39
合　计	174	38	18	16	11	257

制表：×××　时间：××××-××-××

241

对记录表整理后可得到统计表4-28。

表4-28　　　　　　　　　　　2M电路的故障原因统计表　　　　　　　　　　　N=257

序号	项　　目	频次	累计	累计（%）
A	通道误码	174	174	67.70
B	线缆中断	38	212	82.49
C	停　电	18	230	89.49
D	设备故障	16	246	95.72
E	其　他	11	257	100.00

制表：×××　时间：××××-××-××

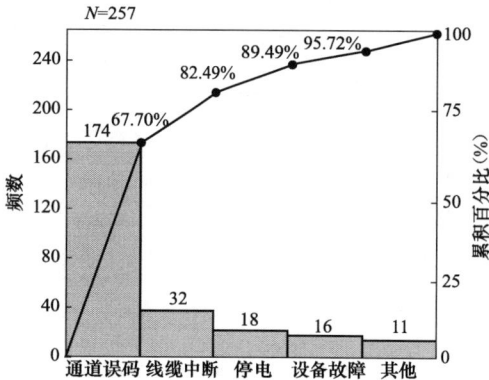

制图：×××　时间：××××-××-××

图4-24　2M电路的故障分类排列图

从图4-24可以看出，通道误码在导致2M电路故障频次偏高的各因素中占比重最大，高达67.7%，说明通道误码是导致2M电路故障频次偏高的主要症结。

至此，本小组得出了2M电路故障频次偏高的症结为通道误码。

分析　在问题解决型课题中，排列图的应用会和调查统计表同步使用，该小组的排列图绘制规范、排列项目适宜，找到了"关键的少数"。在"现状调查"这一步中，排列图一般是作为找出影响课题的症结问题来使用的。

（3）检查效果阶段。

【案例4-20】"降低2M电路的故障频次"课题的检查效果。

为了验证问题的症结是否得到了解决，QC小组进一步对2013年8月至10月导致2M电路的故障的原因进行了分类统计，如表4-29所示。

表4-29　　　　　　　　　　2013年8～10月2M电路的故障记录表

月份 ＼ 类别	线缆中断	通道误码	停电	设备故障	其他	合计
2013.8	5	4	4	3	2	18
2013.9	4	6	4	2	1	17
2013.10	6	2	3	3	2	16
合计	15	12	11	8	5	51

制表：×××　时间：××××-××-××

对记录表整理后可得到统计表4-30。

表4-30　　　　　　　　　　　2M电路的故障原因统计表　　　　　　　　　　　N=51

序号	项目	频次	累计	累计（%）
A	线缆中断	15	15	29.41
B	通道误码	12	27	52.94
C	停电	11	38	74.51
D	设备故障	8	46	90.20
E	其他	5	51	100.00

制表：×××　时间：××××-××-××

从排列图 4-25 可看出，由于通道误码造成 2M 电路故障相比活动前大大下降，月平均次数仅为 12/3＝4 次，已不再是问题的症结。

分析 如果在现状调查阶段使用了排列图来找到症结问题，那么为了检查改进效果，在检查效果阶段也应当使用排列图作为活动前后的比较和检查。该小组通过排列图发现原来的关键的少数——通道误码已不再是症结问题，而原来的次要问题上升到主要问题，这正符合排列图的 80/20 原则。

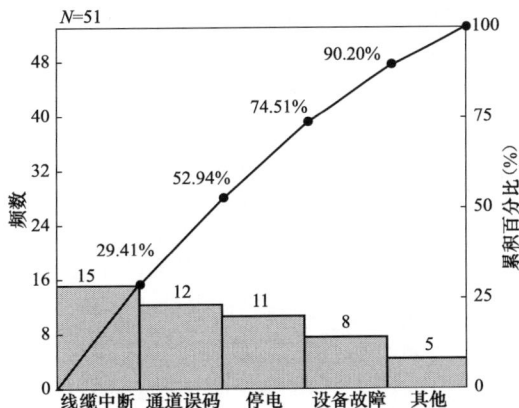

制图：×××　时间：××××-××-××

图 4-25　活动后 2M 电路的故障分类排列图

23. 什么叫亲和图?

亲和图（Affinity Diagram）又叫 A 型图解，是 KJ 法的一种类型。它是把收集到的大量有关一特定主题的意见、观点、想法和问题，按它们之间相互亲近程度加以归类、汇总的一种图。

亲和图主要用途为

（1）归纳整理所收集到的由头脑风暴法所产生的意见、观点和想法等语言资料；

（2）把大项目重新组成容易理解和处理的较小的部分；

亲和图可以进行归纳问题、整理见解，对杂乱的问题进行归纳，提出明确的看法和见解；可以研究新情况、发现新问题，掌握尚未经历或认识的事实，寻找其内在关系；可以打破常规、构思新意，构成新的见解、思想和方法；可以用于既定目标的展开落实，通过决策层与员工共同讨论、研究，发挥集体智慧，贯彻展开措施；可以用于统一思想，通过降个人的不同意见汇总、归纳，发现导致意见分歧的原因，促进有效合作。

24. 使用亲和图的基本步骤有哪些?

（1）准备。主持人和与会者 4～7 人。准备好黑板、粉笔、卡片、大张白纸、文具。

（2）头脑风暴法会议。主持人请与会者提出 30～50 条设想，将设想依次写到黑板上。

（3）制作卡片。主持人同与会者商量，将提出的设想概括为 2～3 行的短句，写到卡片上。每人写一套。这些卡片称为基础卡片。

（4）分成小组。让与会者按自己的思路各自进行卡片分组，把内容在某点上相同的卡片归在一起，并加一个适当的标题，用绿色笔写在一张卡片上，称为小组标题卡。不能归类的卡片，每张自成一组。

（5）并成中组。将每个人所写的小组标题卡和自成一组的卡片都放在一起。经与会者共同讨论，将内容相似的小组卡片归在一起，再给一个适当标题，用黄色笔写在一张卡片上，称为中组标题卡。不能归类的自成一组。

（6）归成大组。经讨论再把中组标题卡和自成一组的卡片中内容相似的归纳成大组，加一个适当的标题，用红色笔写在一张卡片上，称为大组标题卡。

（7）编排卡片。将所有分门别类的卡片，以其隶属关系，按适当的空间位置贴到事先准备好的大纸上，并用线条把彼此有联系的连接起来。如编排后发现不了有何联系，可以重新分组和排列，直到找到联系。

（8）确定方案。将卡片分类后，就能分别地暗示出解决问题的方案或显示出最佳设想。经会上讨论或会后专家评判确定方案或最佳设想。

绘制步骤：

（1）明确目的及语音数据的来源；

（2）记录下收集到的语音数据；

（3）将各语音数据抄写至卡片上，确认描述的准确性和简洁性，并删除相同内容的卡片；

（4）依据各语音数据的亲和性（即有亲近感，所表述内容类似）将卡片分组设置；

（5）将各组卡片所表达的关键语音以简洁的文字表述出来，完成亲和卡；

（6）如各亲和卡间有亲和性，则可重复 5 中的操作，最后用一个标题来汇整各亲和卡中的内容，完成亲和图。

25. 亲和图多使用于 QC 小组活动的哪些阶段？

全面质量管理活动中，KJ 法是寻找质量问题的重要方法。具体来讲，KJ 法可以用在以下几个方面：

（1）制订推行全面质量管理的方针和目标。

（2）制订发展新产品的方针、目标和计划。

（3）用于产品市场和用户的质量调查。

（4）促进质量管理小组活动的开展。

（5）协调各部门的意见，共同推进全面质量管理。

（6）调查协作厂的质量保证活动状况。

【案例 4-21】见图 4-26。

意见统计	要有两个方向的滚轮	总体强度必须达到撬起800千克的要求	滚轮与撬舌间的距离要适当	滚轮在承重时不得变形
	滚轮转动要灵活	转动滚轮来调整方向	横向滚轮将承受很大的侧向力	滚轮可以采用滚针轴承
	滚轮也可采用滑动轴承	撬舌承重时不能变形	横向滚轮在撬起后应与地面基本垂直	滚轮支架在承重时不得变形
小组运用头脑风暴法，共提出36条意见与想法	支架的焊接要牢固	滚轮的轴承处需要润滑	撬杠杆与撬舌的角度要适当	撬杠杆与支架的连接处要保证强度
	撬杠不能太重	支架采用框架结构会比较好	撬舌伸出的长度要适当	撬舌的断面形状要合理
	滚轮的宽度要选好	撬杠杆应采用钢管	可旋转的滚轮支架支撑面尺寸要合理	撬杠杆的直径要适当
	撬起后不仅能直线移动，最好还能转动	要适应操作空间不足的现场	前端部支撑尺寸应尽量小	注意各零部件的材料的选择
	要有结构原理图才能表达清楚	要对设计进行结构的强度校核	前端支架的强度要满足要求	最终要绘制设计图纸才能实施加工
	结构尽量简单	滚轮直径与撬舌间的距离有关	要保证力矩比大于20	要保证使用寿命

图 4-26　亲和图（一）

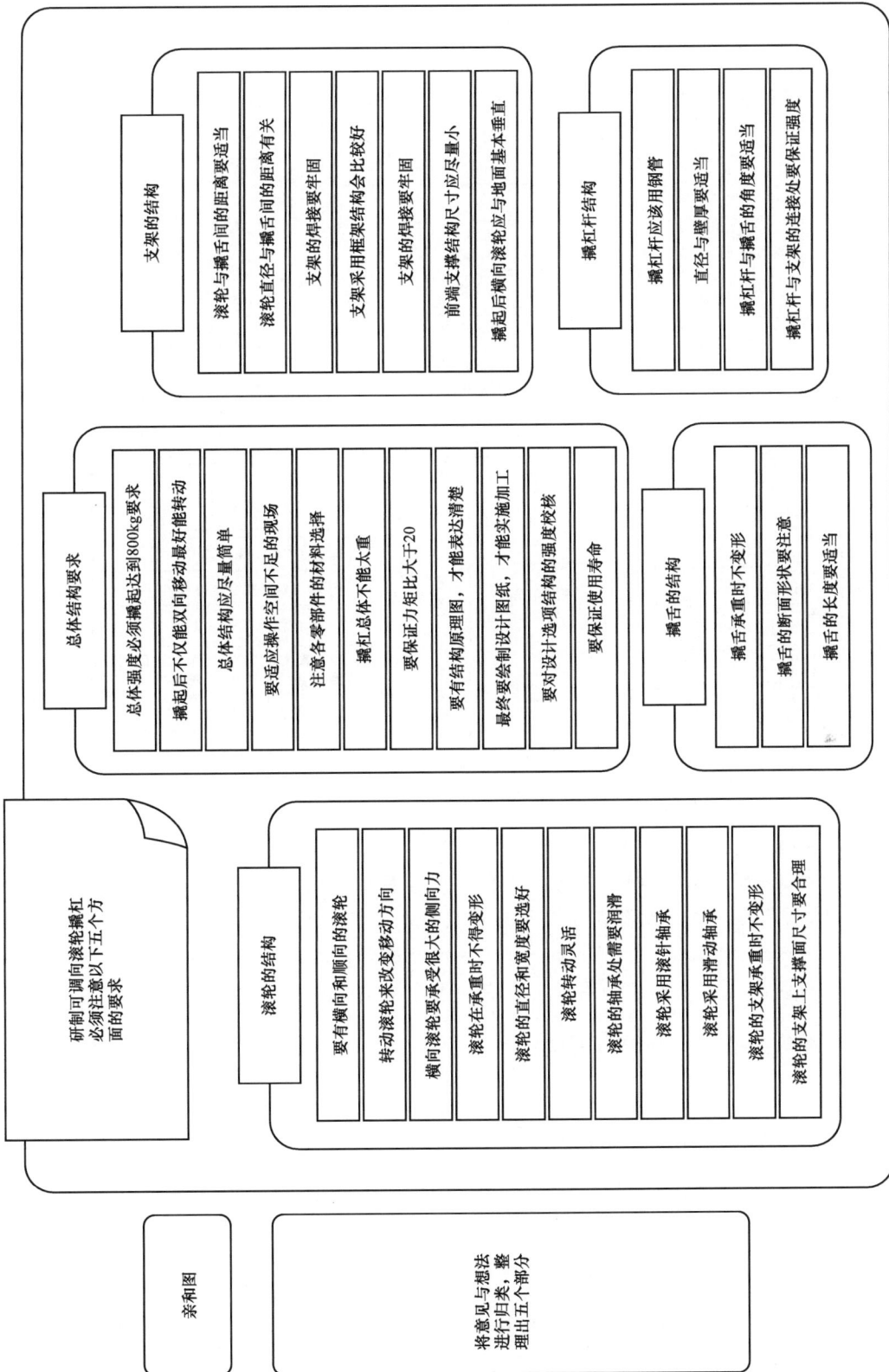

图4-26 亲和图（二）

亲和图

研制可调向滚轮撬杠必须注意以下五个方面的要求

将意见与想法进行归类，整理出五个部分

总体结构要求
- 总体强度必须撬起达到800kg要求
- 撬起后不仅能双向移动最好能转动
- 总体结构应尽量简单
- 要适应操作空间不足的现场
- 注意各零部件的材料选择
- 撬杠总体不能太重
- 要保证力矩比大于20
- 要有结构原理图，才能表达清楚
- 最终要绘制设计图纸，才能实施加工
- 要对设计选项结构的强度要校核
- 要保证使用寿命

支架的结构
- 滚轮与撬舌间的距离要适当
- 滚轮直径与撬舌间的距离有关
- 支架的焊接要牢固
- 支架采用框架结构会比较好
- 支架的焊接要牢固
- 前端支撑结构尺寸应尽量小
- 撬起后横向滚轮应与地面基本垂直

撬杠杆结构
- 撬杠杆应该用钢管
- 直径与壁厚要适当
- 撬杠杆与撬舌的角度要适当
- 撬杠杆与支架的连接处要保证强度

滚轮的结构
- 要有横向和顺向的滚轮
- 转动滚轮未改变移动方向
- 横向滚轮要承受很大的侧向力
- 滚轮在承重时不得变形
- 滚轮的直径和宽度要选好
- 滚轮转动灵活
- 滚轮的轴承处按需要润滑
- 滚轮采用滚针轴承
- 滚轮采用滑动轴承
- 滚轮的支架上支撑面尺寸要合理

撬舌的结构
- 撬舌承重时不变形
- 撬舌的断面形状要注意
- 撬舌的长度要适当

分 析 图 4-26 是一个将头脑风暴法找到的原因进行整理归类的一个较好的案例，值得借鉴。

【案例 4-22】 见图 4-27。

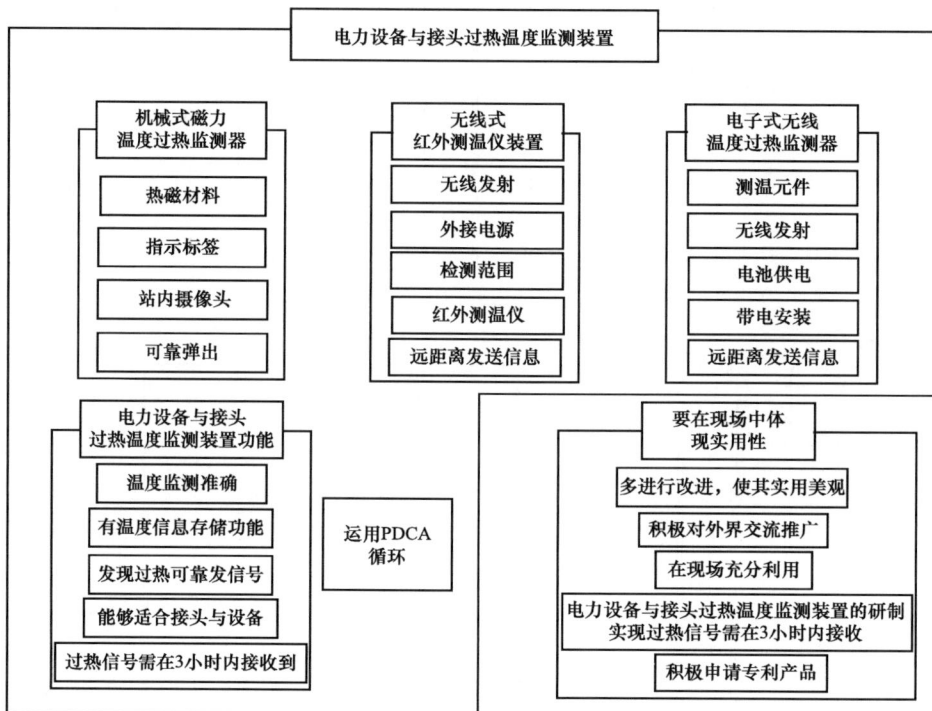

图 4-27 亲和图

分 析 上述案例中，小组成员对卡片内容进行了 2 次亲和，并据此制作亲和图。存在的问题是，虽然进行了 2 次亲和，但是，亲和图中仍然有系统内容卡片存在，如"过热信号需在 3h 内接收到"与"电力设备与接头过热温度检测装置的研制实现过热信号需在 3h 内接收"是内容相同的卡片，本应当合并为一个卡片内容进行亲和，相反，却作为 2 个卡片分别进行了亲和，说明小组成员作亲和图时，没有认真分析卡片内容。

26. 亲和图应用的常见问题有哪些？

常见错误：

（1）卡片上的语音描述过于模糊或繁复；

（2）错误处理离群卡片；

（3）用于速战速决的问题和简单的问题；

（4）与其他的 QC 手法一起用。

避免方法：

（1）卡片上的语音描述应尽可能清晰简练；

（2）当绘制亲和图时有离群的卡片出现，可先放置一边，待亲和图完成后再确认该卡片的处理方法；

（3）避免与其他 QC 手法一起用。

【案例 4-23】"提高 220kV ××变电站出线路径铁塔接地可靠率"课题的对策制定。

由分析可知引起接地装置存在问题的要因分别是

（1）引下线无防盗功能；

（2）引下线扁铁固定螺栓无防盗功能；

（3）引下线埋深不够。

制定对策：

针对所确定的要因，小组成员对所有可能的方案进行分析，并绘制亲和图，如图 4-28 所示。

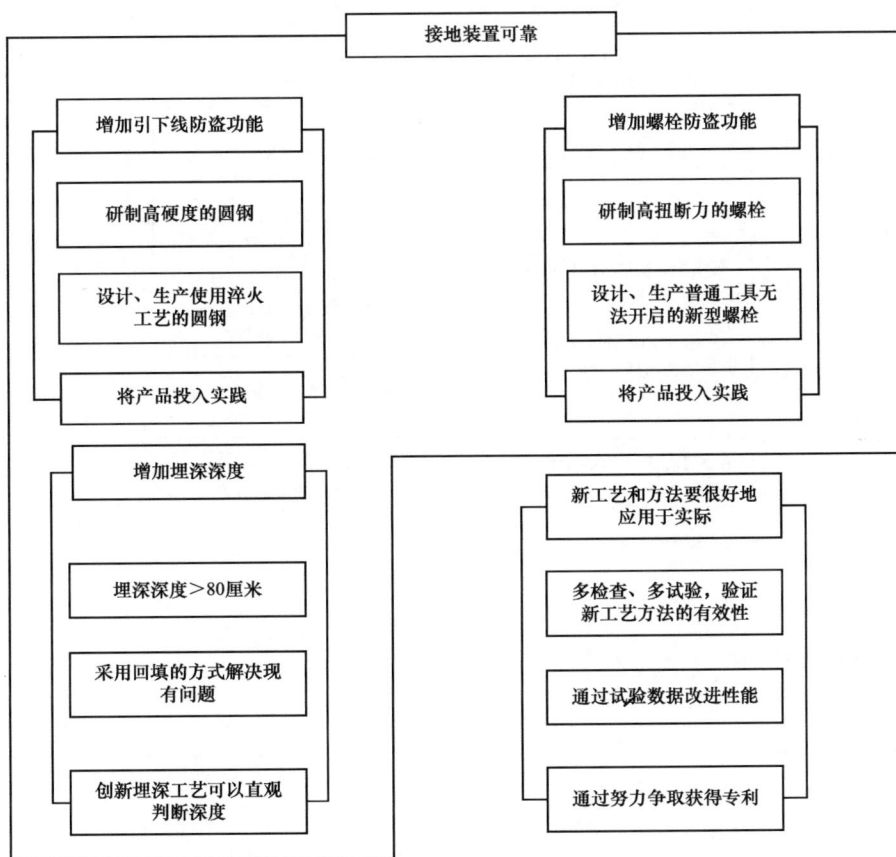

制图：××× 时间：××××-××-××

图 4-28 亲和图

分 析 此案例中亲和图的应用不满足要求。该亲和图将"接地装置不可靠"确定为亲和图主题，与前面确定的要因不对应；该案例将简单的问题复杂化，刻意使用亲和图作为分析工具，刻意拼凑内容；另外该工具绘制有错误，在每一个亲和图的矩形框中，有且仅有唯一一个卡片包含其他相关联卡片。

27. 小组活动过程常见亲和图实例。

亲和图主要应用于小组选题、制定对策、按对策实施 3 个阶段。

（1）选题阶段。

👤【案例 4-24】"主变铁芯接地电流在线监测装置的研制"课题的选择。

为解决主变铁芯接地故障无法及时发现处理的问题，小组多次组织讨论，运用头脑风暴法提出 4 个课题方向，其亲和图如图 4-29 所示。

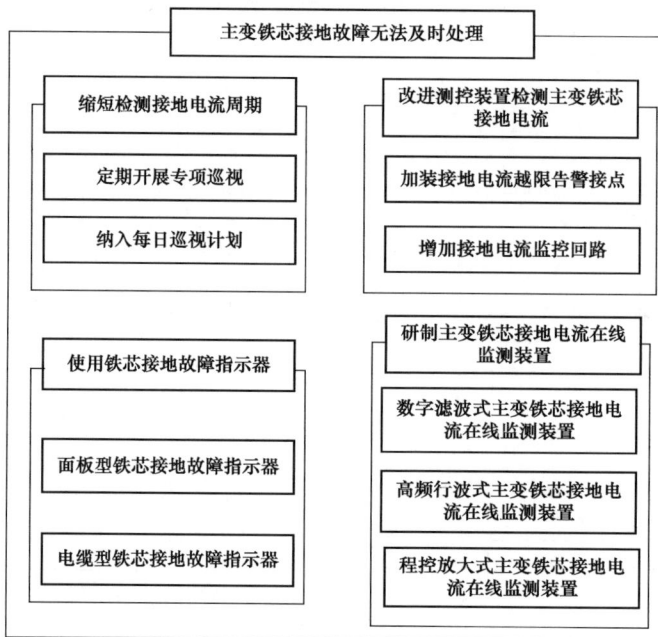

图 4-29　课题选择亲和图

小组对课题进行调研分析见表 4-31。

表 4-31　　　　　　　　　　　　课　题　分　析

课题方向	课题分析
课题 1：缩短检测接地电流周期	缩短检测接地电流周期，能及时发现和处理主变铁芯接地故障，但工作量大，易受环境影响，每年检修费用为 1 万元
课题 2：改进测控装置检测主变铁芯接地电流	设计原理难，需专业人员支持，另外需要铺设大量电缆，工作量大，初步估计研发费用大于 12 万元，小组难以实施
课题 3：使用铁芯接地故障指示器	安装在铁芯接地线处监测接地电流，大于设定值时进行报警，便于检修人员及时进行处理。经市场调查得知，价格约为 9600 元，但其性能不稳定，易受环境影响
课题 4：研制主变铁芯接地电流在线监测装置	根据现场作业要求研制，结构较为简单，小组人员熟悉研发原理，经论证后可实施，约需研发费用 4000 元，在小组能力范围之内

制表：×××　时间：××××-××-××

248

经过综合分析，小组发现课题 4 原理简单，能实时准确监测主变铁芯接地电流，造价较低、易于实施。因此，小组决定将研制主变铁芯接地电流在线监测装置作为课题的研究方向。

分 析 该成果针对"主变铁芯接地故障无法及时发现处理"的问题，运用头脑风暴法，小组成员各抒己见，提出了"缩短检测电流周期""改进测控装置检测主变铁芯接地电流""使用铁芯接地故障指示器""研制主变铁芯接地电流在线监测装置"四个课题方向，并经过分析确认，将研制主变铁芯接地电流在线监测装置作为课题的研究方向。

（2）制定对策阶段。

【案例 4-25】"降低负荷预测不合格天数"课题的对策制定。

针对"缺乏对高温天气作用负荷情况的研究"这一要因采取何种对策，小组成员运用头脑风暴法，并运用亲和图归纳整理方案，如图 4-30 所示。

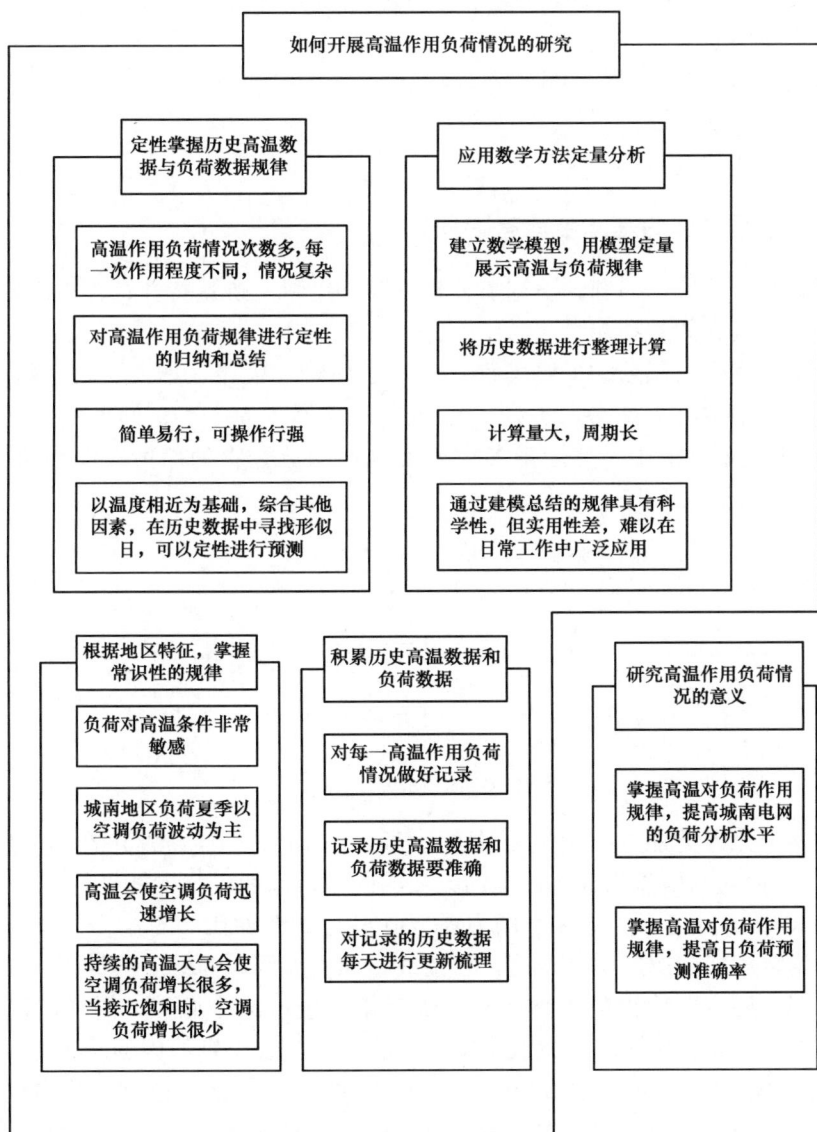

图 4-30 负荷研究亲和图

分　析 该成果针对"缺乏对高温天气作用负荷情况的研究"要因绘制了亲和图，将产生要因的原因逐一分解，为对策的制定提供可靠的依据。

第三节　因果图、树图、关联图

28. 什么叫因果图？

因果图（Cause-and-effect Diagram）是表示质量特性波动与其潜在（隐含）原因的关系，即表达和分析因果关系的一种图表。由日本著名质量管理专家石川馨博士创造，因此也称石川图，由于它的形状像鱼骨刺，也叫鱼刺图、鱼骨图。运用因果图有利于找到问题症结的原因，然后对症下药，解决质量问题。

因果图的主要用途为：

（1）找出质量问题的显现原因和潜在原因；

（2）组织头脑风暴会议；

（3）质量分析和改进。

29. 使用因果图遵循的基本步骤有哪些？

（1）确定结果、特性、问题。根据需分析的某种结果、质量特性、存在问题，简洁通俗地归纳成一句话，放在图的右端。

（2）确定可能发生的原因的主要类别。类别是属种、大枝，如人、机、料、法、环等。把它们分别放在图中主杆的两旁，类别大枝与主杆需形成$60°\sim75°$的夹角。画框架图，把"结果"画在右边的矩形框中，然后把各主要类别原因放在它的左边，作为结果框的输入，如图 4-31 所示。

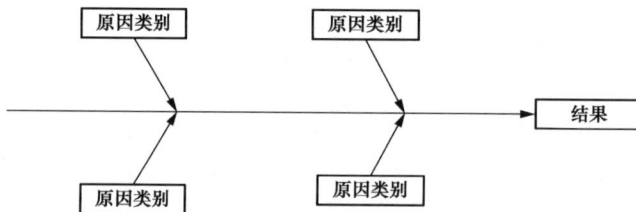

图 4-31　因果图框架

（3）循着某个原因类别寻找第一层次的大原因。如"人"类别下的"装配技能熟练""责任心差"等，把它们用箭线分列在类别大枝的两旁，箭线应与主杆平行。

（4）按 Why-why（五个为什么）的方法寻找各层次的原因。对第一层次的大原因，再问为什么？以确定第二层次的中间原因，以箭线指向大原因，箭线应与类别大枝平行；对第二层次的中原因，还应继续再问为什么？以确定第三层次的小原因，同样以箭线指向中原因，箭线应与主干平行。层层展开完成全图，寻找每个主要类别原因的所有下一个层次的原因，并画在相应的枝上，一层层地展开分析下去，直到可以直接采取对策为止，如图 4-32 所示。一张完整的因果图展开的层次至少应有两层，一般情况下有三层。画因果图时可以召开"诸葛亮会"，充分发扬民主，各抒己见，集思广益，把具体的意见整理后记录在图上。

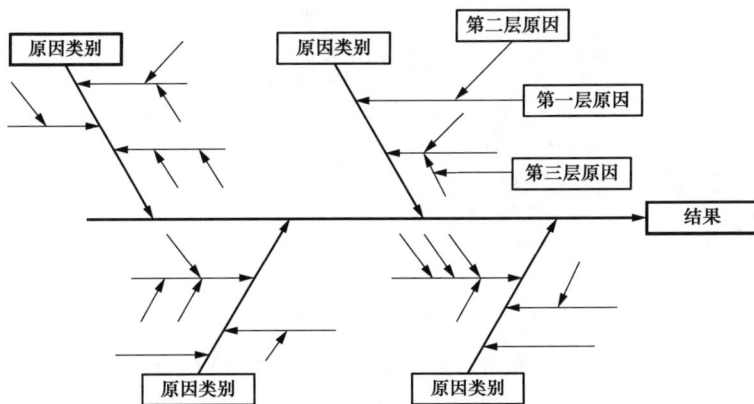

图 4-32 因果层次展开示意图

（5）确定末端因素。末端因素是指隶属于各第一层次大原因的最末一个层次的原因。当遇有并列现象时，可集体讨论确定，或到现场予以验证。

（6）检查整理。在正式出图之前，应再次检查是否有：①因果关系倒置的；②再问一句还有下文的；③表述含混不清的；④重复可以合并的。最后整理出因果图。

30. 因果图应用的常见问题有哪些？

【注意事项 1】 在使用因果图时，要注意因果图的框架结构。

【案例 4-26】 "降低施耐德开关操作手柄故障频次"课题的分析原因阶段采用了因果图，如图 4-33 所示。

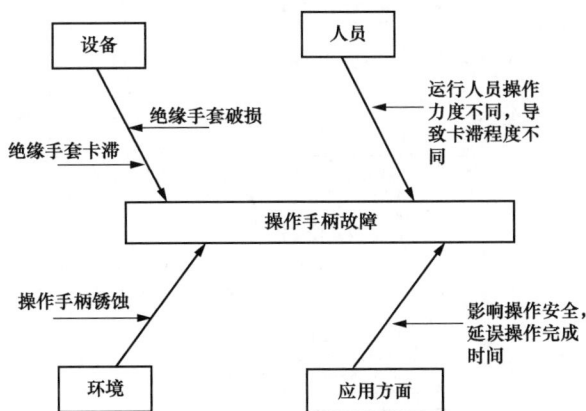

图 4-33 手柄故障因果图

分 析 因果图框架错误。"操作手柄故障"为该课题的主要症结，应作为"结果"放在因果图的最右端，然后将主要原因类别列于它的左侧，层层展开分析。

【注意事项 2】 在使用因果图时，要对各种原因层层分析，直至末端。

【案例 4-27】 "提高电缆敷设效率"课题的分析原因阶段采用了图 4-34 所示的因果图。

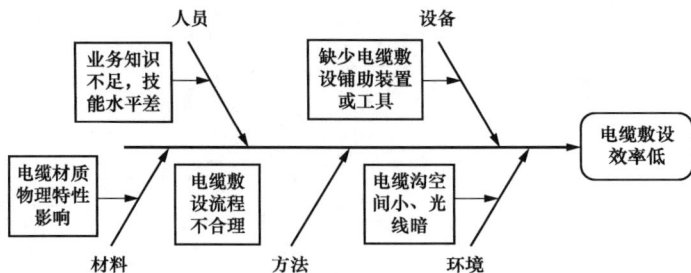

图 4-34　电缆敷设效率低因果图

分　析　原因分析不透彻。没有针对各项原因类别分析到末端因素，因果图遵循的原则是寻找每个主要类别原因的所有下一个层次的原因，直到可以直接采取对策为止，一般应分析至 3 层或 4 层原因。比如，此例中在分析"方法"的原因时，应深入下一个层级，分析电缆敷设流程中的哪一个环节不合理，继而分析造成该环节不合理的原因，直至分析至可采取对策措施的末端因素。

【注意事项 3】在使用因果图分析原因时，末端因素之间不能存在关联关系。

【案例 4-28】"提高整定计算参数的准确率及效率"课题的分析原因阶段如图 4-35 所示。

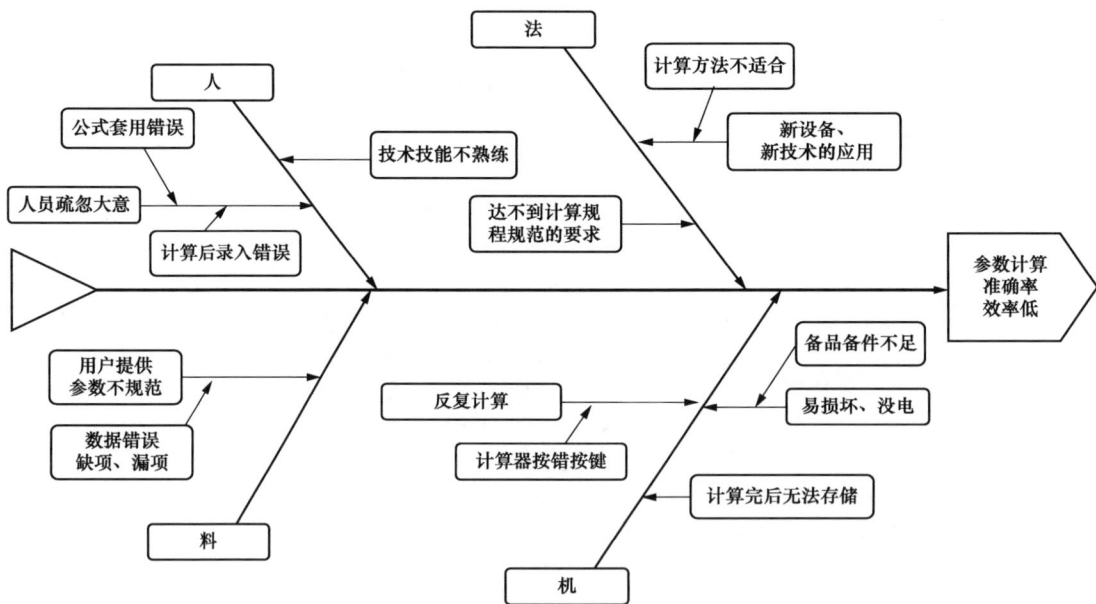

图 4-35　计算效率低因果图

分　析　主要类别之间因素相关联。此例"机"因素中的"计算机按键错误"与"人"因素中的"人员疏忽大意"存在关联关系，人员疏忽大意也有可能造成计算机按键错误。

【注意事项 4】在使用因果图分析原因时，末端因素应分析至小组自身可以解决的范围之内。

【案例 4-29】"提高架空输电线路平断面图野外测量进度"课题的分析原因阶段采用了因果图进行原因分析，如图 4-36 所示。

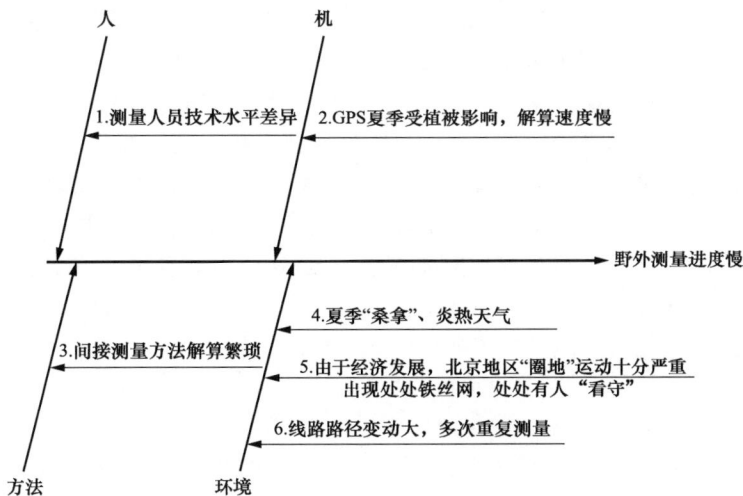

图 4-36　测量进度慢因果图

分　析 分析方向问题。此例中对"环境"分析得出"天气炎热"因素，该原因为客观原因，也为不可控因素。正因为其为客观原因，所以不可能是问题发生的原因，而原因在于班组、现场没有对此类因素作出判断与措施。需从小组自身可采取措施的方面进行进一步分析。

31. 小组活动过程常见因果图实例。

小组成员在 QC 小组活动中，针对大原因，找到中原因，层层分解，直至末端原因。通过因果关系分析，找到影响问题的原因，促进问题的解决。

分析原因阶段。

【案例 4-30】 "降低 2M 电路的故障频次"课题的分析原因阶段采用了因果图，如图 4-37 所示。

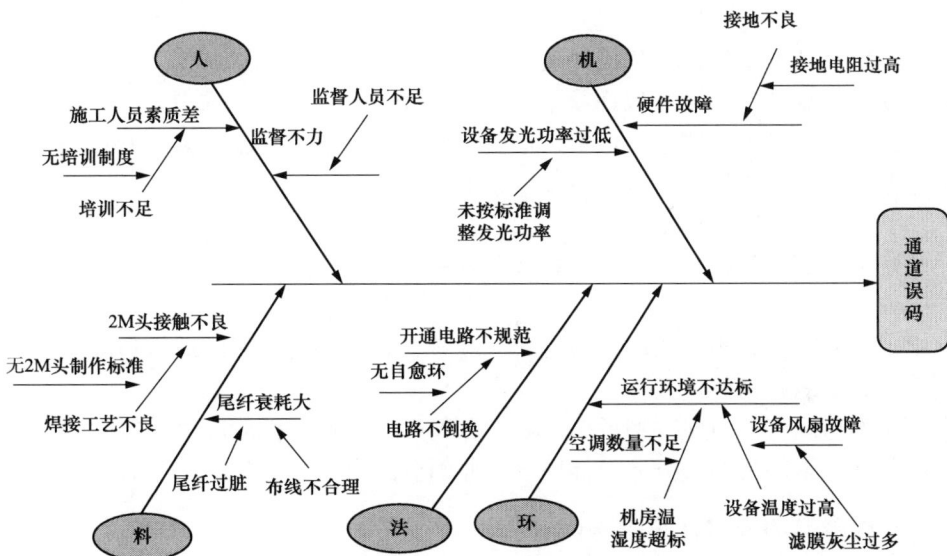

图 4-37　通道误码因果图

253

分　析　确定了目标后，QC 小组根据已经掌握的实际情况，牢牢抓住通道误码这一症结，通过人、机、料、法、环等方面寻找这一问题的原因，最终分析得出 10 条末端因素，思路较为清晰，分析较为全面。首先，该因果图是针对影响课题特性值的一个主要症结进行层层分析，符合因果图基本原则；第二，从"人、机、料、法、环"五个方面分别展开分析，且每个方面均分析至三、四层因素，针对各末端因素均可以采取直接措施，分析较为透彻；第三，"人、机、料、法、环"五个方面层次较为清晰，每一条末端原因之间不存在相互关联的现象；第四，针对分析过程中遇到的客观因素，小组成员将分析引导至小组自身可以解决的方向，使得最终可以采取改进措施。

32. 什么叫树图（系统图）？

又叫系统图、层次图、树型分析和分析树等。树图是从一个项目出发，展开成两个或两个以上的分支，然后从每个分支再继续展开下去，以表示每个质量问题与其组成要素之间关系的一种树枝状示意图。

系统图一般可分为两种，一种是对策型系统图，另一种是原因型系统图。系统图简单、直观。可以形象地将繁杂流程一目了然地展现出来。

对策型系统图以"目的—方法"方式展开，例如问题是"如何提升品质"，则开始发问"如何达成此目的，方法有哪些？"经研究发现有推行零缺点运动、推行品质绩效奖励制度等（以上为一次方法）；"推行零缺点运动有哪些方法？"（二次方法）；后续同样就每项二次方法换成目的，展开成三次方法，最后建立对策系统图。

原因型系统图以"结果—原因"方式展开，例如问题是"为何品质降低？"则开始发问"为何形成此结果，原因有哪些？"经研究发现原因是人力不足、新进人员多等（以上为一次原因）；接着以"人力不足、新进人员多"等为结果，分别追问"为何形成此结果，原因有哪些？"其中"人力不足"的原因有招聘困难，人员素质不够等（二次原因）；后续同样就每项二次原因展开成三次原因等，最后建立原因型系统图。

其主要用途为：

（1）企业方针目标实施项目级展开；

（2）在新产品开发中进行质量设计展开；

（3）在质量保证活动中进行保证质量要素的展开；

（4）对为解决企业内部质量、成本、产量等问题所采取的措施加以展开；

（5）过程分析中对质量特性进行主导因素的展开；

（6）质量问题的原因与结果的分析；

（7）探求明确部门职能、管理职能和提高效率的方法。

树图有以下两大类型：

（1）宝塔型树图（结构型树图）垂直向下展开，表示它们之间的结构包容关系。宝塔型树图常用于表达组织结构等。

（2）侧向型树图（单向展开型树图）向右方展开，表示它们之间的因果关系、目地手段之间的层层保证关系，常用于方针目标展开、原因分析等。

33. 使用树图遵循的基本步骤有哪些？

（1）组成制作小组，选择有相同经验或知识的人员。

（2）决定主题，将希望解决的问题或想达成的目标，以粗体字写在卡片上，必要的时候，以简结精练的文句来表示，但要让相关的人能够了解句中的含意。

（3）记入所设定目标的限制条件，如此可使问题更明朗，而对策也更能依循此条件找出来，此限制条件可依据人、事、时、地、物、费用、方法等分开表示。

（4）第一次展开，讨论出达成目的的方法，将其可能的方法写在卡片上，此方法如同对策型因果图中的大要因。

（5）第二次展开，把第一次展开所讨论出来的方法当作目的，为了达成目的，哪些方法可以使用呢？讨论后，将它写在卡片上，这些方法则称为第二次方法展开。

（6）以同样的要领，将第二次方法当成目的，展开第三次方法，如此不断地往下展开，直到大家认为可以具体展开行动，而且可以在日常管理活动中加以考核。

（7）制作实施方法的评价表，经过全体人员讨论同意后，将最后一次展开的各种方法依其重要性、可行性、急迫性、经济性进行评价，评价结果最好用分数表示。

（8）将卡片与评价表贴在白板上，经过一段时间（1 小时或 1 天）后，再集合小组成员检查一次，看是否有遗漏或需要修正？

（9）系统图制作完毕后，须填入完成的年、月、日、地点、小组成员及其他必要的事项。

34. 何种情况下必须应用树图？

针对单一问题的原因进行分析，原因之间没有交叉关系，展开的层次又比较多的时候，必须应用树图。

【案例 4-31】 某电厂小组成员采用头脑风暴法对入炉煤采样机机械故障的问题，用树图进行了详细的分析，如图 4-38 所示。

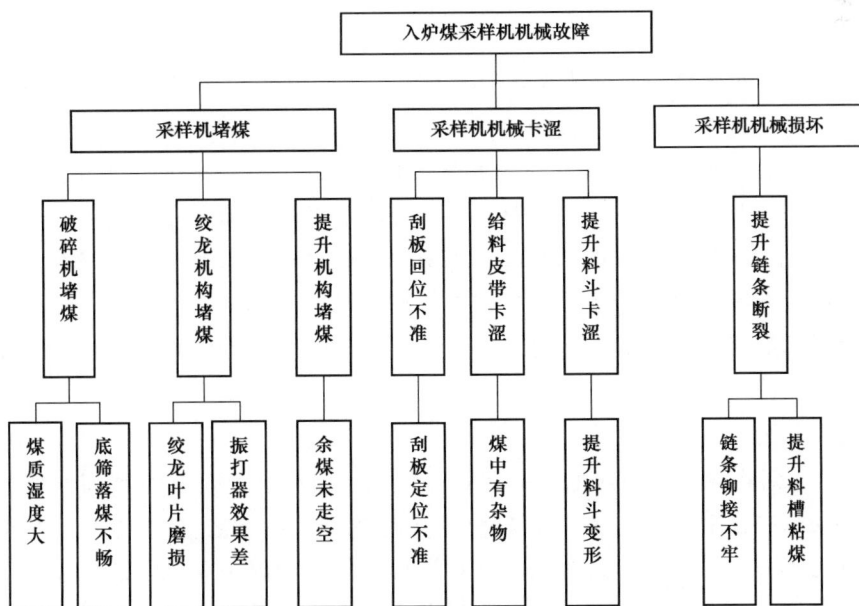

制图：××× 时间：××××-××-××

图 4-38 样机机械故障树图

255

分　析　上述案例中，分析原因时，部分末端因素没有分析到能够直接采取对策为止，如振打器效果差，为什么振打器效果差没有进一步往下分析，没有找到根本原因，没有分析到能够直接采取对策为止。

35. 树图应用常见问题有哪些？

【注意事项 1】 应针对一个问题作一张树图，分析其原因。

【案例 4-32】 "缩短 SF_6 气体测试时间"课题中，小组成员在分析原因中绘制了树图，如图 4-39 所示。

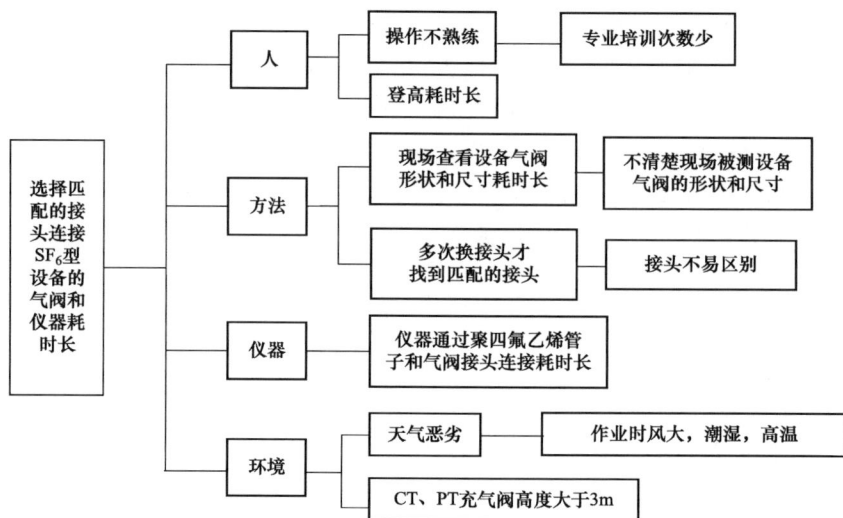

图 4-39　气阀和仪器耗时长树图

分　析　该小组在使用树图时存在两方面错误：一是针对"连接 SF_6 型设备的气阀耗时长"和"连接仪器耗时长"这 2 个问题应用一张树图进行分析，这样在进行主要类别分解以及后续要素分析时，会造成子因素多、重复等现象，进而影响到后续主要原因的确定，易出现非要因变要因、遗落要因等问题。二是在进行因果展开不全面、子要素不具体，如"仪器通过聚四氟乙烯管子和气阀接头连接"就未说明为什么会造成耗时长，应继续分解；如"作业时风大，潮湿，高温"应改为三个子要素来绘制。

【注意事项 2】 将全部原因，按因果关系分层次排列，用直线连接，直至可直接采取对策的末端原因。

见【案例 4-31】。

分　析　此案例存在两方面问题：一是在分析末端因素时，没有分析到能够直接采取对策为止，如：振打器效果差，为什么振打器效果差没有进一步往下分析，没有找到根本原因，没有分析到能够直接采取对策为止。这将直接影响到后续确定主要原因、制定对策等步骤，从而影响到整改成果的顺利完成。二是树图类型选择错误，小组选用了宝塔型树图，宝塔型树图主要表达结构之间的包容关系，这个工具使用不恰当。用于分析因果原因时应使用侧向型树图。

36. 树图与因果图应用时的相同点和不同有哪些?

相同点:系统图与因果图都是对单一问题进行分析,原因之间都没有交叉关系。

不同点:

(1) 因果图是对单一问题进行原因分析,系统图是对单一问题的原因进行分析。

(2) 分析因果关系常用因果图,但因数层次多时易模糊,难以将因素与对策之间的关系表达出来,因此要求层数不超过 4 层。系统图解决了这一问题,它将最末因素即具体措施、手段,根据效果大小、难易程度、重要度、综合评分,进行对比评价。系统图对分析层数不加要求。

(3) 应用树图时,在问题后面可以不排原因类别,可直接排第一层原因,在原因类别少于两个的情况下,比因果图便于应用。

37. 小组活动过程常见树图实例。

问题解决型课题,在分析原因时使用侧向型树图做因果的逻辑分析展开;也可用于制定对策、按对策实施这 2 个阶段,用于对策的提出、分解及对策的选择。

创新型课题,在提出各种方案并确定最佳方案时使用树图建立设计图(方案确定)。

(1) 问题解决型课题。

① 分析原因阶段。

【**案例 4-33**】如某制药厂出现骨通贴膏废片率高的问题,找到症结"膏面色泽不均匀",小组用树图 4-40 分析原因。

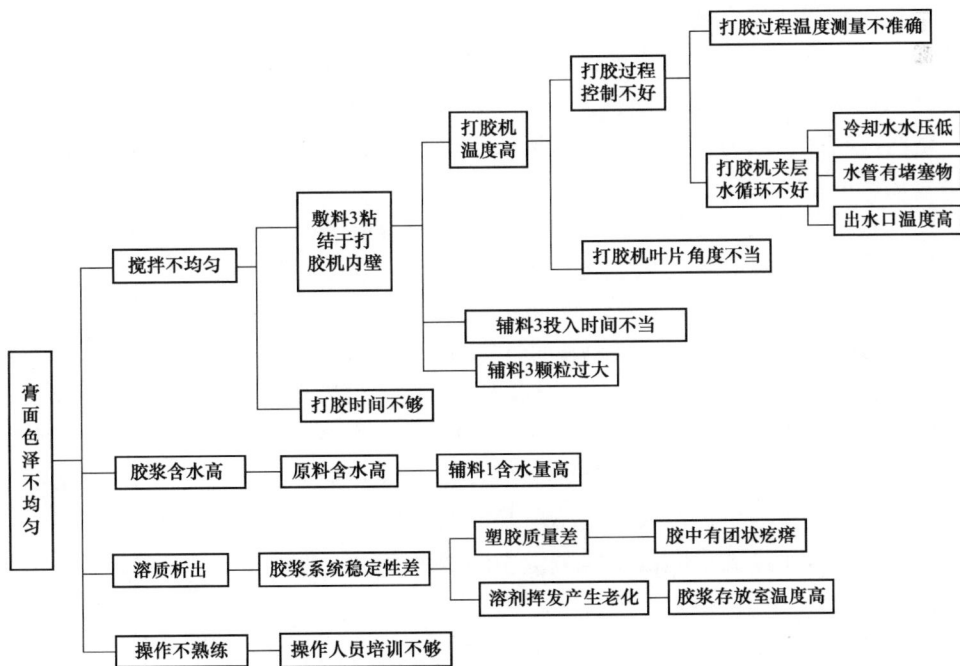

图 4-40 色泽不均匀树图

分　析　小组针对"膏面色泽不均匀"这一症结问题，没有从"5M1E"出发，而是将造成这个结果的 4 个原因作为组成要素，逐一分析找到子要素，并层层展开，最终找到了 12 个末端因素。

②制定对策阶段。

略。

③按对策实施阶段。

略。

（2）创新型课题

见【案例 4-13】"研制更换 GW16 型隔离开关夹紧弹簧专用工具"，小组成员在提出各种方案里应用树图对方案进行了细化。

分　析　小组成员在提出各种方案时应用了对策系统图，以"目的—方法"方式展开，针对研发专用工具，首先发问"如何达成此目的，工具的组成有哪些"？经研究发现有传动机构、原动机、执行结构等（以上为一次方法）；"传动机构有几种实现方法？"（二次方法）；后续同样就每项二次方法换成目的，展开成三次方法，最后建立对策系统图。方法的层层分解为后续确定最佳方案指明方向，也为成果的顺利完成奠定了基础。

38. 什么叫关联图？

关联图又叫关系图，是根据逻辑关系理清复杂问题，整理语言文字资料的一种方法。关联图是运用于关系复杂、因素之间有相互关联的原因与结果或目的与手段等单一或多个问题的图示技术。关联图是把现象与问题有关系的各种因素串联起来的图形。通过连图可以找出与此问题有关系的一切要图，从而进一步抓住重点问题并寻求解决对策，是根据事物之间横向因果逻辑关系找出主要问题的最合适的方法。

影响质量的因素之间存在着大量的因果关系，这些因果关系有的是纵向关系，有的是横向关系。纵向关系可以使用因果分析法来加以分析，但因果分析法对横向因果关系的考虑不够充分，这时关联图就大有用武之地。关联图法是根据事物之间横向因果逻辑关系找出主要问题的最合适的方法。

关联图，又称关系图，是用来分析事物之间原因与结果、目的与手段等复杂关系的一种图表，它能够帮助人们从事物之间的逻辑关系中寻找出解决问题的办法。

事物之间存在着大量的因果关系，假如因素 A、B、C、D、E 之间就存在着一定的因果关系，其中因素 B 受因素 A、C、D 的影响，但它又影响着 E，而因素 E 又影响着因素 C……在这种情况下，理清因素之间的因果关系，从全盘加以考虑，就容易找出解决问题的办法。

关联图由圆圈（方框）和箭头组成，其中圆圈中是文字说明部分，箭头由原因指向结果，由手段指向目的。文字说明力求简短、内容确切易于理解，重点项目及要解决的问题要用双线圆圈或双线方框表示。箭头只进不出是问题，箭头只出不进是主因，箭头有进有出是中间因素，箭头出多于进的中间因素是关键中间因素。

其主要用途为

（1）制订全面质量管理计划；

（2）制订质量方针；

（3）制订生产过程的质量改进措施；

（4）推进外购、外协件的质量管理工作；
（5）制订质量管理小组活动规划与目标展开；
（6）解决工期、工序管理上的问题；
（7）改进职能部门的工作。

39. 使用关联图应遵循的基本步骤有哪些？

（1）确定要分析的问题。问题宜用简洁的主语＋谓语的短语表述，一般用粗线方框□（或椭圆圈起）。一个粗方框只圈一个问题，多个问题则应用多个粗方框圈起来。问题识别规则是箭头只进不出。

（2）召开诸葛亮会。与会者应用头脑风暴法就分析的问题充分发表意见，找因素（手段）。

（3）边记录、边绘制、反复修改关联图。关联图的符号中，方框表示结果，椭圆表示原因，箭头表示因果关系。

（4）用箭头表示原因与结果（目的与手段）的关系；箭头指向是原因→结果。

（5）找出重要因素（简称要因）。"要因"应出自末端因素。末端因素的识别标志是箭头只出不进。要因应当用符号加以标识。

（6）将要因同问题之间的路线用粗箭头连接起来，以示关键路线。

（7）复审关联图。随着环境条件的变化，应当不断地、及时地复审关联图并加以修正甚至重新绘制。如图 4-41 所示。

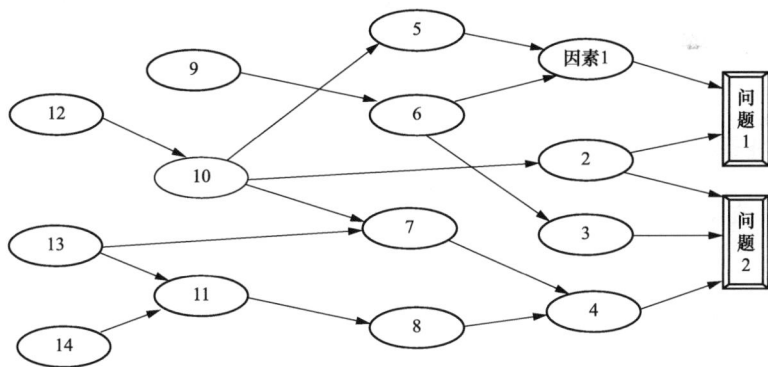

图 4-41 关联图框架

在图 4-41 中，箭头只进不出的是问题。如问题 1 和问题 2。箭头只出不进的是主因，也叫末端因素，是解决问题的关键，如 9，12，13，14。箭头中出有进的是中间因素，如 1，2，3，4，5，6，7，8，10，11。出多于进的中间因素叫关键中间因素，犹如打排球的二传手，一般也可作为主因对待。初步关联后，要对图形进行整理，尽量减少或消除交叉箭头，根据原因逻辑关系即可得到整齐美观的关联图。

40. 绘制关联图应注意哪些方面？

（1）不要为求新把因素间没有关联关系的因果图当作关联图绘制；
（2）注意用词和表达，因果型应用贬义短语，目的手段型应用褒义或中性短语；

（3）注意箭头的方向，因果型的箭头应从原因指向结果，而目的手段型则应由手段指向目的；

（4）注意标记部分，原因或手段应用圆或者方框，而产生的问题或要达到的目标应用双线圆或者双线方框标记，对于重点项目或者主因应用阴影线或其他明显标记；

（5）注意应该充分发动全员讨论，广泛搜集情报后再绘制。

41. 什么情况下必须绘制关联图？

（1）需要处理的问题原因非常复杂，各个因素之间存在复杂的相互联系；

（2）无法快速准确地把握重点项目，明确各个因素之间的关系；

（3）无法协调统一小组成员的意见。

42. 关联图是否可以用于单一症结的原因分析？

可以。关联图本身就是把关系复杂而相互纠缠的问题及其因素，用箭头连接起来的一种图示分析工具，从而找出主要因素的方法。而对于单一结症的问题来说，其问题及其因素之间如果存在关系复杂而相互纠缠的问题，需要用到关联图。

43. 关联图绘制比因果图、系统图更容易吗？

是。因为因果图的绘制有一个分类的过程，需要先确定大主因，然后再对各个因素进行分类。而系统图的绘制需要先确定目的和目标，将其置于图纸左端的中间，然后把为了达到此目的和目标与必要的手段和措施之间的关系联系起来，这个过程需要理清其中很复杂的逻辑关系。反观关联图的绘制就很简单，只需用语言简明地概括所有因素，然后用箭头把简单地表示其因果关系即可。

44. 评价关联图的要素有哪些？

（1）在绘制关联图的过程中是否充分发扬民主，广开言路集思广益，最后提出的因素是否足够多。

（2）关联图中使用的语言和文字是否简练，表达是否清楚。

（3）标记使用是否正确，重点项目或者主因是否已标识出来。

（4）关联图的使用是否对问题的解决起到作用。

👤【案例 4-34】见图 4-42。

分　析　上述案例中，有些末端因素没有分析到能够直接采取对策为止。如压缩空气母管压力不稳定、气缸振动大等，小组成员没有进一步分析为什么会发生压力不稳定，气缸振动大，原因是什么？小组成员应当继续分析，直到找出真正的根源，把末端因素分析到能够直接采取对策为止。

👤【案例 4-35】见图 4-43。

分　析　（1）原因之间没有关联关系，所以工具使用错误，可以考虑使用因果图或系统图。（2）原因不单一，如"无岗前培训和交底"，培训和交底是两项内容，而且不是同时进行的不应该并为同一原因。（3）分析不当，有倒套痕迹，如"转弯滑轮无固定措施"。如

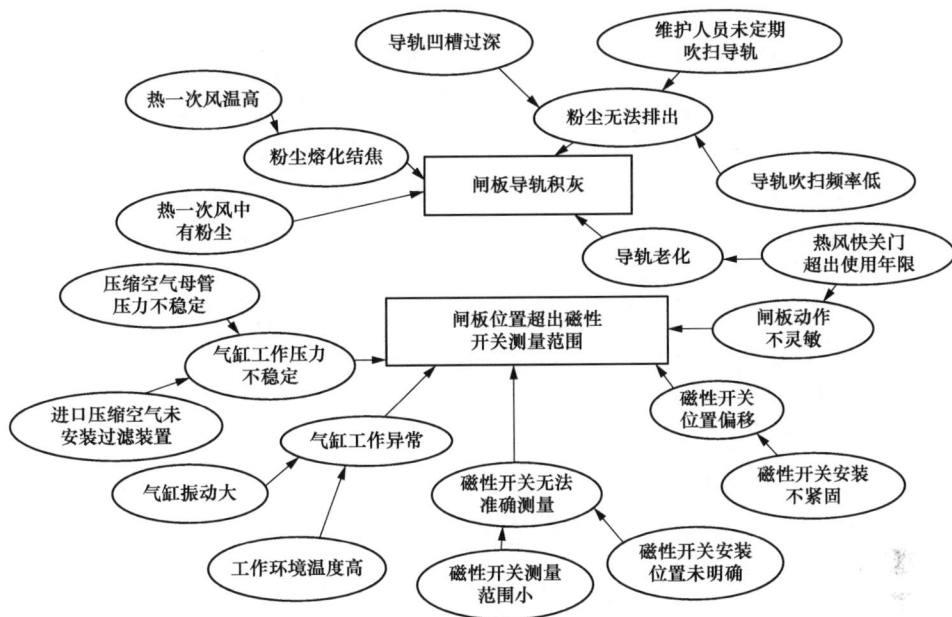

图 4-42　关联图

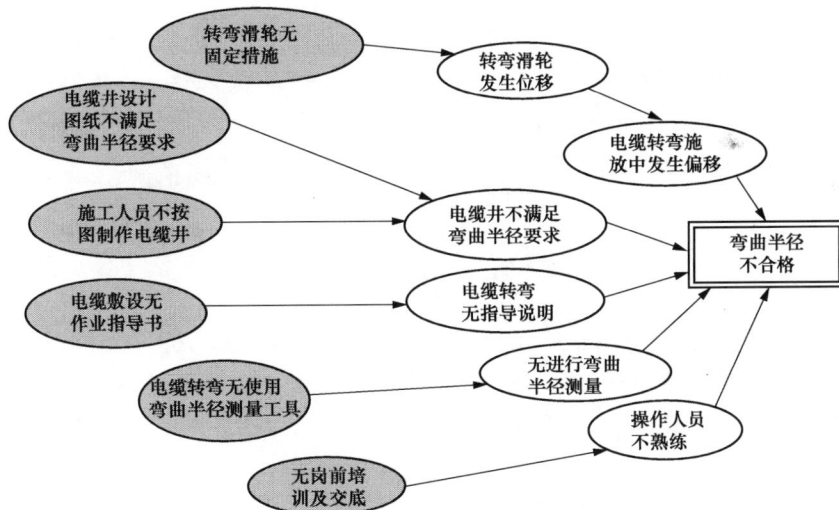

图 4-43　半径不合格关联图

果连电缆敷设的作业指导书都没有，当然不可能规定敷设电缆时要固定转弯滑轮。如果针对滑轮位移，所能找到的原因应该不仅为"转弯滑轮无固定措施"。

45. 关联图应用常见问题有哪些？

（1）为求新把因素间没有关联关系的因果图当作关联图绘制；

（2）问题或因素用语不确切、不简明扼要，有的只有名词无动词，有的关系表达不清，因果型应用贬义短语，目的手段型应用褒义或中性短语；

（3）箭头指向有错误，因果型的箭头应从原因指向结果，而目的手段型则应由手段指向目的；

（4）标记部分，原因或手段应用圆或者方框，而产生的问题或要达到的目标应用双线圆或者双线方框标记，对于重点项目或者主因应用阴影线或其他明显标记；

（5）绘制时未充分发动全员讨论，广泛搜集情报，反复修改，而是少数人绘制。

👆**【注意事项 1】**在使用关联图时，对各种原因要有清晰的关联关系。

👤**【案例 4-36】**"提高自动化抄表核算率"课题的分析原因阶段采用了关联图，如图 4-44 所示。

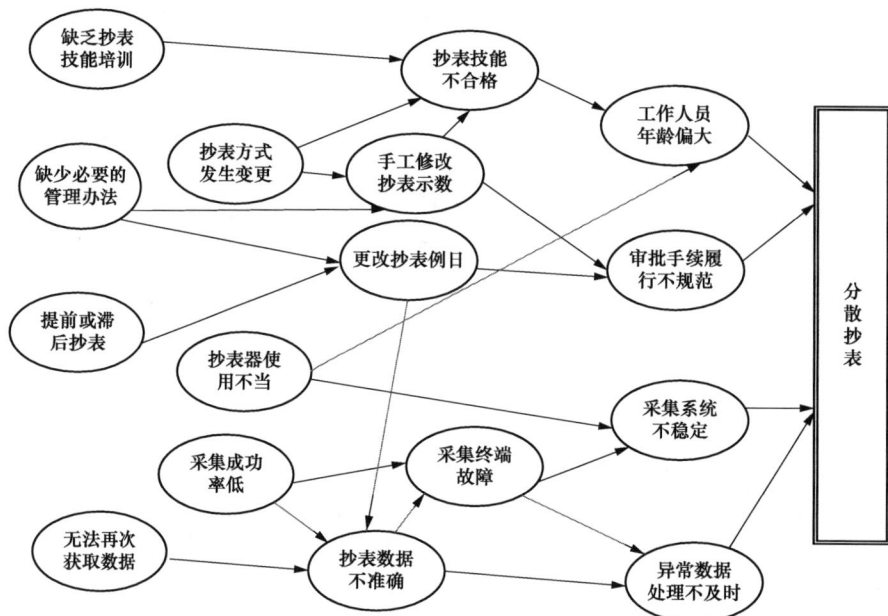

图 4-44　分散抄表关联图

分　析　部分原因没有关联关系，逻辑推导混乱。比如，此例中手工修改抄表示数与抄表技能不合格无明显因果逻辑交叉关系，又如更改抄表例日与抄表数据不准确箭头相关联。该案例部分原因之间错误联系，不能客观找出末端因素，对发现问题、解决问题起到误导作用。

👆**【注意事项 2】**在使用关联图分析原因时，注意箭头指向，原因之间不能存在倒置关系。

👤**【案例 4-37】**再以以上课题"提高自动化抄表核算率"为例。

分　析　关联图中应注意箭头的方向，因果型的箭头应从原因指向结果，而目的手段型则应由手段指向目的。因工作人员年龄偏大导致抄表器使用不当，箭头指向颠倒，抄表器使用不当是关键中间因素，而不是末端因素。再如出现采集终端故障制造出不能正常集抄，才出现抄表数据不准确的现象。

👆**【注意事项 3】**使用关联图时，要注意分析到末端因素。

👤**【案例 4-38】**"提高电压监测仪日检定量"课题的分析原因阶段采用了关联图，如图 4-45 所示。

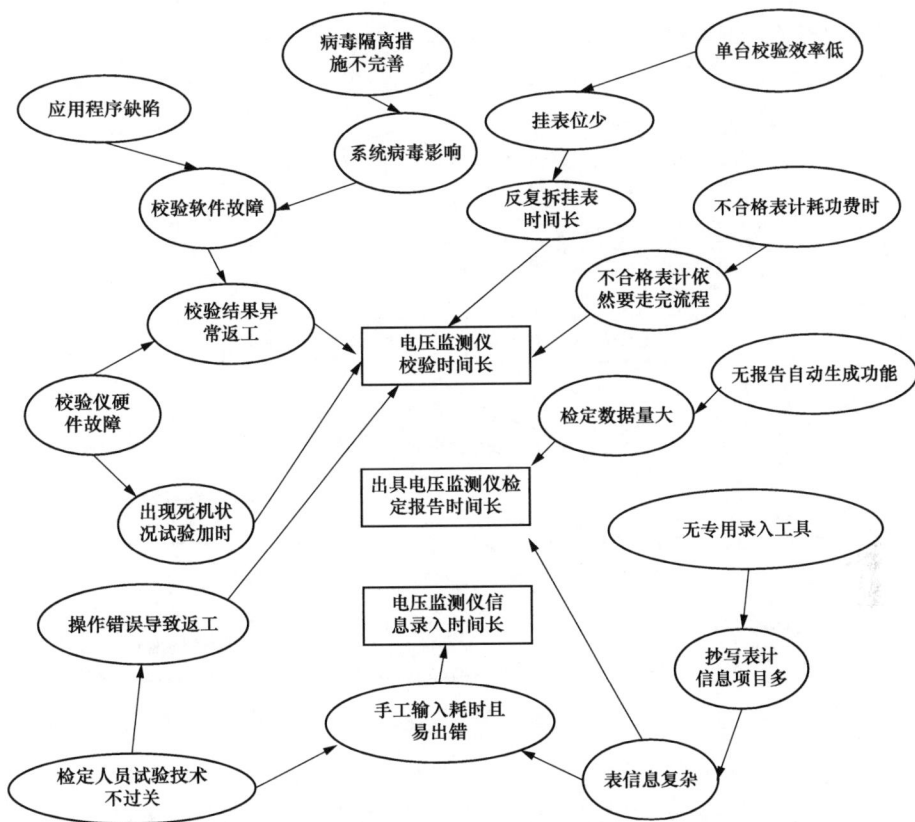

图 4-45 关联图

分 析 该课题有三个主要症结，每个症结问题进行展开层层分析。有些末端因素没有分析到能够直接采取对策和对问题的解决起到作用。如"检定人员试验技术不过关""应用程序缺陷""病毒隔离措施不完善"等，小组成员没有进一步分析为什么会发生人员技术不过关，应用程序哪种缺陷及原因，什么原因造成病毒隔离措施不完善的。小组成员应当继续分析，直到找出真正的根源，把末端因素分析到能够直接采取对策为止。

46. 小组活动过程常见关联图实例。

小组成员在 QC 小组活动原因分析中，遇到问题非常复杂，各个因素之间存在复杂的相互联系时，必须绘制关联图。相对于因果图和系统图来说，关联图的绘制简单，只需要用语言简明地概况所有因素，理清关联关系，然后用箭头表示其因果关系即可。

【案例 4-39】 如"缩短业务系统停机维护时间"课题的分析原因阶段采用了关联图，如图 4-46 所示。

分 析 该课题针对两个以上的症结"环境部署阶段时间长"和"维护操作阶段时间长"绘制使用关联图进行分析，而且部分原因之间有关联关系，所以使用工具正确。该案例关联图圆圈、方框和箭头绘制正确，可明显看出有 6 个末端因素。关联图中各因素语言文字简练，表述清晰。能够理清因素之间的因果关系，逻辑推导性强，经层层分析直到可解决问题的末端因素。

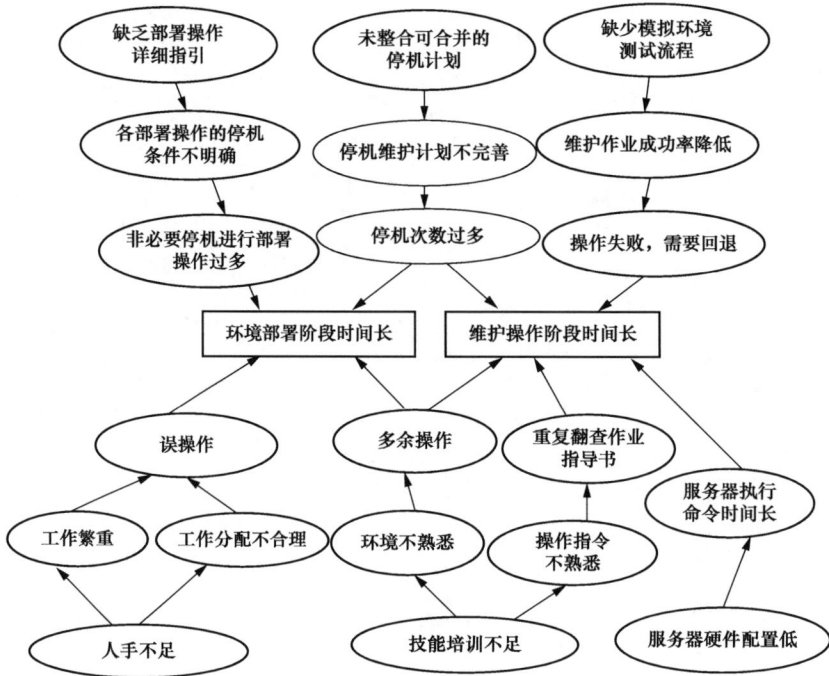

图 4-46　关联图

第四节　直方图、过程能力指数、控制图

47. 什么叫直方图？

直方图（Histogram）是频数直方图的简称。是一种通过对大量计量值数据进行整理加工，用图形直观形象地把质量分布规律表示出来，根据其分布形态，分析判断过程质量是否稳定的统计方法。是用一系列宽度相等、高度不等的长方形表示数据的图。长方形的宽度表示数据范围的间隔，长方形的高度表示在给定间隔内的数据值。

在实际生产过程中，虽然工艺条件相同，但生产出的产品质量却不会完全相同，而是在一定范围内波动。但这种波动是否正常，是我们希望了解和掌握的。用直方图法可以做出准确判断，查找质量问题，以便制定改进措施。

直方图的作用是：

（1）显示质量波动的状态；

（2）较直观地传递有关过程质量状况的信息；

（3）根据质量数据波动状况，掌握过程的能力状况和受控状态，进行过程质量分析。

48. 直方图的应用范围有哪些？

（1）测知制程能力，作为改善制程的依据；

（2）计算产品不良率；

（3）调查是否有混入两个以上不同群体；

（4）测知是否有假数据；

（5）测知分配形态；

（6）借以确定规格界限；

（7）所设计的管制界限可否用于管制制程；

（8）与规格或标准相比较；

（9）改善前后的比较。

49. 如何正确应用直方图？

直方图用于对大量计量数据进行整理加工，找出其统计规律，即分析数据分布的形态，以便对其总体的分布体征进行推断，对工序或批量产品的质量水平及其均匀程度进行分析。它将一批数据按取值大小划分为若干组，在横坐标上将各组为底作矩形，以落入该组的数据的频数或频率为矩形的高。通过直方图可以观察与判断产品质量特性分布状况、判断工序是否稳定，进行工序能力评价，估算并了解工序能力对产品质量的保证情况等。

50. 绘制直方图有哪些注意事项？

（1）样本容量 $n \geq 50$，通常取 100，生产量少不宜用；

（2）计算组距（h），取测量单位的整数倍；

（3）确定分组界限，关键是计算第一组下限：$X\min - 0.5$；

（4）各组频数根据频数分布表中各组的频数记号统计，频数记号应按数据表的顺序逐个对号入座进入相应的组；

（5）作出直方图后，应在图上标出 n（样本数）、$\bar{x}$（样本平均值）、S（样本标准方差）三个数；

（6）标出四条线：T_U（规格上限）、T_L（规格下限）、M［公差（规格）中心］、$\bar{x}$（分布中心）；

（7）计算过程能力指数，稳态可用控制图进行控制。

51. 使用直方图遵循的基本步骤有哪些？

（1）收集数据。作直方图的数据一般应大于 50 个。数据太少所作出的直方图不能确切地反映分布的形态，计算出的标准差 s 的精度也会降低很多。

（2）确定数据的极差（R）。用数据的最大值减去最小值求得。

（3）确定组距（h）。先确定直方图的组数，然后以此组数去除极差，可得直方图每组的宽度，即组距。组距一般取测量单位的整数倍。组数的确定要适当。组数太少，会引起较大计算误差；组数太多，会影响数据分组规律的明显性，且计算工作量加大。组数（k）的确定可参考表 4-32。

表 4-32　　　　　　　　　　组数（k）的确定参考表

数据个数组	分组数 k	常用组数 k
50～100 组	5～10 组	
100～250 组	7～12 组	10 组
250 以上组	10～20 组	

（4）确定各组的界限值。以下界限为起始，以确定的组距为间隔，依次确定各组的界限值。为避免因数据值与组的界限值重合，而出现一个数据同时属于两个组，造成重复计数，最简便易操作的方法是将各组区间按"左开右闭"原则取数，即可将各组数据区间定为左边（小数）属本组，右边（大数）属下组。或者在收集数据中最小值与公差下限不重合时，将第一组的下界限值取收集数据中最小值减去最小测量单位的1/2，第一组的下界限值与组距 h 相加得出第一组的上界限值，其他组依次类推。分组时应把数据表中的最大值和最小值包括在内。

第一组下限值为最小值－0.5；

第一组上限值为第一组下限值加组距；

第二组下限值就是第一组的上限值；

第二组上限值就是第二组的下限值加组距；

第三组以后，依此类推定出各组的组界。

（5）编制频数分布表。把各组的上下界限值分别填入频数分布表内，并把数据表中的各个数据"对号入座"地列入相应的组，统计各组的数据个数，即各组频数（f）。

（6）按数据值比例画出横坐标。

（7）按频数值比例画纵坐标。以观测值数目或百分数表示。

（8）按纵坐标画出每个长方形的高度，它代表取落在此长方形中的数据数。因组距相同，所以每个长方形的宽度都是相等的。

（9）在直方图上应标注出公差上下限（T_U、T_L）、样本数（n）、样本平均值（$\bar{x}$）、样本标准偏差值（S），以及分布中心 $\bar{x}$、公差中心 M 的位置等。

某厂生产的产品重量规范要求为1000g，实测数据见表4-33。

表 4-33				实 测 数 据 表				测量单位（cg）	
43	28	27	26	33	29	18	24	32	14
34	22	30	29	22	24	22	28	48	1
24	29	35	36	30	34	14	42	38	6
28	32	22	25	36	39	24	18	28	16
38	36	21	20	26	20	18	8	12	37
40	28	28	12	30	31	30	26	28	47
42	32	34	20	28	34	20	24	27	24
29	18	21	46	14	10	21	22	34	22
28	28	20	38	12	32	19	30	28	19
30	20	24	35	20	28	24	24	32	40

注　表中数据是实测数据减去1000乘以100后由g转化为cg所得。

（1）收集数据。作直方图的数据一般应大于50个。本例在生产过程中收集了100个数据。

（2）确定数据的极差（R）。用数据的最大值减去最小值求得。本例最大值 $X_{max}=48$（cg），最小值 $X_{min}=1$（cg），所以以极差 $R=48-1=47$（cg）。

（3）确定组距（h）。先确定直方图的组数，然后以此组数去除极差，可得直方图每组的宽度，即组距。组数的确定要适当。组数太少，会引起较大计算误差；组数太多，会影响数据分组规律的明显性，且计算工作量加大。组数（k）的确定可参考组数（k）选用表4-32。

（4）确定各组的界限值。为避免出现数据值与组界限值重合而造成频数据计算困难，组的界限值单位应取最小测量单位的1/2。本例最小测量单位是个位，其界限值应取0.5。分组时应把数据表中最大值和最小值包括在内。

第一组下限值为最小值－0.5＝0.5；

第一组上限值为第一组下限值加组距，即 0.5＋5＝5.5；

第二组下限值就是第一组的上限值，即 5.5；

第二组上限值就是第二组的下限值加组距，即 5.5＋5＝10.5；

第三组以后，依此类推定出各组的组界。

（5）编制频数分布表。把多个组上下界限值分别填入频数分布表内，并把数据表中的各个数据列入相应的组，统计各组频数据（f）。见表 4-34。

表 4-34   频 数 分 布 表

数据记录 No			频数分布表	年　　月　　日
组号 ①	组界② 小→大	组中值 ③	频 数 统 计 ④	f_i ⑤
1	0.5～5.5	3	/	1
2	5.5～10.5	8	/ / /	3
3	10.5～15.5	13	/ / / / /	6
4	15.5～20.5	18	/ / / / / / / / / / / / /	14
5	20.5～25.5	23	/ / / / / / / / / / / / / / / / /	19
6	25.5～30.5	28	/ /	27
7	30.5～35.5	33	/ / / / / / / / / / / / /	14
8	35.5～40.5	38	/ / / / / / / / /	10
9	40.5～45.5	43	/ / /	3
10	45.5～50.5	48	/ / /	3
11				
12				
13				
合　　计				100

（6）按数据值比例画出横坐标。

（7）按频数值比例画纵坐标，以观测值数目或百分数表示。

（8）按纵坐标画出每个长方形的高度，它代表取落在此长方形中的数据数。因组距相同，所以每个长方形的宽度都是相等的。

（9）在直方图上应标注出公差上下限（T_U、T_L）、样本数（n）、样本平均值（$\bar{x}$）、样本标准偏差值（S），以及 $\bar{x}$、公差中心 M 的位置等。

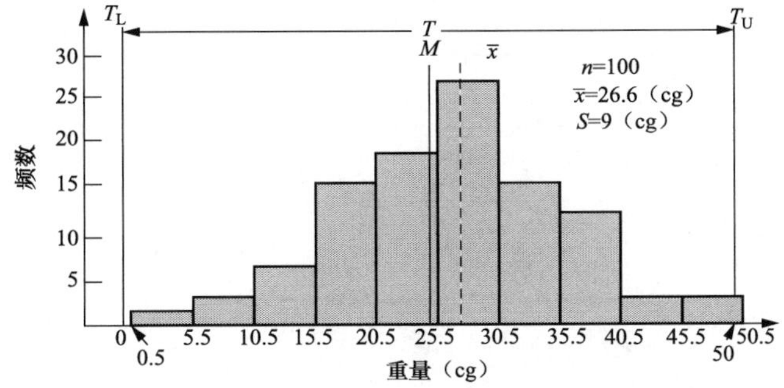

图 4-47   成品重量直方图

52. 直方图应用中常见问题有哪些?

（1）对直方图的作用理解不够;

（2）样本容量太小;

（3）选用的分组数 K 不适当;

（4）组距 H 圆整后出现的问题;

（5）为什么要求组界值比观测值多取一位数;

（6）简化数据问题;

（7）样本平均值和标准偏差的保留位数问题;

（8）直方图的纵横比例关系问题;

（9）直方图末标注有关资料;

（10）不同质的数据混杂在一起。

【注意事项1】样本容量 $n \geqslant 50$，通常取100，生产量小不宜用直方图。

【注意事项2】计算组距（h）时，应取测量单位的整数倍。

【注意事项3】确定分组界限关键是第一组的下界限值，避免一个数据同时属于两个组。

【注意事项4】编制频数分布表时，频数记号应按数据表的顺序逐个数据"对号入座"进行相应的组，以避免遗漏和重复。

【注意事项5】作出直方图后，应在图上标出抽样数 n、规格上限 T_U、规格下限 T_L、公差中心 M、样本均值（样本分布中心 $\bar{x}$）、标准偏差 s。

【案例4-40】"提高电采系统采集成功率"课题中的"确定主要原因"中:

小组通过关联图对两个症结问题"终端不抄表""信息传输失败"进行了原因分析，得出了包括"电表规约混装"在内的11项末端因素。在对该项因素进行确认时，小组成员随机抽取20个地点，连续3天对其终端网络信号强度进行统计分析，如表4-35所示。

表4-35　　　　　　　　　　　　网络信号强度统计表

序号	地　　点	测量值（dBm）			合　计	均值 $\bar{x}$	极差 R
		5月4日	5月5日	5月6日			
1	克井镇小庄村3号台区	−77	−77	−79	−233	−73.7	2
2	梨林镇沙西2号台区	−76	−76	−76	−228	−76	0
3	克井镇灵山	−77	−76	−77	−235	−76.7	1
4	壹号城邦16号台区	−74	−76	−76	−226	−753	2
5	井井通思礼柴庄1号台区	−81	−80	−80	−241	−80.3	1
6	天坛办事处	−72	−73	−75	−220	−73.3	3
7	小辛庄	−74	−74	−76	−224	−74.7	2
8	东陆寨1号台区	−62	−60	−64	−186	−62	4
9	马寨洗浴中心	−74	−72	−73	−219	−73	2
10	（混）北潘5号变压器	−74	−74	−74	−222	−74	0
11	玉泉北堰头5号台区	−70	−71	−72	−213	−71	2
12	同美实验学校	−70	−71	−69	−210	−70	2

序号	地　　点	测量值（dBm）			合　计	均值 $\bar{x}$	极差 R
		5月4日	5月5日	5月6日			
13	五龙口镇郑村3号台区	−69	−70	−70	−209	−69.7	1
14	大峪王拐2号台区	−71	−72	−72	−215	−71.7	1
15	思礼镇水洪池2号台区	−69	−67	−67	−203	−67.7	2
16	新星网吧	−73	−72	−74	−219	−73	2
17	轵城镇河岔村6号台区	−70	−69	−71	−209	−69.7	3
18	帝隆商贸	−69	−71	−69	−209	−69.7	2
19	承留镇井通安腰1号台区	−67	−68	−65	−200	−66.7	3
20	豫光家属楼	−72	−73	−74	−219	−73	2
$\sum$						−1441.2	37
均值						−72.06	1.85

制表：×××　制表日期：××××-××-××

将数据分为8组，极差＝−60−(−81)＝21，组距＝21/8≈3。

表 4-36　　　　　　　　　频 数 分 布 表

组号	组　　界	组中值	频　数　统　计																		f_i
1	−59.5～−62.5	60	/	/																	2
2	−62.5～−65.5	63	/	/																	2
3	−65.5～−68.5	66	/	/	/	/	/														5
4	−68.5～−71.5	70	/	/	/	/	/	/	/	/	/	/	/	/							5
5	−71.5～−74.5	72	/	/	/	/	/	/	/	/	/	/	/	/	/	/	/	/	/	/	0
6	−74.5～−77.5	76	/	/																	2
7	−77.5～−80.5	79	/	/	/																3
8	−80.5～−83.5	81	/																		1
合　计																					60

制表：×××　制表日期：××××-××-××

根据表 4-36 制作直方图，如图 4-48 所示。

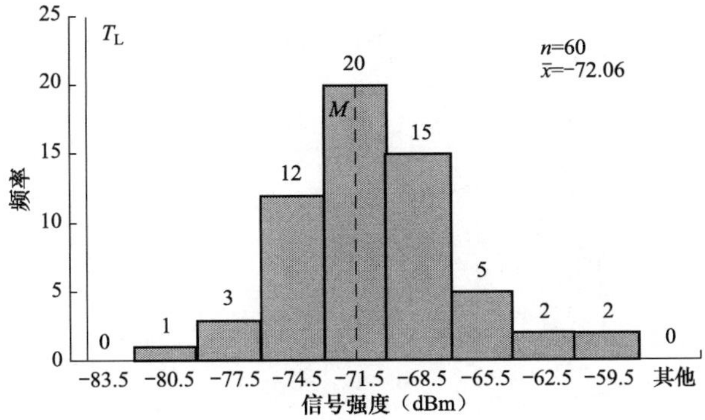

制图：×××　　制图日期：××××-××-××

图 4-48　网络信号强度统计直方图

结论：由图4-48可知，直方图中部有一顶峰，左右两边逐渐降低，近似对称，为正常性直方图，且偏移量均在－72.06dBm的±15%之间波动。由此可以判断，网络信号强度均大于等于－95dBm且处于稳定状态。

分析　该案例中，直方图的绘制不规范，没有明确规定上限T_u和标准偏差S。最主要的是此案例选取的60组数据是不合理的，是不同时间、相同的20个地点得到的数据，存在两个因变量，因此实际频数达不到50，用直方图不太适宜。

【案例4-41】"光链路复用装置的研制"课题的"选择课题"中：

小组发现从2013年2月始，各供电所工作时段陆续会出现各网点网页打开速度慢，影响到各业务系统的正常运作。

2013年3月3日，通过软件任取一供电所（锦江供电所）工作时段网速延时时长。方式：工作时段内评价100次，得出表4-37数据。

表4-37　　　　　　　　　　　　访问网速延时时长表

时间段	3月3日8时至18时网速延时时长（毫秒）										行最小值	行最大值
1～10	38	5	44	31	37	51	65	45	21	26	65	5
11～20	80	36	6	58	65	36	30	51	113	25	113	6
21～30	16	57	66	7	64	7	71	36	28	16	71	7
31～40	38	80	54	51	84	50	81	46	39	26	84	26
41～50	62	22	67	130	55	54	59	81	28	47	130	22
51～60	105	66	46	55	12	8	63	12	68	37	105	8
61～70	49	52	9	83	75	60	155	52	22	17	155	9
71～80	23	70	53	69	53	82	75	71	124	29	124	23
81～90	70	62	10	50	11	56	36	63	39	52	70	10
91～100	27	49	27	12	78	61	101	24	29	17	101	12

现状评价　最大值155，最小值5，极差155－5＝150，均值49.54，组距150/15＝10，标准偏差$S＝28.52$，过程能力指数$CpU＝T_u－X/3S＝0.53$.（上限为网络通畅值50毫秒）。

制表：×××　　制表日期：××××-××-××

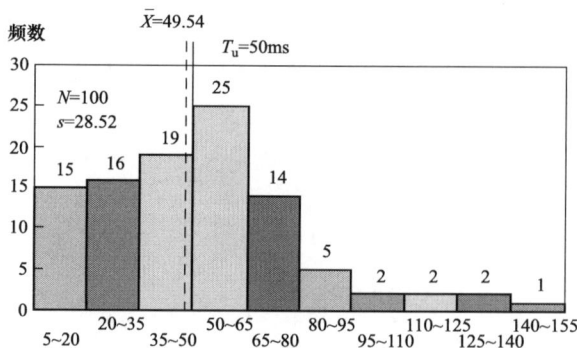

制作人：×××　　制作日期：××××-××-××

图4-49　访问网速延时时长直方图

分 析 该案例中有以下几点错误：一是规格上限 T_u 选取错误，这里明显 50ms 不是本次频数的上限；二是没有标注公差中心、样本均值、规格下限；三是组距计算错误，组距应是极差与组数的比值取测量单位的整数倍。

53. 小组活动过程常见直方图实例。

直方图主要应用于小组现状调查、确定主要原因、制定对策、按对策实施、效果检查等阶段。

（1）现状调查阶段。

【案例 4-42】"降低配电台区接地电阻"课题中的现状调查阶段：

为了对设定目标值提供依据，找出影响配电台区接地电阻不达标问题的症结，该小组首先对公司 2012 年配电台区接地电阻值进行抽查，抽查统计表见表 4-38。

表 4-38　　　　　　　　　公司 2012 年配电台区接地电阻抽查统计表

月份	公司 2012 年配电台区接地电阻抽查值（Ω）										月平均值（Ω）
1	7	10	15	6	7	10	8	10	12	10	8.2
	11	16	8	10	12	12	9	11	10	11	
	4	4	4	3	4	4	4	4	4	6	
2	12	11	10	9	7	10	6	7	11	9	7.8
	10	8	13	11	10	11	11	10	8	12	
	4	3	2	4	5	4	4	5	3	4	
3	6	10	10	7	11	8	10	7	9	10	7.9
	8	16	9	12	10	11	12	11	12	11	
	5	3	4	2	4	3	6	4	3	4	
4	9	10	11	10	6	10	10	9	7	10	7.5
	10	8	9	10	11	9	8	10	10	9	
	3	2	4	5	4	5	3	4	5	4	
5	6	9	10	11	10	10	14	8	11	7	7.7
	10	11	8	9	11	11	10	10	9	11	
	4	3	4	4	3	4	2	4	3	4	
6	7	8	10	11	6	16	6	11	11	10	8.1
	9	9	13	12	9	11	11	9	12	17	
	5	4	3	4	4	5	2	4	4	4	
7	16	13	19	14	7	8	10	13	16	6	9.5
	8	10	13	12	9	11	15	20	10	16	
	3	4	4	4	6	4	4	4	4	4	
8	20	9	14	10	7	9	12	9	17	12	9
	11	8	9	9	19	10	15	12	8	9	
	3	4	4	4	4	5	3	4	5	4	
9	10	6	7	12	8	14	9	10	15	21	9.2
	8	15	10	15	12	9	12	15	13	10	
	6	5	3	4	5	4	4	5	4	4	

月份	公司 2012 年配电台区接地电阻抽查值（Ω）										月平均值（Ω）
10	16	9	14	7	10	15	9	6	9	8	9.2
	10	18	8	13	12	19	10	12	17	13	
	4	4	5	4	4	4	4	4	4	4	
11	13	15	10	16	8	10	7	8	10	9	8.8
	9	9	12	12	9	15	10	14	11	8	
	4	4	4	4	4	5	4	4	5	4	
12	17	10	14	9	13	14	10	11	9	15	9.1
	9	15	8	10	7	10	12	8	10	18	
	4	5	6	5	3	4	4	3	4	5	
平均值：8.5Ω											

制表：×××　制表日期：××××-××-××

为了找出这些数据的相关特性，根据统计表作出直方图，如图 4-50 所示。

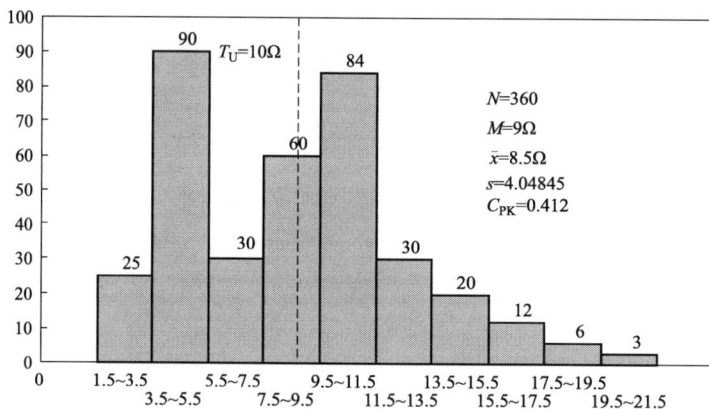

图 4-50　公司 2012 年配电台区接地电阻抽查直方图

分　析　从图 4-50 中可以看出，此直方图属于偏向型，过程能力指数 C_{pk} 等于 0.412，过程能力严重不足，这种情况下，稍有不慎就会出现接地电阻不合格情况。另外，直方图出现两个顶峰，这是由于数据来自不同的总体造成的。如两个操作者、两个操作环境或两种操作方法混在一起，究竟是哪种情况造成的呢？这就需要对下一个层面进行分析比对。（这里需要特别说明，虽然此直方图应用得当，但是其绘制并不是太规范，而且频数取值也有问题）

（2）确定主要原因阶段。

【案例 4-43】 "提高 4 号锅炉（330MW）主蒸汽温度"课题中的确定主要原因中，小组找到了"二级受热面超温"是导致"4 号锅炉主汽温度低"的症结所在，用系统图分析出末端因素后，展开确认。

确认一：测点指示错误

4 号锅炉二级过热器设计运行温度为 563～571℃，平均温度为 567℃，小组成员利用校验过的手持式点温计对现场同一测点进行测量，并与 DCS 显示值进行对比，确认测点显示偏差，统计测得偏差见表 4-39（100 个数据：偏差 $X = 10℃$）。

表 4-39　　　　　　　　　　　统 计 偏 差 表

−5.6	0.3	−5.8	0.2	−3.5	−5.6	0.3	−5.1	−3.6	0.4	5.5	1.2	5.7	2.5	2.9
1.2	−4.2	2.8	−10.2	1.1	4.3	−8.4	2.2	1.0	2.6	5.2	−14	2.4	1.2	5.0
−1.8	1.4	2.4	−1.6	1.6	−1.5	2.9	4.3	8.9	−3.9	15.1	−4.2	4.7	−4.3	15.4
−2.0	−4.9	7.7	8.6	−9.5	2.8	8.8	−12.4	2.2	4.1	2.1	−9.8	4.9	15.2	−4.1
9.6	8.3	10.2	−3.3	11.0	−3.2	−3.5	−4.5	14.4	−4.8	10.1	−4.9	9.9	−4.7	11.3
10.3	−7.7	−2.3	−1.2	2.3	−1.8	11.8	15.9	−2.6	13.5	−1.1	10.7	−1.8	15.1	−0.1
−0.5	−2.2	9.4	15.9	9.9	−3.3	6.4	11.6	−3.7	4.0			平均值：2.0		

利用直方图进行判断、计算：

由表可知 $n = 100$，$R = X\max - X\min = 15.9 - (-14.0) = 29.9$

取组数 $k = 10$，组距 $h = R/k = 29.9/10 = 2.99$，组距为 3

表 4-40　　　　　　　　　　　频 数 统 计 表

组号	组界值	频数统计 fi	组号	组界值	频数统计 fi
1	−14～−11	2	6	0～3	18
2	−11～−9	3	7	3～6	10
3	−9～−6	2	8	6～9	6
4	−6～−3	22	9	9～12	16
5	−3～0	13	10	12～16	8

公差中心，要求为 0，即 $M = 0$

样本平均值为

$$\bar{x} = \frac{1}{n}\sum_{i=1}^{100} x_i = 2.00$$

标准偏差为

$$S = \sqrt{\frac{1}{n-1}\sum_{i=1}^{100}(x_i - \bar{x})^2} = 6.87$$

可见，样本平均值与公差中心不重合，绘制直方图如图 4-51 所示。

分　析　这是一个非常典型的运用直方图的形态来判断主要程度的案例。直方图形态为锯齿形，为异常直方图。说明测量方法及精度存在问题。而实际上，测点显示偏差（偏高）也极容易造成二级过热器超温报警，进而影响蒸汽指标的完成。因此要立即采取措施提高过程能力，减少标准偏差 S。

（3）制定对策阶段。

【案例 4-44】在"研制配电设备过温指示器"课题中的提出各种方案并确定最佳方案步骤中，小组为了使配电设备全面测温更高效、更便宜决定研制配电设备过温指示器，其中对温控开关的触点容量、动作温度误差、动作次数有所要求。通过充分市场调研，采购 3 种金属膨胀式温控开关，如图 4-52 所示，触点容量均大于 3A，进行温度误差实验和疲劳实验。

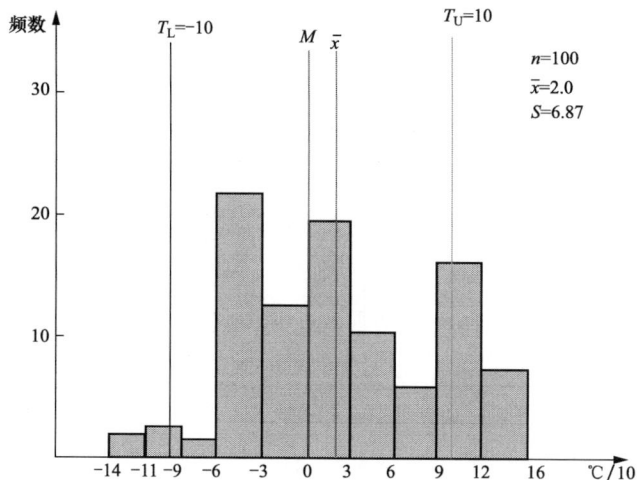

图 4-51　直方图

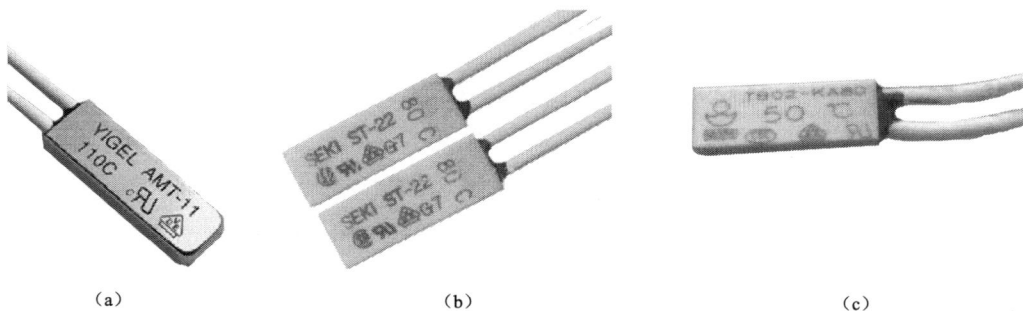

（a）　　　　　　　　　　（b）　　　　　　　　　（c）

图 4-52　金属膨胀式温控开关
（a）YGEL；（b）SEKI；（c）TB02

实验数据如表 4-41 所示。

表 4-41　　　　　　　　　金属膨胀式温控开关动作误差值统计表

序号	型　号	YGEL		SEKI		TB02	
	标称动作温度（℃）	实测动作温度（℃）	误差值（℃）	实测动作温度（℃）	误差值（℃）	实测动作温度（℃）	误差值（℃）
1	40	41.9	1.9	44.3	4.3	38.4	1.6
2	41	43.4	2.4	46	5	42.8	1.8
3	42	44.5	2.5	46.3	4.3	44	2
...	...	...	...	...	...	...	...
61	100	103.5	3.5	104.8	4.8	101.2	1.2
平均误差（℃）		3.14		4.05		1.85	

制表：×××

根据动作误差值统计表 4-42 进一步计算各参数，并绘制直方图如图 4-53 所示。

表 4-42   金属膨胀式温控开关动作误差值参数表

类型 \\ 参数	最大值 max	最小值 min	极差 R	组数 k	组距 h	X	S	M
TB02	3.2	0.2	3	8	0.4	1.85	2.1	1.8
SEKI	2.4	5.6	3.2	8	0.4	4.05	4.1	3.98
YGEL	1.6	5	3.4	8	0.4	3.14	3.3	3.13

制表：×××

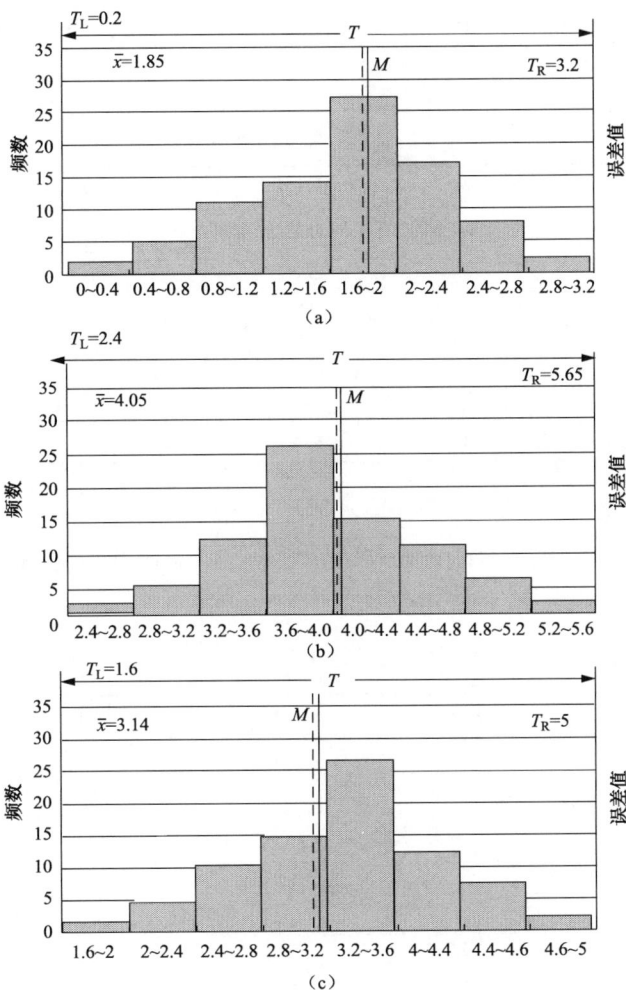

制图：×××

图 4-53 误差值直方图

(a) TB02 动作误差值直方图；(b) SEKI 动作误差值直方图；(c) YGEL 动作误差值直方图

综上所述，TB02 系列的温控开关满足动作温度误差小于 2℃ 的要求，动作误差值成正常型分布，主要集中在 0.16～0.2 之间，查阅其详细的性能参数，得知其设计动作次数为 10 万次，远大于 1000 次的设计要求。在借助厂家恒温器（设定恒温 56℃），对标称是 55℃ 的 TB02 系列的温控开关进行 1000 次疲劳实验，每次持续 10min，实测 1000 次全部可靠过温闭合，满足要求。

分 析 本案例为了能够直观地判断三种材料造成误差的程度，选取了 61 组误差数据用直方图来展现，图形绘制规范，步骤清晰，通过直方图中公差中心与样本均值的相对位置就可以一目了然，第一种 TB02 温控开关是符合要求的。（此直方图不太规范，没有编制频数分布表）

（4）按对策实施阶段。

【案例 4-45】"提高 4 号锅炉（330MW）主蒸汽温度"课题中的"按对策实施"阶段中，小组针对要因"测点管理不规范"展开对策"对受热面测点进行综合治理"的实施，在以上措施实施完毕后，对温度测点再次进行试验，依然采取就地与 DCS 同时测量，计算偏差。采集 100 个数据，见表 4-43。

表 4-43 　　　　　　　　　　试 验 数 据 表

2.5	0.7	−5.6	1.5	1.2	2.1	0.5	1.4	1.8	2.5	0.5	0.9	2.3	−2.4	5.0
−2.6	2.0	−3.3	2.0	0.5	0.3	0.5	0.5	−5.7	0.7	4.5	−9	−2.2	2.5	−2.5
5.5	1.0	1.0	−3.0	−2.5	−3.0	2.5	−2.2	−2.1	2.9	−1.4	−1.0	3.4	−2.3	−1.2
−2.0	−2.5	5.2	−2.5	−2.5	4.4	−2.5	−2.5	3.9	−3.1	−4.5	−3.3	−3.8	−2.5	−3.0
0.3	0.5	0.5	−3.0	−5.5	−3.0	0.2	0.9	0.5	3.3	−3.0	−3.5	3.6	4.2	−3.1
−1.5	7.4	1.2	1.2	3.7	−2.4	−2.5	10	1.1	1.9	1.5	1.6	−2.1	−3.0	−2.0
−3.2	−3.4	2.9	−3.0	−3.0	−2.1	−2.1	−3.4	−2.1	−7.4			平均值：0.45		

利用直方图进行判断、计算：

由表 4-43 可知 $n = 100$，$R = X_{max} - X_{min} = 10 - (-9) = 19$ 取组数 $k = 10$

组距 $h = R/k = 19/10 = 1.9$，取组距为 2。

表 4-44 　　　　　　　　　　频 数 统 计 表

组号	组界值	频数统计 f_i	组号	组界值	频数统计 f_i
1	−10~−8	1	6	0~2	27
2	−8~−6	1	7	2~4	15
3	−6~−4	4	8	4~6	6
4	−4~−2	16	9	6~8	1
5	−2~0	28	10	8~10	1

公差中心，要求为 0，即 $M = 0$

样本平均值为

$$\bar{x} = \frac{1}{n} \sum_{i=1}^{100} x_i = -0.38$$

标准偏差为

$$S = \sqrt{\frac{1}{n-1} \sum_{i=1}^{100} (x_i - \bar{x})^2} = 3.16$$

可见，样本平均值与公差中心不重合，绘制直方图如图 4-54 所示。

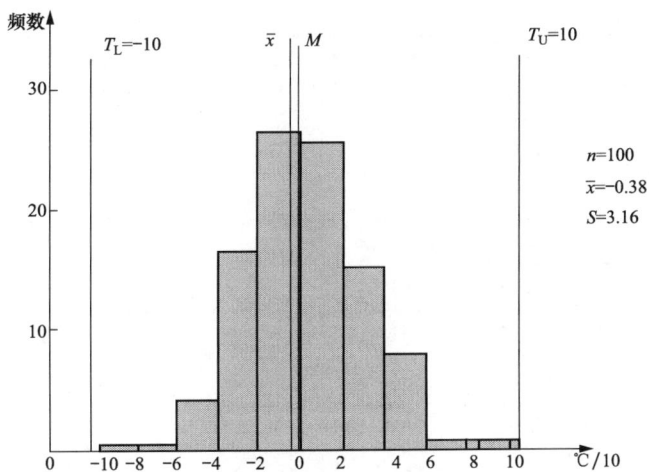

图 4-54 直方图

分　析　小组用直方图在确认要因的过程中，不但找到了主要原因，还找到了解决问题的方向。对策实施之后再次对该部分进行效果的验证，可以发现直方图形态为标准正态分布，且边界不超限，$\bar{X}$ 与 M 基本重合。其测量偏差满足课题要求，说明对策一的实施效果是有效的。

（5）效果检查阶段。

【案例 4-46】"减少 5 号炉高再出口蛇管壁温超限次数"课题中的"检查效果"阶段，小组对 2014 年 7～12 月实施后的效果进行了 6 个月的跟踪，对"再热器管壁温度超限次数多"的问题与 2013 年 7～12 月实施前后对比，发现所有对策实施后效果显著，接着对"燃烧工况稳定"小组对正常燃烧工况下的炉高再出口蛇管壁温进行统计，并进行控制分析。

表 4-45　　　　　　　　　　　　壁 温 统 计 表

编号	采样时间	数值 1	数值 2	数值 3	数值 4	均值 X	极差 R
1	8：00～8：10	565.66	562.88	563.34	563.67	563.89	2.78
2	8：10～8：20	563.98	563.88	563.34	563.67	563.72	0.64
3	8：20～8：30	563.21	563.44	562.92	564.12	563.42	1.20
4	8：30～8：40	563.67	563.88	564.11	564.02	563.92	0.44
5	8：40～8：50	564.33	563.55	564.74	565.89	564.63	2.34
6	8：50～9：00	564.12	564.03	564.05	564.44	564.16	0.41
7	9：00～9：10	565.31	565.02	564.03	564.09	564.61	1.28
8	9：10～9：20	565.33	564.89	563.96	563.88	564.52	1.45
9	9：20～9：30	562.44	564.88	563.46	565.98	564.19	3.54
10	9：30～9：40	565.52	562.34	563.44	562.43	563.43	3.18
11	9：40～9：50	564.57	564.12	565.78	565.23	564.93	1.66
12	9：50～10：00	563.47	563.66	563.89	563.18	563.55	0.71

编号	采样时间	数值1	数值2	数值3	数值4	均值 X	极差 R
13	10：00～10：10	566.31	564.28	564.34	564.09	564.76	2.22
14	10：10～10：20	565.08	564.92	564.87	564.55	564.86	0.53
15	10：20～10：30	563.34	563.23	565.34	566.75	564.67	3.52
16	10：30～10：40	563.56	564.12	564.45	564.17	564.08	0.89
17	10：40～10：50	565.28	563.67	565.45	564.34	564.69	1.78
18	10：50～11：00	563.45	563.66	565.66	562.84	563.90	2.82
19	11：00～11：10	565.21	565.09	564.21	564.65	564.79	1.00
20	11：10～11：20	562.90	564.34	564.11	564.67	564.01	1.77
21	11：20～11：30	564.82	564.94	565.35	564.14	564.81	1.21
22	11：30～11：40	564.31	564.48	564.78	564.95	564.63	0.64
23	11：40～11：50	564.33	564.11	564.89	564.34	564.45	0.78
24	11：50～12：00	564.21	564.37	564.66	564.14	564.35	0.52
25	12：00～12：10	563.07	564.25	564.34	566.02	564.42	2.95

由数据绘制直方图如图 4-55 所示。

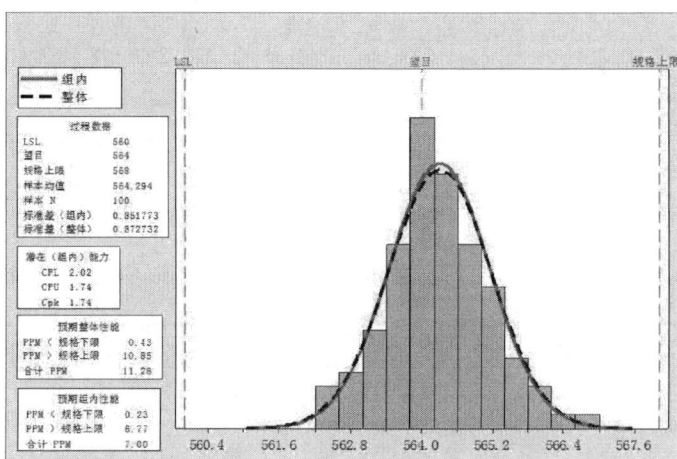

图 4-55　炉高再出口蛇管壁温直方图（直方图用 minitab16 软件统计绘制）

过程能力指数 Cpk＞1.33，小组由调查数据绘制极差控制图，如图 4-56 所示。

分　析　小组在目标达到后对目前"再热器管壁温度"进行了统计并绘制了直方图，通过图形形态可以看到近似标准型对称分布，样本分布中心与公差中心近似重合且两边留有余量，这种状况处于可控状态，一般不会出现不可控的意外现象，说明"再热器管壁温度超限"的发生会大大减少。（此直方图不太规范，没有编制频数分布表）

54. 什么是过程能力指数？

过程能力指数是指过程能力满足产品质量标准要求（规格范围等）的程度。也称工序能

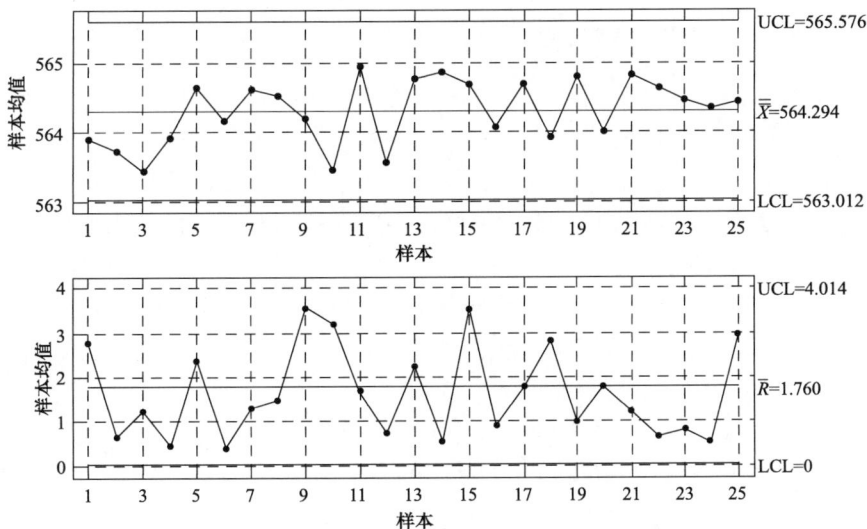

图 4-56 炉高再出口蛇管壁温均值——极差控制图

（控制图使用 minitab16 软件统计绘制）

力指数，是指工序在一定时间里，处于控制状态（稳定状态）下的实际加工能力。它是工序固有的能力，或者说它是工序保证质量的能力。这里所指的工序，是指操作者、机器、原材料、工艺方法和生产环境等五个基本质量因素综合作用的过程，也就是产品质量的生产过程。

55. 过程能力与过程能力指数有何区别？

过程能力是指生产过程在一定时间内处于统计控制状态下制造产品的质量特性值的经济波动幅度，又称为加工精度。过程能力通常采用质量特性值分布的 6 倍标准差，即 6σ。过程能力是描述加工过程客观存在着分散的一个参数，而反映过程能力满足产品质量标准（规范、公差等）程度的参数，就是过程能力指数，记作 Cp，它是技术要求和过程能力的比值。

Cp＝技术要求/过程能力。

Cp：代表数据集中度。

Cpk：是现代企业用于表示制程能力的指标。制程能力强才可能生产出质量、可靠性高的产品。既代表了数据的集中度，又代表了数据的准度。

一般情况下是 $Cp > Cpk$。

计算公式为

$Cpk = Cp \times (1 - |Ca|)$，$Cpk$ 是 Ca 及 Cp 两者的中和反应，Ca 反应的是位置关系（集中趋势），Cp 反应的是散布关系（离散趋势）

依据公式 $Ca = (X - U)/(T/2)$，计算出制程准确度 Ca 值。

依据公式 $Cp = T/6$，计算出制程精密度 Cp 值。

依据公式 $Cpk = Cp(1 - |Ca|)$，计算出制程能力指数 Cpk 值。

56. 过程能力分析的作用有哪些?

过程能力指数的值越大,表明产品的离散程度相对于技术标准的公差范围越小,因而过程能力就越高;过程能力指数的值越小,表明产品的离散程度相对公差范围越大,因而过程能力就越低。因此,可以从过程能力指数的数值大小来判断能力的高低。从经济和质量两方面的要求来看,过程能力指数值并非越大越好,而应在一个适当的范围内取值。

Cpk 值越大表示品质越佳。

$$Cpk = \min(X-LSL/3S),(USL-X/3S)$$

同 Cpk 息息相关的两个参数 Ca,Cp。

Ca:制程准确度。Cp:制程精密度。

$$Cpk = Cp \times (1-|Ca|)$$

Cpk 是 Ca 及 Cp 两者的中和反应,Ca 反应的是位置关系(集中趋势),Cp 反应的是散布关系(离散趋势)。

57. 过程能力指数分为哪几类?

(1) 双侧公差(规格)。

双侧规格情形的过程能力指数,这时,过程能力指数 Cp 的计算公式为

$$C_p = \frac{T}{6\sigma} = \frac{T_U - T_L}{6\sigma} \tag{1}$$

式中 T 为过程统计量的技术规格的公差幅度;

T_U、T_L 分别为上、下公差界限;

σ 为过程统计量的总体标准差,可以在过程处于稳态时得到。

(2) 有偏移情形。

有偏移情形的过程能力指数:当过程统计量的分布均值 μ 与公差中心 M 不重合(即有偏移)时,如图 4-57 所示,显然不合格率(如图上的 T_u)增大,也即 Cp 值降低,故式(1)所计算的过程能力指数不能反映有偏移的实际情形,需要加以修正。定义分布的总体均值 μ 与公差中心 M 的偏移为 $\varepsilon = |M-\mu|$,μ 与 M 的偏移度 K 为:$k = \varepsilon/(T/2)$

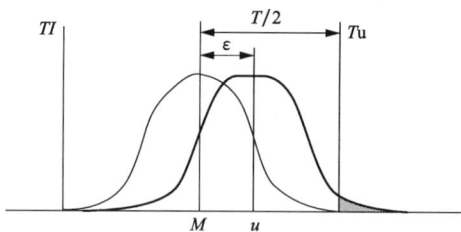

图 4-57 双侧公差分布中心偏离示意图

这样,当 $\mu = M$(即分布中心与公差中心重合,无偏移)时,$K=0$,则 Cpk=Cp;而当 $\mu = T_u$ 或 $\mu = TI$ 时,$K=1$,Cpk=0,表示过程能力由于偏移而严重不足,需要采取措施加以纠正。显然,有偏移情况的过程能力指数 Cpk≤Cp。

(3) 单侧公差(规格)。

单侧规格情形的过程能力指数:若只有规格上限的要求,而对规格下限无要求,则过程能力指数计算公式为

$$C_{pU} = \frac{T_U - \mu}{3\sigma} \tag{2}$$

式中 C_{pU} 为上单侧过程能力指数。若 $\mu \geqslant T_U$,令 $C_{pU}=0$,表示过程能力严重不足,过程的不合格品率高达 50% 以上。若只有规格下限的要求,则反之。

58. 如何统计计算过程能力指数?

(1) 当选择制程站别 Cpk 来作管控时,应以成本做考量的首要因素,还有是其品质特性对后制程的影响度。

(2) 计算取样数据至少应有 20～25 组数据,方具有一定代表性。

(3) 计算 Cpk 除收集取样数据外,还应知晓该品质特性的规格上下限(USL,LSL),才可顺利计算其值。

(4) 首先可用 Excel 的 STDEV 函数自动计算所取样数据的标准差(σ),再计算出规格公差(T),及规格中心值(u)。规格公差=规格上限-规格下限;规格中心值=(规格上限+规格下限)/2。

(5) 依据公式 $Ca=(X-U)/(T/2)$,计算出制程准确度 Ca 值(X 为所有取样数据的平均值)。

(6) 依据公式 $Cp=T/6\sigma$,计算出制程精密度 Cp 值

(7) 依据公式 $Cpk=Cp(1-|Ca|)$,计算出制程能力指数 Cpk 值

(8) Cpk 的评级标准:(可据此标准对计算出之制程能力指数做相应对策)

A++级:$Cpk \geqslant 2.0$ 特优,可考虑成本的降低

A+级:$2.0 > Cpk \geqslant 1.67$ 优,应当保持之

A 级:$1.67 > Cpk \geqslant 1.33$ 良,能力良好,状态稳定,但应尽力提升为 A+级

B 级:$1.33 > Cpk \geqslant 1.0$ 一般,状态一般,制程因素稍有变异即有产生不良的危险,应利用各种资源及方法将其提升为 A 级

C 级:$1.0 > Cpk \geqslant 0.67$ 差,制程不良较多,必须提升其能力

D 级:$0.67 > Cpk$ 不可接受,其能力太差,应考虑重新整改设计制程。

表 4-46 能力指数判断表

C_p 界限	判断	应采取的措施
$C_p > 1.67$	过程能力判断	1. 修订标准,缩小公差,保证更高的质量水平; 2. 降低对原材料或机械设备的要求,放宽检查,设法降低成本
$1.33 < C_p \leqslant 1.67$	过程能力充足	1. 采用控制图控制工序,使其处于稳定状态,并保持过程能力值不变; 2. 适当简化产品检验工作,争取节约管理费用
$1 < C_p \leqslant 1.33$	有过程能力	1. 利用控制图来监视工序状态的变化,确保产品质量稳定; 2. 调查机械能力,确认机械能力充足后,再过渡到工序管理
$0.67 < C_p \leqslant 1$	过程能力不足	1. 分层调查影响过程能力的各种主要因素,并采取相应措施,使其恢复正常; 2. 对产品进行全数检查,进行分级筛选确保出厂成品的质量
$C_p \leqslant 0.67$	无过程能力	1. 不能继续生产,必须改革工艺,待确认过程能力充足后,再进行正常生产; 2. 对已生产的产品进行全数检查

59. 如何绘制过程能力指数曲线?

过程能力指数曲线通常使用软件进行绘制。可以使用 Office 办公软件中的 Word、Excel

等，但还需要后期对曲线的要素进行补充。还可以使用 MiniTab 等软件直接生成曲线。

60. 计算过程能力指数的注意事项有哪些?

（1）过程能力分析只针对连续性数据的计量值才有意义。

（2）过程能力指数取样数据至少应有 20～25 组数据，方具有一定代表性。

（3）QC 小组在开展活动时，应注意区分计算过程能力的是样本数据还是总体数据。总体数据应使用 Cp 计算，样本数据可使用 Cpk 计算。

（4）计算 Cpk 前，应确保过程稳定、可控或异常数据已合理剔除，若无法确保过程稳定或可控，不适宜使用 Cpk 计算。

（5）部分软件在计算、绘制过程能力指数或曲线时，部分绘图的要素可能不符合 QC 活动的要求，小组在使用时应予以补充完善。

61. 如何开展过程能力调查?

（1）明确调查的目的。摸清某道工序保证质量能力的大小。

（2）选择调查的对象。根据调查目的来选择被调查的工序和项目。

（3）确定调查方法。包括决定调查范围、分层方法、调查期限、抽象方法、样本容量等内容。

（4）工序的标准化。就是对被调查工序的调查操作者、机器设备、使用的原材料、操作测量方法以及工作地布置等制定出各项标准。

（5）严格按照各项标准进行作业。

（6）收集数据。

（7）画直方图或分析用的控制图。

（8）判断过程是否处于控制状态。

（9）计算过程能力指数。

62. 如何提升过程能力指数?

由过程能力指数的计算公式 $Cpk=(T-2\varepsilon)/6\sigma$，可见，有 3 个变量影响过程能力指数，即产品质量规范（公差范围 T）；过程加工的分布中心与公差中心 M 的偏移量 ε；加工过程的质量特性值的分散程度，及标准偏差 σ。因此，提高过程能力指数的途径有 3 个，即减少中心偏移量 ε；减少标准偏差 σ 增大公差范围 T。

🔭 【案例 4-47】"断路器液压机构自动排气装置的研制"课题的方案分析选择为

（一）　目标值设定

量化目标：研发的装置排气动作值小于等于 60mL。

非量化目标：研发的装置能代替人工自动完成监测、判断、排气。

（二）　可行性分析

小组用备用断路器进行了液压机构油泵充气试验，向油泵内强行注入空气，统计注入空气后液压机构的打压次数，记录液压机构发生频繁打压时注入的空气量，即频繁打压动作值，统计结果见表 4-47。

表 4-47   频繁打压动作值（频次 $n=60$，单位：mL）

85	70	85	85	70	85	75	75	85	75
80	80	70	70	75	75	85	70	75	80
90	75	75	85	85	90	75	80	80	80
85	75	80	80	75	80	80	85	85	80
85	85	70	80	80	80	80	75	80	75
80	80	80	85	80	85	80	90	80	75

制表：×××　　时间：××××-××-××

小组进行了过程能力指数分析：

求得平均动作值 $\bar{x}=\dfrac{1}{60}\sum\limits_{i=1}^{60}x_i=85$，求得标准差 $\sigma=\sqrt{\dfrac{1}{60}\sum\limits_{i=1}^{60}(x_i-\bar{x}^2)}=5$。

小组取 1 级过程能力指数上限 $C_P=1.67$，满足此过程能力指数的气体量公差值即可认为是造成频繁打压故障的气体临界值，如图 4-58 所示。

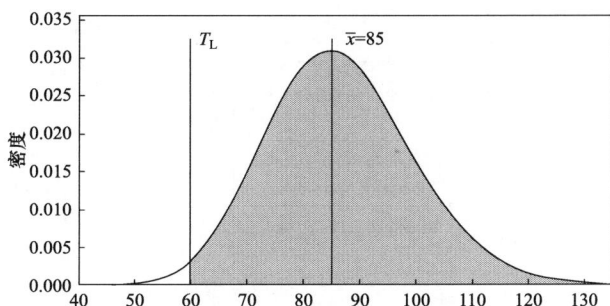

图 4-58 气体临界值过程能力指数分析图

根据公式

$$C_p=\frac{\bar{x}-T_L}{3\sigma}，令 \; C_p=\frac{\bar{x}-T_L}{3\sigma}=1.67，求得 \; T_L=\bar{x}-1.67\times3\sigma=85-1.67\times3\times5=60。$$

因此，将研发装置的动作值设定在 60mL 及以下，此时，断路器不发生频繁打压故障。

通过查阅资料和市场调查发现，现有的气量监测原理和市场上现有的监测元件、控制元件的功能与精度均能满足要求，因此量化目标可行。

工业生产中运用的多种自动控制系统均能实现完全替代人工，因此，非量化目标可行。

（三）方案分析选择

表 4-48   方 案 分 析 表

断路器液压机构自动排气装置	
方案目标： 1. 过程能力指数 $C_P\geqslant1.33$； 2. 装置结构简单、易于实现	试验描述：设定三种类型传感器的动作值，通过医用精密活塞微量进样器向三种简易装置中注入气体，直至传感器发出动作信号，测量各自动作时注入的气体值，进行 100 次试验，计算三种简易装置的过程能力指数，根据工业生产质量标准，要求达到 1 级过程能力

待选方案与描述	试 验 分 析	方案分析	结论
方案一：气压监测式自动排气装置 ← 气压传感器 方案描述：将油气混合物引入储气盒内，采用气压传感器，测量容器内气压，将所测结果输送至控制芯片，控制芯片根据设定值做出是否排气判断，并给排气开关发出排气指令	试验结果： <table><tr><td>49</td><td>48</td><td>48</td><td>52</td><td>49</td><td>51</td><td>60</td><td>47</td><td>57</td><td>48</td></tr><tr><td>43</td><td>59</td><td>44</td><td>62</td><td>48</td><td>55</td><td>55</td><td>56</td><td>54</td><td>60</td></tr><tr><td>41</td><td>55</td><td>44</td><td>51</td><td>52</td><td>63</td><td>54</td><td>42</td><td>49</td><td>52</td></tr><tr><td>51</td><td>45</td><td>43</td><td>46</td><td>51</td><td>47</td><td>54</td><td>59</td><td>51</td><td>44</td></tr><tr><td>44</td><td>42</td><td>56</td><td>51</td><td>43</td><td>43</td><td>46</td><td>45</td><td>47</td><td>42</td></tr><tr><td>54</td><td>46</td><td>41</td><td>47</td><td>42</td><td>45</td><td>57</td><td>55</td><td>62</td><td>53</td></tr></table> 求得平均动作值 $\bar{x}=\frac{1}{60}\sum_{i=1}^{60}x_i=50$，求得标准差 $\sigma=$ $\sqrt{\frac{1}{60}\sum_{i=1}^{60}(x_i-\bar{x}^2)}=4$，求得过程能力指数 $C_p=\frac{T_U-\bar{x}}{3\sigma}=\frac{60-50}{3\times4}=0.83<1.33$	优点： 结构简单 缺点： 过程能力指数 C_p 小于 1.33	不选择
方案二：液位监测式自动排气装置 ← 液位传感器 方案描述：将油气混合物引入储气盒内，采用液位传感器，当液面高度达到设定值时，控制芯片给排气开关发出排气指令	试验结果： <table><tr><td>55</td><td>49</td><td>55</td><td>49</td><td>50</td><td>46</td><td>49</td><td>49</td><td>56</td><td>47</td></tr><tr><td>58</td><td>50</td><td>52</td><td>50</td><td>50</td><td>50</td><td>54</td><td>48</td><td>48</td><td>48</td></tr><tr><td>51</td><td>56</td><td>46</td><td>49</td><td>54</td><td>50</td><td>51</td><td>51</td><td>47</td><td>47</td></tr><tr><td>56</td><td>49</td><td>51</td><td>54</td><td>56</td><td>50</td><td>56</td><td>51</td><td>51</td><td>50</td></tr><tr><td>48</td><td>50</td><td>51</td><td>58</td><td>49</td><td>56</td><td>50</td><td>53</td><td>51</td><td>49</td></tr><tr><td>49</td><td>54</td><td>47</td><td>53</td><td>55</td><td>48</td><td>55</td><td>52</td><td>57</td><td>48</td></tr></table> 求得平均动作值 $\bar{x}=\frac{1}{60}\sum_{i=1}^{60}x_i=51$，求得标准差 $\sigma=$ $\sqrt{\frac{1}{60}\sum_{i=1}^{60}(x_i-\bar{x}^2)}=2$，求得过程能力指数 $C_p=\frac{T_U-\bar{x}}{3\sigma}=\frac{60-51}{3\times2}=1.5>1.33$	优点： 1. 过程能力指数 C_p 大于 1.33； 2. 价格适中 缺点： 需要在油路内加装储气装置	选择
方案三：色谱监测式自动排气装置 ← 色谱传感器 方案描述：利用安装在油路里的色谱传感器测量油中的气体浓度，当气体浓度达到设定值时，控制芯片给排气开关发出排气指令	试验结果： <table><tr><td>49</td><td>62</td><td>69</td><td>50</td><td>63</td><td>71</td><td>53</td><td>44</td><td>46</td><td>73</td></tr><tr><td>64</td><td>60</td><td>49</td><td>50</td><td>54</td><td>55</td><td>54</td><td>45</td><td>51</td><td>56</td></tr><tr><td>60</td><td>54</td><td>60</td><td>51</td><td>57</td><td>54</td><td>46</td><td>43</td><td>47</td><td>53</td></tr><tr><td>51</td><td>49</td><td>62</td><td>57</td><td>54</td><td>47</td><td>43</td><td>61</td><td>69</td><td>57</td></tr><tr><td>53</td><td>57</td><td>53</td><td>52</td><td>55</td><td>41</td><td>51</td><td>54</td><td>57</td><td>58</td></tr><tr><td>59</td><td>56</td><td>66</td><td>60</td><td>58</td><td>49</td><td>61</td><td>70</td><td>51</td><td>78</td></tr></table> 求得平均动作值 $\bar{x}=\frac{1}{60}\sum_{i=1}^{60}x_i=55$，求得标准差 $\sigma=$ $\sqrt{\frac{1}{60}\sum_{i=1}^{60}(x_i-\bar{x}^2)}=5$，求得过程能力指数 $C_p=\frac{T_U-\bar{x}}{3\sigma}=\frac{60-55}{3\times5}=0.3<1.33$	优点： 结构简单 缺点： 过程能力指数 C_p 小于 1.33	不选择

制表：×××　时间：××××-××-××

经过分析比较，只有第二套方案能满足要求，即通过测量液位反映气体含量，进而实现自动排气。因此，决定研制液位监测式自动排气装置。

分 析 小组运用过程能力指数，反推论证了活动目标值"装置排气动作值小于等于60mL"的可行性，再分别针对 3 个拟定方案，运用过程能力指数对各自的试验结果进行了验证、比较，最终确定了选择的方案。该小组正、反运用过程能力指数，依次达到了目标可行性分析和可行方案的选择，工具应用得当、灵活，思路独到，方案选择与目标值之间逻辑关系紧密，说服力强。该案例计算过程能力的取值均为总体样本值，因此更适合使用 Cp 值，如果为统计计算的是研发后从成品中抽取的样品进行测试，则应采用 Cpk 进行统计分析。该案例为单侧公差的过程能力计算，因此，Cp 的计算公式中分子选用上限减均值，分母选用 3 倍标准差。案例美中不足的是，单侧公差过程能力缩写应是 C_{pU}。

63. 什么叫控制图？

控制图（Control Chart）又称管理图、休哈特图。是一种将显著性统计原理应用于控制生产过程的图形方法，是用来区分过程中的偶然波动和异常波动，并判断过程是否处于统计控制状态的一种工具。偶然波动一般在预计的界限内随机重复，是由过程固有的随机原因引起的，如环境、气候、设备精度、原料接受的范围，熟练人员之间的操作水平差异等，是一种正常波动，因引起的变异微小，在经济上不需要剔除；异常波动是由系统原因引起的，这些系统因素不常存在，但是一旦出现，对过程结果影响显著，需要对其影响因素加以判别、调查，采取措施消除，使过程处于受控状态。

控制图的种类很多，一般常按数据的性质分成计量值控制图和计数值控制图两大类。其主要用途为

（1）在质量诊断方面，可以用来度量过程的稳定性，即过程是否处于统计控制状态；

（2）在质量控制方面，可以用来确定何时需要对过程加以调整，何时需要过程保持相应的稳定状态；

（3）在质量改进方面，可以用来确认某过程是否得到了改进。

64. 控制图的基本种类及适用场合有哪些？

常用的各种控制图的特点与适用场合如表 4-49 所示，其中最常用的是平均值－极差（$\overline{X}-R$）控制图。

表 4-49 控制图特点与适用场合表

类别	名称	符号	特点	适用场合
计量值控制图	均值－极差控制图	$\overline{X}-R$	最常用，判断工序是否正常的效果好，计算 R 值的工作量小	适用于产品批量大且生产正常、稳定的工序
	均值－标准差控制图	$\overline{X}-S$	常用，判断工序是否正常的效果最好，但计算 S 的工作量大	适用于产品批量大且生产正常、稳定的工序
	中位数－极差控制图	$\widetilde{X}-R$	计算简便，但效果较差	适用于产品批量大且生产正常、稳定的工序
	单值－移动极差控制图	$X-MR$	简便省事，能及时判别工序是否处于稳定状态。缺点是不易发现工序分布中心的变化	因各种原因（时间或费用）每次只能得到一个数据或尽快发现并消除异常因素

类别	名称	符号	特点	适用场合
计数值控制图	不合格品数控制图	np	较常用，计算简洁，作业人员易于掌握。样本含量较大	样本含量相等
	不合格品率控制图	P	样本取样量大，且计算量大控制线凹凸不平	样本含量可以不等
	缺陷数控制图	C	较常用，计算简洁，作业人员易于掌握，要求样本量大	样本含量相等
	单位缺陷图控制图	u	计算量大，控制曲线凹凸不平	样本含量可以不等

65. 控制图的判断规则是什么？

（1）判断生产过程处于受控状态（或称稳定状态）必须同时满足以下两个条件：

1）没有跑出控制界限的点子；

2）在控制界限内的点子无排列缺陷（或称随机排列）。

（2）只要有以下两种情况之一就判断生产过程处于失控状态（或称不稳定状态）：

1）点子出界；

2）界限内的点子有排列缺陷（或称不随机排列）。

66. 使用控制图遵循的基本步骤有哪些？

（1）选定对象。选取控制图拟控制的质量特性，如重量、不合格品数等。

（2）确定用图类型。选用合格的控制图种类。

（3）确定样本容量和抽样间隔。在样本内，假定波动只由偶然原因引起。

（4）收集数据。收集并记录至少 20～25 个样本的数据，或使用以前标准偏差等。

（5）计算。计算各个样本的统计量，如样本平均值、样本极差和样本标准偏差等。

（6）确定控制界限。计算各统计量的控制界限。

（7）绘图。画控制图并标出各样本的统计量。

分析判断。观察有无在控制界限以外的点子；观察在控制界限内有无排列有缺陷的点子；如果已知有的数据存在特殊情况或异常原因，要在图中标注明确；判断过程的控制状态。判断控制图的 8 个准则具体如下：

（1）2/3A（连续 3 点中有 2 点在中心线同一侧的 B 区外即 A 区内）；

（2）4/5C（连续 5 点中有 4 点在中心线同一侧的 C 区以外）；

（3）6 连串（连续 6 点递增或递减，即连成一串）；

（4）8 缺 C（连续 8 点在中心线两侧，但没有一点在 C 区中）；

（5）9 单侧（连续 9 点落在中心线同一侧）；

（6）14 交替（连续 14 点相邻点上下交替）；

（7）15 全 C（连续 15 点在 C 区中心线上下，即全部在 C 区内）；

（8）1 界外（1 点落在 A 区以外）；

（9）决定下一步行动。

67. 如何分析、判断控制图?

如果控制图中点子未出界，同时点子的排列也是随机的，则认为生产过程处于稳态或控制状态。如果控制图中点子出界（或不出界）而点子的排列是非随机的（也称为排列有缺陷），则认为生产过程失控。

68. 控制图应用常见问题有哪些?

👉【注意事项 1】要因确认阶段使用控制图。在生产过程中控制图起着报警铃的作用，控制图点子出界就好比报警铃响，告诉是应该进行查找原因、采取措施、防止再犯的时刻了。一般来说，控制图只起报警铃的作用，而不能告诉这种报警究竟是由什么异常因素造成的；更不能以控制界等同规格上下限，对标准的符合程度进行判断。

在生产正常情况下，由于控制图上样本点落到界外，而判断生产过程发生了异常变化，实际上犯了"将正常判为异常"的错误，即虚发报警的错误。

👉【注意事项 2】在未确定过程是否处于稳定状态下使用控制图。使用控制图必须是在已经确认过程处于稳定状态下，才能使用控制图，应当用直方图或通过计算过程能力指数判断过程处于稳定状态。

👤【案例 4-48】"提高负荷预测准确率"课题的检查效果步骤中：

从 4 月 1 日开始以连续 3 日的负荷预测准确率值为一个样本，收集 20 个样本数据，并按照观测顺序将其记录在表 4-50 中。

表 4-50　　　　　　　　　　负荷预测准确率和样本统计量

样本号	X_1	X_2	X_3	$\sum X$	$\overline{X}$	R
1	96.32	97.07	96.62	290.01	96.67	0.75
2	97.18	96.68	97.04	290.9	96.97	0.5
3	96.23	96.88	96.51	289.62	96.54	0.65
4	96.8	96.78	96.7	290.28	96.76	0.1
5	96.89	97.03	96.66	290.58	96.86	0.37
6	96.34	97.71	95.95	289.40	96.47	1.16
7	97.06	96.17	97.28	290.51	96.84	1.11
8	97.22	96.52	97.04	290.78	96.93	0.7
9	96.01	97.57	96.74	290.32	96.77	1.56
10	96.82	97.01	96.12	289.35	96.65	0.89
11	96.71	96.89	97.1	290.7	96.90	0.39
12	96.91	96.89	97.05	290.85	96.95	0.16
13	96.88	96.69	97.05	290.62	96.87	0.36
14	96.25	96.23	96.7	289.18	96.39	0.47
15	97.02	96.8	97.01	290.83	96.94	0.22
16	96.33	96.69	96.82	289.84	96.61	0.49
17	96.28	96.61	97.04	289.93	96.64	0.76

样本号	X_1	X_2	X_3	$\sum X$	$\overline{X}$	R
18	96.8	96.21	96.28	289.29	96.43	0.59
19	96.25	96.93	97.27	290.45	96.82	1.02
20	96.47	97.25	96.44	290.16	96.72	0.81
			累计		1934.73	13.06
			平均		$\overline{\overline{X}}=96.74$	$\overline{R}=0.65$

制表：×××　　制表时间：××××-××-××

计算控制图的中心线和控制界限。

$\overline{X}$ 图：

中心线 CL$=\overline{\overline{X}}=96.74$

UCL$=\overline{\overline{X}}+A_2\overline{R}$，$n=3$ 时查表得 $A_2=1.023$.

UCL$=96.74+1.023\times0.65\approx97.40$

LCL$=96.74-1.023\times0.65\approx96.08$

R 图：

CL$=\overline{R}=0.65$

UCL$=D_4\overline{R}=2.575\times0.65\approx1.67$

LCL$=D_3\overline{R}$，由于 $n=3$ 时，D_3 为负值，所以 LCL 取 0。

根据以上数据做出控制图如图 4-59 所示。

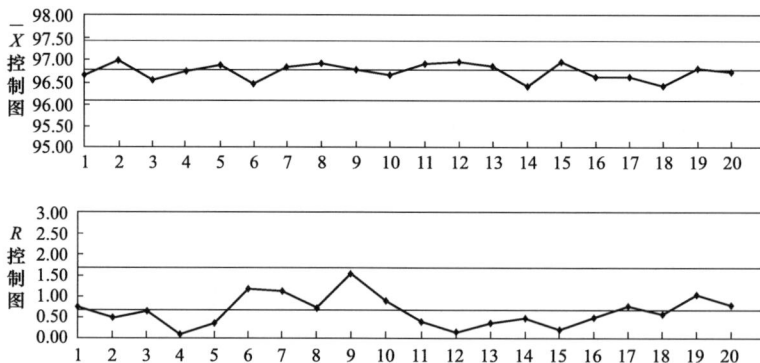

制图：×××　　制表时间：××××-××-××

图 4-59　控制图

从图 4-59 的控制图中看出没有出现越出控制界限的点子，也未出现点子排列缺陷，可成果发挥了作用。

分　析　（1）在没有确定过程是否处于稳定状态下使用控制图。使用控制图必须是在已经确认过程处于稳定状态下（应当用直方图或通过计算过程能力指数判断过程处于稳定状态）。（2）作为分析用控制图，数据的离散度应该以极差更大，即数据更可能越界，应该是先作极差控制图，判断受控，再作均值图。（3）小组没有认真地将控制图与控制图的其他判别准则进行对比，没有就控制图判别准则进行判断，盲目地判断过程处于稳定状态。（4）控制图判断的是数据与控制界的相关关系，而作出改进后，相关因素已经变化，所有的控制关系都与之前不一致，控制界限也会不相同，但从案例中的控制图不可能得出改进有效的结论。

69. 小组活动过程常见控制图实例。

控制图主要应用于选择课题、现状调查、检查效果以及制定巩固措施四个阶段。

【案例 4-49】某公司新安装一台产品装填机。该机器每次可将 5000g 的产品装入固定容器。规范要求为 5000^{+50}_{+0}（g）。使用控制图分析装填结果的控制状态，确定是否需要改进。

步骤如下：

（1）选定特性值。将多装量（g）看成应当加以演技并由控制图加以控制的重要质量特性。

（2）确定用图类型。由于要控制的装入量是计量特性值，因此选用 $\overline{X}-R$ 控制图。

（3）确定样本容量及抽样间隔。每个样本的容量 n，少则不精确，个数太多则测量费时且计算太麻烦，$2 \leqslant n \leqslant 10$。一般取 $n=4 \sim 5$ 个。作分析用控制图时，样本之间的差别要尽量小，样本与样本之间则要考虑全过程的情况，所以，要有合适的时间间隔。本例以 5 个连续装填的容量为一个样本，于是样本容量 $n=5$。每 1 小时抽取一个样本。

（4）收集数据。收集 25 个样本数据，即样本个数 K 为 25，并按观测顺序将其记录于表中。

（5）计算。

① 计算每个样本的统计量 $\overline{X}_i$——5 个观测值的平均值，R_i——5 个观测值的极差。

如，第一号样本：$\overline{X}_1 = \dfrac{47+32+44+35+20}{5} = 35.6$（g）

$$R_1 = 47 - 20 = 27 \text{（g）}$$

其余类推。

② 计算各样本平均值的平均值（$\overline{\overline{X}}$）和各样本极差的平均值（$\overline{R}$），填入表 4-51 中。

$$\overline{\overline{X}} = \frac{\sum\limits_{i=1}^{25} \overline{X}_i}{K} = \frac{746.6}{25} = 29.86 \text{(kg)}$$

$$\overline{R} = \frac{\sum\limits_{i=1}^{25} R_i}{K} = \frac{686}{25} = 27.44 \text{(g)}$$

表 4-51　　　　　　　　　　　　　多装量（g）和样本统计量

样本编号	X_1	X_2	X_3	X_4	X_5	$\sum X$	$\overline{X}$	R
1	47	32	44	35	20	178	35.6	27
2	19	37	31	25	34	146	29.2	18
3	19	11	16	11	44	101	20.2	33
4	29	29	42	59	38	197	39.4	30
5	28	12	45	36	25	146	29.2	33
6	40	35	11	38	33	157	31.4	29
7	15	30	12	33	26	116	23.2	21
8	35	44	32	11	38	160	32.0	33

续表

样本编号	X_1	X_2	X_3	X_4	X_5	$\sum X$	$\bar{X}$	R
9	27	37	26	20	35	145	29.0	17
10	23	45	26	37	32	163	32.6	22
11	28	44	40	31	18	161	32.2	26
12	31	25	24	32	22	134	26.8	10
13	22	37	19	47	14	139	27.8	33
14	37	32	12	38	30	149	29.9	26
15	25	40	24	50	19	158	31.6	31
16	7	31	23	18	32	111	22.2	25
17	38	0	41	40	37	156	31.2	41
18	35	12	29	48	20	144	28.8	36
19	31	20	35	24	47	157	21.4	27
20	12	27	38	40	31	148	29.6	28
21	52	42	52	24	25	195	39.0	28
22	20	31	15	3	28	97	19.4	28
23	29	47	41	32	22	171	34.2	25
24	28	27	22	32	54	163	32.6	32
25	42	34	15	29	21	141	23.2	27
					累计		746.6	686
					平均		$\bar{\bar{X}}=29.86$	$\bar{R}=27.44$

注　此表中数据经简化处理，即测量值减5000所得。

（6）确定控制界限。控制图的上下界限为±3σ，不同的控制图需根据其分布特征与相互关系进行推导，GB/T 4091—2001《常规控制图》中给出了各种类型控制界限的计算公式，见表4-52。

表4-52　　　　　　　　　控制图控制界限的计算公式表

图　别		中心线（CL）	上控制界限线（UCL）	下控制界限线（LCL）
$\bar{X}-R$	$\bar{X}$ $\bar{R}$	$\bar{\bar{X}}$ $\bar{R}$	$\bar{\bar{X}}+A_2\bar{R}$ $D_4\bar{R}$	$\bar{\bar{X}}-A_2\bar{R}$ $D_3\bar{R}$
$\bar{X}-R$	$\bar{X}$ S	$\bar{\bar{X}}$ $\bar{S}$	$\bar{\bar{X}}+A_3\bar{S}$ $B_4\bar{S}$	$\bar{\bar{X}}-A_3\bar{S}$ $B_3\bar{S}$
$\bar{\bar{X}}-R$	$\bar{\bar{X}}$ R	$\bar{\bar{X}}$ R	$\bar{\bar{X}}+m_3A_3R$ $D_4\bar{R}$	$\bar{\bar{X}}-m_3A_2\bar{R}$ $D_3\bar{R}$
$X-R_s$	X R_s	X $\bar{R}_s$	$\bar{X}+2.659\bar{R}_s$ $3.267\bar{R}_s$	$\bar{X}-2.659\bar{R}_s$ 不考虑
p		$\bar{p}$	$\bar{p}+3\sqrt{\dfrac{\bar{p}(1-\bar{p})}{n}}$	$\bar{p}-3\sqrt{\dfrac{\bar{p}(1-\bar{p})}{n}}$
np		$n\bar{p}$	$n\bar{p}+3\sqrt{n\bar{p}(1-\bar{p})}$	$n\bar{p}-3\sqrt{n\bar{p}(1-\bar{p})}$
u		$\bar{u}$	$\bar{u}+3\sqrt{\dfrac{\bar{u}}{n}}$	$\bar{u}-3\sqrt{\dfrac{\bar{u}}{n}}$
c		$\bar{c}$	$\bar{c}+3\sqrt{\bar{c}}$	$\bar{c}-3\sqrt{\bar{c}}$

① 计算控制图的中心线。

$\overline{X}$ 图：

$$中心线 CL = \overline{\overline{X}} = 29.86(g)$$

R 图：

$$中心线 CL = \overline{R} = 27.44(g)$$

② 计算控制界限。

$\overline{X}$ 图：

$$UCL = \overline{\overline{X}} + A_2\overline{R}$$

$$LCL = \overline{\overline{X}} - A_2\overline{R}$$

式中，A_2 为随着样本容量 n 变化而变化的系数，可由表 4-53 选取。

本例，$n=5$，查表得：$A_2=0.577$。

控制上限 UCL = 29.86+0.577×27.44≈45.69(g)

控制下限 LCL = 29.86-0.577×27.44≈14.03(g)

R 图：

$$UCL = D_4\overline{R},$$

$$LCL = D_3\overline{R},$$

式中 D_3、D_4 为随 n 变化的系数，从表 5-11 中选取。$n=5$，查表 4-53 得：$D_4=2.115$。由于 $n=5$ 时，D_3 没有数值，所以 LCL 取 0。

控制上限 UCL = $D_4\overline{R}$ = 2.115×27.44≈58.04(g)

控制下限 LCL = $D_3\overline{R}$ = 0

表 4-53　　　　　　　　　　　　控 制 图 系 数 选 用 表

n	2	3	4	5	6	7	8	9	10	11	12	13
A_2	1.880	1.023	0.729	0.577	0.483	0.419	0.373	0.337	0.308	0.285	0.266	0.249
A_3	2.659	1.954	1.628	1.427	1.287	1.182	1.099	1.032	0.975	0.927	0.886	0.850
D_4	3.267	2.575	2.282	2.115	2.004	1.924	1.864	1.816	1.777	1.744	1.717	1.693
B_4	3.267	2.568	2.266	2.089	1.970	1.882	1.185	1.761	1.716	1.697	1.646	1.618
E_2	2.660	1.772	1.457	1.290	1.134	1.109	1.054	1.010	0.975			
m_3A_2	1.880	1.187	0.796	0.691	0.549	0.509	0.43	0.41	0.36			
D_3	—	—	—	—	—	0.076	0.136	0.184	0.223	0.256	0.283	0.307
B_3	—	—	—	—	0.030	0.118	0.185	0.239	0.284	0.321	0.354	0.382
d_2	1.128	1.693	2.059	2.236	2.534	2.704	2.847	2.970	3.078	3.173	3.258	3.382

注　"—" 表示不考虑

（7）画控制图。用坐标纸或控制图专用纸来画控制图。一般在上方位置安排 $\overline{X}$ 图，对应的下方位置安排 R 图，横轴表示样本号，纵轴表示质量特性值和极差。中心线用实线，上下控制线用虚线绘制，并在各条线的右端分别标出对应的 UCL，CL，LCL 符号和数值，在 $\overline{X}$ 图上控制线的左上方标记 n 的数值。本例见图 4-59。

把各样本的平均值 $\overline{X}$ 和极差 R，在已经画有控制界限的控制图上打点，一般在 $\overline{X}$ 和 R

图上分别用"."""或"×"表示，并连接各点。当确认生产过程处于稳定状态时，就可以将此图用于控制工序质量的变化。如果发现点子排列有缺陷，则用大圈把异常部分圈起来以便观察分析，借此进行工序过程的动态质量控制。

（8）分析判断。由图4-59可以看出，本例中多装量与极差的控制图没有出现越出控制界线的点子，也未出现点子排列有缺陷（非随机的迹象或异常原因），可以认为该过程是按预计的要求进行的，处于统计控制状态（受控状态）。

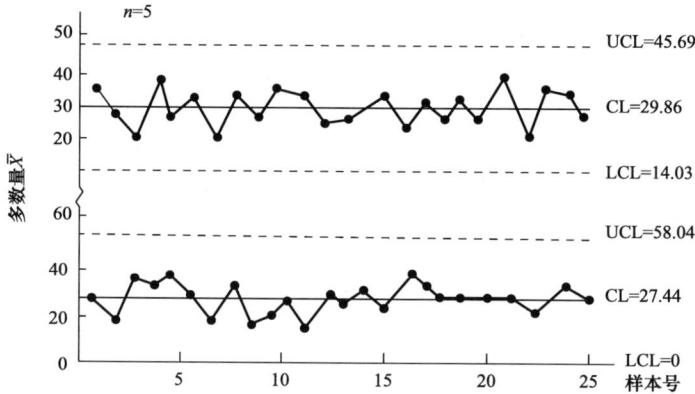

图 4-59　多装量的 $\overline{X}-R$ 图

（9）在不对该过程做任何调整的同时，继续用同样的方法对多装量抽样、观测和打点。如果在继续观测时，控制图显示出存在异常，则应进一步分析具体原因，并采取措施对过程进行调整。

第五节　水平对比、流程图、简易图表

70. 什么叫水平对比法？

水平对比法（Benchmarking）又称标杆法，是将过程、产品和服务质量同公认的处于领先地位的竞争者的过程、产品和服务质量进行比较，以寻找自身质量改进的机会。运用水平对比，有助于认清目标并确定与标杆间的差距，为赶超标杆找到突破重点。在QC活动中是寻找、对照同专业、同行业领先组织或小组在相关活动的水平、过程和成效等各方面进行比较分析和度量，并采取改进措施的连续过程。目前，电力系统广泛开展的同业对标工作就是深入运用水平对比法的例子。

71. 使用水平对比法的基本步骤有哪些？

（1）确定对比的项目。对比项目应是过程及其输出的关键特征，如性能、可靠性、成本、价格、油耗量等。过程输出的对比应直接同顾客的需要联系起来。

（2）确定对比的对象。对比的对象可以是直接的竞争对手，也可以是行业内或类似产品/服务提供企业中的标杆企业，其有关项目、指标是公认的领先水平。

（3）收集资料。可以通过直接接触、考察、访问（包括访问顾客）、人员或专家相互交

往、广告和报刊杂志等方式，得到有关的信息、资料。

（4）归纳、整理和分析资料。分析的目的是针对有关项目确立最好的奋斗目标。

（5）进行对比。与确定的对比对象就对比项目的有关质量指标进行对比，根据结果发现自身的不足，以及自己应做质量改进的内容，便于有针对性地制定和实施改进计划。

72. 应用水平对比法的常见问题有哪些？

【注意事项 1】对比对象的选取。运用水平对比法前，通常应验证或说明对比对象的性质、内容、环境等相同或相近，具有可比性。

【案例 4-50】"提高配网设备一般缺陷消缺率"课题的目标可行性分析。

小组还将供电所 2012 年全年一般缺陷消缺率累计完成值与同行业其他单位进行了对比分析，分析情况如图 4-60 所示。

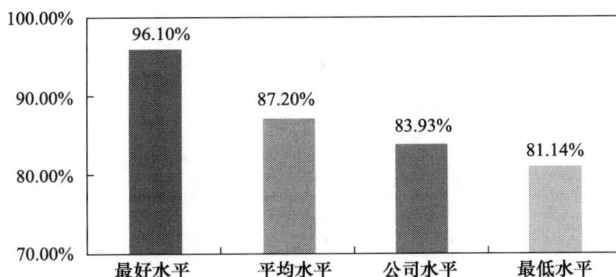

图 4-60　与同行业对比柱状图

分析结果：供电所 2012 年消缺率完成值 83.93％，同行业同期最好水平为 96.10％，平均水平为 87.20％，最低水平为 81.14％，因此，小组认为应改进工艺与方法，提高消缺率。

分 析 小组针对配网设备一般缺陷消缺率这一指标将公司水平与最高水平、平均水平进行同行业对比，找出差距所在。问题在于仅列出了分析后的数据，而缺少原始数据，没有说明所对比的其他同行业各单位与本单位之间的性质、环境等不可控因素是否相同或相近，以及这些不可控因素对该指标的影响程度如何。应验证或说明所对比单位具体情况与本单位情况类似，尽可能排除不可控因素对指标的影响，即之间的差距是小组通过自身努力可以缩小或消除的，使目标可行性分析结果更有说服力。

【注意事项 2】目标值的确定。水平对比法对于设定目标特别有用，但应注意目标值的确定应严格按照对比得出的结果，切忌受主观因素影响而夸大目标值。

【案例 4-51】"提高自动化抄表核算率"课题的目标设定。

为了给设定目标提供充足的依据，小组成员进行了进一步的调查分析。

1. 同行业比较

小组成员走访了浙江 a 供电公司和 b 供电公司，这两公司市区低压采集投运规模、设备情况与我公司市区相近，具有参考价值。经调查，做出了有关基础情况及指标水平比较，见表 4-54。

表4-54　　　　　　　　　　a、b、c公司基础情况及指标水平比较

单位	集抄投运时间	集抄投运规模（户）	主要设备厂家	自动化抄表核算率			
				10月	11月	12月	平均
a供电公司	2008.10	435119	江苏林洋、东方威斯顿	99.83	99.85	99.84	99.84
b供电公司	2008.3	394120	江苏林洋、东方威斯顿	99.87	99.86	99.86	99.86
c供电公司	2008.2	421387	江苏林洋、东方威斯顿	98.80	99.00	99.30	99.03

2. 历史最好水平调查

小组成员通过翻阅历史资料，得出统计表4-55。

表4-55　　　　　　　　　　　　历史最好水平调查表

单位	自动化抄表核算率	
	1月	2月
c供电公司市区	99.82%	99.86%

在2012年1~2月，c市区自动化抄表核算率高于99.8%，其中2012年2月份自动化抄表核算率为99.86%，达到了历史最好水平。

3. 测算分析

进一步分析，做出统计表4-56。

表4-56　　　　　　　　2012年10~12月自动化抄表核算率用户类别统计表

用户类别	已安装集抄用户数	占总用户数百分比	未使用集抄用户数	自动化抄表核算率
居民	532932	87.87%	5708	98.93%
其他	73548	12.13%	148	99.80%
合计	606480	100%	5856	99.03%

2012年10至12月自动化抄表核算率平均为99.03%。影响自动化抄表核算率的因素中，集中器无响应和抄表终端无响应占92.86%，凭借小组成员技术水平和工作能力，将这两个问题解决90%，则自动化抄表核算率将提高到：

$$[(1-99.03\%)\times92.86\%\times90\%+99.03\%]\times87.87\%+99.80\%\times12.13\%=99.84\%。$$

4. 设定目标

根据现状调查情况，结合技术水平每年都在提高，小组成员决定自我加压，争先晋位，将自动化抄表核算率从99.03%提高到99.90%。

分　析　针对"自动化抄表核算率"这一指标，小组通过业内横向对比、自身纵向对比和测算分析，为目标值设定提供足够依据，所选对比对象具有较强的可比性，对比结果参考价值高。案例中存在的质疑如下：（1）解决两个症结问题的90%具有一定的挑战性，但是关于小组是否有能力并没有验证，譬如小组曾解决过某些类似的问题到同样的程度。（2）设定的目标值略超出最好水平，依据的仅仅是小组能力、信心和技术水平，即使技术水平每年都在提高，但当年与前一年提高的程度也是有差别的，当前年份技术水平能否提升到相应水平都是不得而知的。有进取心固然很好，但是QC是一项科学性、逻辑性很强的活动，每一个步骤都要有严谨的依据，不能主观臆断，否则，前面水平对比得出的结果就失去了意义。小组可以通过自身努力，在检查效果阶段发现已超出业内最好水平，但是在目标值设定时，

应严格按照水平对比得出的结果，尽量不要超出调查所得的最好水平。

👆**【注意事项 3】**统计工具的应用。使用水平对比法应注意与其他统计工具正确结合应用，一般采用柱形图来反映各对象完成值之间的差距。

👤**【案例 4-52】**"提高低压客户离柜交费率"课题的选择。

省电力公司要求：2013 年国网公司同业对标指标体系中要求拓展客户新型交费方式，低压客户离柜交费率大于等于 80%。小组选取省内与公司相近的 6 家地市公司与进行 2013 年 1 月、2 月的数据对比，见表 4-57 和图 4-61。

表 4-57　　　　　　2013 年 1 至 2 月七家地市公司离柜交费率指标排名

	2013 年 1 月		2013 年 2 月	
	排名段位	完成值（%）	排名段位	完成值（%）
a 供电公司	E	65.29	E	67.83
b 供电公司	D	70.75	D	70.3
c 供电公司	C	70.28	B	75.24
d 供电公司	C	76.3	C	76.85
e 供电公司	A	85.26	A	87.65
f 供电公司	B	82.33	A	85.12
g 供电公司	D	69.50	D	72.51

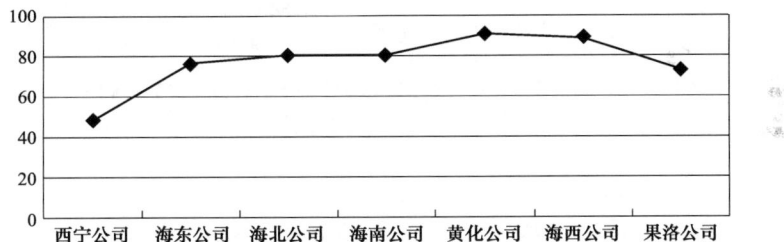

图 4-61　2013 年 1 至 2 月七家地市公司离柜交费率完成情况折线图

省公司要求低压客户离柜交费率大于等于 80%，但公司该指标始终排名 E 段，平均完成值仅有 66.56%，较其他单位完成值相差较大。与省公司要求的 80% 相差较远。由于西宁公司客户管理数量较大，致使影响了省公司该指标的完成情况。

基于以上情况，小组决定将本次活动课题定为提高低压客户离柜交费率。

分　析 1. 小组将七家地市公司离柜交费率完成情况统计完成后，通过折线图展示并不妥当，折线图一般用于反映某一指标随时间的变化趋势，本案例宜使用柱形图。2. 表格中分别列出了 1 月和 2 月的完成值，图中直接变成 1 月至 2 月的完成值，在表格中找不到对应的数据，而且表中西宁公司的 1 月和 2 月完成值分别为 65.29% 和 67.83%，图中的点在 40%～60% 之间，两者并不对应。

73. 小组活动过程常见水平对比法实例。

水平对比法主要应用于小组选题、现状调查、设定目标、目标可行性分析和检查效果 5

个阶段，其中在设定目标和目标可行性分析阶段特别有效。

（1）选题阶段。

👤【案例 4-53】"降低负荷预测不合格天数"课题的选择过程如下。

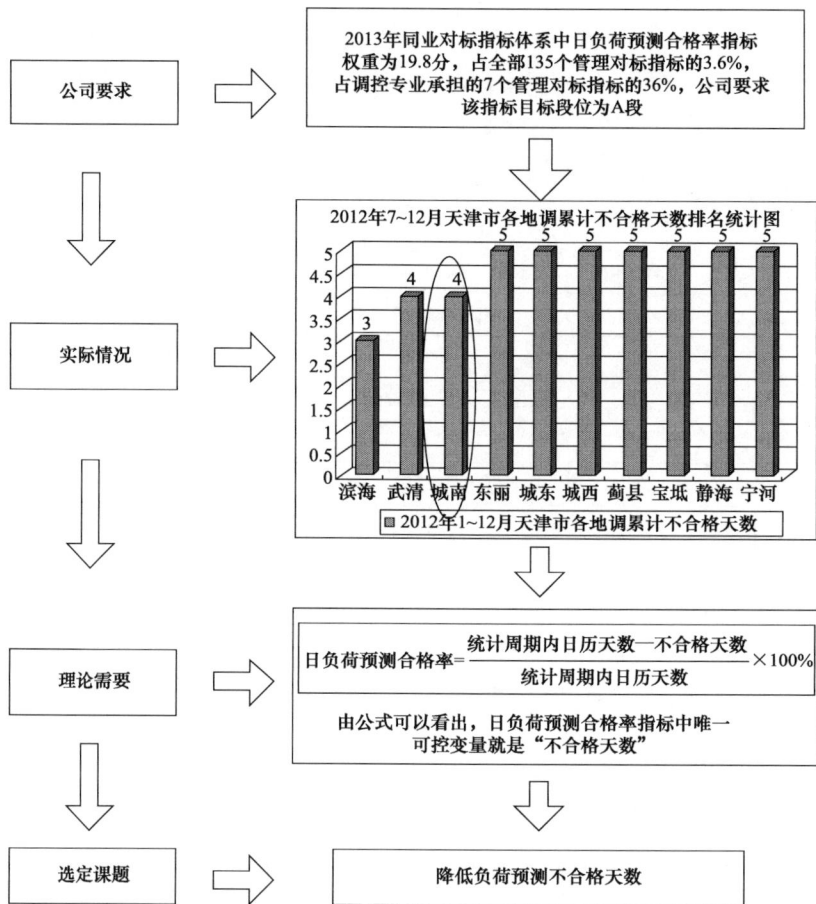

公司要求 ➡ 2013年同业对标指标体系中日负荷预测合格率指标权重为19.8分，占全部135个管理对标指标的3.6%，占调控专业承担的7个管理对标指标的36%，公司要求该指标目标段位为A段

实际情况 ➡ 2012年7~12月天津市各地调累计不合格天数排名统计图

理论需要 ➡ 日负荷预测合格率＝$\dfrac{统计周期内日历天数－不合格天数}{统计周期内日历天数}×100\%$

由公式可以看出，日负荷预测合格率指标中唯一可控变量就是"不合格天数"

选定课题 ➡ 降低负荷预测不合格天数

分　析　案例中可以看出，"降低负荷预测不合格天数"首先是公司的要求，小组随后对2012年该指标完成情况展开调查，并与公司各地调进行对比，发现与先进水平的单位确实存在一定差距，于是确定该课题。需要注意的是，水平对比法一般不适用于名次的对比，由于案例中公司目标为达到A段，所以小组同时统计了各单位完成值和排名情况，案例中名次对比是以数据对比为基础的，由指标差距和名次差距共同决定了选择该课题。

（2）现状调查阶段。

略。

（3）设定目标阶段。

👤【案例 4-54】"提高220kV马庄变电站出线路径铁塔接地可靠率"课题的目标设定。

根据省电力公司发布的《2009～2011年110kV架空输电线路接地可靠率调查报告》的历史数据显示，供电公司向阳220kV变电站110kV出线铁塔接地可靠率处于公司的较高水平，达到 96％，见表 4-58。

表 4-58　　　　2009～2011 年向阳站 110kV 出线铁塔接地可靠率统计表　　　　（单位：％）

	2009 年	2010 年	2011 年
1 月	96	96.34	97.56
2 月	95.1	97.44	94.11
3 月	97.7	97.1	97
4 月	94	96.67	96
5 月	95.55	96.23	96.45
6 月	97.78	94.2	94.32
7 月	97.23	96	94.56
8 月	95.4	97	95.7
9 月	97.67	96.55	93.22
10 月	96.66	97	96
11 月	97	95	94.81
12 月	95.55	96.7	95
平均值		96.02	

2012 年 8～10 月，公司 220kV 向阳变电站 110kV 出线路径的铁塔接地可靠情况如表 4-59 所示。

表 4-59　　　　2012 年向阳站 110kV 出线铁塔接地可靠情况统计表　　　　（单位：基）

	受检数量	接地可靠数量	接地不可靠数量
8 月	120	115	5
9 月	120	116	4
10 月	110	105	5
合 计	350	336	14
所占比例（％）	100％	96％	4％

微点 QC 小组所调查的 220kV 马庄变电站铁塔接地可靠率情况统计，见表 4-60。

表 4-60　　　　2012 年马庄站 110kV 出线铁塔接地可靠情况统计表　　　　（单位：基）

	受检数量	接地可靠数量	接地不可靠数量
8 月	107	101	6
9 月	106	100	6
10 月	107	100	7
合 计	320	301	19
所占比例（％）	100％	94％	6％

根据 2012 年 8～10 月向阳、马庄 110kV 出线接地可靠率制作折线图，如图 4-62 所示。

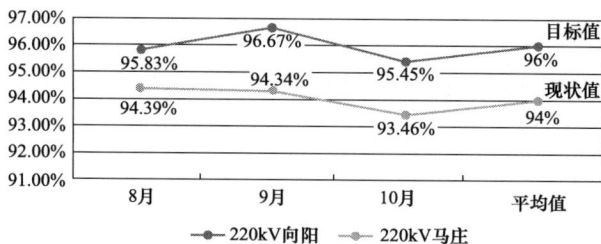

图4-62　2012年8～10月向阳、马庄110kV出线接地可靠率折线图

结论：以220kV向阳变电站110kV出线铁塔接地可靠率作为标杆，将目标值设定为96%可实现。经现场试验，小组能够消除的铁塔接地不可靠率＝接地不可靠铁塔数×0.81×0.85/320＝19×0.84×0.87/320×50%≈4.34%×50%＝96.17%＞96%。即解决50%以上的接地不可靠事件，可以达到并超过96%的目标，小组将目标值设定为96.17%，如图4-63所示。

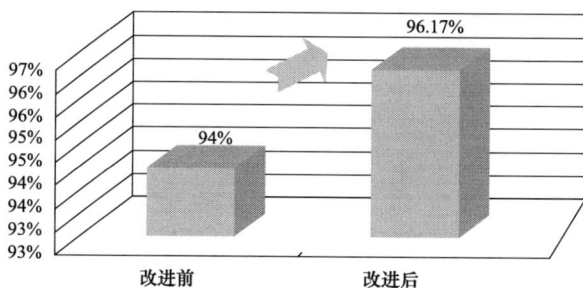

图4-63　改进前后对比图

分析　案例中针对出线铁塔接地可靠率这一指标进行对比。（1）对比对象为公司所辖另一个变电站，对象相似度高，可比性强，对比结果参考价值高。（2）与【案例3-3】相比，该案例中折线图的用法比较恰当，反映了8月、9月、10月向阳、马庄两个变电站出线铁塔接地可靠率动态变化的趋势，也反映出了两个变电站之间的差距。（3）与【案例3-2】相比，设定的目标值同样高于对比对象向阳变的指标96%，但是小组提供了足够的数据支持，即小组有能力消除50%的不可靠事件。更重要的，小组设定的目标值96.17%高于向阳变指标的平均值，而向阳变在9月份的指标已达到96.67%，比目标值高。因此，案例中目标值的设定是合理的。

（4）目标可行性分析阶段。

【案例4-55】"缩短500kV电容式电压互感器的试验时间"课题的目标可行性分析。

通过小组综合讨论，将目标设定为500kV电容式电压互感器试验接拆线时间为80min，如图4-64所示。

根据上面的分析，试验接拆线时间长是主要

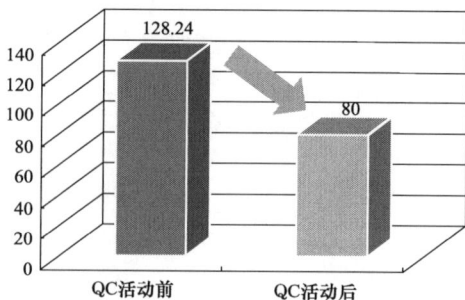

图4-64　QC活动前后对比图

症结。经过小组讨论，根据以往经验以及结合各方面的实际情况，并争取使用新工艺、新方法，QC小组有把握改善这一症结。

1）横向比较。

经调查发现在 2013 年期间，试验研究所中高试三班、高试四班进行过的 500kV CVT 试验中最快的 3 次试验接拆线时间曾经达到 80min 左右，见表 4-61。

表 4-61　　　　　　　　　　试验研究所先进高试班最快接拆线时间表　　　　　　单位：min

试验设备	目标试验接拆线时间	最快接拆线时间
高试四班 500kV 蝶五甲线	80	82
高试四班 500kV 五狮甲线	80	77
高试三班五邑站 1 号主变压器变高	80	81

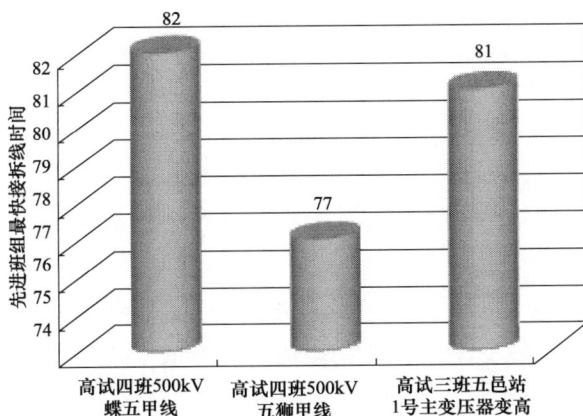

图 4-65　试验研究所先进高试班最快接拆线时间柱状图

2）纵向比较。

QC 小组查阅以往的统计记录，发现在前一年期间，小组的 500kV CVT 试验接拆线时间有几次达到了较好的水平，甚至接近于目标值，如表 4-62 所示。

表 4-62　　　　　　　　　　　　小组前一年最快接拆线时间

试验设备	目标接拆线时间	实际接拆线时间
峰香甲线	80	86
五江甲线	80	83
圭峰 2 号变高	80	85
江西乙线	80	80

由图 4-66 可以看出，有几次试验的接拆线时间已经接近于 80min，且最好记录也已经达到 80min。

分　析　案例中针对 500kV 电容式电压互感器试验接拆线时间这一指标，通过横向对比和纵向对比，发现先进班组的作业用时已达到 80min 以内，而小组自身最好成绩也在 80min，为目标可行性分析提供了依据。（1）案例选取的对比对象为同一家试验研究所的高试三班、高试四班，作业设备、管理模式、技术水平等各方面条件与自身情况高度相似，具

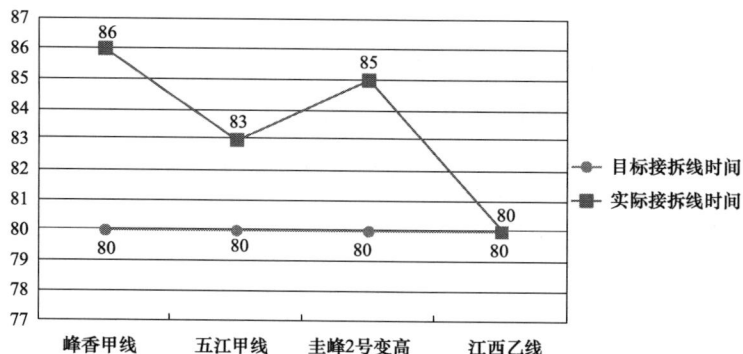

图 4-66　小组前一年最快接拆线时间折线图

有较强的可比性，进行横向对比。（2）同时，小组又进行了纵向对比，选取了前一年的部分数据，发现小组最好记录也达到了目标要求。通过两方面的对比，为目标可行性分析提供了充分的数据支持。

（5）检查效果阶段。

【案例 4-56】"降低负荷，预测不合格天数"课题的检查效果。

（一）纵向效果检查

由纵向效果检查可以看出，对比 2012 年 7 月份至 12 月份，2013 年 4 月份至 9 月负荷预测不合格天数只有 7 月份 1 天，较前一年同期的 4 天降低 75%，见表 4-63 和图 4-67。

表 4-63　　　　　　　　　　　纵 向 效 果 调 查 表

序号	2012 年	不合格天数	2013 年	不合格天数
1	2012.7	1	2013.4	0
2	2012.8	2	2013.5	0
3	2012.9	0	2013.6	0
4	2012.10	1	2013.7	1
5	2012.11	0	2013.8	0
6	2012.12	0	2013.9	0
总计		4		1

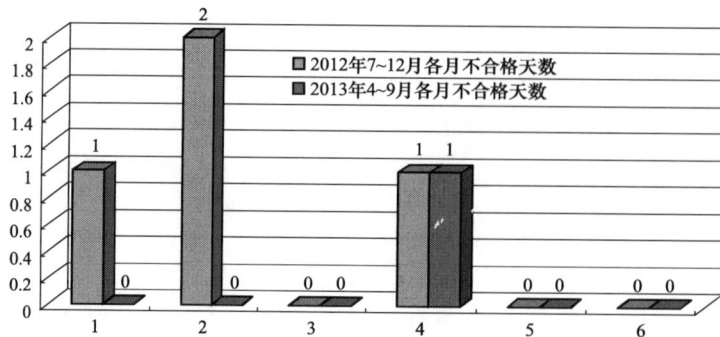

图 4-67　柱状图

（二）横向效果检查

由横向效果检查可以看出，截至 2013 年 9 月底，城南负荷预测累计不合格天数 1 天，位列 10 个单位的第 1 名，较 2012 年的第 2 名提升 1 个名次，见表 4-64 和图 4-68。

表 4-64   **横向效果调查表**

截至 2013 年 9 月天津市各地调累计不合格天数排名					
单位	累计不合格天数	单位	累计不合格天数	单位	累计不合格天数
城南	1	宝坻	2	蓟县	4
城西	1	武清	2	宁河	4
城东	1	静海	3		
滨海	1	东丽	3		

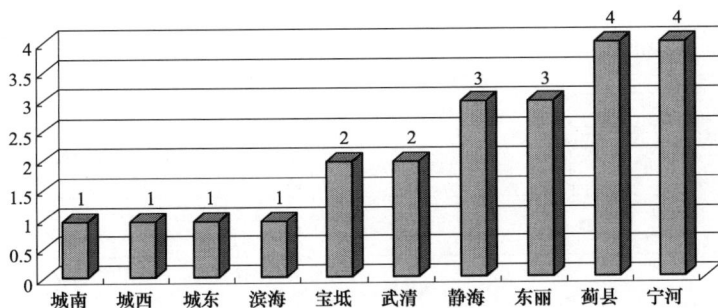

图 4-68   截至 2013 年 9 月天津市各地调累计不合格天数排名

结论：QC 项目实施后，截至 2013 年 9 月底，城南负荷预测累计不合格天数完成值为 1 天，较预定目标 2 天降低 50%，较去年的 4 天降低 75%，如图 4-69 所示。

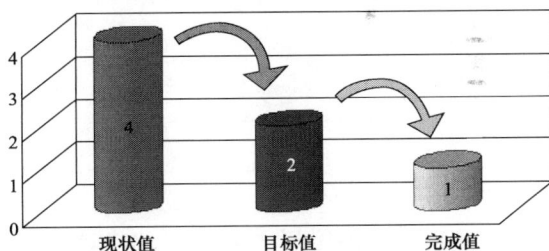

图 4-69   负荷预测不合格天数完成情况

分 析 案例针对负荷预测不合格天数这一指标开展 QC 活动，在效果检查阶段，小组与自身纵向对比，发现比去年同期有了显著进步，与同行业其他单位横向对比发现指标完成值在业内也达到领先水平，最终实现了预定目标，说明本次 QC 活动开展的有效性。需要注意的是，水平对比法一般用于绝对数值，而不适用于对比相对名次。案例中引入了名次的对比是建立在指标完成值的对比的情况下，是以绝对数据为支撑的，反映目标完成情况的同时，也反映出名次的提升。

74. 什么叫流程图？

流程图是将一个过程，如工艺过程、检验过程、质量过程等的步骤用图的形式表示出来。通过对一个过程中各步骤之间关系的研究，发现潜在的原因，找到需要进行质量改进的环节。

流程图可以用于从材料流向产品销售和售后服务的全过程所有方面，可以用来描述现有的过程，也可用来设计一个新的过程，流程图在 QC 小组活动中和质量改进活动中都有广泛的应用。

其主要用途为

（1）了解和沟通一个过程的流程；

（2）识别不增值的冗余步骤，以便消除或改进；

（3）作为"如何完成一项任务或工作"的指导程序；

（4）作为培训新员工的教学资料之一；

（5）新的或重新设计的过程的预想流程；

（6）作为"走过"一个假设过程的一种"模拟"工具。

75. 流程图中常用的流程符号有哪些？

图形符号	含义	解释
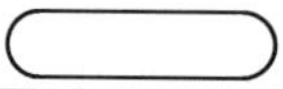	开始（终止）	表示过程的开始或终结。起点或终点标在符号中
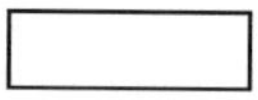	过程（活动）	表示一个过程或过程中的一项活动。活动的描述可写在方框内
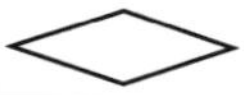	决策	表示需要决策的点，将决策问题写入符号中。标出每次项决策结果的路径
	流程线	表示各个过程、活动间的连接和过程的流向
	文件	表示需要形成文件的信息。文件名称标注在符号中
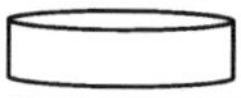	数据库	表示以电子形式储存的过程信息，数据库的名称标注在符号中
	连接	表示流程图之间是如何连接的。圆圈中标有字母或数字，表示与另一流程图同样符号的连接关系

图 4-70　流程图常用图形符号

76. 使用流程图遵循的基本步骤有哪些？

（1）描述和分析现有过程流程图的步骤。

1）判别过程的开始和结束；

2）观察从开始到结束的整个过程；

3）规定在该过程中的输入、活动、判断、决定、输出等程序；

4）画出标识该过程的流程草图；

5）与该过程所设计的有关人员共同评审该草图；

6）根据评审结果改进流程草图；

7）与实际过程比较，验证改进后的流程图；

8）注明正式流程图的形成日期，以备将来使用和参考。

（2）设计新过程流程图的步骤。

1）判别该过程的开始和结束；

2）将新过程中将要形成的输入、活动、判断、决定、输出等程序形象化；

3) 确定该过程中的输入、活动、判断、决定、输出等程序；

4) 画出标识该过程的流程草图；

5) 与预计该过程所设计的有关人员共同评审该草图；

6) 根据评审结果改进流程草图；

7) 注明正式流程图的形成日期，以备将来使用和参考（它可用作设计该过程的运作记录，也可用于判别质量改进的时机）。

77. 流程图应用的常见问题有哪些？

👉【注意事项 1】流程图中输入、活动、判断、决定、输出等程序必须要准确。

👤【案例 4-57】"缩短电网故障信息出口时间"课题的按对策实施。

自行开发独立的失压重要用户自动查询软件设计思路，如图 4-71 所示。

分析 该流程图中决策框体内容为"是否判定完毕"，当出现"否"时，按照流程图指示应回到"软件根据统计表逐条判断每个重要用户是否受故障影响"这一流程重新判断，并没有找到出现"否"的原因，导致流程出现死循环，因此该流程图绘制不准确，需进一步改进。

👉【注意事项 2】流程设计应准确，特别注意流程中是否存在某些环节，删掉它们后能够降低成本或减少时间。

78. 小组活动过程常见流程图实例。

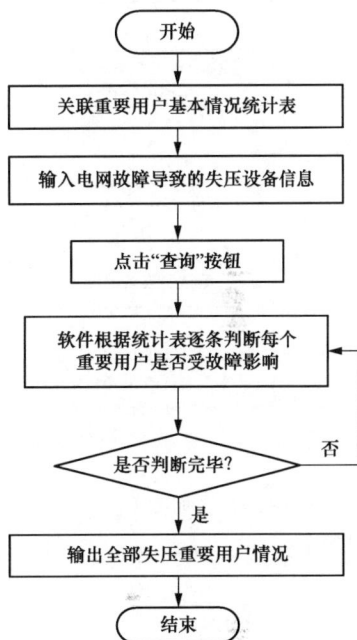

图 4-71　失压重要用户查询软件的设计思路

流程图主要应用于小组选题、现状调查、制定对策、按对策实施、制定巩固措施 5 个阶段。

(1) 选题阶段。

👤【案例 4-58】"研制绝缘电阻表多功能一体化测量装置"课题的选择课题为

QC 小组通过现场测量验证，统计了测量绝缘过程每一步所需的时间，如图 4-72 所示。

由图 4-72 测量流程图可以看到，在测绝缘过程中，每一步均需进行绝缘电阻表引线整理及更换接线位置，线夹要在设备三相之间频繁更换，来回拔插浪费了测量时间。其中，整理绝缘电阻表线共耗时 5min，降低了工作效率。

分析 流程图 4-72 能够直观表明电气设备绝缘测量的全过程及存在的问题，即线夹要在设备三相之间频繁更换，来回拔插浪费了测量时间，找到了需要进行质量改进的环节，为课题选择提供了依据。

(2) 现状调查阶段。

略。

(3) 制定对策阶段。

略。

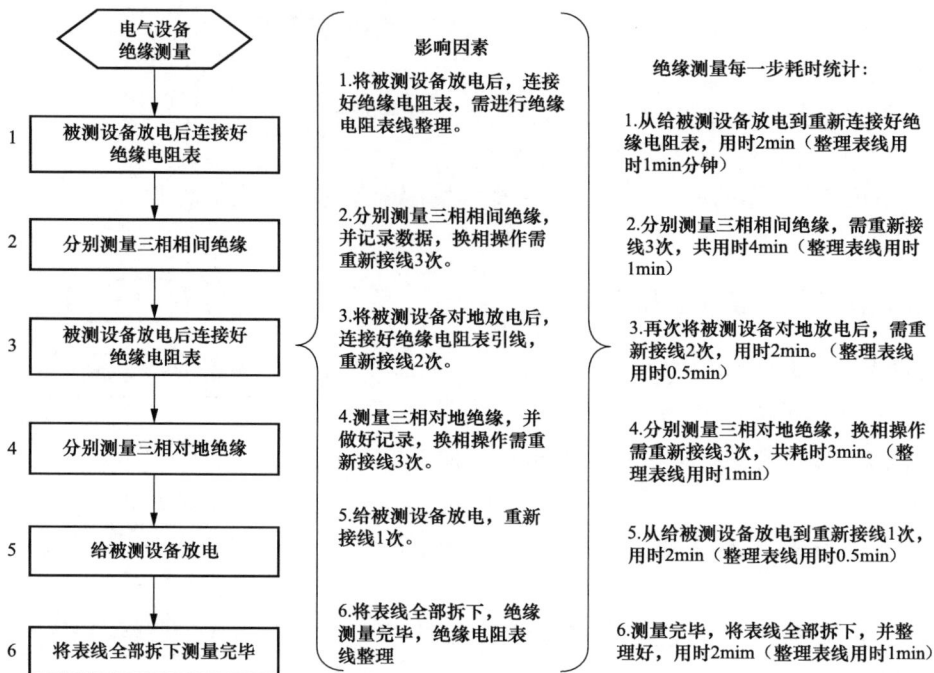

图 4-72　测量流程图

（4）对策实施阶段。

【案例 4-59】"缩短业务系统停机维护时间"课题的对策实施，整合停机维护计划审批流程如图 4-73 所示。

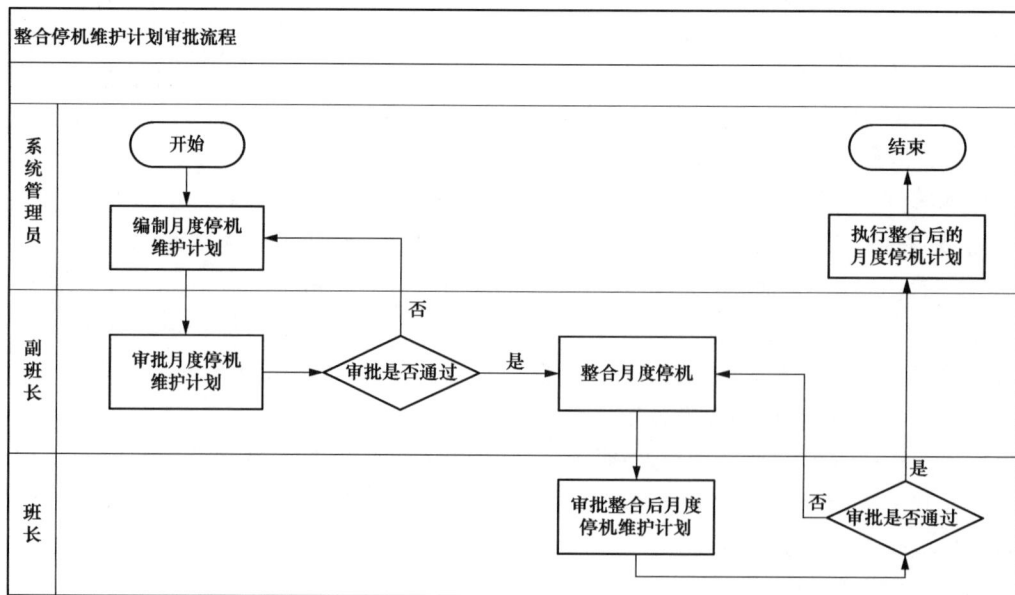

图 4-73　整合停机维护计划审批流程图

分　析 该课题在对策实施阶段对原有流程进行优化，增加了月度计划整合流程，使业务系统停机维护计划性更强，间接缩短了停机维护时间。流程图绘制准确、规范。

（5）制定巩固措施阶段。

【案例 4-60】"研制配电设备过温指示器"课题的一项巩固措施。

为了规范安装过程，小组成员制定了安装流程图，如图 4-74 所示。

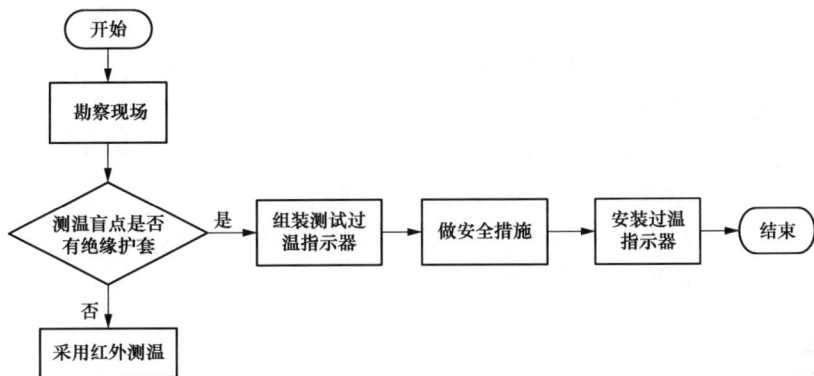

图 4-74　过温指示器安装流程图

分　析　该流程图结构完整、规范，制定了过温指示器的安装全过程流程，将好的流程固化下来。

79. 什么叫简易图表法？

简易图表是根据统计数据，用点、线、面、体来表示大概趋势及细微变动的图形或者表格，是对复杂现象进行分析、研究和预测的方法。常用的简易图表有折线图、柱状图、饼分图、雷达图等，具体如下：

折线图也叫波动图，它可以显示随时间（根据常用比例设置）而变化的连续数据，因此非常适用于显示在相等时间间隔下数据的变化趋势。在折线图中，类别数据沿水平轴均匀分布，所有值数据沿垂直轴均匀分布。折线图适宜用来表现数据的变化趋势。

柱状图也称条图、长条图、条状图，是一种以长方形的长度为变量的表达图形的统计报告图。它由一系列高度不等的纵向条纹表示数据分布的情况，用来比较两个或以上的价值（不同时间或者不同条件）。柱状图只有一个变量，通常用于较小的数据集分析。柱状图也可横向排列或用多维方式表达。

饼分图也叫饼图、圆形图，是一种把数据的构成按比例用圆的扇形面积来表示的图形。各扇形面积表示的百分率加起来应是 100％，即整个圆形面积。每个饼分图应仅有一个要绘制的数据系列，要绘制的数值不应有负值，也几乎没有零值。绘制的类别数目无限制，各类别分别代表整个饼图的一部分，通常各个部分需要标注百分比。

雷达图又称为戴布拉图、蜘蛛网图。通常将一个小组在活动中开展相关分析所得的数字或比率，就其比较重要的项目集中划在一个圆形的图表上，来表现一项活动内容各项分析的情况，使用者能一目了然地了解小组活动的变动情形及其好坏趋向。为客观表现各维度间的差异及趋向，通常首先要对各维度的数值给予标幺化转换。与折线图、柱状图、饼分图等典型的数理型工具相比，雷达图在 QC 活动中带有一定的情理型特点，不适用于数据差别不大或各维度数据相交错的图形展示。

80. 使用简易图表法应遵循的基本步骤有哪些？

（1）数据采样。将制作简易图表的关键数据进行采样；

（2）选择简易图表类型。根据不同的数据表达需求以及各类简易图表的表达特点选择最适合的简易图表类型。常用简易图表的表达特点如下：

a. 折线图常用来表示质量特性数据随着时间推移而波动的状况。

b. 柱状图适宜表现各组数据之间的差别。

c. 饼分图常用来显示数据的构成比例。

d. 雷达图常用来检查质量的变动情形及好坏趋势。

（3）制作简易图表。通过 Office 等工具将采样数据制作成简易图表。

（4）分析或预测。根据简易图表所表达的内容对质量情况等指标进行分析，对工作结果进行总结和预期。

81. 应用简易图表法的常见问题有哪些？

【注意事项1】标注不明确。

【反案例4-61】在"解决保护装置通信模块的防雷问题"的课题中，运用柱状图进行目标制定和指标对比，如图 4-75 所示。

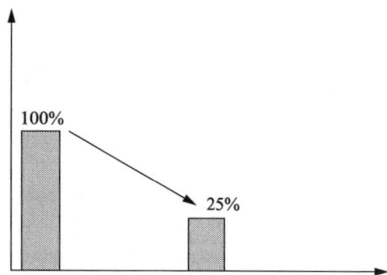

图 4-75　柱状图

分　析　示例图中，没有进行图示说明，横竖坐标轴也缺少单位、类别标注，虽然在段落标题中说明是活动目标图，却不能让读者明白是什么指标的对比。

【注意事项2】夸大对比效果。

【案例4-62】在"提高剩余电流动作保护器正确动作率"课题的检查效果阶段，用柱状图分析活动前后剩余电流动作保护器正确动作的对比情况，如图 4-76 所示。

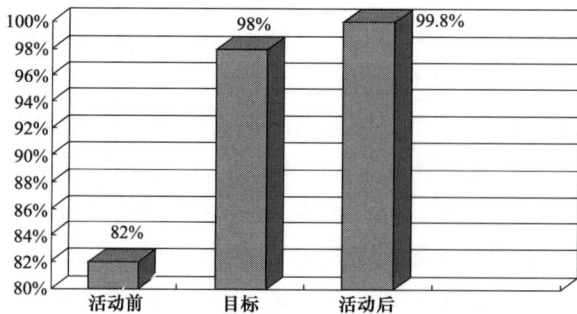

图 4-76　活动前后月平均动作正确率对比柱状图

分　析　在检查效果阶段，利用柱状图对活动前、目标以及活动后的剩余电流动作保护期正确率进行对比，相对于活动前，动作率有了明显的提升。但是，细观其纵坐标即可发现，纵坐标的零点值是 80%，间隔 2%画一个坐标。因此，活动后动作正确率只提高了 17.8 个百分点，却容易给人一种正确率翻 9 倍的夸张效果。虽然在坐标绘制过程中可以不以零值为坐标起点，但也不应以过于夸张的方式设置坐标起点和坐标间隔。

【**注意事项 3**】绘制时格式错误。

【**案例 4-63**】在"提高设备基础预埋槽钢一次验收合格率"课题的现状调查阶段，通过饼分图对 4 个不同施工班组不合格情况进行对比，如图 4-77 所示。

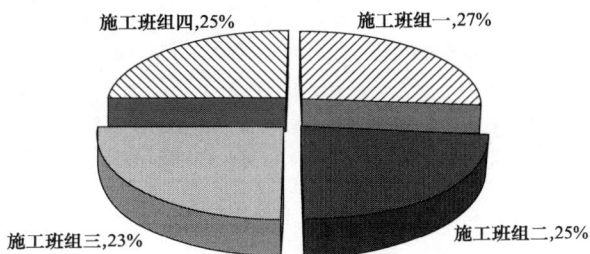

制图：×××　时间：××××-××-××

图 4-77　2014 年预埋槽钢检查不合格涉及施工班组饼图

小组 2014 年 1～3 月从班组、施工环境、质量验收三个方面对预埋槽钢的验收情况开展调查统计，调查结果如下：

1～3 月 QC 小组抽查了 60 个不合格点数的设备基础预埋槽钢安装记录，经分析发现这 60 不合格点数的施工人员分别来自 4 个不同施工班组，不同施工班组均存在预埋槽钢验收不合格的情况，见表 4-65。

表 4-65　　　　　　　　　　　　2014 年预埋槽钢验收不合格涉及施工班组统计表

施工单位 ＼ 项目	不合格抽检点数量	比　例
施工班组一	16	26.67%
施工班组二	14	23.33%
施工班组三	15	25.00%
施工班组四	15	25.00%
合　　计	60	100%

制表：×××　时间：××××-××-××

分　析 做饼分图时应注意从图形的正上方 12 点位置起，将数据按从大到小的顺序顺时针布置各扇形。该小组成员没有掌握要点，图形的起始点很随意，扇形面积大小交错，这样难以准确展示各数据之间的比例关系和差异。

【**注意事项 4**】数据选择错误。

【**案例 4-64**】在"降低施耐德开关操作手柄故障次数"课题的总结及后续打算步骤中，用雷达图对比了活动前后小组成员在团队精神等 5 个方面的变化及提升，示例如图 4-78 所示。

307

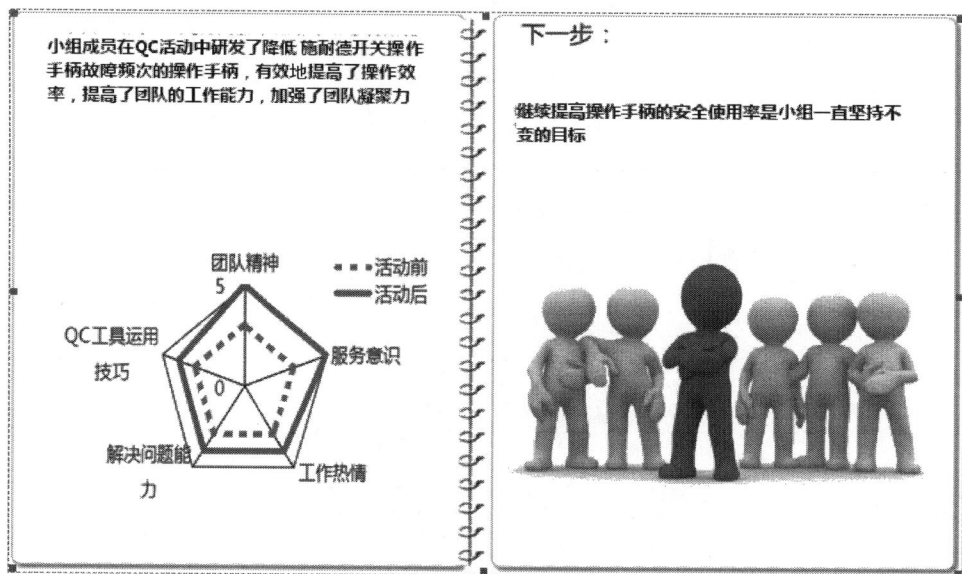

图4-78　活动前后成员面貌对比图

总结和下一步打算。

本次 QC 活动圆满完成了制定的目标，实施后，有效减少了操作手柄的故障次数，提高了操作效率，在后续的工作中，还要在多个方面进行探讨，以进一步提高操作效率。

本次 QC 活动不仅圆满完成了制定的目标，还使小组成员之间更加团结，使整个运维二班也更加团结，增强了凝聚力的同时也为小组下一步工作提供了信心，如图 4-78 所示。下阶段，继续提高操作手柄的安全使用率是小组一直坚持不变的目标。

分　析　很多小组在总结及下一步打算中绘制雷达图以表现小组服务意识、服务能力、团队协作、QC 知识、活动能力等水平在活动前后的提升。上述维度通常是难以客观量化评价的，不适用于归一化后用雷达图展示。如果小组总结出准确量化的方法，应在活动前进行测评，再在活动后再次测评对比，并应充分说明测评的原理、过程和结果。

82. 小组活动过程中常见简易图表实例。

简易图表适用于小组活动的每个步骤，除分析原因、制定对策、按对策实施环节外，其他环节均特别有效。简易图表在每个步骤中用法基本相同，以下按图表分类进行举例说明。

（1）折线图。

【正案例 4-65】在"提高试点台区银行电费划拨率"课题的选题阶段：

运用折线图对 2014～2015 年营业厅全年坐收户数进行了统计对比，如图 4-79 所示。

分　析　在选题阶段中，该小组通过折线图表达出营业厅收费户数逐年增加的趋势，然后文字说明收费人员没有增加，表达出提升银行电费划拨率非常重要，说明了选择该课题的必要性。

（2）柱状图。

【正案例 4-66】在"降低 8 号炉引风机单耗"课题的现状调查阶段：

通过柱状图对用电量现状进行了分析，如图 4-80 所示。

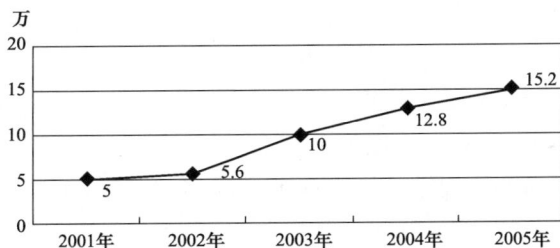

图 4-78　2001 年～2005 年营业厅全年坐收户数统计

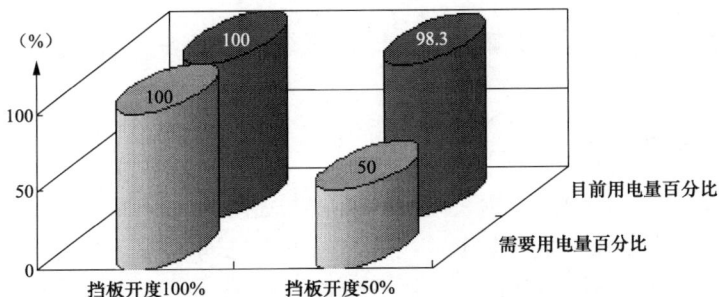

图 4-79　引风机风量、用电量、挡板开度示意图

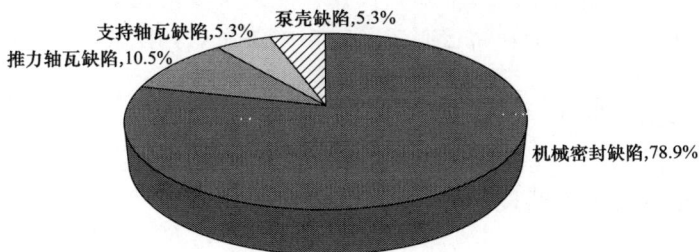

制图：×××　时间：××××-××-××
图 4-80　1A 给水泵缺陷调查

　　分　析　该图使用了三维柱状图进行分析，清楚表示了挡板开度分别在 100％和 50％时的目前用电量和需要用电量的对比，标识清楚，对比清晰，很好地对比分析了引风机用电量的现状和需求。

　　（3）饼分图。

　　【正案例 4-67】在"降低 1A 给水泵机械密封缺陷次数"课题的选择阶段，通过饼分图的分析选择了课题"剩余电流动作保护器正确动作的因素"。小组成员根据《A9 资产管理系统》对 1A 给水泵缺陷调查进行统计分析，见表 4-66。

表 4-66　　　　　　　　　　　　　　调 查 统 计 表

缺陷种类	缺陷次数	百分比（％）
机械密封缺陷	15	78.9
推力轴瓦缺陷	2	10.5
支持轴瓦缺陷	1	5.3
泵壳缺陷	1	5.3

通过图 4-80 的饼分图可以明显看出"机械密封缺陷"占导致 1A 给水泵停备缺陷次数的 78.9%，是造成 1A 给水泵停运次数多的主要因素。

分　析　该小组通过对 1A 给水泵缺陷次数的调查，得出了调查表，并根据调查表绘制出了饼分图，饼分图绘制格式准确，比例恰当。通过饼分图直观地分析出机械密封缺陷是造成 1A 给水泵停运次数多的主要因素，从而确定了课题。

（4）雷达图。

略。

第六节　散布图、正交试验设计法、优选法

83. 什么叫散布图？

散布图又叫相关图，是用来表示一组成对的数据之间是否有相关性的图表。它是将两个可能相关的变数资料用点画在坐标图上，用成对的资料之间是否有相关性。这种成对的数据或许是"特性—要因""特性—特性""要因—要因"的关系。通过对其观察分析来判断两个变数之间的相关关系。例如，热处理时淬火温度与工件硬度之间的关系，某种元素在材料中的含量与材料强度的关系等。这种关系虽然存在，但又难以用精确的公式或函示，在这种情况下就可借助散布图统计手法来判断它们之间的相关关系，如图 4-81 所示。

其主要用途为

（1）粗略鉴别成对数据之间的相关关系；

（2）检验原图和结果关系是否真正存在；

（3）判断出现的两种相关结果是否由同一原因引起。

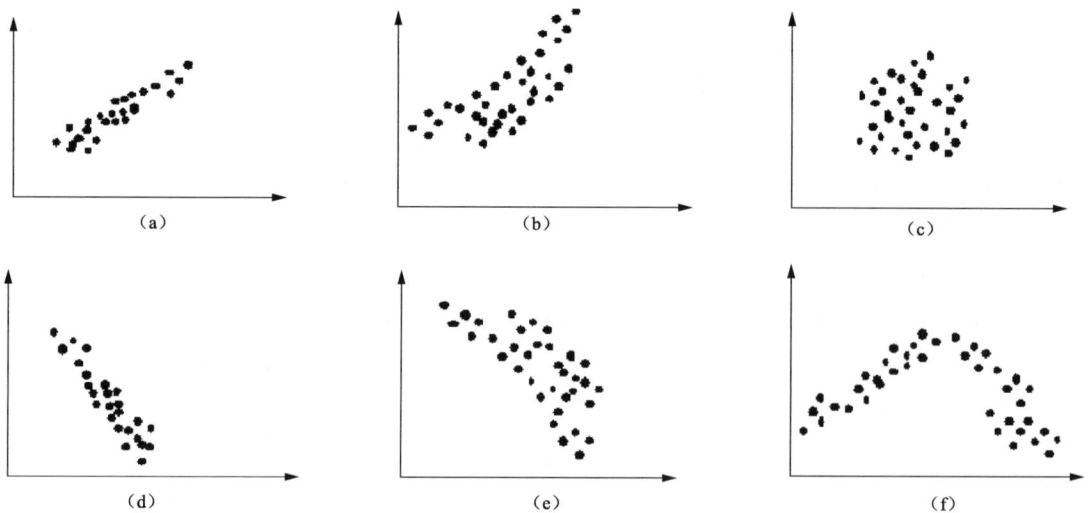

图 4-81　散布图
（a）强正相关；（b）弱正相关；（c）不相关；（d）强负相关；
（e）弱负相关；（f）非线性相关

84. 使用散布图遵循的基本步骤有哪些?

(1) 确定要解决的课题,提出相关要因和特性目标,分别进行数据化,得到要因值 X 和特性值 Y;

(2) 对要因值 X 和特性值 Y 收集相关资料数据(至少三十组以上);

(3) 找出 X 和 Y 的最大值和最小值,并用这两个值标定横轴 X 和纵轴 Y;

(4) 计算组距(刻度)。组距的计算以数据中的最大值减最小值再除以所需设定的组数求得。在直角横坐标 X 轴上划出 X 值的刻度,刻度线在轴的内侧,数字标示在轴的外侧,并且以最小值为起点,刻度间表示均为同等值,纵坐标 Y 轴上划出 Y 值的刻度,X 轴与 Y 轴之交点处可不标示 0 数字;

(5) 准备坐标纸,标明 X 轴和 Y 轴,画出纵轴、横轴,两个轴的长度大致相等,按照上述标准作图;

(6) 描点,当两组数据值相等,即数据点重合时,可围绕数据点画同心圆⊙表示;

(7) 判断、分析研究画出来的点子云的分布状况,确定相关关系的类型。

85. 如何使用散布图分析和判断相关数据之间的关系?

(1) 对照典型图例法。这是最简单的方法。把实际画出的散布图与典型图例对照,就可得到两个变量之间是否相关及相关程度的结论。

(2) 象限判断法。又叫中值判断法,此方法的步骤为:

① 画一条与 Y 轴平行的 P 线,使 P 线左右两侧的点数相等或大致相等;

② 画一条与 X 轴平行的 Q 线,使 Q 线上下两侧的点数相等或大致相等;

③ PQ 两线把图形分成 4 个象限区,分别计算各象限区的点数(线上的点不计);

④ 分别计算对角象限区内的点数:1+3,2+4;

⑤ 判断规则:1+3>2+4 时,为正相关;1+3<2+4 时,为负相关;1+3=2+4 时,为不相关。

(3) 相关系数判断法。必须进行大量计算,将算的相关关系系数同 0,−1 与 1 比较,从而得出相关类型和相关程度的结论。

86. 绘制散布图有哪些基本条件?

(1) 配对变数。找出关切的两组变量。

(2) 搜集数据。两组变量的对应数至少在 30 个以上。

(3) 找出 X、Y 轴的最大值与最小值,并以 X、Y 的最大值及最小值建立 $X-Y$ 坐标。

(4) 通常横坐标用来表示原因或自变量,纵坐标表示效果或因变量。

(5) 附记事项。何人、何时、何地等。

(6) 在使用散布图调查两个因素之间的关系时,应尽可能固定对这两个因素有影响的其他因素(控制变量法),才能保证通过散布图分析的结果比较准确。

87. 散布图的典型点子云形状有几种?

用来绘制散布图的数据必须是成对的 (X,Y)。通常用垂直轴表示现象测量值 Y(目标值），用水平轴表示可能有关系的原因因素 X（要因值）。按两个变量间的相关关系和要因对特性的影响程度划分，散布图一般分为：

（1）强正相关（如容量和附料重量）；

（2）强负相关（油的黏度与温度）；

（3）弱正相关（身高和体重）；

（4）弱负相关（温度与步伐）；

（5）不相关（气压与气温）；

（6）曲线相关。

88. 如何判断散布图的相关性？

（1）根据典型点子云形状图；

（2）根据相关系数检验表。

89. 散布图应用常见问题有哪些？

👆【注意事项1】应注意散布图为对应观察要因值和特性值相关关系的工具，在没有相关关系的数据中，不应使用散布图。

👤【案例4-68】"缩短遥测数据中断异常处理时间"课题的设备巡视耗时统计，如图4-82所示。

表4-67　　　　　　　　　2012年6月～2013年1月设备巡视耗时统计表

第 X 次	巡视设备耗时（min）									
1～10	45	43	57	65	28	78	52	40	39	36
11～20	53	55	38	46	44	54	55	38	40	37
21～30	32	65	29	52	35	55	47	36	39	33
31～40	29	33	33	39	45	38	51	37	30	57
41～50	33	42	47	44	33	42	41	42	44	39
51～60	41	51	38	49	38	33	36	39	33	45
61～70	52	49	39	43	39	43	35	44	41	29
合　计	3221（min）			平均每次用时			46（min）			

分　析　上诉案例中，要研究如何缩短异常处理时间，在《监控系统设备巡视作业指导书》中规定，常规巡视时，巡视时间应小于等于30min，小组对2012年6月～2013年1月巡视时间抽样检查后，绘图4-82。在本案例中，无两个变量，巡视耗时与巡视次数并无相关关系，属于用错了散布图，应用直方图效果更好。

👆【注意事项2】散布图应注意作图规范。

👤【案例4-69】"提高220kV马庄变电站出线路径铁塔接地可靠率"课题的埋设深度与电阻率数据，见图4-82，表4-68和图4-83。

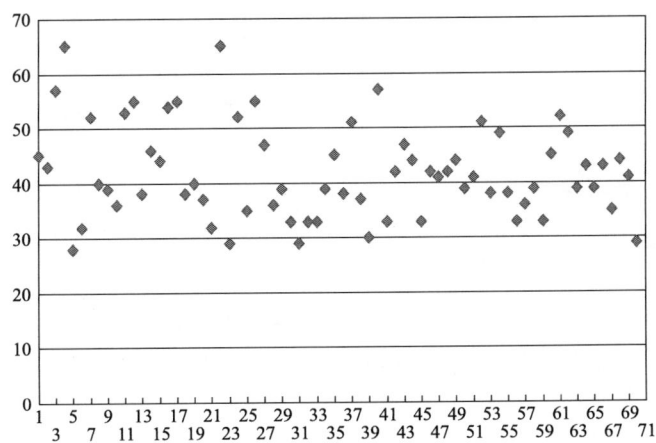

图 4-82 散布图

表 4-68 埋设深度与电阻率数据

序号	埋设深度（cm）x	电阻率（Ω）y	序号	埋设深度（cm）x	电阻率（Ω）y
1	80	15	16	89	10
2	82.4	9	17	93	7
3	81	9.6	18	101	5
4	88	7	19	103	5
5	100	4	20	110	2
6	90	4.5	21	81	9
7	98	4.2	22	82	8
8	95	4.3	23	90	9
9	99	4.9	24	97	5
10	85	10	25	87	7
11	87	7	26	80	13
12	86	8	27	92	7
13	84	9	28	94	6
14	83	12	29	99	6
15	91	5	30	95	5

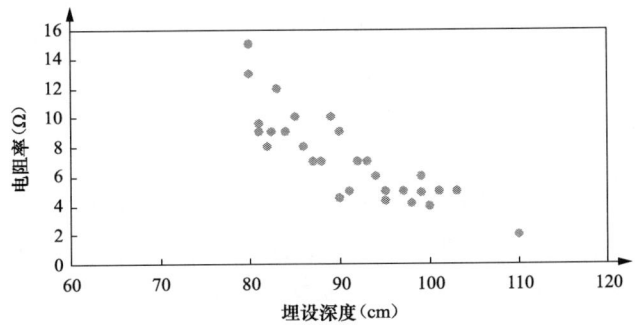

图 4-83 接地引下线埋设深度与电阻率的散布图

313

分　析 上诉案例中，小组分析得到电阻率和埋设深度呈强负相关关系的结论。在整个散布图使用过程中，数据量足够，趋势明显，结论准确无误。但在绘图上仍需要进一步规范，在绘制散布图的基本步骤（4）中，特别强调了坐标轴上刻度线在轴的内侧，数字标示在轴的外侧，以最小值为起点，且 X 轴与 Y 轴之交点处可不标示 0 数字，本图中应将坐标 X 轴起点设置为 80，更符合规范。

90. 小组活动过程常见散布图实例。

散布图主要应用于小组选题、现状调查、确定主要原因、检查效果 4 个阶段，其中在现状调查和确定主要原因阶段特别有效。

（1）选题阶段。

略。

（2）现状调查阶段。

【案例 4-70】 "研制 500kV GW16/17 型隔离开关综合检修平台" 课题的现状调查中，为了确定小车的高度，小组成员运用人体工程学原理，统计每个检修人员在不同高度的平台上进行检修时弯腰或点脚尖的次数表 4-69，并绘制出了带趋势线的散布图 4-83。

表 4-69　　　　每个检修人员在不同高度的平台上进行检修时弯腰或点脚尖的次数表

成员编号	平台高度（mm）	700	725	750	775	800	825	850	875	900
李皓		126	119	113	108	101	98	100	109	117
闭明		116	112	107	100	105	110	114	119	121
任建林		119	116	111	104	101	103	107	113	118
牛晓峰		117	115	109	102	98	100	105	109	114
王校丹		136	131	120	114	111	105	103	109	116
邢志刚	弯腰/点脚尖次数	115	111	108	101	104	108	112	117	120
娄遂山		122	118	112	105	102	102	104	111	115
李世亮		119	116	110	105	101	102	106	112	117
梁江平		127	119	115	110	103	102	103	109	114
胡润阁		111	107	103	103	108	112	116	119	123
段建平		110	105	102	101	107	111	114	117	120

分　析 根据图 4-83 散布图中红色趋势线可看出，平台高度为 800mm 时，人均弯腰/点脚尖次数最少，因此，确定最佳高度为 800mm，即 0.8m；散布图对这种相关关系虽然存在、但又难以用精确的公式或函数表达的情况，尤为适用。

（3）确定要因阶段。

【案例 4-71】 "提高遥测状态估计合格率" 课题的确定要因阶段。

小组成员观测到，由于遥测值计算错误，由遥测采集错误数量反映（变电站辅助接点损坏越多，遥测采集错误量越大），为了验证，收集数据见表 4-70。

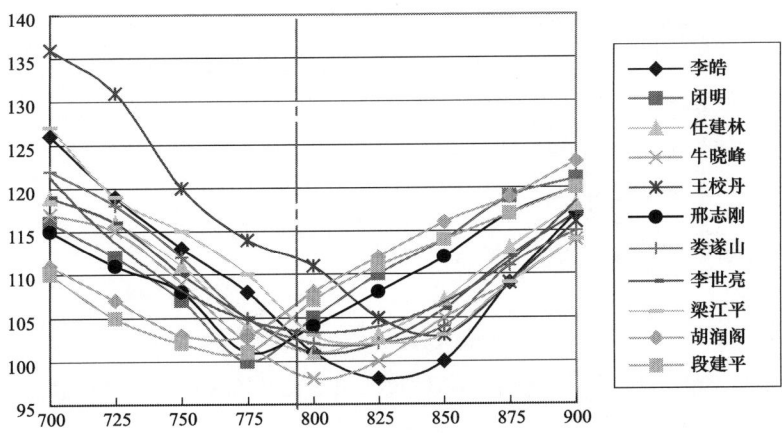

图 4-84 状态曲线图

表 4-70 数 据 调 查 表

时间	遥测采集错误数（条）X	辅助接点损坏数（个）Y	时间	遥测采集错误数（条）X	辅助接点损坏数（个）Y
1月1日	49	8	2月8日	51	9
1月3日	49	8	2月10日	41	9
1月5日	50	9	2月13日	39	9
1月6日	43	9	2月15日	45	9
1月7日	48	9	2月18日	48	10
1月8日	49	10	2月20日	49	11
1月10日	45	11	2月23日	59	12
1月13日	48	12	2月28日	62	13
1月15日	46	12	3月10日	65	13
1月18日	58	12	3月15日	70	14
1月20日	61	13	3月18日	73	15
1月23日	63	14	1月20日	68	14
1月28日	65	14	3月25日	52	13
2月1日	71	15	3月26日	49	12
2月3日	72	13	3月27日	48	10
2月5日	65	13	3月28日	48	9
2月6日	62	12	3月29日	46	8
2月7日	56	10	3月30日	43	8

分 析 统计各象限区域中成对点数：$n_I = 12$，$n_{II} = 8$，$n_{III} = 16$，$n_{IV} = 0$。根据符号检定表可得，当 $n = 36$ 时，$a_{0.05} = 11$，$a_{0.01} = 9$，$n_{II} + n_{IV} = 8 < a_{0.01}$，而且 $n_I + n_{III} > n_{II} + n_{IV}$，因此，遥测采集错误量与变电站辅助触点损坏个数存在显著的正相关关系，验证了变电站辅助触点损坏个数多导致遥测值计算错误多，所以为要因。

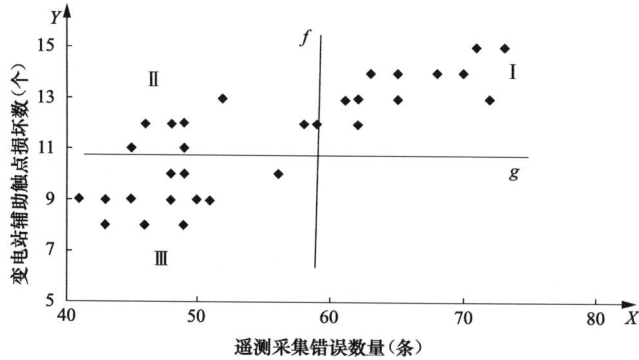

图 4-84　2013 年 1～3 月遥测采集错误数量与变电站辅助触点损坏数的散布图

（4）方案选择阶段。

【案例 4-72】"研制新型变压器套管电流互感器极性测试仪"课题的方案选择阶段：小组在制作三种控制显示电路后，利用冲击电流源在主变套管电流互感器二次侧，能感应出的电流范围为 0.50～1.09A 内共计 60 组数据，对此三种方案进行放大倍数统计。见表 4-71。

表 4-71　　　　放大倍数统计表

DSP数字信号电路	输入电流	0.50	0.51	0.52	0.53	0.54	0.55	0.56	0.57	0.58	0.59	0.60	0.61	0.62	0.63	0.64
	放大电流	51.2	50.5	52.4	53.8	54.1	54.1	55.2	56.7	58.2	59	60.7	60.8	61.4	62.5	63.4
	输入电流	0.65	0.66	0.67	0.68	0.69	0.70	0.71	0.72	0.73	0.74	0.75	0.76	0.77	0.78	0.79
	放大电流	66.2	65.4	66.8	67.8	68.2	70.5	70.5	71.8	72.2	74.2	74.6	76.5	76.4	77.6	78.1
	输入电流	0.80	0.81	0.82	0.83	0.84	0.85	0.86	0.87	0.88	0.89	0.90	0.91	0.92	0.93	0.94
	放大电流	79.5	80.3	81.4	82.6	84.5	85.5	86.6	88.2	87.1	88.5	90.1	91.4	91.6	91.8	91.8
	输入电流	0.95	0.96	0.97	0.98	0.99	1.00	1.01	1.02	1.03	1.04	1.05	1.06	1.07	1.08	1.09
	放大电流	92.5	92.7	92.9	93.1	93.5	93.9	94.8	94.8	94.9	95.1	95.4	95.7	95.8	95.7	95.9
FPGA可编程电路	输入电流	0.50	0.51	0.52	0.53	0.54	0.55	0.56	0.57	0.58	0.59	0.60	0.61	0.62	0.63	0.64
	放大电流	/	/	/	/	/	/	/	/	48.2	49.7	50.3	51.7	53.8	54.4	55.2
	输入电流	0.65	0.66	0.67	0.68	0.69	0.70	0.71	0.72	0.73	0.74	0.75	0.76	0.77	0.78	0.79
	放大电流	57.6	59.3	61.5	63.5	65.7	67.7	69.2	71.5	72.6	73.9	76.2	75.8	76.3	78.8	78.6
	输入电流	0.80	0.81	0.82	0.83	0.84	0.85	0.86	0.87	0.88	0.89	0.90	0.91	0.92	0.93	0.94
	放大电流	80.5	82.4	82.6	84.2	83.9	84.3	85.7	86.6	89.2	88.7	90.5	90.2	91.4	92.6	94.5
	输入电流	0.95	0.96	0.97	0.98	0.99	1.00	1.01	1.02	1.03	1.04	1.05	1.06	1.07	1.08	1.09
	放大电流	97.7	99.8	102.1	103.7	105.6	107.2	107.9	110.5	113.7	115.3	118.2	/	/	/	/
单片机电路	输入电流	0.50	0.51	0.52	0.53	0.54	0.55	0.56	0.57	0.58	0.59	0.60	0.61	0.62	0.63	0.64
	放大电流	48.8	50.9	52.2	53.1	53.8	54.4	56.2	56.7	58.2	59	58.8	62.1	61.7	63.8	65.1
	输入电流	0.65	0.66	0.67	0.68	0.69	0.70	0.71	0.72	0.73	0.74	0.75	0.76	0.77	0.78	0.79
	放大电流	64.2	67.2	68.5	68.9	68.2	68.8	72.5	73.2	72.9	73.5	74.1	77.8	76.5	77.5	80.2
	输入电流	0.80	0.81	0.82	0.83	0.84	0.85	0.86	0.87	0.88	0.89	0.90	0.91	0.92	0.93	0.94
	放大电流	79.4	82.1	83.2	82.1	83.5	84.2	85.2	88.2	86.2	87.5	89.7	89.5	91.5	94.2	93.1
	输入电流	0.95	0.96	0.97	0.98	0.99	1.00	1.01	1.02	1.03	1.04	1.05	1.06	1.07	1.08	1.09
	放大电流	96.4	97.3	96.4	99.2	100.1	99.5	102.5	101.4	103.7	104	104.7	106.2	107.8	107.4	109.5

为对三种方案放大能力进行比较，小组对数据进行整理并绘制散布图，如图 4-85 所示。

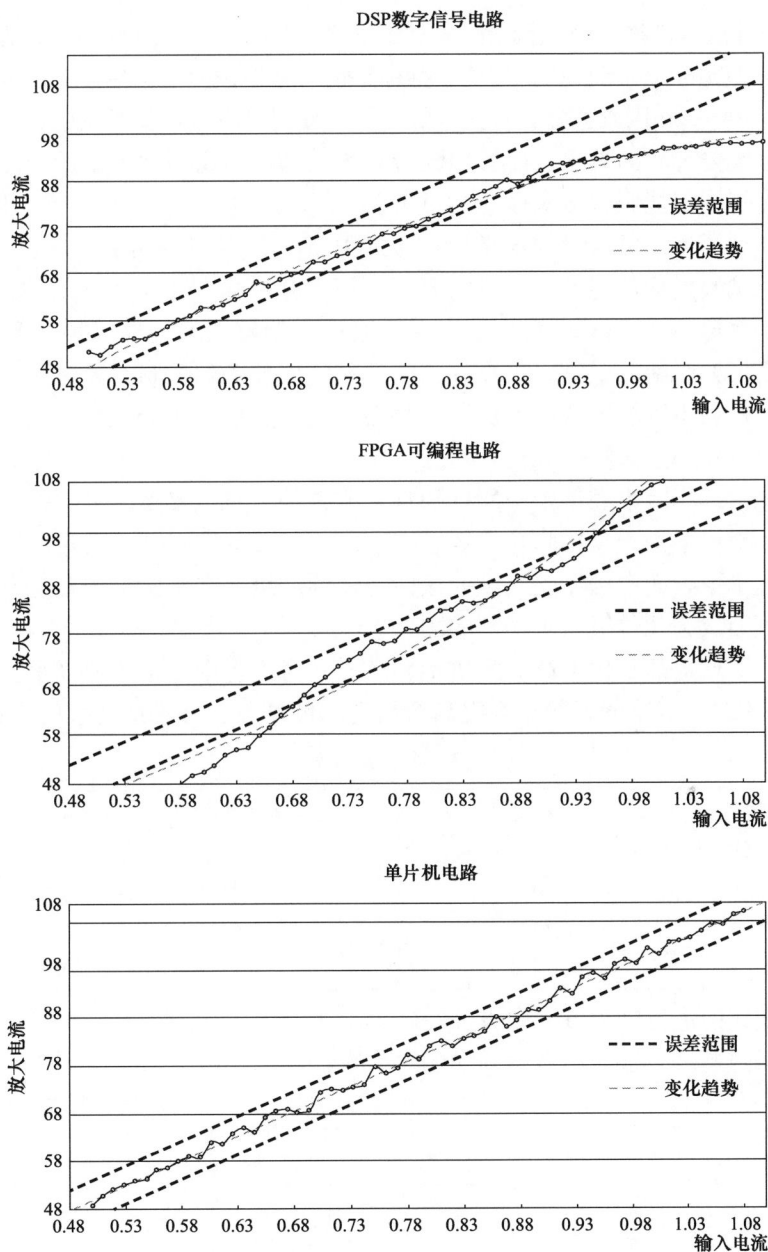

DSP数字信号电路

FPGA可编程电路

单片机电路

图 4-85　散布图

分　析　从散布图中可以清晰地看到，方案一随着输入电流增大，放大电流误差逐渐增大；方案二当输入电流较小及较大时误差较大；方案三随着输入电流变化其放大电流变化控制在误差范围以内，当然优先选用方案三。

（5）检查效果阶段。

略。

91. 什么叫正交试验法？

正交试验设计法（简称正交试验法）是利用正交表来合理安排试验的一种方法。通过正交试验设计，明确试验的目的是什么，用什么指标来衡量考核试验的结果，对试验指标可能有影响的因素是什么，把影响因素选择在什么位级上，以便合理有效地安排试验，实现目标。

指标就是试验要考察的效果。能够用数量来表示的试验指标称为定量指标，如重量、尺寸、时间、温度等。不能用数量来表示的试验指标称为定性指标，如颜色、外观、味道等。在正交试验中，主要涉及可测量的定量指标。常用 X、Y、Z 来表示。

因素是指对试验指标可能产生影响的原因。因素是在试验中应当加以考察的重点内容。一般用大写拉丁字母 A、B、C…来表示。在试验中，能够人为地加以控制和调节的一类因素称为可控因素，如时间、温度、重量等。由于试验条件受到限制，暂时还不能人为加以控制和调节的因素称为不可控因素。如机器轻微振动、自然环境的变化、颜色变化等。在正交试验中，只选取可控因素参加试验。

位级（水平）是指因素在试验中所处的状态或条件。对于定量因素，每一个选定值即为一个位级。在正交试验中，常用阿拉伯数字 1、2、3…来表示。位级又叫水平。日本型正交试验法中习惯称水平，而中国型正交试验法中习惯称位级，在试验中需要考察某因素的几种状态时，则称该因素为几位级（水平）的因素。

例　某化工厂想提高某化工产品的质量和产量，对工艺中三个主要因素各按三个水平进行试验（见表 4-72）。试验的目的是为提高合格产品的产量，寻求最适宜的操作条件。

表 4-72　　　　　　　　　　　因　素　水　平

水平	因素	温度（℃）	压力（Pa）	加碱量（kg）
	符号	T	p	m
1		$T_1(80)$	$p_1(5.0)$	$m_1(2.0)$
2		$T_2(100)$	$p_2(6.0)$	$m_2(2.5)$
3		$T_3(120)$	$p_3(7.0)$	$m_3(3.0)$

对此实例该如何进行试验方案的设计呢？

很容易想到的是全面搭配法方案（如图 4-86 所示）。

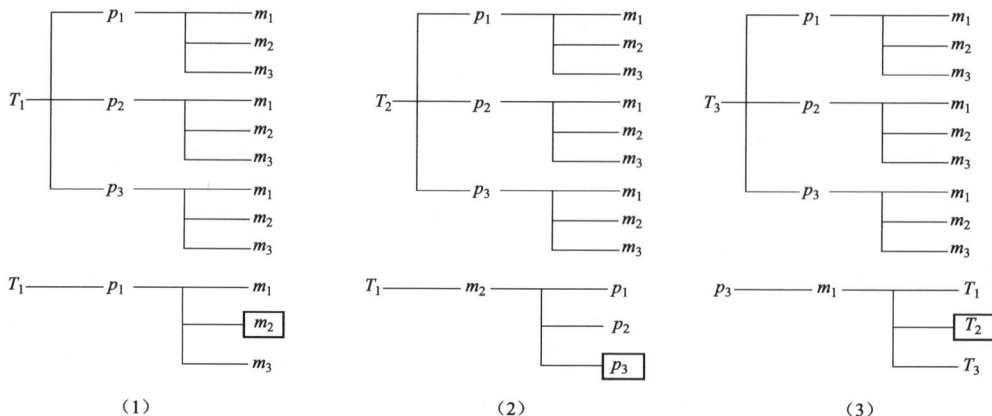

（1）　　　　　　　　　　　（2）　　　　　　　　　　　（3）

图 4-86　全面搭配法方案

此方案数据点分布的均匀性极好，因素和水平的搭配十分全面，唯一的缺点是实验次数多达 $3^3=27$ 次（指数 3 代表 3 个因素，底数 3 代表每因素有 3 个水平）。因素、水平数越多，则实验次数就越多，例如，做一个 6 因素 3 水平的试验，就需 $3^6=729$ 次实验，显然难以做到。因此需要寻找一种合适的试验设计方法。

从例题可以看出，采用全面搭配法方案，需做 279 次实验。那么采用简单比较法方案又如何呢？

先固定 T_1 和 p_1，只改变 m，观察因素 m 不同水平的影响，做了如图 4-86（1）所示的三次实验，发现 $m=m_2$ 时的实验效果最好（好的用□表示），合格产品的产量最高，因此认为在后面的实验中因素 m 应取 m_2 水平。

固定 T1 和 m_2，改变 p 的三次实验如图 4-86（2）所示，发现 $p=p_3$ 时的实验效果最好，因此认为因素 p 应取 p_3 水平。

固定 p_3 和 m_2，改变 T 的三次实验如图 4-86（3）所示，发现因素 T 宜取 T_2 水平。

因此可以引出结论：为提高合格产品的产量，最适宜的操作条件为 $T_2 p_3 m_2$。与全面搭配法方案相比，简单比较法方案的优点是实验次数少，只需做 9 次实验。但必须指出，简单比较法方案的试验结果是不可靠的。因为，①在改变 m 值（p 值或 T 值）的三次实验中，说 m_2（或 p_3 或 T_2）水平最好是有条件的。在 $T\neq T_1$，$p\neq p_1$ 时，m_2 水平不是最好的可能性是有的。②在改变 m 的三次实验中，固定 $T=T_2$，$p=p_3$ 应该说也是可以的，是随意的，故在此方案中数据点的分布的均匀性是毫无保障的。③用这种方法比较条件好坏时，只是对单个的试验数据进行数值上的简单比较，不能排除必然存在的试验数据误差的干扰。

正交试验设计方法是用正交表来安排试验的。对于例 1 适用的正交表是 $L_9(3^4)$，其试验安排见表 4-73。

所有的正交表与 $L_9(3^4)$ 正交表一样，都具有以下两个特点：

(1) 在每一列中，各个不同的数字出现的次数相同。在表 $L_9(3^4)$ 中，每一列有三个水平，水平 1、2、3 都是各出现 3 次。

(2) 表中任意两列并列在一起形成若干个数字对，不同数字对出现的次数也都相同。在表 $L_9(3^4)$ 中，任意两列并列在一起形成的数字对共有 9 个：(1, 1)，(1, 2)，(1, 3)，(2, 1)，(2, 2)，(2, 3)，(3, 1)，(3, 2)，(3, 3)，每一个数字对各出现一次。

表 4-73 　　　　　　　　　　　　　 **试 验 安 排 表**

试验号	列号	1	2	3	4
	因素	温度℃	压力 Pa	加碱量 kg	
	符号	T	p	m	
1		1（T_1）	1（p_1）	1（m_1）	1
2		1（T_1）	2（p_2）	2（m_2）	2
3		1（T_1）	3（p_3）	3（m_3）	3
4		2（T_2）	1（p_1）	2（m_2）	3
5		2（T_2）	2（p_2）	3（m_3）	1
6		2（T_2）	3（p_3）	1（m_1）	2
7		3（T_3）	1（p_1）	3（m_3）	2

试验号	列号	1	2	3	4
	因素	温度℃	压力 Pa	加碱量 kg	
	符号	T	p	m	
8		3（T_3）	2（p_2）	1（m_1）	3
9		3（T_3）	3（p_3）	2（m_2）	1

这两个特点称为正交性。正是由于正交表具有上述特点，保证了用正交表安排的试验方案中因素水平是均衡搭配的，数据点的分布是均匀的。因素、水平数越多，运用正交试验设计方法越能显示出它的优越性，如上述提到的 6 因素 3 水平试验，用全面搭配方案需 729 次，若用正交表 L_{27}（3^{13}）来安排，则只需做 27 次试验。

92. 什么叫做正交表？

（1）正交表的定义、性质与特点。

使用正交设计方法进行试验方案的设计时必须用到正交表。设计安排正交试验时需要用到一类已经制作好的标准化表格，这类表格称为正交表。

正交表有以下两种性质：

1）均衡分散性。由于每一列中各种字码出现相同的次数，这就保证了试验条件均衡地分散在配合安全的位级（水平）组合之中，因而代表性强，容易出现好条件。

2）整齐可比性。由于任意两列中全部有序数字对出现相同的次数，即对于每列因素，在各个位级（水平）的结果之和中，其他因素各个位级（水平）的出现次数都是相同的。这就保证了在各个位级（水平）的效果之中，最大限度地排除了其他因素的干扰，因而能最有效地进行比较，做出展望。

其特点为

① 完成试验要求所需的实验次数少；

② 数据点的分布很均匀；

③ 可用相应的极差分析方法、方差分析方法、回归分析方法等对试验结果进行分析，引出许多有价值的结论。

（2）各列水平数均相同的正交表。

各列水平数均相同的正交表也称单一水平正交表。这类正交表名称的写法举例为

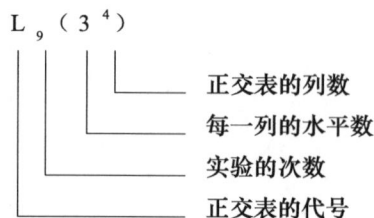

$$L_9（3^4）$$

正交表的列数
每一列的水平数
实验的次数
正交表的代号

各列水平均为 2 的常用正交表有 L_4（2^3），L_8（2^7），L_{12}（2^{11}），L_{16}（2^{15}），L_{20}（2^{19}），L_{32}（2^{31}）。

各列水平数均为 3 的常用正交表有 L_9（3^4），L_{27}（3^{13}）。

各列水平数均为 4 的常用正交表有 $L_{16}(4^5)$。

各列水平数均为 3 的常用正交表有 $L_{25}(5^6)$。

（3）混合水平正交表。

各列水平数不相同的正交表，叫混合水平正交表，混合水平正交表名称的写法为

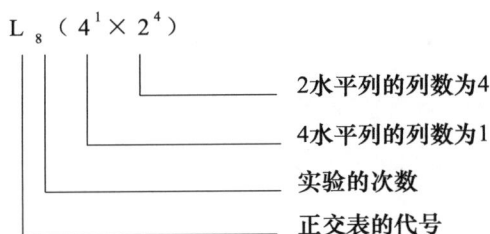

$$L_8（4^1 \times 2^4）$$

- 2 水平列的列数为 4
- 4 水平列的列数为 1
- 实验的次数
- 正交表的代号

$L_8(4^1 \times 2^4)$ 常简写为 $L_8(4 \times 2^4)$。此混合水平正交表含有 1 个 4 水平列，4 个 2 水平列，共有 1＋4＝5 列。

（4）选择正交表的基本原则。

一般都是先确定试验的因素、水平和交互作用，后选择适用的 L 表。在确定因素的水平数时，主要因素宜多安排几个水平，次要因素可少安排几个水平。

1）先看水平数。若各因素全是 2 水平，就选用 $L(2^*)$ 表；若各因素全是 3 水平，就选 $L(3^*)$ 表。若各因素的水平数不相同，就选择适用的混合水平表。

2）每一个交互作用在正交表中应占一列或二列。要看所选的正交表是否足够大，能否容纳得下所考虑的因素和交互作用。为了对试验结果进行方差分析或回归分析，还必须至少留一个空白列，作为"误差"列，在极差分析中要作为"其他因素"列处理。

3）要看试验精度的要求。若要求高，则宜取实验次数多的 L 表。

4）若试验费用很昂贵或试验的经费很有限、人力和时间都比较紧张，则不宜选实验次数太多的 L 表。

5）按原来考虑的因素、水平和交互作用去选择正交表，若无正好适用的正交表可选，简便且可行的办法是适当修改原定的水平数。

6）在对某因素或某交互作用的影响是否确实存在没有把握的情况下，选择 L 表时常为该选大表还是选小表而犹豫。若条件许可，应尽量选用大表，让影响可能性较大的因素和交互作用各占适当的列。某因素或某交互作用的影响是否真的存在，留到方差分析进行显著性检验时再做结论。这样既可以减少试验的工作量，又不至于漏掉重要的信息。

（5）正交表的表头设计。

所谓表头设计，就是确定试验所考虑的因素和交互作用在正交表中该放在哪一列的问题。

1）有交互作用时，表头必须严格地按规定设计。

2）若试验不考虑交互作用，则表头设计可以是任意的。如在例 1 中，对 $L_9(3^4)$ 表头设计，表 4-74 所列的各种方案都是可用的。但是正交表的构造是组合数学问题，必须满足 2.1 中所述的特点。当试验之初不考虑交互作用而选用较大的正交表、空列较多时，最好仍与有交互作用时一样，按规定进行表头设计。只不过将有交互作用的列先视为空列，待试验结束后再加以判定。

表 4-74 $L_9(3^4)$ 表头设计方案

列 号		1	2	3	4
方案	1	T	p	m	空
	2	空	T	p	m
	3	m	空	T	p
	4	p	m	空	T

93. 使用正交试验法遵循的基本步骤有哪些?

(1) 常用正交试验设计与分析的步骤为

1) 明确试验的目的。

2) 确定考察的指标。

3) 挑因素,选位级(水平),制定因素位级表。

4) 设计试验方案。根据因素位级表选择适宜的正交表,利用常用正交表设计试验方案,原则是因素按顺序列到表上,位级(水平)对号入座,尽量多排因素,事先不考察诸因素间的交互作用。因此可使正交表选得小些,即在同样的参加试验的因素数前提下,可以把试验规模降下来。

5) 实施试验方案。

6) 试验结果分析。一般用目测法、极差分析法、画趋势图等。看一看,可靠又方便;算一算,有效又简单。

7) 反复调优试验以逼近最优方案。

8) 验证试验,并通过生产验证,确认较优方案。

9) 结论与建议。

(2) 正交试验的操作方法。

1) 分区组。对于一批试验,如果要使用几台不同的机器,或要使用几种原料来进行,为了防止机器或原料的不同而带来误差,从而干扰试验的分析,可在开始做实验之前,用 L 表中未排因素和交互作用的一个空白列来安排机器或原料。

与此类似,若试验指标的检验需要几个人(或几台机器)来做,为了消除不同人(或仪器)检验的水平不同给试验分析带来干扰,也可采用在 L 表中用一空白列来安排的办法。这种做法叫做分区组法。

2) 因素水平表排列顺序的随机化。每个因素的水平序号从小到大时,因素的数值总是按由小到大或由大到小的顺序排列。按正交表做试验时,所有的 1 水平要碰在一起,而这种极端的情况有时是我们不希望出现的,也没有实际意义。因此在排列因素水平表时,最好不要简单地按因素数值由小到大或由大到小的顺序排列。从理论上讲,最好能使用随机化的方法。所谓随机化就是采用抽签或查随机数值表的办法,来决定排列的别有顺序。

3) 试验进行的次序没必要完全按照正交表上试验号码的顺序。为减少试验中由于先后实验操作熟练的程度不匀带来的误差干扰,理论上推荐用抽签的办法来决定试验的次序。

4) 在确定每一个实验的实验条件时,只需考虑所确定的几个因素和分区组该如何取值,而不要(其实也无法)考虑交互作用列和误差列怎么办的问题。交互作用列和误差列的取值问题由实验本身的客观规律来确定,它们对指标影响的大小在方差分析时给出。

5）做实验时，要力求严格控制实验条件。这个问题在因素各水平下的数值差别不大时更为重要。例如，例1中的因素（加碱量）m 的三个水平：$m_1 = 2.0$，$m_2 = 2.5$，$m_3 = 3.0$，在以 $m = m_2 = 2.5$ 为条件的某一个实验中，就必须严格认真地让 $m_2 = 2.5$。若因为粗心和不负责任，造成 $m_2 = 2.2$ 或造成 $m_2 = 3.0$，那就将使整个试验失去正交试验设计方法的特点，使极差和方差分析方法的应用丧失了必要的前提条件，因而得不到正确的试验结果。

94. "看一看"和"算一算"必须一致吗？如果不一致怎么办？

从正交试验的实际运用结果来看，通常"看一看"和"算一算"一致的可能大概只有 1.8%。在大多数情况下，特别是因素、位极较多的情况下，通常"看一看"与"算一算"是不一致的。

在 QC 活动中，如果"看一看"和"算一算"不一致，应针对第一次正交试验的结果，开展调优试验，即第二批正交试验。根据上批试验的情况，以"算一算"的好条件为主，参考"看一看"的好条件对试验的影响因素进行分析猜测，挑出因素，选定文集，制定因素位极表。确定制定因素位极表后，利用正交实验表确定试验方案，再依据试验方案反复进行测试，最终选定最佳方案。

95. 正交试验结果分析方法有哪些？

（1）极差分析方法。

以表 4-75 为例讨论 $L_4(2^3)$ 正交试验结果的极差分析方法。极差指的是各列中各水平对应的试验指标平均值的最大值与最小值之差。从表 4-75 的计算结果可知，用极差法分析正交试验结果可引出以下几个结论：

1）在试验范围内，各列对试验指标的影响从大到小的排队。某列的极差最大，表示该列的数值在试验范围内变化时，使试验指标数值的变化最大。所以各列对试验指标的影响从大到小的排队，就是各列极差 D 的数值从大到小的排队。

2）试验指标随各因素的变化趋势。为了能更直观地看到变化趋势，常将计算结果绘制成图。

3）使试验指标最好的、适宜的操作条件（适宜的因素水平搭配）。

4）可对所得结论和进一步的研究方向进行讨论。

表 4-75 $L_4(2^3)$ 正交试验计算

列号		1	2	3	试验指标 y_i
试验号	1	1	1	1	y_1
	2	1	2	2	y_2
	3	2	1	2	y_3
	$n=4$	2	2	1	y_4
I_j		$\mathrm{I}_1 = y_1 + y_2$	$\mathrm{I}_2 = y_1 + y_3$	$\mathrm{I}_3 = y_1 + y_4$	
II_j		$\mathrm{II}_1 = y_3 + y_4$	$\mathrm{II}_2 = y_2 + y_4$	$\mathrm{II}_3 = y_2 + y_3$	
k_j		$k_1 = 2$	$k_2 = 2$	$k_3 = 2$	

列号	1	2	3	试验指标 y_i
I_j/k_j	I_1/k_1	I_2/k_2	I_3/k_3	
II_j/k_j	II_1/k_1	II_2/k_2	II_3/k_3	
极差（D_j）	$\max\{\}-\min\{\}$	$\max\{\}-\min\{\}$	$\max\{\}-\min\{\}$	

注 I_j——第 j 列"1"水平所对应的试验指标的数值之和；

II_j——第 j 列"2"水平所对应的试验指标的数值之和；

k_j——第 j 列同一水平出现的次数。等于试验的次数（n）除以第 j 列的水平数。

I_j/k_j——第 j 列"1"水平所对应的试验指标的平均值；

II_j/k_j——第 j 列"2"水平所对应的试验指标的平均值；

D_j——第 j 列的极差。等于第 j 列各水平对应的试验指标平均值中的最大值减最小值，即

$$\text{D}_j = \max\{\text{I}_j/k_j, \ \text{II}_j/k_j, \ \cdots\} - \min\{\text{I}_j/k_j, \ \text{II}_j/k_j, \ \cdots\}$$

（2）方差分析方法。

1）计算公式和项目。

试验指标的加和值 $\sum\limits_{i=1}^{n} y_i$，试验指标的平均值 $\bar{y} = \dfrac{1}{n}\sum\limits_{i=1}^{n} y_i$，以第 j 列为例：

① I_j——"1"水平所对应的试验指标的数值之和。

② II_j——"2"水平所对应的试验指标的数值之和。

③ ……

④ k_j——同一水平出现的次数。等于试验的次数除以第 j 列的水平数。

⑤ I_j/k_j——"1"水平所对应的试验指标的平均值。

⑥ II_j/k_j——"1"水平所对应的试验指标的平均值。

⑦ ……

以上 7 项的计算方法同极差法（见表 4-75）。

⑧ 偏差平方和

$$S_j = k_j\left(\frac{\text{I}_j}{k_j} - \bar{y}\right)^2 + k_j\left(\frac{\text{II}_j}{k_j} - \bar{y}\right)^2 + k_j\left(\frac{\text{III}_j}{k_j} - \bar{y}\right)^2 + \cdots$$

⑨ f_j——自由度，$f_j =$ 第 j 列的水平数 -1。

⑩ V_j——方差，$V_j = S_j/f_j$。

⑪ V_e——误差列的方差，$V_e = S_e/f_e$。式中，e 为正交表的误差列。

⑫ F_j——方差之比，$F_j = V_j/V_e$。

⑬ 查 F 分布数值表（F 分布数值表请查阅有关参考书）做显著性检验。

⑭ 总的偏差平方和 $S_{\text{总}} = \sum\limits_{i=1}^{n}(y_i - \bar{y})^2$。

⑮ 总的偏差平方和等于各列的偏差平方和之和。即

$$S_{\text{总}} = \sum_{j=1}^{m} S_j$$

式中 m 为正交表的列数。

若误差列由 5 个单列组成，则误差列的偏差平方和 S_e 等于 5 个单列的偏差平方和之和，即 $S_e = S_{e1} + S_{e2} + S_{e3} + S_{e4} + S_{e5}$；也可用 $S_e = S_{\text{总}} + S'$ 来计算，其中 S' 为安排有因素或交互

作用的各列的偏差平方和之和。

2）可引出的结论。

与极差法相比，方差分析方法可以多引出一个结论：各列对试验指标的影响是否显著，在什么水平上显著。在数理统计上，这是一个很重要的问题。显著性检验强调试验在分析每列对指标影响中所起的作用。如果某列对指标影响不显著，那么，讨论试验指标随它的变化趋势是毫无意义的。因为在某列对指标的影响不显著时，即使从表中的数据可以看出该列水平变化时，对应的试验指标的数值与在以某种"规律"发生变化，但那很可能是由于实验误差所致，将它作为客观规律是不可靠的。有了各列的显著性检验之后，最后应将影响不显著的交互作用列与原来的"误差列"合并起来。组成新的"误差列"，重新检验各列的显著性。

96. 正交试验法应用的常见问题有哪些？

（1）不应随便选取非正交表进行正交试验。

（2）无论选择日本型正交表或中国型正交表做试验，都要严格按各自规定的程序和方法进行试验设计与分析，二者不能混淆。

（3）试验前要确定考察指标，对多项考察指标要分清主次，最好设法使之变成单项考察指标（如综合评分）。

（4）进行正交试验设计时应多考察因素、水平。这样才能避免漏掉重要因素和水平，以造成人、财、物等资源的浪费。

（5）在试验和实施过程中，因素、水平要严格控制在规定的水平变化精确度内。对非考察因素应初稿标准化作业，最大可能地排除非考察因素的异常波动比例中项试验结果带来的干扰。

（6）正交试验不是一次简单利用正交表就可以顺利取得成功的，而应多次反复利用正交表才能取得较佳效果。如在第一轮试验结束后，要根据"重要因素有苗头要加密"和"次要因素综合确定"的原则，结合展望条件安排第二轮试验，也就是调优试验，经过多轮打电报复试验，逐步逼近最优条件组合。

（7）试验结果的测试技术和手段的精确度要保证，计算应正确无误，避免发生分析失误。

正交试验方法之所以能得到科技工作者的重视并在实践中得到广泛应用，其原因不仅在于能使试验的次数减少，而且能够用相应的方法对试验结果进行分析并引出许多有价值的结论。因此，用正交试验法进行实验，如果不对试验结果进行认真的分析，并引出应该引出的结论，那就失去用正交试验法的意义和价值。

97. 正交试验法应用举例。

【案例 4-73】"主变铁芯接地电流在线监测装置的研制"课题的"提出方案并确定最佳方案"阶段使用了正交试验法：

在数据信号调理单元的选择上，小组通过市场调查发现程控放大器型号各异，因此小组决定通过正交试验来选取符合要求的程控放大器部件，见表 4-76。

经调查，适合使用的程控放大器参数主要有，因素 A：线性度（0.2 级、0.1 级）；因素 B：工作温升（10～70℃、-10～+60℃）；因素 C：输入过载能力（1 倍、2 倍）；因素 D：

输出负载能力（200Ω、300Ω）。在市场上采购多种型号参数的程控放大器部件进行正交试验，并测量放大器的输出值与响应时间，通过公式（1－｜输出值－理论值｜/理论值）×100％，求得放大器的运算准确度，其中响应时间应小于行业标准250ms。

表4-76　　　　　　　　　　　　　　　　正交试验表

试验号	试 验 计 划				试验结果	
	线性度 A	工作温升 B	输入过载能力 C	输出负载能力 D	运算准确度	响应时间
1	1（0.2）	1（－10～＋60℃）	1（1倍）	1（200Ω）	96％	合格
2	2（0.1）	1	2（2倍）	1	92％	合格
3	1	2（10～70℃）	2	2（300Ω）	99％	合格
4	2	2	1	1	98％	超时
5	1	1	2	2	95％	合格
6	2	1	1	1	91％	合格
7	1	2	1	2	94％	超时
8	2	2	2	2	97％	超时
Ⅰ＝位级1产率之和	384	374	379	377	Ⅰ＋Ⅱ＝762＝总和	
Ⅱ＝位级2产率之和	378	388	383	385		
极差 R	762	762	762	762		

试验结果分析："直接看"第3号的运算准确度99最大，且响应时间合格，试验参数见表4-77。

表4-77　　　　　　　　　　　　　　　　第3号试验参数

线性度：0.2	工作温升：10～70℃	输入过载能力：2倍	输出负载能力：300Ω

"算一算"：因素从主到次为线性度　工作温升　输入过载能力输出负载能力好位级为0.2　10～70℃　2倍　300Ω。

"算一算"的好条件和"直接看"的好条件一致，因此根据正交试验结果选择了相应参数的程控放大器HK-D3I型程控放大器，参数见表4-78。

表4-78　　　　　　　　　　　　　　　　HK-D3I 程控放大器

品牌：HONGKER	型号：HK-D3I	线性度：0.2
输入过载能力：2倍	输出负载能力：300Ω	输出负载能力：300Ω

分　析　该课题使用正交试验时有4个因素，分别是线性度、共做温升、输入过载能力、输入负载能力，每个因素有2个水平。所需要的试验指标有两项，一是运算准确度，二是响应时间小于250ms。共做了8次试验，所以选择了$L_8(2^4)$正交表。该表符合正交表的特质，一是在每一列中，各个不同的数字出现的次数相同，即每一列有2个水平，水平1、2都是各出现4次。二是表中任意两列并列在一起形成若干个数字对，不同数字对出现的次数也都相同。在表$L_8(2^4)$中，任意两列并列在一起形成的数字对共有4个：（1，1），（1，2），（2，1），（2，2），每一个数字对出现了2次。

在试验结果分析时，小组成员首先通过"直接看"的方法，直观地确定了第3号的运算准确度99最大，且响应时间合格。之后通过计算极差的方法，同样确定了第3号的结果更加符合课题要求，最终选择了 3 号试验的相应参数，确定了 HK-D3I 型程控放大器。

98. 什么叫优选法？

优选法是指以数学原理为指导，合理安排试验，以尽可能少的试验次数尽快找到生产、服务和科学试验中最优方案的科学方法。通常在 QC 小组活动中，运用简单的计算或对分的方法，实现以较少的试验次数，找到最适宜的生产、试验条件，取得最优的效果。优选法实用有效，简单易学，成为寻找最佳配方、最佳工艺条件、最优工艺参数等解决质量问题的有效方法。

99. 使用优选法遵循的基本步骤有哪些？

（1）明确目的。明确针对什么项目进行试验；

（2）明确影响因素。如重量、长度、温度、角度、时间等；

（3）明确试验方法。用什么方法试验、用什么手段检验；

（4）明确指标。以指标判断优选的程度；

（5）计算试验点并进行反复试验测试；

（6）比较。对每次试验结果进行分析比较，直到实现试验目标；

（7）验证。对试验结果进行验证分析。

100. 优选法应用常见问题有哪些？

【注意事项】优选法有很多种，常见的有黄金分割法、分数法、对分法、盲人爬山法、分批实验法。在具体操作中，需要选择最为合适的方法。

【案例 4-74】例如在炼钢时需要加入某种化学元素来增加钢材的强度：

假设已知在每吨钢中需加入某种化学元素的量在 1000～2000g 之间，为了求得最恰当的加入量，需要在 1000g 与 2000g 这个区间中进行试验。通常是取区间的中点（即 1500g）做试验。然后将试验结果分别与 1000g 和 2000g 时的实验结果作比较，从中选取强度较高的两点作为新的区间，再取新区间的中点做试验，再比较端点，依次下去，直到取得最理想的结果。这种实验法称为对分法。但这种方法并不是最快的实验方法，如果将实验点取在区间的 0.618 处，那么实验的次数将大大减少。这种取区间的 0.618 处作为试验点的方法就是一维的优选法，也称 0.618 法。实践证明，对于一个因素的问题，用 0.618 法做 16 次试验就可以完成对分法做 2500 次试验所达到的效果。

分析 （1）优选法是合理地安排试验以求迅速找到最佳点的数学方法；（2）黄金分割法主要适用于目标函数为单峰的情况；（3）分批试验法是一种为加快试验进度而采用的方法，即分批进行试验，每批同时做几个试验；（4）0.618 法、分数法、对分法、盲人爬山法以及分批试验法都只适用于单峰的情形，对于多峰的情况，可用分区寻找的方法。

101. 小组活动过程常见优选法实例。

优选法主要用于制定对策和按对策实施的过程。

【案例 4-75】例如钢要用适量的碳元素增其强度：

碳太多了成为生铁，碳太少了成为熟铁，每吨要加多少才能达到强度最高？假如已估计出

（或在理论上算出）每吨加碳 1000g 到 2000g 之间。普通做法是加 1001g，1002g……做下去，做一千次以后，才能发现最好的选择，这种方法称为均分法，既浪费时间又浪费材料。

现采用折叠纸条法，迅速找出最优方案，请牢记一个数：0618。

用一个有刻度的纸条表示 1000～2000g，在纸条长度的 0.618 的地方划一条线，在这条线所指示的刻度处做一次实验，也就是 1618g 处［图 4-87（a）］。

然后把纸条对中叠起，前一线落在另一层上的地方，再画一条线，这条线在 1382g 处，再按 1382g 做一次实验。［图 4-87（b）］。

将两次实验结果进行比较，如果 1382g 的好一些，就在 1618 克处把纸条右边一段剪掉，得图 4-87（c）。

现依次对中叠起，又可在 1236g 处划出一条线，依 1236g 做实验［图 4-87（d）］，再和 1382g 结果比较，如果仍是 1382g 的好，则在 1236g 剪掉左边［图 4-87（e）］。

再依次中对折，找出试点 1472g 处做实验，做出后再剪，等等。注意每次留下的纸条长度是上次长度的 0.618。

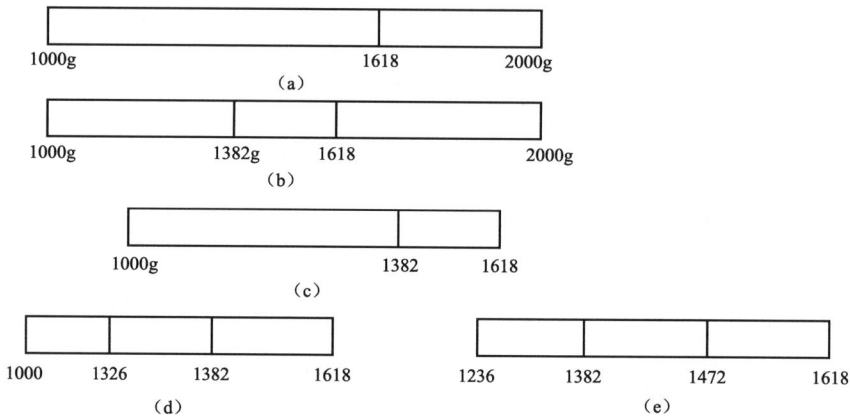

图 4-87　用折叠法纸条法进行单因素优选

第一优选点的位置＝（大－小）×0.618＋小

如上式第一个点：（2000－1000）×0.618＋1000＝1618

以后各点的公式为其余优选点的位置＝大＋小－中

如 2000＋1000－1618＝1382

1618＋1000－1382＝1236，如此等。

就这样，实验、分析，再实验、再分析，一次比一次更加接近所需要的加入量，直到所能达到的精度。

分　析　该过程决策图充分考虑到对策实施过程中每一个环节可能遇到的问题，并对相关问题逐项进行可行性分析，并提出了有针对性的措施和方案，各方案间联系紧密。

优选法曾以它的简单易行，科学而又通俗的特点被广泛采用。推行全面质量管理以来，由于大力推广和应用新老七种工具及正交试验等现代化管理方法，对优选法不常提及也不常使用。但在 QC 小组活动蓬勃发展的今天，优选法将在 QC 活动中成为解决难题的得力工具。

第七节 矢线图法、PDPC法

102. 什么叫矢线图法?

矢线图（Arrow Diagram）又称箭条图、网络计划图或者双代号网络计划图（Activity-On-Arrow，AOA）。矢线图是用网络的形式来安排一项工程（产品）的日历进度，说明其作业、工序之间的关系，计算作业时间和确定关键作业线路，建立最佳日程计划，高效地管理作业进度的一种方法。

其主要用途为

（1）可以把企业之间的种种依赖和制约关系清晰地表达出来；

（2）用于计划和监控一个复杂的具有相关工作和资源的项目或过程；

（3）找出影响工程进度的关键和非关键因素，统筹协调，合理配置资源，提高效率与经济效益。

103. 甘特图与箭条图相比有哪些不同?

甘特图是箭条图的一种初级、简单的形式，具有形象、直观、简明、易懂、作图简单的优点，但是在某些方面不适应大规模生产施工和工程计划的需要。

（1）不能在图上清晰和严密地显示多项工作之间的相互关联、互为条件、互为因果的依存关系，以及在时间上的先行和后续的衔接关系；

（2）不能从保证工作的进度、工期上，找出关键作业和路线；

（3）不宜对工期的缩短和资源的利用进行优化；

（4）不适合使用计算机编制、修改和控制计划。

104. 使用矢线图应遵循的基本步骤有哪些?

（1）确定目标和约束条件。确定要实现的目标（如应完成的项目与工期）以及企业资源、环境等的约束条件。

（2）项目分解。将整个项目用系统的方法逐层分解，直到可以实施管理的子项目为止。

（3）编制作业一览表。根据项目分解得出的子项目，编制项目一览表。

（4）确定作业顺序。按照技术上的要求和资源条件（人力、机器、原料）的许可，确定各个作业的先后次序，由小到大进行编号。

（5）矢线图的绘制。矢线图可以手绘也可以在计算机上绘制。

1）根据作业一览表和作业顺序，绘制矢线图。用矢线"→"代表某项作业过程。可在矢线杆上方标出该项作业内容，下方标出过程所需要的时间数，作业时间单位常以日或者周表示。

2）绘制矢线图时节点与矢线的关系如下：

A. 进入某一点的各项作业必须全部完成，该节点所表示的事件才能出现。

B. 某一点出现后，由该节点引出的各项作业才能开始。

3）两个节点之间只能有一项作业。当两个节点有两项或者以上可以平行进行的作业时，其他一项或者几项可以用虚矢线表示的虚拟作业连接，说明该两点间存在逻辑关系。

4）对于小型项目，绘制一张总图即可；而对于大型项目，需先按子系统分别绘制，然后将各接口间衔接而绘成总矢线图。

5）在实施过程中还要进行分析和调整。

6）各项作业过程的时间，可用经验估计法又称估计法求出。

7）绘出矢线图。如图4-88所示为某一项目的矢线图。

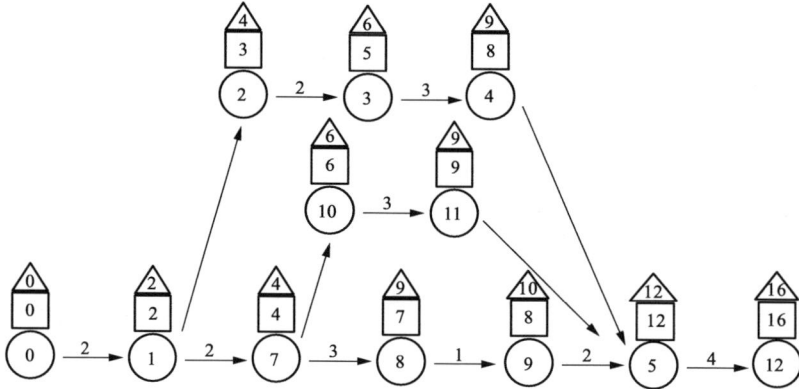

图4-88　矢线图

8）各节点时间的计算。矢线图时间的计算，包括最早开工时间（ES）、最早完成时间（EF）、最晚开工时间（LS）、最晚完成时间（LF）和总时差（TS）等。用以确定关键路线，进行进度的优化。

① 计算每个结合点上的最早开工时间。某节点上的最早开工时间是指从开始顺箭头方向到该结合点的各条路线中，时间最长的一条路线的时间之和。如图4-89所示，从始点到节点⑤就有四条路线，时间之和分别为11，8，10，12。所以，节点⑤的最早开工时间为12，通常可以写在方框内表示。其他节点最早开工时间的计算同理（如图4-88所示）。

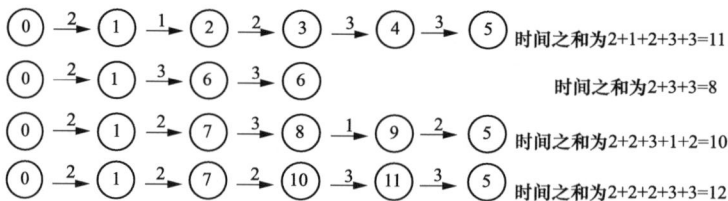

图4-89　路线时间

② 计算每个结合点上的最晚开工时间。某节点上的最晚开工时间是指从终点逆箭头方向到该结合点的各条路线中，时间差最小的时间，例如图4-88的节点①，从终点到节点①有四条线路，如图4-89所示，时间差分别为3，3，4，2。所以，节点①的最晚开工时间为2，通常可以写在三角形内表示。其他节点最晚开工时间的计算同理。

③ 计算时差，时差是指在同一节点上最早开工时间与最晚开工时间之间的时间差。

④ 找出关键路线。有时差的节点，对工程的进度影响不大，属于非关键工序。无时差或者时差最少的节点，就是关键工序。把所有的关键工序按照工艺流程的顺序连接起来，就是这项工程的关键路线。

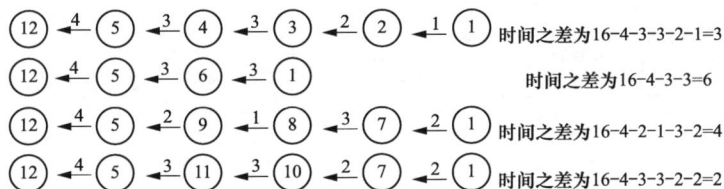

图 4-90　线路时间差

105. 应用矢线图法的常见问题有哪些？

绘制箭条图时必须注意以下事项：

（1）进入某一节点的各项作业必须全部完成，该节点所表示的事件才能出现。

（2）某一节点出现后，由该节点引出的各项作业才能开始。

（3）两个节点之间只能有一项作业。当两个节点间有二项或以上可以平行进行的作业时，其他一项或几项则用虚箭线表示的虚拟作业来连接，说明此两节点间存在的逻辑关系。

（4）网络图中不应出现环路和缺口。

（5）一张图上只能有一个始点和终点，必要时可用虚工序表达。

👆【注意事项1】应用矢线图要注意各节点有结束才有开始；平行作业，不多花时间；行不通的程序应用虚线表示，并注明原因。

👤【案例4-76】"缩短主变有载开关换油时间"课题对策实施过程中，小组为了提高对策实施的效率，设计了一个对策实施箭条图（矢线图），如图4-91所示。

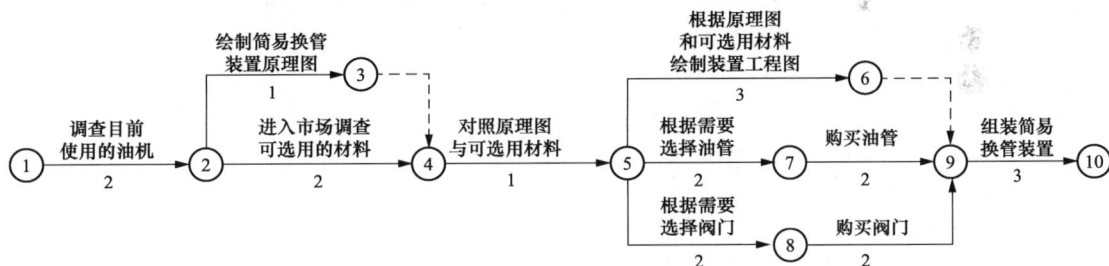

图 4-91　对策实施箭条图

分　析　该小组绘制的矢线图各节点均有结束和开始，箭头指向正确，没有出现回路。但该小组绘制的矢线图仍存在以下问题：（1）⑥到⑨程序用虚线表示，说明是行不通的程序，最好注明行不通的原因；（2）⑤到⑨程序和⑤到⑧程序为平行作业，但矢量图两个节点之间只能有一项作业。当两个节点有两项或者以上可以平行进行的作业时，其他一项或者几项可以用虚矢线表示的虚拟作业连接，该小组绘制的矢线图不符合要求。

👆【注意事项2】一个作业只能用一个箭头，顺序一般从左向右，不得有回路；在实施过程中，发生新情况、新问题时，应及时采取新程序。

👤【案例4-77】在"减少绝缘子安装时间"课题的现状调查中，单回线路每基杆塔最少有三串复合绝缘子，作业人员需要测量三次。小组根据一串绝缘子测量每个步骤所消耗的时间绘制了测量过程箭条图，如图4-92所示。

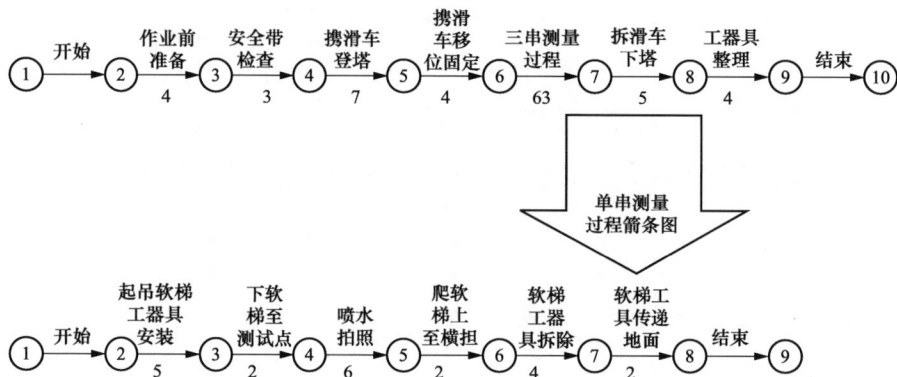

图 4-92　测量过程箭条图

从图 4-92 中看出，完成测量一基杆塔憎水性所需总时间为 90min，其中测量到每串绝缘子操作过程时间为 21min，则一基杆塔（三串绝缘子）操作时间要重复三次，合计为 63min。

分　析　小组绘制矢线图（箭条图）的目的是分解测量三串绝缘子的工序和耗时，排查其中重复的、繁琐的、可缩短的步骤和时间。但该案例存在以下问题：（1）矢线图主要是用于 QC 活动或其中步骤实施计划的制定和管理，主要目的是事前确保计划高效、按时完成，因此，并不适用于事后对工序的整理、分析和优化。本案例更适合使用流程图；（2）一个矢线图应该只能有一个始点和终点，该案例在大矢线图中⑥到⑦程序中又嵌套了一个单串测量过程的小箭条图，出现多个始点终点、存在不规范符号、有缺口等错误；（3）矢线图绘制时不应合并和省略步骤。该案例测量三串绝缘子并非同步进行，而是依次进行的流程，以"单串绝缘子测量过程箭条图"耗时不能客观、准确反映"三串绝缘子测量"的作业流程和耗时。

【案例 4-78】

表 4-79　　　　　活　动　计　划　表

项目	2	3	4	5	6	7	8	9	10	11
P 选题理由	→									
确定课题		→								
设定目标		→								
提出方案			→							
确认方案				→						
制定对策				→						
D 对策实施						→				
C 效果检查										→
A 巩固措施										→
总结回顾										→

→ 计划时间　⟹ 活动时间　制表：×××

分 析 甘特图是箭条图的一种初级、简单的形式，小组经常运用甘特图筹划小组活动的计划和管理。以上案例是一个创新型成果在选择课题前制定的活动计划表，主要存在以下问题：(1) 第一栏中项目右侧的数字是否是代表月份？含义应明确说明。(2) 小组对各阶段、步骤的计划（红色实心箭头）中存在较多重叠。QC 活动各个阶段、步骤之间有着严密的逻辑关系，不能同步开展。例如：应在"确定课题"完成后，依据确定的课题"设定目标"并进行目标可行性分析，不能同步进行。"提出方案"尚未结束，就已经"确认方案"并同步开展、完成"制定对策""制定对策"应是最佳方案确定后，针对最佳方案确定目标值以及制定措施、明确实施的责任人和时间，不应也不可能同步完成。同理，"效果检查"不应也不可能与"巩固措施""总结回顾"同步开展、完成。(3) QC 成果报告书要根据小组活动中的原始记录汇总整理，应按照活动的实际顺序客观记录。小组在制定活动计划表（甘特图）时，将原始计划纳入成果报告书即可，在活动结束后，对照计划绘制再绘制完成时限箭头（蓝色空心箭头），此时应为计划、进度表。

106. 小组活动过程常见矢线图法实例。

主要应用于小组课题制定对策及按对策实施阶段。

(1) 制定对策阶段。

略。

(2) 对策实施阶段。

【案例 4-79】 某 QC 小组课题的对策实施阶段，通过对策实施矢线图对各项对策的实施进度进行管理控制，以合理安排时间，发挥最大的效率。

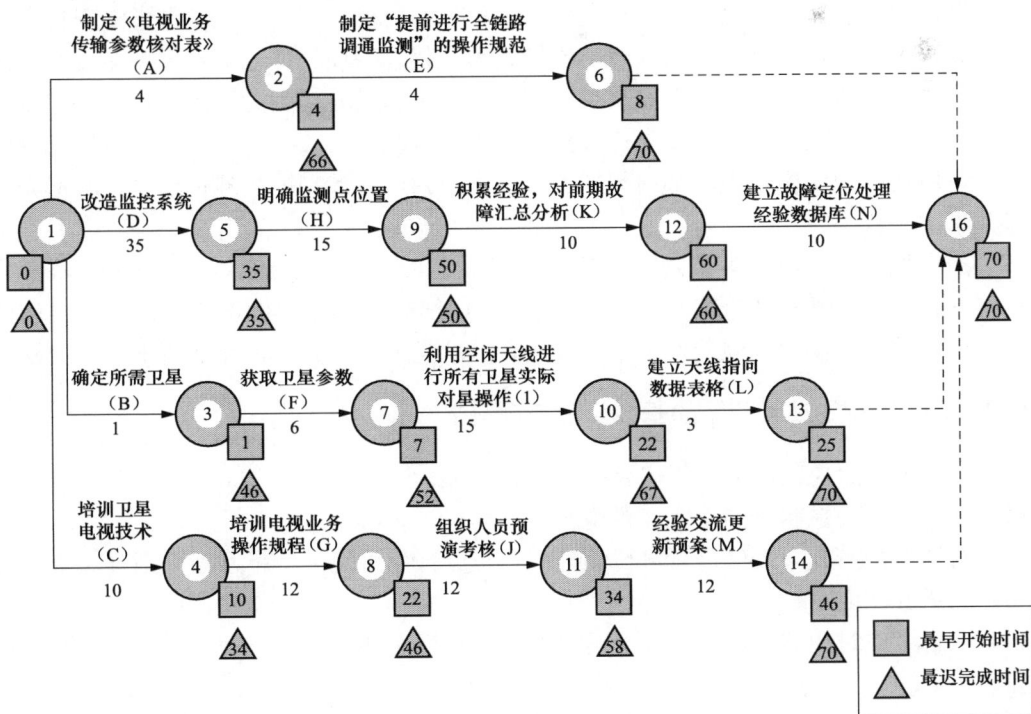

图 4-93 对策实施矢线图

分　析　该小组通过矢线图的方法合理安排对策实施的各项进度，矢线图箭头方向正确，只有一个起点和一个终点，画法比较规范。选取的最佳进度方案中最迟开始时间与最迟完成时间没有时间差，最佳方案选取合理。

107. 什么叫 PDPC 法?

PDPC（Process Decision Program Chart）又称过程决策程序图法，源于运筹学和系统理论的思想方法。PDPC 法是指为实现某一目的进行多方案设计，以应对实施过程中产生的各种变化的计划方法。在动态实施过程中，随着事态发展及时调整方案，运用预先安排好的程序，确保达到预期结果和目的。通俗地讲，就是事先"多做几手准备"预测各种困难，并提出解决方案。这种方法可以预测、防止重大事故的发生，也被称为重大事故预测图法。

其主要用途为

（1）用于制订方针目标的实施计划；

（2）用于制订新产品的研制计划；

（3）用于制订攻关课题的实施方案；

（4）用于组织均衡生产；

（5）用于组织材料供应；

（6）用于制订双边或多边谈判方案。

108. PDPC 法的思维方法有几种?

（1）顺向思维法。顺向思维法是指定好一个理想的目标，然后按顺序考虑实现目标的手段和方法。这个目标可以是任何的东西，比如大的工程、一项具体的革新、一个技术改造方案等。为了能够稳步达到目标，需要设想很多条路线。总而言之，无论怎样走，一定要走到目的地。但行走的方案，并不需要真正等到碰得头破血流以后才去解决，而应该事先就已经讨论过了，所有的问题应该预先都预测到了。这样的话，在计划的实施过程中，就不会害怕突发性的事故了。

（2）逆向思维法。当 Z 为理想状态或非理想状态时，从 Z 出发，逆向而上，从大量的观点中展开构思，使其和初始状态 A_0 连接起来，详细研究其过程做出决策。通过正反两个方面的连接，倒着走得通，顺着也可以走得通，这就是 PDPC 法，一个正确的思考办法。

109. 使用 PDPC 法应遵循的基本步骤有哪些?

（1）确定所要解决的课题，提出要实现的目标值；

（2）提出达到理想状态的手段、措施实施方案；

（3）对提出的措施，逐项进行可行性分析，充分预测可能的结果及遇到困难时应采取的新的可行性措施和方案；

（4）综合考虑时间顺序、经济性、可靠性、难易程度和效果等方面，对各种方案进行优选、排队；

（5）按照基本图形的模式安排过程决策程序方案；

（6）落实实施的保证措施，明确责任者、信息传递方式和资源配置；

（7）根据实施过程动态情况调整方案不断修订 PDPC 图。

110. PDPC 法应用常见问题有哪些？

【注意事项 1】 前期准备不足，导致后期可选方案少。

【案例 4-80】 "研制自动排气装置" 课题的制定对策，该小组针对对策表制作了过程决策程序图（PDPC），如图 4-94 所示。

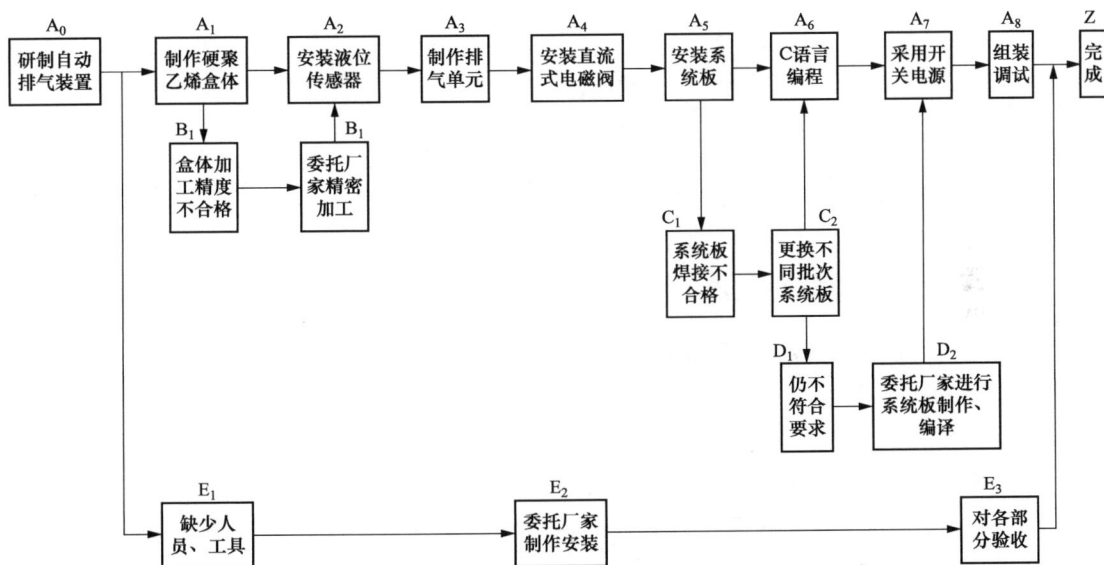

图 4-94　过程决策程序图

分　析 上述案例中，小组针对研制自动排气装置，绘制了过程决策程序图。通过分析图中每个环节的相互关系，可以看到，小组每当遇到困难时的决策均是委托厂家制作安装，完全没有考虑当遇到困难时，如何发挥小组成员的努力去解决问题。特别是图中，当由 A_0 到 A_1 阶段时，小组提出的备选方案是 "缺少人员，工具"，没有针对可能遇到的问题提出调整方案。这里，小组成员应当针对 "这一步可能出什么错" 和 "遇到问题如何解决？" 提出答案、风险和应对措施，把它们作为预选调整方案写入过程决策程序图。遇到问题则跳过相关几个步骤（甚至所有步骤），不符合 "预案" 的原则。

【注意事项 2】 各方案间联系不紧密。

【案例 4-81】 "提高自动化抄表核算率" 课题的对策实施阶段中，小组需要重新配置 GPRS 天线来保证终端的正常采集。小组成员采用头脑风暴法将可能的情况进行罗列，并绘制了 PDPC 图，如图 4-95 所示。

分　析 该小组成员在用 PDPC 法时，采用否定式提问法来完善和优化 GPRS 天线配置对策实施程序，从而选择最佳的方案。在用 PDPC 法时，一项原则就是要对提出的措施，逐项进行可行性分析，充分预测可能的机遇到困难时应采取的新的可行性措施和方案，各方案间要紧密联系。而该小组提出的方案并没有充分考虑到各种问题，方案间联系不紧密。如 $A_1 \sim A_2$ 环节，小组仅仅考虑了天线长度方面的需求，并没有考虑天线材质、型号等方面的

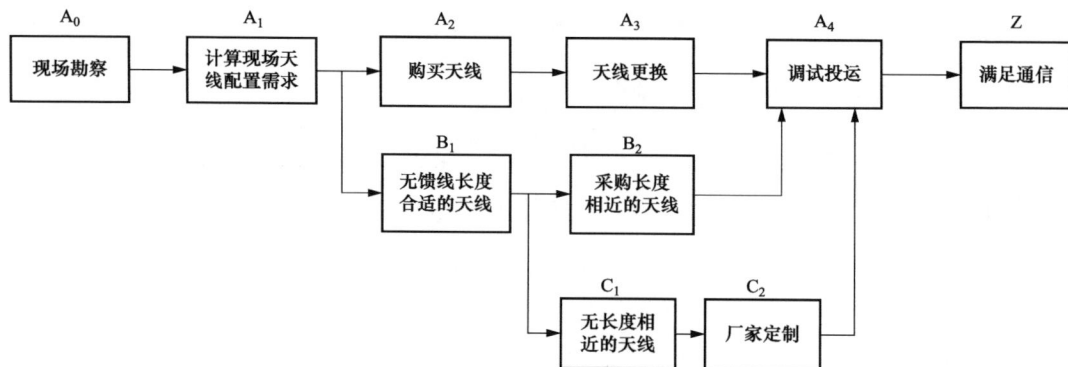

图 4-95　PDPC 决策程序图

情况。如 $C_1 \sim C_2$ 环节，小组没有考虑到若厂家不同意定置相关天线时，小组该采取什么样的措施。

111. 小组活动过程常见 PDPC 法实例。

PDPC 法主要应用于小组课题制定对策及按对策实施两个阶段。

（1）制定对策阶段。

略。

（2）对策实施阶段。

【案例 4-82】 在"减少设备停机次数"课题的对策实施阶段，小组为防止设备突然发生故障停机，绘制了保证均衡生产的过程决策图，如图 4-96 所示。

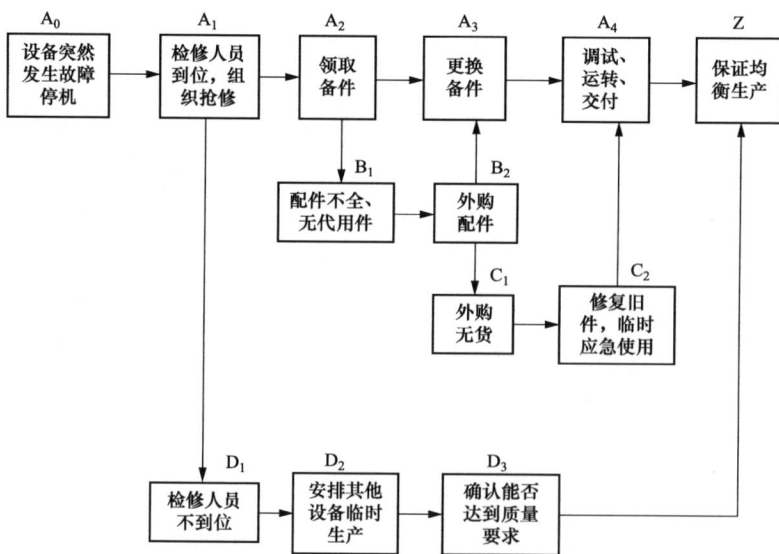

图 4-96　过程决策图

分　析　该过程决策图充分考虑到对策实施过程中每一个环节均可能遇到的问题，并对相关问题逐项进行可行性分析，并提出了针对性的措施和方案，各方案间联系紧密。

第八节 矩阵图、矩阵数据分析法

112. 什么叫矩阵图?

矩阵图（Matrix Chart）是以矩阵的形式分析问题与因素、因素与因素、现象与因素间相互关系的图形。即从问题事项中，找出成对的因素群，分别排列成行和列，找出行与列的关系或相关程度的大小，探讨问题点。一般是把问题、因素、现象放在图中的行或列的位置，而把他们之间的相互关系放在行和列的交点处，并用不同符号表示出他们的相关程度。常用的相关程度的符号有△表示不相关，◎表示强相关，○表示弱相关。

矩阵图的主要特点：在短时间内获得有关构想和资料；能使因素的关系明确化，可以一眼就掌握整体的构成情形。

矩阵图大体分为 L 型、T 型、Y 型、X 型、C 型五种。其中，L 型是基本型，其他都是在 L 型的基础上进行的叠加和组合。在质量管理和 QC 小组活动中使用最多的是 L 型和 T 型。C 型、X 型、Y 型矩阵图不常用。

（1）L 型矩阵图，如图 4-97 所示。L 型矩阵图是矩阵途中的最基本型式。一般是将两个对应事项 A 与 B 的元素，分别按行和列排列而成一个矩阵，并在行列的交叉点上表明 A 与 B 元素间的关系。L 型矩阵图常用于分析若干个目的（问题）与为实现这些目的（问题）的若干个手段（原因）之间的关系。

（2）T 型矩阵图，如图 4-98 所示。T 型矩阵图是由两个 L 型矩阵图组合而成的，通常其中一个是现象与原因的 L 型矩阵图，一个是原因与要素的 L 型矩阵图，因而常用于分析现象、原因与原因影响要素间的关系。

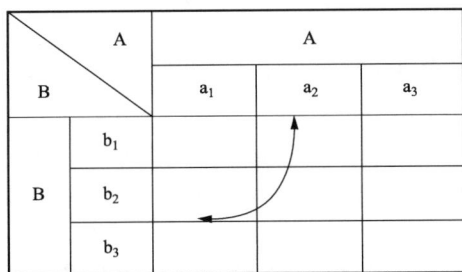

图 4-97 L 型矩阵图的基本形式

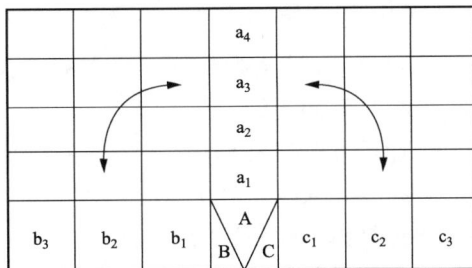

图 4-98 T 型矩阵图的基本形式

（3）Y 型矩阵图，如图 4-99 所示。Y 型矩阵图中有三个事项，其中两两相对应的事项分别构成三个 L 型矩阵图，所以 Y 型矩阵图是这三个 L 型矩阵图的组合。

（4）X 型矩阵图，如图 4-100 所示。X 型矩阵图是由 4 个 L 型矩阵图组合而成的。X 型矩阵图适用面受到一定限制，但如果使用得当仍会收到相应的效果。

（5）C 型矩阵图，如图 4-101 所示。有三个事项 A、B、C。分别以 A、B、C 的元素为边画长方形（或长方体），因此 C 型矩阵图中元素的交点于三维空间点。

其主要用途如下：

（1）确定系统产品研制、改进的关键环节；

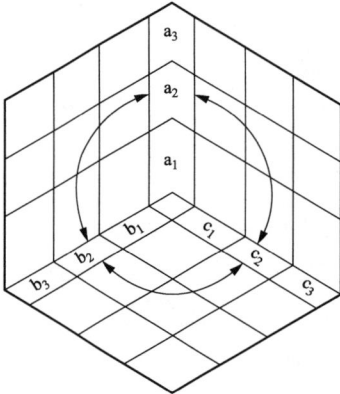

图 4-99　Y 型矩阵图的基本形式

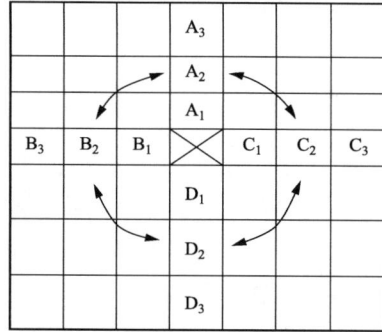

图 4-100　X 型矩阵图的基本形式

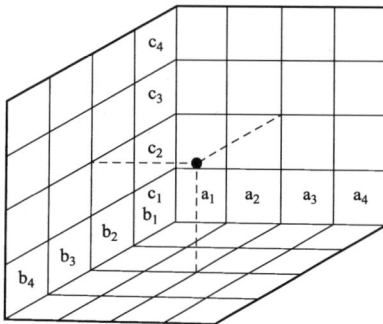

图 4-101　C 型矩阵图的基本形式

（2）实施产品的质量展开以及其他展开，被广泛用于质量机能展开；

（3）系统核实产品的质量与各项操作乃至管理活动的关系，便于全面地对工作质量进行管理；

（4）不良品的原因与原材料、设备、工艺等要素之间的关系；

（5）进行市场与产品的关联性分析，制订市场产品发展战略；

（6）明确一系列项目与相关技术之间的关系；

（7）探讨现有材料、元器件、技术的应用新领域；

（8）需要多个部门的资源共同完成的一项大型复杂的项目。

113. 使用矩阵图应遵循的基本步骤有哪些？

（1）确定事项，如性能—原因或特性—影响因素（工序）等。

（2）选择矩阵图类型。

（3）选择各事项的相关因素，按照重要程度或发生频率大小等顺序填写到相应的各栏中。

（4）分析因素关系，分别确定各行、列间对应两因素内容的关联关系，并根据关联的强弱程度，用符号标记在相应的交叉点上。

（5）确认关联关系。分别以每栏因素为基础，将该因素与其他事项各因素的关联关系用符号加以确认。

（6）评价重要程度。对各交叉点标记关联符号所表示的强弱程度分别打分，例如△为 5 分，◎为 3 分，○为 1 分。按行和列统计总分，以各栏每项内容得分多少作为其重要程度的定量评价，进而给予各个项目以总评价。这种方法适合根据积分来评价重要程度和优先程度的场合。

114. 矩阵图应用常见问题有哪些？

🐾【注意事项 1】分析着眼点时应尽量减少感情因素。

👤【案例 4-83】在"远程可视可控计量备品备件库管理系统的研发"课题的"方案比较

与确定”中，小组在现有的管理模式下不能够高效率、低成本地开展工作，在确定了“远程新型计量备品备件库的研发”课题后选择“远程可视可控法”为最优方案，在方案分解过程中对“电插锁”提出了两种方案，并用矩阵图进行比较分析，见表4-80。

表4-80　　比较分析表

序号	方案	经济性	可靠性	使用寿命	得分	结论
1	电插锁	3	3	3	9	不采用
2	门磁锁	4	5	4	13	采　用

注　5分为好　4分较好　3分为一般　2分为较差　1分为差。

分　析　此案例中存在以下两点问题：一是矩阵图绘制不规范，虽然这是最基本的L型矩阵图，但是在表示强弱相关时未使用规范的符号；二是确认时主观色彩浓厚，在分析个别因素时没有排除感情评判，评价结果不客观。

【注意事项2】①因素组之间的相关关系应明显；②在评价关联程度时，要获得全体参与讨论者的同意，不可按多数人表决通过来决定。

【案例4-84】在“提高主变温度计后台显示合格率”课题的“对策优选”中，小组为提高主变压器温度计后台显示合格率，通过活动找到了症结问题“变送器电压偏差大”，通过分析得出包括“传输电缆接触不良”在内的三项要因，针对“传输电缆接触不良”这一因素提出对策时使用了矩阵图，如图4-102所示。

要因	方案		评估内容	参评人员：常某	窦某某	倪某某	郭某某	薛某	综合得分	合计	结论
传输电缆接触不良	松动	紧固端子	经济性	□	△	△	□	△	9	73	选定
			难易度	□	△	□	△	□	11		
			耗时	□	□	○	□	△	15		
			预讲效果	□	○	△	○	□	17		
			安全性	○	□	○	○	□	21		
		加缆鼻	经济性	□	△	△	△	△	9	69	不选
			难易度	△	□	□	△	△	9		
			耗时	○	△	□	△	□	13		
			预计效果	○	□	○	△	□	17		
			安全性	□	○	□	○	○	21		
			难易度	△	□	□	□	○	15		

备注：○5分 □3分 △1分

图4-102　矩阵图

分　析　此矩阵图在因素的选取上存在错误，在这里“人员”并不能作为因素放在“行”的位置。另外在评价关联程度时，每一项都要获得全体参与讨论者的同意，并不是“某个人认为是什么程度就是什么程度”。

115. 小组活动过程常见矩阵图实例。

矩阵图主要应用于小组选题、分析原因、制定对策、按对策实施4个阶段。

（1）选题阶段。

【案例4-85】在“断路器液压机构自动排气装置的研制”课题选择过程中，由于目前小组管辖的部分西门子3AT2—EI型液压机构断路器在实际运行时，经常发生频繁打压故障的缺陷。当前作业方法是人工定时排气，无法实时监测产生的气体量，导致机构内即使形成过量的气体也无法及时排出，频繁打压故障时有发生。为了解决上述问题，小组成员多次组织讨论，运用头脑风暴法，提出了3个课题方向：小组从可实施性、经济性、有效性、时间性四个方面对3个可选的课题方向进行了分析、评估，并最终选定了课题方向，如表4-81所示。

表 4-81　　　　　　　　　　课题方向确定表

课题名称	课题分析	评估				综合得分	结论
		可实施性	经济性	有效性	时间性		
课题1：设计断路器液压机构封闭油路	1. 改变液压油回路需上级单位、生产厂家认可，小组难以实现； 2. 初步估计研发费用大于5万元； 3. 能解决液压机构空气残留的问题； 4. 开发时间1年以上	△	△	◎	△	8	不选择
课题2：研制断路器液压机构自动排气装置	1. 根据现场作业要求研制，原理较为简单，经论证后可实施； 2. 约需研发费用3000元； 3. 使用自动排气装置后，用自动化装置取代人工排气，能良好的解决问题； 4. 研发时间约需4～5个月	◎	◎	◎	○	18	选择
课题3：研制断路器液压机构油路滤气装置	1. 经查阅资料，需要纳米材料，小组难以获得； 2. 材料购置费用较贵，初步估计研发费用大于2万元； 3. 可通过滤气装置过滤消除液压机构油路残留空气； 4. 装置结构简易，开发周期约需2～3个月	△	○	◎	◎	14	不选择

图示：◎为5分，○为3分，△为1分

分　析　这是一个简单的 L 型矩阵图，此案例中小组在选择课题时，做到了独立考虑，在确定要素与问题的相关性时尽量减少了"感情因素"的影响，使评价结果较为客观。

（2）分析原因阶段。

【案例 4-86】"提高乙基苯丙氨成品合格率"课题的原因分析过程。

某厂为提高产品的性能，从各工序和原料入手，分析查找原因，对影响质量的工序和原材料进行分析筛选，找出了影响质量的主要工序和原料，并采取了有效措施，提高了质量，如图 4-104 所示。

原料	2.6酚色泽深							
	催化剂含量大	○					△	△
	甲酯酸值大	○					△	△
原料 工序	质量特性	透光率	挥发粉	灰分	水分	澄清度	外观	黑点
生产工序	烷化	△						
	加成	○					○	
	中和	○						
	酯交换	◎				○	○	
后处理工序	过滤	○		○		△	○	○
	结晶	○	△				△	
	离心	○				△	○	
	洗涤	○				△	○	
	运料	△		○			△	○
	干燥	○	○	△	○	○	△	○
	包装		○	△				

注　◎表示强相关，○表示弱相关，△表示可能有关系或不相关。

图 4-104　某氧化剂产品质量矩阵图

分　析 该成果的原因分析对两个原因（要素）与现象的 L 型矩阵图组合成 T 型矩阵图，通过对应因素与现象之间的关联关系，确定了强弱相关性并以符号加以确认，以最终每栏的累计总量来确定影响产品质量的主要因素。

（3）制定对策阶段。

【案例 4-87】 "提高转轮芯珠的一次成品率"课题的对策制定过程。

某成型加工厂的制品特性为顺应顾客要求，需经常改变，因而常为选择适合的原料而倍感困扰，有时甚至因选到不适用的原材料而使制品成为废品，造成重大的损失。该公司于是由有关人员组成小组，收集各种有关标准，并利用公司过去的有关原材料特性与制品特性之相关性数据，借着矩阵图法将之加以整理如图 4-105 所示，作为日后原材料选择的依据。

成型材料 特性项目		特性比较表								
		A	B	C	D	E	F	G	H	I
成型性		○	○	●	◎	○	△	○	×	●
机械的性质	刚性	◎	◎	◎	◎	○	◎	◎	◎	◎
	强度	◎	◎	○	△	◎	◎	△	○	○
	耐冲击性	○	×	×	○	◎	◎	×	○	×
电的性质	绝缘性	○	○	△	○	○	○	◎	△	○
	导电特性	△	△	×	×	△	△	○	◎	×
耐热性		○	○	△	△	○	○	○	△	○
耐湿性		○	◎	△	△	○	○	○	◎	×
尺寸安定性		◎	○	△	○	◎	△	○	◎	×
耐药品性		●	○	△	△	○	△	○	◎	×
耐溶剂性		◎	○	△	△	○	◎	○	◎	×
耐候性		●	△	○	△	○	○	◎	△	○
腐蚀性		○	△	○	△	×	○	○	△	×
耐染性	未	×	×	△	○	×	◎	○	×	△
	有	△	△	△	—	△	○	○	—	△
机械加工性		△	△	△	○	△	△	△	◎	△
透明性		×	△	×	○	×	△	×	△	×
相对价格		3	5	2	1	8	2	8	5	0.5

●：最佳　　◎：良好　　○：好　　△：稍差　　×：差　　—：很差

图 4-105　各种原材料特性比较

分　析 此矩阵图看似复杂，其实是一个 L 型矩阵图，因素组内的各因素在同一层次，且在判断因素与现象的强弱相关时没有"人"的因素在内。通过每一栏的累计总量，可以明确地发现今后选材的优先对象和优先程度。

（4）对策实施阶段。

略。

116. 什么叫矩阵数据分析法？

（1）矩阵数据分析法（Matrix Data Analysis Chart）是指通过运用主成分分析等计算方法，准确地整理和分析在矩阵图上用数据定量化表示的各元素间关系的一种方法，是一种定量分析问题的方法。在QC新七种工具中，矩阵数据分析法是唯一一种利用数据分析问题的方法。

矩阵数据分析法的主要方法为主成分分析法（Principal Component Analysis），是将多个变量转化为少数综合变量的一种多元统计分析方法。利用此法可从原始数据中获得许多有益的信息。

（2）矩阵数据分析法主要用于市场调查数据分析、多因素分析、复杂质量评价等，矩阵数据分析法也可以和其他工具结合使用，深入分析。例如可以和亲和图、过程决策程序图法、质量功能等联合使用。

117. 使用矩阵数据分析法遵循的基本步骤有哪些？

（1）确定需要分析的各个方面。通过亲和图得到以下几个方面，需要确定它们相对的重要程度：易于控制、易于使用、网络性能和其他软件可以兼容、便于维护。

（2）组成数据矩阵。用 Excel 或者手工做。把这些因素分别输入表格的行和列，如表 4-82 所示。

（3）确定对比分数。自己和自己对比的地方都打 0 分。以行为基础，逐个和列对比，确定分数。行比列重要，给正分。分数范围从 9 到 1 分。打 1 分表示两个重要性相当。譬如，第 2 行"易于控制"分别和 C 列"易于使用"比较，重要一些，打 4 分。和 D 列"网络性能"比较相当，打 1 分。……如果行没有列重要，给反过来重要分数的倒数。譬如，第 3 行的"易于使用"和 B 列的"易于控制"前面已经对比过了。前面是 4 分，现在取倒数，1/4＝0.25。有 D 列"网络性能"比，没有"网络性能"重要，反过来，"网络性能"比"易于使用"重要，打 5 分。现在取倒数，就是 0.20。实际上，做的时候可以围绕以 0 组成的对角线对称填写对比的结果就可以了。

表 4-82　　　　　　　　　　　　　　　矩 阵 数 据 分 析 法

	A	B	C	D	E	F	G	H
1		易控制	易使用	网络性能	软件兼容	便于维护	总分	权重%
2	易于控制	0	4	1	3	1	9	26.2
3	易于使用	0.25	0	0.20	0.33	0.25	1.03	3.0
4	网络性能	1	5	0	3	3	12	34.9
5	软件兼容	0.33	3	0.33	0	0.33	4	11.6
6	便于维护	1	4	0.33	3	0	8.33	24.2
	总分之和				34.37			

（4）加总分。按照"行"把分数加起来。在 G 列内得到各行的"总分"。

（5）算权重分。把各行的"总分"加起来，得到"总分之和"。再把每行"总分"除以"总分之和"得到 H 列每个"行"的权重分数。权重分数愈大，说明这个方面最重要，"网络性能"34.9 分。其次是"易于控制"26.2 分。

118. 矩阵数据分析法应用常见问题有哪些？

矩阵数据分析法虽然是新七种工具之一，但它只是作为一种储备工具提出来。由于应用这种方法需借助电子计算机来求解，且计算复杂，目前并未得到广泛应用，尤其是在 QC 小组活动中应用甚少，所以，只做简单介绍，供大家了解。

119. 小组活动过程常见矩阵数据分析法实例。

矩阵数据分析法主要应用于现状调查、分析原因 2 个阶段。

👤 【案例 4-88】

矩阵数据分析法在软件项目中的应用

软件缺陷的产生是由多方面的因素造成的，缺陷数据反映了开发过程中多个因素相互作用的对应关系。在实施了多个软件项目的开发以后，已经积累了一定数量的历史缺陷数据，如何利用这些数据找到开发过程中容易产生质量问题的环节和因素呢？如果只是粗略地看历史统计数据，是很难看出各项目之间及项目的生命周期各阶段的缺陷率的差异的。可以用这些历史数据来设计一个矩阵，用矩阵数据分析法就能求出多个项目的各个阶段产生缺陷率的高低，找到产生缺陷的关键因素，这样可以帮助了解引入的缺陷，从而对新开发的项目会引入的缺陷数做出一个相当合理的预测，达到控制缺陷率，提高软件质量的目的。随着实施的软件项目数量的增加，收集到的缺陷数据越来越多，生成的矩阵越大，对未来缺陷率预测和控制的准确性也就越高，软件整体质量呈螺旋式稳步上升。

下面通过一个例子来说明矩阵数据分析法在软件缺陷管理中的具体应用。为了确定软件缺陷主要出现在项目生命周期六个阶段中的哪几个阶段，对 n 个开发项目进行统计，每个项目计算 6 个阶段的缺陷密度。为了验证结果重复性，又将这 n 个项目分为 I、II 两组，每组 $n/2$ 个项目，然后对数据求均值、标准差、相关系数、特征值、特征向量，得出三个主成分，也就确定了项目生命周期中出现大部分缺陷的几个阶段，为改进项目薄弱环节提供依据。详细步骤如下：

① 将以往软件项目积累的历史缺陷数据进行分类、统计列表。各项目在生命周期各阶段的历史缺陷率数据见表 4-83。

表 4-83 历史缺陷率数据表

项目组 缺陷密度	I			II	
	项目 1	项目 2	…项目 $n/2$	项目 $n/2+1$	…项目 n
需求阶段缺陷密度	58	30	……	……	34
构架阶段缺陷密度	40	20	……	……	26
设计阶段缺陷密度	35	32	……	……	33
编码阶段缺陷密度	60	30	……	……	30
测试阶段缺陷密度	47	20	……	……	25
集成阶段缺陷密度	43	30	……	……	37

② 根据表 4-83 数据计算均值、标准差和相关系数，计算结果见表 4-84。

表4-84 矩　阵　表

项目组	需求阶段缺陷密度	构架阶段缺陷密度	设计阶段缺陷密度	编码阶段缺陷密度	测试阶段缺陷密度	集成阶段缺陷密度
项目1	1	0.208	0.458	0.617	0.791	0.863
项目2	0.775	1	0.774	0.628	0.402	0.172
项目3	0.506	0.659	1	0.842	0.674	0.370
项目4	0.370	0.674	0.842	1	0.659	0.506
……	……	……	……	……	1	……
项目n	0.863	0.791	0.617	0.458	0.208	1

③ 根据相关系数矩阵（表4-84）求特征值、特征向量和贡献率。由于计算量很大，方程的计算用计算机完成，计算结果见表4-85。

表4-85 矩　阵　表

项目组		第一主成分 特征向量（需求阶段）	第二主成分 特征向量（构架阶段）	第三主成分 特征向量（设计阶段）	……	第六主成分 特征向量（集成阶段）
Ⅰ	项目1	0.286	0.446	0.194	……	0.140
	……	……	……	……	……	……
	项目$n/2$	0.323	0.166	0.442	……	0.232
Ⅱ	项目$n/2+1$	0.299	0.359	0.375	……	0.124
	……	……	……	……	……	……
	项目n	0.300	0.408	0.084	……	0.042
特征值		6.83	1.76	0.075	……	0.008
贡献率%		58.3%	19.6%	12.5%	……	3.9%
累计贡献率%		58.3%	77.9%	90.4%	……	100%

④ 分析计算结果。贡献率代表主成分的影响程度，数值越大代表性越大，特征向量表示项目与该主成分的关系。从表4-85可看到，第一、二、三主成分的贡献率达90.4%，已代表所有变量的绝大部分，也就是说在项目开发过程中，软件缺陷主要出现在项目生命周期的需求、构架和设计阶段。这样由上述的主成分分析，找到了容易出现软件缺陷问题的阶段，在以后的改进过程中把注意力集中到特征值大的方面来，就可以有效地控制、预防软件缺陷问题。